Dr. Hans Leicht, geboren 1920, studierte Geschichte, Orientalistik, Anglistik und Germanistik. Als Lektor und Redakteur war er in Buchverlagen, Zeitungsverlagen und beim Fernsehen tätig. Außerdem lehrte er an der Nationaluniversität Teheran. Hans Leicht ist Autor zahlreicher Sachbücher.

Originalausgabe Dezember 1990

Umschlaggestaltung Adolf Bachmann
Umschlagfoto AKG, Berlin
Satz Ventura-Publisher im Verlag
Druck und Bindung Ebner Ulm
Printed in Germany 5 4 3 2 1
ISBN 3-426-02430-6

Hans Leicht:
Heinrich Schliemann

Der Entdecker von Troja und Mykene

Knaur®

Inhalt

Leben von unserem Leben 7

Vorbemerkung 17

Ankershagen und die Welt 19

Ithaka und die Argos 45

Troja und ein goldener Apfel 79

Die Troas und zwei Frauen 103

Hissarlik und eine Viertelmillion Kubikmeter 114

Troja und die erhabenen Hügel 194

Trojanische Streiflichter 249

Iliu Melathron und der Nil 261

Mykene und die Königsgräber 270

Tiryns und die Zyklopenmauern 315

Orchomenos und noch ein »Schatzhaus« 325

Heimgang zu Homer und den Helden 333

ANHANG

Schliemanns Ausgrabungskosten 343

Zeittafel zu Heinrich Schliemanns Leben 345

Zeittafeln Griechenlands und Trojas 349
Die wichtigsten Götter Griechenlands 351
Erläuterung einiger Begriffe 353
Literatur 355
Personenregister 359
Sachregister 365
Bildnachweis 366

Leben von unserem Leben

Unsere Kenntnisse von jenen Jahrtausenden der Vergangenheit, über die wir keine schriftlichen Zeugnisse besitzen, verdanken wir den Arbeiten der Archäologen. Was Mythologien in der Erinnerung vieler Völker bewahrt haben, konnte in ihrem Kern sehr oft durch archäologische Funde belegt werden. Nicht nur die Ruinen von Tempeln und Palästen, sondern auch Keramikscherben erlauben wertvolle Rückschlüsse auf die wirtschaftliche und kulturelle Entwicklung der Antike. Bedächtig und mit aller Sorgfalt katalogisiert und aneinandergereiht, fügen sich kleinste Bruchstücke zu einem Mosaikbild einer Epoche zusammen. Wie der Kriminalist seine Indizien setzt der Archäologe Steinchen um Steinchen zurecht, um schließlich seinen »Fall« zu klären. So kann die Archäologie an vielen Stellen Aufschluß über die Geschichte geben.

Gewissenhaft betriebene Archäologie ist keine Freizeitbeschäftigung. Sie ist – so widersprüchlich es klingen mag – eine Wissenschaft vom Leben, gerade wenn sie alte Gräber öffnet, in denen Menschen vor Tausenden von Jahren der Erde übergeben wurden. Denn diese Gräber berichten vom Leben in früheren Zeiten. Durch das Freilegen einstiger Siedlungen, Kultstätten und Burgmauern, durch das Entziffern von Inschriften und die Deutung von Zeichnungen, Reliefs, von Grabbeigaben und Götteridolen können wir erschließen, wie unsere Vorfahren gelebt und gedacht haben. Dies ist wichtig, denn in ihrem Leben und Denken ruhen die Wurzeln unserer Gegenwart. Der Geist unserer Vorfahren wirkt in uns fort, auch wenn wir uns das in der Überheblichkeit unseres zivilisatorischen Fortschritts nicht eingestehen wollen. Unser Fortschritt ist nur teilweise eine Schöpfung unserer eigenen Fähigkeiten. In bezug auf die Vergangenheit Griechenlands hatte Ernst Curtius, der Ausgräber von Olympia, schon 1852 in einem Vortrag ausgerufen: »Was dort in dunkler Tiefe liegt, ist Leben von unserem Leben.« Diese Menschen jenes vorantiken Kulturkreises, von dem hier vornehmlich die Rede sein wird, die Griechen, betrieben als erstes Volk Altertumskunde. Der Begründer der wissenschaftlich-politischen Geschichtsschreibung, Thukydides, beschäftigte sich in der Einleitung seiner Monographie über den Peloponnesischen Krieg mit der Frage der Vergangenheit seines Volkes. Homer und den Sagen widmet er eine kritische Betrachtung, daneben beschäftigt ihn besonders ein Unternehmen auf der Insel Delos. Im achten Kapitel seines ersten Buches schreibt er, daß, einem Orakelspruch entsprechend, die dem Apollon heilige Insel Delos von Gräbern »gereinigt« werden mußte, weil das Heiligtum durch Tote in seiner Umgebung nicht entweiht werden durfte. Die Leichen wurden exhumiert und mit ihren Beigaben auf der Nachbarinsel Rheneia wieder beigesetzt (426/25 v. Chr.). Thukydides stellte bei dieser Gelegenheit fest, daß Gräber, Bestattungsart und gefundene Waffen mit den Gebräuchen der im Südwesten Kleinasiens lebenden und ihm bekannten Karern übereinstimmten. Hieraus zog er den Schluß, daß in der Vorzeit Karer auf den Inseln der Ägäis gelebt hatten. Dies bewies dem aufmerksamen Thukydides, daß einst Verbindungen und Beziehungen zwischen Kleinasien und zumindest der griechischen Inselwelt bestanden. Sein Vorgehen kann man durchaus als archäologisch bezeichnen.

In einem Pantheon der Archäologen nimmt Heinrich Schliemann einen außergewöhnlichen Platz ein. Wie andere große Männer war auch er hämischer Kritik ausgesetzt. Noch jetzt wird in Biographien mancher dunkle Fleck in seinem Bild besonders kräftig ausgemalt. Die bissigen Pressefehden gehören der Vergangenheit an, doch bleibt immer noch der Vorwurf bestehen, daß Schliemann bei seiner ersten Ausgrabungskampagne auf Troja unwiederbringliches archäologisches Material zerstört ha-

be. Man sagt Schliemann übersteigerte romantische Verklärung seiner Troja-Berichte nach, und immer noch behaupten Wissenschaftler, daß weder das von Homer besungene Troja bestanden noch der Trojanische Krieg stattgefunden habe, daß beides nur in Schliemanns Phantasie und Besessenheit existent gewesen sei. Der amerikanische Philologe W. M. Calder will wissen, daß Schliemann im Gegensatz zu seiner Behauptung, die Sprache zu beherrschen, in Altgriechisch keinen einzigen Satz ohne Fehler hätte schreiben können, wie überhaupt seine angebliche Sprachbegabung nicht der Wahrheit entsprochen habe. Nach 1887 wurde Heinrich Schliemann vom Herausgeber der Neuauflage seines Buches »Troja, Ergebnisse meiner neuesten Ausgrabungen« vorgeworfen, zu verbissen an das homerische Troja und den von ihm so bezeichneten »Schatz des Priamos« geglaubt zu haben.
Man warf Schliemann vor, er habe als Laie ohne archäologische Ausbildung unmethodisch und zerstörerisch gearbeitet, er sei ein Außenseiter ohne System, eben nur ein Kaufmann gewesen. Aber war es nicht häufig so, daß Menschen bedeutende Erfindungen und Entdeckungen auf Gebieten machten, die nicht zu ihrem Fachgebiet gehörten? Man denke nur an den Buchbinder Faraday, der zum Wegbereiter der Elektrizität wurde, oder den britischen Diplomaten Dennis, der den Anstoß zur Erforschung der Etrusker gab.
Die meisten Autoren von Romanbiographien über Heinrich Schliemann konzentrierten sich vor allem auf den Schatzgräber Schliemann und seinen märchenhaften Aufstieg vom hungernden und frierenden Handlungsgehilfen zum mehrfachen Millionär. Fasziniert von seinem Sprachgenie und seinem Glück, machten sie ihn zu einem Helden. Doch wer die Biographie Schliemanns richtig zu werten weiß, wird in ihm nicht nur einen begnadeten Geist sehen. Wenn er auf Ithaka den Dorfbewohnern die »Odyssee« in ihrem Originaltext vorträgt und schließlich mit den ergriffenen Landleuten ebenso ergriffen weint, dann ist er kein bühnenreifer Schauspieler, sondern ganz einfach ein Mensch, dem

die alten Überlieferungen an der Stätte ihres sagenhaften Geschehens verwirklicht erscheinen.
Die Funde der Schätze in Troja und Mykene, wie auch seine verständliche Begeisterung über diese Ergebnisse seiner Arbeit hatten Schliemann den unrühmlichen Ruf des »Schatzgräbers« eingebracht. Dabei ging es ihm in keiner Weise um materielle Bereicherung.
Nur das Erstveröffentlichungsrecht hatte er sich ausbedungen, was so weit ging, daß er sogar seinem Freund Rudolf Virchow zunächst untersagte, eine Abhandlung über die Anatomie der gefundenen Schädel, Skelette und Tierreste zu publizieren. Keine wissenschaftliche Institution und kein Staat stellten ihm finanzielle Mittel zur Verfügung, er bestritt selbst den ganzen Aufwand seiner Grabungen. Seinen Hilfskräften zollte er nicht nur verbale Anerkennung, sondern zahlte ihnen sogar Erfolgsprämien für besonderen Fleiß und Einsatz. Den Teilnehmern der abschließenden internationalen Konferenz auf Troja ersetzte er alle Auslagen. Alle diese Tatsachen wurden von seinen Kritikern, aber auch in den wenigen positiven Biographien übersehen oder als unbedeutende Kleinigkeiten abgetan.
Wer Schliemanns Aufzeichnungen, Buchveröffentlichungen, Tagebücher und die sechzigtausend Briefe, deren sich Ernst Meyer mit besonderer Hingabe angenommen hat, nicht nur als Beweis eines immensen Fleißes anerkennt, sondern in ihnen den wahren Schliemann entdeckt, wird die Notwendigkeit einer Entmythologisierung seines Lebens verstehen. Denn plötzlich begegnet ihm ein Mann mit allen menschlichen Eigenschaften, mit Fehlern und Erfolgen, mit Bestürzung und Begeisterung, mit Rücksichtslosigkeit und Fürsorge für seine große Arbeiterschar, mit Halsstarrigkeit und Einsichtsvermögen.
Einsicht fiel ihm dann schwer, wenn es darum ging, seine Überzeugung von der homerischen Unfehlbarkeit zu korrigieren. Als ihn gegen Ende seines Lebens die Mitarbeiter, Berater und Freunde Wilhelm Dörpfeld und Rudolf Virchow mehrmals auf unzu-

treffende Interpretationen seiner Funde hinwiesen, unter anderem darauf, daß die in den Gräbern von Mykene entdeckten Überreste nicht die Agamemnons und seiner Gefährten waren, sondern daß sie einer viel älteren Generation angehörten, nahm Schliemann nach spürbarem Unwillen die Sache dennoch mit Humor auf. »Was«, rief er, »das ist also nicht Agamemnons Leiche und Schmuck? Gut! Nennen wir ihn eben Schulze!«

Befaßt man sich nur mit jenen Kapiteln seiner Niederschriften, die vom »Schatz des Priamos« oder der »Maske des Agamemnon« handeln, so wird man keinen Blick für die wirkliche Leistung Schliemanns aufbringen. Die Beschreibung monatelanger Grabungsarbeit unter oft extremen äußeren Bedingungen, sein beharrliches Ringen gegen behördliche Widerstände und Schikanen überheblicher Kontrolleure, die detaillierte Beschreibung von Keramikteilen oder Waffen und die daraus gezogenen historischen und kulturellen Rückschlüsse, die Bestimmung von Mauerresten und freigelegten Fundamenten, seine Aufzeichnungen und Korrespondenz, die täglichen, über Monate hinweg reichenden meteorologischen Beobachtungen mit Zeit-, Luftdruck- und Temperaturangaben, dies alles vermittelt ein wahres Bild Heinrich Schliemanns, der sich aus einem besessenen Laien ohne Fachwissen zu einem verantwortungsvollen Archäologen entwickelte.

In seinen Ausgrabungen sah Schliemann eine wesentliche Hilfe, seine Ansicht von der Existenz eines einheitlichen Kulturkreises des Altertums, nämlich des gesamten Mittelmeerraums, zu untermauern. So leitete er aus seinen Funden die Erkenntnis ab, daß schon ein Jahrtausend vor Alexander dem Großen und dem Hellenismus der Vordere Orient und der ganze Bereich des Mittelmeeres *eine* Welt gebildet haben, wie sie über die Römer hinweg bis in das europäische Mittelalter Gültigkeit besaß. Diese Ansicht wurde durch die moderne Forschung bestätigt. In dieser Überzeugung schürfte er auch in karthagischen Ruinen Siziliens und glaubte, in Spanien ebenfalls Bestätigungen seiner Theorie zu wissen. Jedes erreichbare Museum mit frühgeschichtlichen Exponaten durchforschte Schliemann. Wenn er auch bis an sein Lebensende »seinem« Troja verbunden blieb, so lehrten ihn Mykene, Tiryns und Orchomenos, wie auch seine Eindrücke von Kreta, Ägypten und dem vorderasiatischen Raum über das Einzelne hinaus die Schau auf das Große, auf das Ganze, auf die Wechselwirkung und das Verschmelzen der alten Völker und Kulturen.

Es dauerte lange Zeit, bis wenigstens einige seiner Kritiker erfaßten, daß aus Schliemann ein weit über sein eigenes Gebiet hinausblickender, universal denkender Forscher geworden war, der Zusammenhängen nachspürte, die bis zu den Kelten und Germanen reichen. Prominente, vor allem englische Gelehrte machten sich Schliemanns Gedankengänge zu eigen, arbeiteten beflissen an seinen Themen und reichten ihm ihre Ausarbeitungen ein. Schließlich konnte der in seiner deutschen Heimat mißtrauisch beobachtete und kaum akzeptierte Heinrich Schliemann an der ehrwürdigen Universität Oxford den Ehrendoktorhut in Empfang nehmen, und dies noch ehe die Ergebnisse seiner zweiten Grabung in Troja publiziert worden waren.

War die Archäologie bis Schliemann nur eine auf sich selbst begrenzte Wissenschaft, waren ihr Säulen, Tempel, Statuen Bestätigungen ihrer eigenen Arbeit, so rückte sie durch ihn als nicht mehr zu entbehrende Unterstützung an die Seite der Geschichtswissenschaft. Dieses unbestreitbare Verdienst macht Schliemann zu einem, vielleicht *dem* Vorreiter der modernen Archäologie, vor dem so manche Unzulänglichkeit seiner anfänglichen Arbeitsmethoden in den Hintergrund tritt.

»Dies ist die Leistung eines Menschen«, schrieb Ernst Meyer vor drei Jahrzehnten, »der in seiner Ganzheit als Kaufmann wie als Forscher gesehen werden muß, der eigenartig in seinem Lebensäußeren war, einseitig, wie es sich nur große Männer herausnehmen dürfen, und konzentriert auf das eine Hauptziel; hart in seinem Willen und rücksichtslos gegen sich selbst bis zum letzten

Einsatz. Denn er war im besten Sinne besessen von seiner Leitidee und daher kompromißlos in seiner Verfechtung … Dieser willensstarke Mann, der sich im Ringen um wissenschaftliche Erkenntnis verzehrt hat, verdient unsere volle Anerkennung …«

Hundert Jahre sind nun vergangen, da Heinrich Schliemann auf dem Hauptfriedhof von Athen, zwei Tage vor seinem 69. Geburtstag, seine letzte Ruhestätte gefunden hat. Je ein Exemplar der »Ilias« und der »Odyssee« hat man ihm in den Sarg gelegt, zwei große Epen der Weltliteratur, an deren historischen Kern er immer geglaubt und die ihm die Wege zu seinen archäologischen Erfolgen gewiesen hatten. Mit seinem materiellen Reichtum konnte er sein Lebensziel erreichen, seinen dadurch erworbenen geistigen Reichtum schenkte er der Welt.

MACEDONIA
EPIRUS
THESSALIA
HELLAS
MARE IONIUM
Thasus
Mare Thracicum
Peparethus
Scyrus
Leucas
Ithaka
Cephallenia
Zacynthos
Orchomenos
Euboea
ATHENAE
Carystus
Andros
Gaurium
PELOPONNESUS
MYCENAE
ARGOS
Tiryns
Saronicus
Ceos
Cythnus
Seriphus
Paros
SPARTA
Mare Myrtoum
Melos
Cythera
Aegilia
Mare Creticum
Cydonia
CRE
Cnossus
Phaestus

HRACIA
BITHYNIA
Propontis
mbros
TROJA
MYSIA
Lesbos
PHRYGIA
LYDIA
Chios
Samos
CARIA
Miletus
PISIDIA
LYCIA
Rhodus
Camirus
Carpathus
Mare Carpathium

Vorbemerkung

Dieses Buch ist keine Biographie im engen Sinne. Neben der Beschreibung des Lebens von Heinrich Schliemann und seiner archäologischen Tätigkeit dürfen Blicke auf die Geschichte der griechischen und vorderasiatischen Welt, auf die Mythologie und ihre Bedeutung für Schliemanns Arbeit nicht fehlen. Die Chronologie mußte durchbrochen werden, da zwischen den verschiedenen Kampagnen in Troja andere Grabungen lagen und es sinnvoll schien, jeden Platz als eigenen »Block« zu behandeln. Im Anhang werden neben einigen Begriffserläuterungen Zeittafeln zu Schliemanns Leben, zu Troja und zur frühesten Geschichte Griechenlands geboten, dazu eine Aufstellung der wichtigsten Gottheiten der Hellenen. Zeichnungen sollen den Aufbau der vier bedeutendsten Ausgrabungsorte Schliemanns verständlich machen.

Seine Arbeiten hat Schliemann in Büchern beschrieben, und zwar in der Sprache seiner Zeit, die von der heutigen Rechtschreibung abweicht. Wo wörtlich zu zitieren war, wurden antiquierte Ausdrücke und Inversionen modernisiert, ohne dabei Sinn und Fakten zu entstellen. Maße hat Schliemann größtenteils in Fuß und Zoll angegeben; sie wurden ins metrische System umgerechnet.

In Schliemanns Niederschriften erscheinen bisweilen verschiedenen Schreibweisen für einen Ort, z. B. Kum-Kaleh und Kumkale, Ren Kioi und Renkiö. Andere Namen, wie Mykenae oder Mikinai, Klytaimnestra usw. wurden vereinfacht: Mykene und Klytämnestra. Auch heute wird die Urschrift griechischer Worte nicht immer einheitlich gehandhabt. Aus dem Altgriechischen Femininum »nisos«, die Insel, leiten manche Autoren für die südliche Halbinsel »die« Peloponnes ab. In diesem Buch wird

jedoch das dem deutschen Sprachgebrauch gefälligere Maskulinum »der« Peloponnes verwendet.
Noch ein Hinweis zum Quellen- und Literaturverzeichnis: Die sogenannte »Selbstbiographie« enthält Schliemanns Aufzeichnungen bis zum Jahre 1864, als er seine Firma in Rußland liquidierte. Die folgenden Abschnitte wurden auf Wunsch der Witwe nachträglich von Dr. Alfred Brückner mit Hilfe der Bücher des Verstorbenen verfaßt. Die Literaturangaben erheben keinen Anspruch auf Vollständigkeit. Sie mögen dem interessierten Leser lediglich als Hinweis dienen, wenn er über Geschichte, Kunst, Archäologie und Sagenwelt weitere Informationen einholen will.

Ankershagen und die Welt
Traum und Wirklichkeit eines jungen Mannes

Der Geist im Würgegriff der Armut

> »Wir Mecklenburger sind nur Herrn und Knechte,
> Nichts als die Luft ist uns gemein.
> Gleich sollten sein die Pflichten und die Rechte.
> Wir sollten freie Bürger sein.«
> *Hoffmann von Fallersleben*

»Ich erkenne Dich in der Schärfe des grausamen Schwertes, ich kenne Deinen Anblick, wenn Du gewaltsam die Lande absteckst.« Es waren der Geist und die Gestalt der Freiheit, mit denen Dionysios Salomos vor 175 Jahren gegen türkisch-muslimische Unterdrückung aufrief. Noch in der Gegenwart ist in der Nationalhymne Griechenlands dieser Ruf lebendig, der damals im Blut eines achtjährigen Kampfes beschworen wurde.

Griechenland trat aus dem Dunkel jahrhundertelanger Geschichtslosigkeit, als am 13. Januar 1822 in Piadha bei der antiken Stadt Epidauros, dem heiligen Bezirk des Gottes der Heilkunst, Asklepios, die »Proklamation der Ersten Griechischen Nationalversammlung« verlesen wurde: »Das griechische Volk ruft Himmel und Erde als Zeugen an, daß es noch existiert, obschon das furchtbare Joch der Türken es auszurotten drohte …« Es wurde die Selbständigkeit eines Staates ausgerufen, den es noch gar nicht gab und der erst erstritten werden mußte.

Sieben Tage vor jener Proklamation eines künftigen freien Griechenlands war im winterlichen Norden, nahe der Ostseeküste, ein Junge zur Welt gekommen, den sein Geist, seine unermüdliche

Tatkraft und sein Glauben an sich selbst ein abenteuerliches Leben führen und ein Jahrtausend alter Geschichte aufdecken ließen, der frühesten Geschichte Griechenlands, bevor Athen den Grundstein zur abendländischen Kultur legte.

»Ich wurde am 6. Januar 1822 in dem Städtchen Neu-Buchow in Mecklenburg-Schwerin geboren, wo mein Vater, Ernst Schliemann, protestantischer Prediger war.« Dieses »Städtchen«, heute Neubukow in Mecklenburg und an Bahnlinie und Straße zwischen Weimar und Rostock gelegen, war kaum mehr als ein bescheidenes Dorf.

Wenn man der Astrologie Glauben schenkt, wurden dem »Steinbock« Heinrich Schliemann die folgenden Eigenschaften schon in die Wiege gelegt: zielstrebig, sprachbegabt, ehrgeizig, bisweilen gefühlsarm, sparsam und unbeirrt den Erfolg erstrebend.

Schon im Jahr nach der Geburt Schiemanns siedelte die Familie nach Ankershagen um, wo sein Vater nun als Pastor tätig war. In diesem Ort zwischen Neustrelitz und Neubrandenburg verbrachte Heinrich die folgenden acht Jahre seines Lebens. Sie sollten nicht ohne nachhaltigen Einfluß auf seine Zukunft sein.

Mecklenburg im 19. Jahrhundert: Das war das erschreckend rückständige Armenhaus in den deutschen Landen. Wenn auch zwei Jahre vor Heinrich Schliemanns Geburt die Leibeigenschaft auf dem Papier aufgehoben worden war, so durften die Gutsherren – diese beherrschten wirtschaftlich und politisch das Land – ihre Tagelöhner zwar nicht mehr mit der Knute züchtigen, doch wurden die Landarbeiter in ihren Einliegerhäuschen und Katen vielfach schlechter und unwürdiger gehalten als Pferde und Hunde. Noch bis in unser Jahrhundert hinein besaßen die Häuser nicht einmal Aborte.

Ein solch düsteres Antlitz hatte die Welt in der Kinderzeit Heinrich Schliemanns. Zwar konnte sich die Familie mit dem spärlichen Gehalt eines Landpastors gerade über Wasser halten, doch sollten Heinrich Schliemann deprimierende Erfahrungen mit der Armut nicht erspart bleiben.

Trotz der schwierigen materiellen Verhältnisse, unter denen er aufwuchs, war Schliemanns Kindheit reich: Seine dörfliche Welt barg eine Menge an Geheimnissen und Sagen, die seinen Geist beflügelten. Später schreibt er, »daß die ganze Arbeit meines späteren Lebens durch die Eindrücke meiner frühesten Kindheit bestimmt wurden, ja, daß sie die notwendige Folge derselben gewesen ist; wurden doch, sozusagen, Hacke und Schaufel für die Ausgrabung Trojas und der Königsgräber von Mykene schon in dem kleinen deutschen Dorf geschmiedet ... und die in meiner Natur begründete Neigung für alles Geheimnisvolle und Wunderbare wurde durch die Wunder, welcher jener Ort enthielt, zu einer wahren Leidenschaft entflammt«.

Heinrich brauchte nicht weit zu gehen, ihm bot sich eine wundersame Welt bereits vor der Haustüre. Schon im Gartenhäuschen ging angeblich ein Geist um, keiner aus längst vergangenen Zeiten, sondern frisch aus der Gegenwart, der Geist des Vorgängers seines Vaters, des Pastors von Rußdorf. Gleich hinter dem Garten des Pfarrei-Anwesens spukte es im »Silberschälchen«, einem kleinen Teich. Ihm sollte um Mitternacht eine gespenstige Jungfrau entsteigen, die eine silberne Schale mit sich trug.

In der Gemarkung des Dorfes lag auch ein Hünengrab. In diesem Hügel, so erzählte die Sage, habe ein alter Raubritter sein Lieblingskind in einer goldenen Wiege begraben. Ungeheure Schätze sollten neben den Ruinen eines alten Turms im Garten des Gutsbesitzers verborgen sein. Der kleine Heinrich war von diesen Schätzen so überzeugt, daß er, wenn sein Vater über Geldmangel klagte, ihn verwundert fragte, wieso er denn nicht die Silberschale und die goldene Wiege ausgrabe und sich damit reich mache.

Schaurig und geheimnisumwittert beflügelten Heinrichs Geist ein altes Schloß und die Schrecknisse, die sich die Leute davon erzählten. Hinter den zwei Meter starken Mauern und in einem langen, unterirdischen Gang sollten grausige Gespenster umgehen. Der Raubritter Henning von Holstein, im Volksmund nur »Henning Bradenkirl« genannt, habe dieses Schloß bewohnt und

die Menschen weit und breit ausgeplündert und terrorisiert. Den Herzog von Mecklenburg, der ihm solcher Untaten wegen nicht wohlgesonnen war, habe er einmal heuchlerisch auf sein Schloß geladen, um ihn dann zu ermorden. Des »Bradenkirls« Kuhhirte aber war kein bedingungsloser treuer Knecht seines Herrn. Dem anrückenden Herzog hinterbrachte er, an einem Hügel versteckt, den Mordplan des Raubritters. Das sollte dem Kuhhirten schlecht bekommen; denn Henning ließ ihn bei lebendigem Leib langsam in einer eisernen Pfanne braten und gab dem Sterbenden noch einen Tritt mit dem linken Fuß. Aber auch des »Bradenkirls« Stunde hatte geschlagen, als der Herzog mit einem Regiment Soldaten das Schloß stürmte. Schnell vergrub Henning noch seinen Schatz neben dem Turm und gab sich selbst den Tod. Eine Reihe von Steinen auf dem Friedhof bezeichnete angeblich das Grab des Bösewichts, aus dem jahrhundertelang sein linkes, mit einem schwarzen Seidenstrumpf bedecktes Bein immer wieder herausgewachsen war.
Weil nun der Küster und der Totengräber hoch und heilig beschworen, daß sie als Buben selbst das Bein abgeschnitten und mit dem Knochen Birnen von den Bäumen abgeschlagen hätten, war Heinrich fest vom Wahrheitsgehalt dieser Sage überzeugt. Er drang mehrfach auf seinen Vater ein, das Grab doch zu öffnen, oder ihm zu erlauben, es selbst zu tun, um endlich herauszufinden, warum das Bein des »Bradenkirls« nicht mehr wachse.
»Einen ungemein tiefen Eindruck auf mein empfängliches Gemüt machte auch ein Tonrelief an einer der Hintermauern des Schlosses, das einen Mann darstellte und nach dem Volksglauben das Bildnis des Henning Bradenkirl war«, erinnerte sich Heinrich Schliemann noch nach vielen Jahren. Auf diesem Relief wollte nämlich keine Farbe haften, weshalb die Meinung umging, es sei mit dem Blut des Kuhhirten bedeckt, das sich nicht entfernen lasse. Im Schloß bezeichne außerdem ein vermauerter Kamin die Stelle, wo der arme Kuhhirte geröstet worden sei. Dort ließen sich die Fugen des Mauerwerks nicht mehr abdichten, damit alle

Menschen an das verbrecherische Tun erinnert würden. Auch einer anderen Erzählung schenkte der Knabe Heinrich unbedenklich Glauben. Im benachbarten Gut Rumshagen habe der Besitzer, Herr von Gundlach, neben der Dorfkirche einen Hügel aufgegraben und darin große Holzfässer gefunden, die sehr starkes altrömisches Bier enthielten.

Besonders aber fesselten Heinrich die Erzählungen seines Vaters, der ein leidenschaftliches Interesse an alter Geschichte hatte. Oft hörte der Knabe vom Untergang der Städte Herkulaneum und Pompeji. Schliemanns Vater schien jene Menschen für die glücklichsten zu halten, die es sich finanziell leisten konnten, die dort im Gang befindlichen Ausgrabungen mit eigenen Augen zu sehen. Geradezu bildhaft schilderte er dem Sohn die Taten der Helden Homers im Trojanischen Krieg. Heinrich war deprimiert, daß jenes Troja so gänzlich zerstört worden und spurlos vom Erdboden verschwunden sei.

Zu Weihnachten 1829 schenkte der Vater dem fast Achtjährigen Georg Ludwig Jerrers »Weltgeschichte für Kinder«. Als Heinrich in diesem Buch eine Abbildung des brennenden Troja entdeckte, die gewaltigen Mauern, das Skäische Tor und den fliehenden Aeneas mit seinem Vater Anchises auf dem Rücken und dem Sohn Askanios an der Hand, jubelte er vor Freude: »Vater, du hast dich geirrt! Jerrer muß Troja gesehen haben, er hätte es sonst hier nicht abbilden können.«

Der Vater klärte ihn darüber auf, daß es sich nur um ein erfundenes Bild handle, konnte die Begeisterung Heinrichs aber nicht dämpfen. Er bohrte weiter, ob denn Troja wirklich so starke Mauern gehabt hätte. Der Vater bejahte dies. Also, folgerte Heinrich, könnten solche Mauern doch nicht einfach verschwunden sein; sie würden höchstens unter dem Schutt der Jahrhunderte verborgen liegen. Zwar behauptete Vater Ernst, daß doch wohl alles nur eine Dichtung sei, doch der Junge blieb fest bei seiner Meinung und fand das lächelnde Einverständnis des Vaters, daß er dereinst Troja ausgraben werde.

Der geheimnisvolle Zauber, der über den verschiedenen Stellen des Dorfes lag, und das ferne, ausgelöschte Troja verhalfen Heinrich zu seiner ersten Jugendliebe. Während seine Spielkameraden ihn seiner Phantastereien wegen verlachten, fand er in zwei Mädchen aufmerksame Zuhörer. Luise und Minna Meincke waren die Töchter eines Gutspächters im Nachbarort Zahren. Vor allem Minna, so alt wie Heinrich, zeigte volles Verständnis für seine Zukunftspläne.
»So wuchs eine warme Zuneigung zwischen uns auf«, schrieb Schliemann später nieder, »und in kindlicher Einfalt gelobten wir uns bald ewige Liebe und Treue.« Als noch der Tanzunterricht hinzukam, dem übrigens beide nichts abgewinnen konnten, und Minna sich Heinrichs Ideen und Pläne zu eigen machte, stand zwischen ihnen fest, daß sie sich, wenn sie erwachsen wären, heiraten, alle Geheimnisse Ankershagens erforschen und schließlich die Stadt Troja ausgraben würden.
Der erste Schicksalsschlag traf Heinrich Schliemann, als er neun Jahr alt war. Als die Mutter nach der Geburt ihres neunten Kindes am Kindbettfieber verstarb, zerfiel die Familie. Unverständlich für Heinrich war, daß er nach einiger Zeit auch Minna nicht mehr sehen durfte. Der Grund dafür war, daß man hinter der vorgehaltenen Hand von Affären seines Vaters flüsterte. Der Name Schliemann begann in der sogenannten ehrbaren Gesellschaft in Mißkredit zu geraten.
In Tränen gebadet erinnerte sich Heinrich der glücklichen Tage mit dem geliebten Mädchen: »Die ganze Zukunft erschien mir finster und trübe, alle geheimnisvollen Wunder von Ankershagen, ja, Troja selbst hatte eine Zeitlang keinen Reiz mehr für mich.«
Der Vater wählte die Therapie der Distanz. Heinrich kam für zwei Jahre zu seinem Onkel Friedrich, Prediger in Kalkhorst. Dort hatte er in dem Kandidaten Carl Andres einen vorzüglichen Lehrer, unter dessen Leitung er so gute Fortschritte machte, daß er schon zu Weihnachten 1832 seinem Vater als Geschenk einen,

wenn auch fehlerhaften, lateinischen Aufsatz über den Trojanischen Krieg und die Abenteuer des Odysseus und des Agamemnon überreichen konnte.
Zu Ostern 1835 bezog er das Gymnasium Carolinum in Neustrelitz. Doch schon wenig später konnte der Vater das Schulgeld nicht mehr aufbringen. Unter dem Vorwurf »leichtfertigen Lebenswandels« und von »Weibergeschichten« mußte er sich in kostspieligen Prozessen verantworten. Zwar wurde er letztlich freigesprochen, doch war es mit dem Amt des Pastors vorbei. Noch im gleichen Jahr, 1835, wurde er entlassen. Er löste den Haushalt auf, heiratete erneut und ging in die Nähe von Rostock. An verschiedenen Orten war er als Gastwirt, Gutspächter und schließlich Gutsbesitzer tätig, 1870 starb er im Alter von neunzig Jahren.

Betrunkener Müllergeselle rezitiert Homer

Heinrich beschritt den Leidensweg der Armut und Heimatlosigkeit. Nach einjährigem Besuch der Realschule trat er als Laufbursche und »Mädchen für alles« in einen kleinen Krämerladen in Fürstenberg ein. Kurz vor seiner Abreise aus Neustrelitz, am Karfreitag 1836, traf er zufällig noch einmal mit Minna zusammen. Es sollte die letzte Begegnung der beiden jungen Menschen werden. Mit Tränen fielen sie sich in die Arme. Doch währte das Glück nur Augenblicke; denn die dazwischentretenden Eltern Meincke ließen keine weiteren Kontakte mehr zu. Trotzdem war sich Heinrich sicher, daß ihn Minna liebte, und dieser Gedanke feuerte seinen Ehrgeiz an: »Von jenem Augenblick an fühlte ich eine grenzenlose Energie und das feste Vertrauen in mir, daß ich durch unermüdlichen Eifer in der Welt vorwärtskommen und mich Minna würdig zeigen werde. Das einzige, was ich damals von Gott erflehte, war, daß sie nicht heiraten möchte, bevor ich mir eine unabhängige Stellung errungen haben würde.«

Doch bis dahin war es noch ein weiter Weg. In Schliemanns jämmerliches Dasein fiel kein Hoffnungsstrahl. Mit der Veräußerung des Krämerladens wurde auch der Laufbursche Heinrich als lebendes Inventar an den Nachfolger übereignet. Fünfeinhalb Jahre lang verkaufte Schliemann Heringe, Butter, Salz, Milch, Kartoffelschnaps, Kaffee, Zucker, Öl, Talglichter und was sonst noch von den wenigen und sparsamen Kunden verlangt wurde. Von fünf Uhr morgens bis elf Uhr nachts war er beschäftigt, nicht nur Waren zu schleppen und den Laden zu reinigen, er mußte auch noch Schnaps brennen. Das Geschäft war mit einem Jahresumsatz von knapp dreitausend Talern so minimal, daß für Heinrich nur Pfennigbeträge als Lohn abfielen. »Mich würgte die Bitterkeit des Armseins«, schrieb er später über jene Jahre. Ihm blieb kein Augenblick, sich geistig weiterzubilden. Schon bald hatte er das wenige in seiner Kindheit Erlernte vergessen.
Eines Abends jedoch erlebte er einen Höhepunkt in seinem freudlosen Alltag – ausgerechnet in der Begegnung mit einem betrunkenen Burschen. Der Sohn eines protestantischen Predigers hatte den Laden betreten, der kurz vor dem Abitur wegen schlechten Betragens vom Gymnasium verjagt worden war und der nun als Müllergeselle durch die Lande zog und sein Schicksal im Alkohol zu vergessen oder zu überwinden suchte. Er hatte jedoch noch immer seinen Homer im Kopf. Und an jenem Abend im Laden rezitierte er dem lauschenden Heinrich hundert Verse aus dem Epos des großen Griechen. Obwohl Heinrich kein Wort verstand, faszinierte ihn der melodische Klang des Altgriechischen derart, daß er dem Müllergesellen mit den eigenen letzten Pfennigen drei Schnäpse spendierte, die göttlichen Verse dreimal wiederholt zu bekommen. »Von jenem Augenblick an hörte ich nicht auf, Gott zu bitten, daß er in seiner Gnade mir das Glück gewähren möge, einmal Griechisch lernen zu dürfen.«
Als kein Anzeichen einen Ausweg aus seiner elenden Lage zu verheißen schien, veränderte ein gesundheitlicher Schaden Heinrich Schliemanns Leben. Beim Aufheben eines schweren Fasses

zog er sich eine innere Verletzung zu und spuckte Blut. Er war außerstande, die Arbeit im Laden noch weiter zu verrichten.
In einem Zustand der Verzweiflung wanderte er über Rostock nach Hamburg. Die große Stadt mit ihrem betriebsamen Hafen beeindruckte den jungen Mann. »Hamburgs Anblick hatte mich gleichsam in den dritten Himmel erhoben«, gestand er. Da er inzwischen schon etwas Englisch und ein wenig Buchführung gelernt hatte, erhielt er auch eine Anstellung mit 180 Mark Lohn im Jahr. Sein anhaltend schlechter Gesundheitszustand ließ ihn diese Tätigkeit bald wieder abbrechen.
Heinrich Schliemann schien am Ende zu sein. Selbst mit der niedrigsten Arbeit konnte er sich nicht sein tägliches Brot verdienen. Hoffnungslosigkeit spricht aus seinen Worten: »Ich war immer schon am Ende gewesen, aber doch noch nie so gänzlich mittellos wie gerade zu jener Zeit, mußte ich doch meinen einzigen Rock verkaufen, um mir eine wollene Decke anschaffen zu können.« Er war am wirtschaftlichen Tiefpunkt seines Lebens angelangt.
Doch dann fiel ein Glücksstrahl in sein Elend: Der Schiffsmakler I. F. Wendt, der mit Heinrichs verstorbener Mutter aufgewachsen war, verschaffte ihm eine Tätigkeit als Kajütenjunge an Bord der kleinen Brigg »Dorothea«. Am 28. November 1841 verließ das Schiff den Hamburger Hafen mit dem Ziel La Guaira in Venezuela. Aber schon in Blankenese war erste Station. Drei volle Tage mußte man auf günstigen Wind warten. Doch hielt dieser nicht lange an; die Brigg kam nur zögernd voran, um schließlich in der Nacht zum 12. Dezember bei einem furchtbaren Sturm, bei Schneetreiben und sechs Grad Kälte in Höhe der Insel Texel nahe der Bank »de Eilandsche Grond« Schiffbruch zu erleiden. Nach neun Stunden endlich wurde die in einem offenen Boot von Sturm und Kälte gebeutelte Mannschaft gerettet, als alle neun Mann von der Brandung auf eine Sandbank geworfen worden waren.
Heinrich wußte nur, daß er in einem »fremden Land« gestrandet war. Aber »mir war, als flüsterte mir eine Stimme dort auf der

Sandbank zu, daß jetzt die Flut in meine irdischen Angelegenheiten eingetreten sei und daß ich ihren Strom nutzen müsse. Und noch derselbe Tag bestätigte mir diesen frohen Glauben; denn während der Kapitän und meine Gefährten ihren ganzen Besitz bei dem Schiffbruch eingebüßt hatten, wurde mein kleiner Koffer, der einige Hemden und Strümpfe sowie mein Taschenbuch und einige mir von Herrn Wendt verschaffte Empfehlungsschreiben nach La Guaira enthielt, unversehrt auf dem Meer schwimmend gefunden und herausgezogen«.

Schiffbruch, also Mißerfolg, schien Heinrich Schliemanns Wegbegleiter zu sein. Zwar wurde die gestrandete Mannschaft von den Konsulen Sonderdorp und Ram in Texel freundlich aufgenommen, doch wollte Heinrich nicht nach Hamburg zurückkehren, denn seine bisherigen Jahre in Deutschland hatten ihm wenig Hoffnung gegeben, dort jemals eine sichere Existenz zu gründen. Er erklärte, in Holland bleiben und sich in Amsterdam als Soldat bewerben zu wollen. Zwei Gulden erhielt er als Geld für die Überfahrt.

Noch aber mußte er auf die »Flut zur Verbesserung seiner irdischen Angelegenheiten« warten. Mit Almosen von der Insel Texel und aus Enkhuizen und zwei weiteren Gulden, die er vom mecklenburgischen Konsul Quack erhalten hatte, konnte er sich ein paar Tage über Wasser halten. Als es auch mit dem Soldatendasein nichts geworden war und er kein Geld mehr in der Tasche hatte, simulierte er eine Krankheit, um wenigstens in einem Hospital Unterkunft und Verpflegung zu finden.

Nur menschliche Hilfe konnte ihm noch Rettung aus dieser verzweifelten Lage bringen. Sie kam in Gestalt eines dicken Briefes. Heinrich Schliemann hatte dem Schiffsmakler Wendt ausführlich über seinen Schiffbruch und seine jämmerliche Situation geschrieben. Ein glücklicher Zufall wollte es, daß dieses Schreiben dem Empfänger überbracht wurde, als er gerade mit einigen Freunden bei einem festlichen Mahl saß. Die allgemeine Anteilnahme am Mißgeschick des schiffbrüchigen jungen Man-

nes nutzte Wendt zu einer spontanen Sammlung. 240 Gulden kamen zusammen, die über Konsul Quack an Heinrich weitergeleitet wurden. Zusätzlich erging ein Empfehlungsschreiben Wendts an den preußischen Generalkonsul W. Hepner in Amsterdam, der schon nach kurzer Zeit dem »kranken« Heinrich eine Anstellung im Kontor der Firma F. C. Quien verschaffte, womit Heinrich Schliemann endlich wieder festen, wenn auch noch nicht ertragreichen Boden unter den Füßen hatte.
Noch hatte er nicht den ersten Schritt auf den Sprossen der Erfolgsleiter gemacht, doch war ihm in der damals schon großen Stadt Amsterdam nun immerhin ein Existenzminimum gesichert. Als Bürobote mußte er Wechsel stempeln lassen und sie bei den jeweiligen Geschäftspartnern einkassieren. Außerdem mußte er die Briefpost wegbringen und abholen. Diese nicht sonderlich anstrengende Tätigkeit ließ ihm ausreichend Zeit, seine vernachlässigte Bildung zu verbessern.
Er ging systematisch vor. Die erste Forderung, die er sich stellte, war eine ordentliche und leserliche Handschrift. Zwanzig Unterrichtsstunden nahm er bei dem berühmten Brüsseler Kalligraphen Magnée. Der Erfolg machte ihn so zufrieden, daß er sich durch ein Studium moderner Sprachen eine Verbesserung seiner beruflichen Position versprach.
Notgedrungen verbunden war damit aber eine beträchtliche Einschränkung seiner wirtschaftlichen Verhältnisse. Von seinem Jahresgehalt von achthundert Francs oder vierhundert Gulden gab er die Hälfte für seine Studien und für Bücher aus. Mit der anderen Hälfte lebte er »wie ein Hund«. Seine Unterkunft, für die er monatlich acht Francs zahlte, war eine miserable, nicht beheizbare Dachkammer, in der ihn im Winter der Frost beutelte und im Sommer die Hitze kaum atmen ließ. Roggenmehlbrei war sein Frühstück, und für das Mittagessen gab er nie mehr als sechzehn Pfennige aus.
Aber gerade unter derart bedrückenden Verhältnissen, die sicher fast jeden anderen zur Kapitulation gezwungen hätten, erwiesen

sich Schliemanns unbeugsamer Wille und strebender Geist: »Nichts spornt mehr zum Studieren an als das Elend und die gewisse Aussicht, sich durch angestrengte Arbeit daraus befreien zu können. Dazu kam für mich noch der Wunsch, mich Minnas würdig zu zeigen, die einen unbesiegbaren Mut in mir erweckte und entwickelte.« Diese Einstellung war die treibende Kraft für seine sich anbahnenden Erfolge.

Seine wenigen englischen Sprachkenntnisse baute Schliemann nun zur perfekten Beherrschung aus. Dazu entwickelte er sich seine eigene Methode des dauernden lauten Lesens mit Verzicht auf Übersetzungen. Um auch eine gute Aussprache zu lernen, besuchte er sonntags regelmäßig zweimal den Gottesdienst in der englischen Kirche und sprach für sich jedes Wort der Predigt noch einmal leise nach. Bei seinen Botengängen hatte er stets ein Buch in der Hand, aus dem er etwas auswendig lernte, und Wartezeiten auf dem Postamt kamen ihm gelegen, da er dabei lesen konnte. Schon nach drei Monaten bescheinigten ihm seine beiden Lehrer, Taylor und Thompson, daß er die englische Sprache voll beherrsche. Alle wachen Stunden der Nacht brachte er damit zu, das am Tag Gelesene in Gedanken zu wiederholen. »Da das Gedächtnis bei Nacht viel konzentrierter ist als bei Tage«, stellte er in seinem Tagebuch fest, »fand ich diese nächtlichen Wiederholungen von größtem Nutzen; ich empfehle dies Verfahren jedermann.«

Nun packte ihn der Ehrgeiz, sich in gleicher Weise andere Sprachen anzueignen. Seine Methode bewährte sich. Wiederum innerhalb von sechs Monaten erlernte er mit den »Aventures de Télémaque« von Fénelon und »Paul et Virginie« von Bernardin de Saint-Pierre, die er auswendig lernte, die französische Sprache. Sein Wille und sein Geist entwickelten eine derartige Dynamik, daß er im Laufe eines weiteren Jahres gleich vier Fremdsprachen erlernte, nämlich Holländisch, Spanisch, Italienisch und Portugiesisch. Nicht mehr als sechs Wochen benötigte er, um jeweils eine dieser Sprachen fließend sprechen und schreiben zu können.

Zu diesem Triumph seiner geistigen Fähigkeiten kam nun auch eine physische Gesundung. »Hatte ich es nun dem vielen Lesen mit lauter Stimme oder dem wohltätigen Einfluß der feuchten Luft Hollands zu danken, ich weiß es nicht: genug, mein Brustleiden verlor sich schon im ersten Jahr meines Aufenthaltes in Amsterdam und ist auch später nicht wiedergekommen.«
Als ihm seine Möglichkeiten bewußt wurden, machte sich Heinrich Schliemann Gedanken, inwieweit seine Tätigkeit als Bürodiener noch damit zu vereinbaren sei. Seine Sprachstudien ließen ihn seine Beschäftigung vernachlässigen, die er mehr und mehr als seiner unwürdig ansah. Am 1. März 1844 glückte es ihm endlich, durch Vermittlung zweier Freunde, Louis Stoll in Mannheim und I. H. Ballauf in Bremen, die Position eines Korrespondenten und Buchhalters bei der Firma B. H. Schröder & Co in Amsterdam zu erhalten. Sein Eintrittsgeld betrug 1200 Francs. Aber schon bald stockte man dieses Entgelt um eine Fleißzulage von 800 Francs auf.
Als Zweiundzwanzigjähriger hatte Heinrich Schliemann die wirtschaftliche Notzeit seines Lebens überwunden. Doch auf der ersten Sprosse der Erfolgsleiter stehenzubleiben entsprach nicht seinem eisernen Willen. Schritt für Schritt ging es nun aufwärts, und wenn sich Schwierigkeiten einstellen wollten, hielt ihm das Glück den Steigbügel. Mit dem Intensivtraining der Sprachstudien hatte er seinen Geist für kommende Anforderungen gerüstet. Der Traum von Troja wurde während des wirtschaftlichen Aufstiegs vorerst zu den Akten gelegt.

Lehrstunden eines Millionärs

Es gibt eine Fotografie Schliemanns aus seiner Petersburger Zeit, die ihn in einem schweren Pelzmantel zeigt. Er hatte das Bild seiner Jugendfreundin Minna geschenkt. Die Rückseite dieses Bildes enthält eine stolze und selbstbewußte Widmung, mit der

Schliemann die erfolgreichen Jahre seines Lebens umriß: »Photographie von Henry Schliemann, früher Lehrling des Herrn Hückstaedt in Fürstenberg, jetzt St. Petersburger Großhändler I. Gilde, erblicher russischer Ehrenbürger, Richter im St. Petersburger Handelsgericht und Direktor der Kaiserlichen Staatsbank zu St. Petersburg.«

Bürodiener mit Hungerlohn in Amsterdam – Staatsbankdirektor in der Hauptstadt des Zarenreiches, man ist versucht, an ein Märchen zu glauben. Das Erfassen einer »Marktlücke« und das Talent, sich in kurzer Zeit eine fremde Sprache anzueignen, wurden zum Fundament von Schliemanns Aufstieg in schwindelnde Höhen. Die Amsterdamer Firma, bei der er arbeitete, unterhielt Geschäftsbeziehungen zur russischen Hauptstadt. Niemand indes war in der Lage, mit den dortigen Partnern in deren Sprache zu korrespondieren. Heinrich Schliemann war überzeugt, daß er sich seinen Arbeitgebern durch das Erlernen des Russischen besonders nützlich machen könnte. Also stürzte er sich mit seinem bewährten Eifer auf das Studium. Da aber schienen sich fast unüberwindliche Schwierigkeiten aufzubauen. Was er in Amsterdam auftreiben konnte, waren eine alte Grammatik, ein Lexikon und eine schlechte Übersetzung der »Aventures de Télémaque«. Vergebens suchte er nach einem Lehrer; denn außer dem russischen Vizekonsul Tannenberg, der einen Unterricht ablehnte, gab es keinen Menschen in Amsterdam, der auch nur ein Wort der russischen Sprache verstanden hätte.

So blieb ihm nur sein altes Rezept, das sich bei seinen anderen Studien bewährt hatte. Zunächst lernte er die Übersetzung des »Telemach« auswendig. Bald aber glaubte er, bessere und schnellere Fortschritte machen zu können, wenn er einem Zuhörer die Abenteuer des »Telemach« laut hersagen würde. »So engagierte ich einen armen Juden«, erinnerte er sich, »der für vier Franc pro Woche allabendlich zwei Stunden zu mir kommen und meine russischen Deklamationen anhören mußte, von denen er keine Silbe verstand.«

Kein Verständnis jedoch brachten die anderen Bewohner des Hauses für die Sprachstudien Schliemanns auf. Durch die dünnen Zimmerdecken drang sein lautes Rezitieren vom dritten Stock bis ins Parterre. Die Beschwerden der Nachbarn zwangen ihn zweimal zum Wohnungswechsel. Doch schon nach sechs Wochen konnte er den ersten russischen Brief an Wassili Plotnikow, den Londoner Agenten der großen Indigohändler Gebrüder Malutin in Moskau, schreiben. Und wenig später staunten die Kaufleute Matwejew und Frolow, die zu den Indigoauktionen nach Amsterdam gekommen waren, als sich Schliemann mit ihnen fließend in ihrer Muttersprache verständigen und unterhalten konnte.
Dies war der Auftakt zu einem neuen Beginn. Im Januar 1846 schickte ihn seine Firma als ihren Agenten nach St. Petersburg. Dort und in Moskau waren nach kurzer Akklimatisierung seine Bemühungen von Erfolgen gekrönt, die die Erwartungen seiner Firma und seine eigenen Hoffnungen bei weitem übertrafen.
Noch einmal wurde Heinrich Schliemanns seelische Widerstandskraft auf eine harte Probe gestellt. Nun im Besitz einer gesicherten Position und mit dem angemessenen Einkommen eines unentbehrlichen Firmenvertreters dotiert, war er überzeugt, seiner geliebten Jugendfreundin Minna eine ausgezeichnete Basis für eine Ehe bieten zu können. Also schrieb er ausführlich an einen Freund der Familie Meincke, den Hofmusikus Laue in Neustrelitz, schilderte seinen Werdegang und bat ihn, umgehend in seinem Namen um Minnas Hand anzuhalten. Wie ein Keulenschlag traf ihn nach einem Monat die Antwort aus der Heimat: Minna habe wenige Tage zuvor eine andere Ehe geschlossen. »Diese Enttäuschung erschien mir damals als das schwerste Schicksal, das mich überhaupt treffen konnte«, hielt er in seinen Erinnerungen fest, »ich fühlte mich vollständig unfähig zu irgendwelcher Beschäftigung und lag krank darnieder … Es war uns beiden in Wahrheit so ergangen, wie es uns so oft im Traume zu ergehen pflegt: wir wünschen jemand rastlos zu verfolgen, und sobald wir glauben, ihn erreicht zu haben, entschlüpft er uns

immer von neuem. Wohl dachte ich damals, daß ich den Schmerz über Minnas Verlust nie würde verwinden können; aber die Zeit, die alle Wunden heilt, übte endlich einen wohltätigen Einfluß auch auf mein Gemüt, und wenn ich auch jahrelang um die Verlorene trauerte, konnte ich doch allmählich meiner kaufmännischen Tätigkeit wieder ohne Unterbrechung obliegen.«

Das Resultat seiner Tätigkeiten war ein kometenhafter wirtschaftlicher Aufstieg. Unter Schliemanns Hand florierte jedes Geschäft und warf einen immer größeren Gewinn ab. Die Rubel rollten so unaufhörlich in seine Tasche, daß er sich bereits nach einem Jahr selbständig machte und in die Gilde der Großhändler einschreiben ließ. Trotzdem behielt er noch elf Jahre die Agentur seiner Amsterdamer Firma bei, die er mit gleichem Glück und kaufmännischem Geschick leitete. In Amsterdam hatte er sich umfassende Kenntnisse über Indigo angeeignet. Vorerst beschränkte er sich deshalb fast ausschließlich auf diesen Artikel.

Für ein paar Monate, so glaubte er, könne ihn seine Firma entbehren. Da er lange Zeit nichts von seinem Bruder Ludwig gehört hatte, der Anfang 1849 nach Kalifornien ausgewandert war, entschloß er sich, ihn selbst aufzusuchen. Im Frühjahr 1850 traf er in Sacramento ein, das gerade vom Goldrausch erfaßt war. Er erfuhr, daß sein Bruder verstorben war.

Der Goldrausch erfaßte auch Heinrich Schliemann. Unverzüglich machte er eine Bank auf, die den Goldwäschern das mühsam erarbeitete Edelmetall abkaufte. Obwohl ihm das ungewohnte Klima mit Fieberanfällen zusetzte, arbeitete er unermüdlich. »In der vergangenen Woche«, schrieb er aus Sacramento, »hatte ich eine wirklich schwere Zeit hinter mir, und selbst ein Negersklave arbeitete nicht härter als ich. Meine Bank ist von früh bis spät in der Nacht vollgestopft und verrammelt mit Leuten aller Nationalitäten. Den ganzen Tag muß ich mich mit ihnen in acht Sprachen verständigen.«

Da er die Mentalität dieser Abenteurer und Glücksritter aus aller Herren Länder richtig einschätzte, blieben die finanziellen Erfolge nicht aus. Seinem Vater schilderte Schliemann in einem Brief das Kolorit dieser Zeit und seine eigene Raffinesse, dank der er auch mit den rauhesten Burschen fertig wurde. »Ich machte nichts wie Geldgeschäfte und kam vom frühesten Morgen bis spät in die Nacht mit den schlausten der schlauen Schurken in Berührung; da ich aber alle Ränke und Schliche der Amerikaner kannte, ehe ich nach Californien kam, da ich der Sprache vollkommen mächtig war und *jeden* für einen Spitzbuben ansah, so habe ich dort niemals verloren – im Gegenteil bedeutend gewonnen.« Zehn Monate lang betrieb er seine Bank und hatte sein – schon zuvor ansehnliches – Vermögen verdoppelt.

Schließlich gelangte er noch zu einer Würde, die ihn fast verpflichtete, in den nächsten Jahrzehnten noch mehrmals die Neue Welt aufzusuchen. Am 4. Juli 1859 wurde Kalifornien zum Staat erhoben. Und da alle an jenem Tag im Lande Lebenden automatisch naturalisierte Amerikaner wurden, so wurde auch Heinrich Schliemann Bürger der Vereinigten Staaten.

Genau zwei Jahre nach dem Erwerb der amerikanischen Staatsbürgerschaft war er wieder in Petersburg. Seine immer besser gehenden Geschäfte reihten ihn in den Kreis der oberen Zehntausend der Hauptstadt ein. Um diesem Ansehen auch den entsprechenden gesellschaftlichen Rahmen zu verleihen, heiratete er am 12. Oktober 1852 die aus einer gutbürgerlichen Kaufmannsfamilie stammende zwanzigjährige Katharina Lyschin. Wenn dieser Verbindung auch zwei Kinder, der Sohn Sergej, 1855, und die Tochter Nadeschda, 1861, entsprossen, so stand die Ehe doch von Anfang an unter keinem guten Stern. Zu verschieden waren die beiden Charaktere. Katharina, kühl, abweisend und sich gerne unabhängig gebend, hatte kaum Verständnis für ihren rastlos im Geschäftsleben stehenden, bei allen Millionen sparsamen und von vielen Vorhaben besessenen Mann. Seine Reisen, sein Studium in Paris und seine archäologischen Ambitionen hatten jahrelange Trennungen zur Folge, so daß die Ehe schließlich 1869 geschieden wurde.

Kriegsgewinnler und göttliche Vorsehung

Gegen Ende des Jahres 1852 richtete Heinrich Schliemann eine Filiale für Engrosverkauf von Indigo und Farbhölzern in Moskau ein. Sein dortiger Filialleiter, Alexei Matwejew, verstarb jedoch frühzeitig, so daß er dessen Diener Jutschenko einsetzte und ihn in den Rang eines Kaufmanns der zweiten Gilde erhob. Dies rechtfertigte er mit seiner Ansicht, daß aus einem geschickten Diener leicht ein guter Direktor, aus einem Direktor aber nie ein brauchbarer Diener werden könnte.

Schliemann ließ kein Geschäft aus, das ihm Gewinn versprach. Seinem Vater berichtete er: »Ich gelte hier als der schlaueste, durchtriebenste und fähigste Kaufmann.« Daß ihm aber auch das Glück zur Seite stand, sollte sich in Krisensituationen erweisen. »Die göttliche Vorsehung«, so nannte er seine zahlreichen Glücksfälle, »beschützte mich oft in der wunderbarsten Weise, und mehr als einmal wurde ich nur durch einen Zufall vom gewissen Untergang gerettet.« So blieb ihm sein ganzes Leben lang der Morgen des 4. Oktober 1854 in der Erinnerung haften.

Es war während des Krimkrieges, den Zar Nikolaus I. durch seinen Einmarsch in die Balkanfürstentümer ausgelöst hatte. Westmächte, vornehmlich England und Frankreich, landeten deshalb auf der Halbinsel Krim und verhängten eine Blockade über die russischen Häfen. Dies bedeutete eine erhebliche Erschwernis für den Handel; denn alle für Petersburg bestimmten Warensendungen mußten nach den preußischen Häfen Königsberg und Memel verschifft und von da auf dem Landwege weitertransportiert werden. Schliemann war wieder einmal zur Indigoauktion in Amsterdam gewesen. Mehrere hundert Kisten Indigo und eine Menge anderer Handelsgüter waren auf zwei Dampfern nach Memel verladen worden.

Schliemann war am Abend des 3. Oktober im Hotel de Prusse in Königsberg angekommen, um am nächsten Tag in Memel den Weitertransport seiner Waren zu überwachen. Zufällig blickte er am Morgen aus dem Hotelzimmer auf den Turm des nahen »Grünen Tores«. Dort las er eine Inschrift in vergoldeten Lettern:

»Vultus fortunae variatur imagine lunae:
Crescit, decrescit, constans persistere nescit.«
(Das Gesicht der Glücksgöttin wechselt mit dem Mond:
Es nimmt zu, nimmt ab, Beständigkeit kennt es nicht.)

Die Vorahnung eines Schicksalsschlages bemächtigte sich seiner. Schon auf der ersten Poststation hinter Tilsit wurde ihm die Katastrophe berichtet: Die Stadt Memel war am Vortag von einem gewaltigen Großfeuer heimgesucht und eingeäschert worden. Verzweifelt suchte Schliemann in den noch qualmenden Trümmern nach seinem Agenten Meyer. Endlich hatte er ihn gefunden. »Sind meine Waren gerettet?« Meyer deutete auf seinen noch glimmenden Speicher: »Dort liegen sie begraben!« Die Arbeit von über acht Jahren schien mit einem Schlag ausgelöscht zu sein. Die Unsicherheit der Handelsverhältnisse durch den Krimkrieg hatte Schliemann gezwungen, alles bar einzukaufen. Während er grübelte und sich an die Hoffnung klammerte, daß ihm seine Geschäftspartner in London und Amsterdam Kredite gewähren würden, entschloß er sich, das Ruinenfeld Memel zu verlassen und nach Petersburg abzureisen. An der Postkutsche klagte er den anderen Passagieren sein Mißgeschick. Plötzlich erkundigte sich ein Mann nach seinem Namen. »Wie – Schliemann? Das ist ja der einzige, der nichts verloren hat! Ich bin der erste Kommis bei Meyer & Co. Unser Speicher war schon übervoll, als die Dampfer mit Schliemanns Waren eintrafen, und so mußten wir dicht daneben noch einen hölzernen Schuppen bauen, in dem sein ganzes Eigentum unversehrt geblieben ist.«
»Ich stand einige Minuten sprachlos«, erinnerte sich Schliemann, »schien es mir doch wie ein Traum, daß ich allein aus dem allgemeinen Ruin unbeschädigt hervorgegangen sein sollte! Und doch war dem so.« Das Feuer war in dem massiven Lagerhaus der Firma Meyer & Co im Norden der Stadt ausgebrochen und

hatte bei dem orkanartigen Nordwird rasch auf die Stadt übergegriffen. Der Schuppen mit Schliemanns Gütern, nördlich vom Brandherd errichtet, wurde gerade noch durch den Sturm verschont.

Seine glücklich geretteten Waren verkaufte er sehr günstig, ließ das Geld wieder und wieder arbeiten und stockte sein Konto weiter auf. Mit dem scharfen Blick des beschlagenen Geschäftsmannes erkannte er die Chancen, die ihm der Krimkrieg bot. Während die »Kapitalisten« – so titulierte er seine Kaufmannskollegen – vor einem Risiko zurückschreckten, stieg er voll ins Geschäft ein. Kriegsmaterial war gefragt. Die Rüstung brauchte Salpeter, Schwefel und Blei. Also wurde Schliemann der große Lieferant für die Munitionsfabriken. Innerhalb eines Jahres hatte er erneut sein Vermögen verdoppelt. Auf der anderen Seite des Atlantiks tobte der amerikanische Bürgerkrieg. Da der Norden den Handel der Südstaaten durch die Blockade der Häfen auf ein Minimum eingeschränkt hatte, kamen keine Baumwollsendungen mehr nach Europa. Schliemann besorgte sie andernorts – die Yankees hatten für eine weitere Vergrößerung seines Vermögens gesorgt.

Seine Geschäfte in Petersburg und Moskau liefen so vorzüglich, daß ihm selbst der allgemeine Handelskrach des Jahres 1857 keinen erheblichen Schaden zufügte. Ja, er schloß dieses Krisenjahr sogar mit einem nicht unbedeutenden Gewinn ab.

Heinrich Schliemann gehörte nun nicht nur zu den oberen Zehntausend in der Hauptstadt, er war inzwischen schon in die Spitze der Millionäre vorgedrungen. Für die damalige Zeit nahm der Umsatz seiner Geschäfte nahezu gigantische Ausmaße an. Allein von Mai bis Oktober 1869 belief sich der Wert der von ihm importierten Waren auf zehn Millionen Mark. Als in jenen Tagen die Baumwolle zu teuer geworden war, gab er den Handel damit auf und forcierte den Import von Olivenöl und besonders von Tee, dessen Einfuhr auf dem Seeweg vom Mai 1862 an gestattet worden war. Ein dreiviertel Jahr lief das Geschäft ausgezeichnet,

da machte man ihm einen Strich durch die Millionenrechnung. Im Winter 1862 auf 1863 war in Polen die Revolution ausgebrochen. Einige Kaufleute verstanden es, die allgemeine Unordnung auszunutzen, und schmuggelten gigantische Mengen Tee nach Rußland. Mit diesen Leuten, die ja keinen Einfuhrzoll zahlten, konnte Schliemann nicht konkurrieren. Er zog sich deshalb vom Teehandel zurück, brachte aber seine sechstausend noch auf Lager liegenden Kisten, wenn auch mit vielen Schwierigkeiten, mit einigem Gewinn an die Einzelhändler. Selbst unter widrigen Bedingungen blieb ihm das Glück treu.
Auch einen Prozeß, den der Kaufmann Stefan Solovieff gegen ihn angestrengt hatte und der drei Jahre lang vor der höchsten Instanz gelaufen war, gewann Schliemann, und Solovieff mußte die erhebliche Summe, die er Schliemann schuldete, in vier Raten zahlen. Die letzte Rate vom Dezember 1863 war für Schliemann das Signal zu einer Wende. Nun wollte er nicht mehr Kaufmann, sondern nur noch Vollender seines Lebenszieles sein.

Wiedergeburt des Geistes

Januar 1856: In Petersburg trafen die ersten Nachrichten von der Beendigung des Krimkrieges ein. Der Kaufmann, Handelsrichter und Staatsbankdirektor Schliemann brauchte sich nicht mehr Tag für Tag um seine Geschäfte zu kümmern, die ihn vorher so in Anspruch genommen hatten, daß er monatelang nicht einmal eine Zeitung oder ein Buch in die Hand hatte nehmen können. An ein Sprachstudium war in letzter Zeit gar nicht zu denken gewesen. Mit dem Frieden meldeten sich nun wieder seine alten Wünsche, ihn verlangte nach den schöneren Seiten des Lebens.
Seine ganze Sehnsucht galt dem Eindringen in die griechische Welt, wovon ihn zuvor die Furcht, seine Geschäfte zu vernachlässigen, abgehalten hatte. Mit den materiellen Voraussetzungen ausgestattet, wuchs sein Verlangen nach Sprachstudien und Rei-

sen in gleichem Maße, wie sein Interesse am Handelsgeschäft nachließ. Hatte er sich zwei Jahre zuvor noch Schwedisch und Polnisch vorgenommen, so wußte er nun, daß Griechisch die Voraussetzung für seine künftigen Aufgaben sein würde.
Mit seiner bewährten Methode stürzte er sich auf die neugriechische Sprache, engagierte aber auch zwei Lehrer aus Athen, Nikolaos Pappadakes und Theokletos Vimpos, der ihm ein Jahrzehnt später als Erzbischof von Griechenland die zweite Lebensgefährtin vermittelte. Immer wieder laut lesend und rezitierend, hatte er nach sechs Wochen die größten Schwierigkeiten gemeistert, so daß er sich unverzüglich an das Altgriechische heranmachte. Schon drei Monate reichten ihm, um einige klassische Autoren, besonders Homer, verstehen zu können.
In einem zweijährigen Intensivstudium befaßte er sich mit der altgriechischen Literatur. Schon zu Beginn äußerte er die Überzeugung: »Ich bin dabei, Plato so gründlich zu studieren, daß er, wenn er in sechs Wochen einen Brief von mir erhielte, ihn verstehen müßte.« Grammatikalische Regeln auswendig zu lernen lehnte er ab; sie würden ihm nur seine kostbare Zeit stehlen. Deklinationen und Konjugationen genügten ihm. Er vertrat die Ansicht, daß man mit Sprachen wenig anfangen könne, wenn man sie wie in der Schule lernte, man müsse auch eine alte Sprache wie eine lebende behandeln und sie durch aufmerksames, lautes Lesen und Auswendiglernen von Texten erarbeiten.
»Wissenschaften und besonders Sprachstudium sind bei mir zur wilden Leidenschaft geworden, und jeden freien Augenblick darauf verwendend, ist es mir gelungen, in den letzten zwei Jahren noch die polnische, slovenische, schwedische, dänische sowie ... die neugriechische und lateinische Sprache fertig zu erlernen, so daß ich jetzt fünfzehn Sprachen geläufig spreche und schreibe.«
Die ein Vierteljahrhundert ruhenden Anfangskenntnisse des Lateinischen baute er mit einem Freund, Professor Ludwig von Muralt, in Petersburg aus. Nach Kenntnis der beiden griechischen

Sprachen fiel ihm das Latein nicht schwer. »Besonders Altgriechisch und Lateinisch brachten einen wunderbaren, nie gefühlten Enthusiasmus für die Wissenschaft in mir hervor, und ich lese mit solchem Entzücken den Sophocles, Homer, Horaz und Virgil, daß ich fest überzeugt bin, ich würde sehr gut in mir selbst Beschäftigung genug finden.«

Heinrich Schliemanns »Enthusiasmus« forderte aber mehr als nur Bücherweisheit der Studierstube. Nun wollte er die Welt seiner Sprachen kennenlernen. Die Routine des Geschäftsganges überließ er seinen Mitarbeitern, und seine Frau Katharina war sowieso nicht geneigt, dem Weltenbummler über die Stadtgrenze Petersburgs hinaus zu folgen.

Im Jahre 1858 packte er seine Koffer. Auftakt war eine Reise durch Europa. Vom Nachbarland Schweden reiste er über Dänemark und Deutschland nach Italien. Von da zog es ihn übers Mittelmeer nach Ägypten, in ein Land alter Kultur und voller Denkmäler aus fünf Jahrtausenden. An ihnen vorbei fuhr er auf dem Nil bis zum zweiten Katarakt in Nubien hinaus. Es wäre verwunderlich gewesen, wenn er nicht die Möglichkeit genutzt hätte, sich schon ein wenig mit der arabischen Sprache zu befassen; die ersten dabei erworbenen Kenntnisse baute er dann in Petersburg in einem intensiven Studium aus. Auf dem Weg, den einst die Heere der Pharaonen, der Assyrer, Perser, Alexanders des Großen, der Römer und der Kalifen zwischen dem Vorderen Orient und dem »Bach Ägyptens« zogen, ritt er durch die Wüste nach Jerusalem, der heiligen Stadt dreier Weltreligionen. Tiefen Eindruck hinterließen in ihm die Ruinen der einstigen Nabatäerhauptstadt Petra. Anschließend durchstreifte er ganz Syrien. Dabei prägte sich ihm besonders Kadesch am Orontes ein. Bis zuletzt hatte er vor, eines Tages den Spaten an diesen berühmten Ort der Schlacht zwischen den Hethitern und den Ägyptern anzusetzen.

Gleich im folgenden Jahr, 1859, besuchte er Smyrna, die Kykladen und Athen. Nun war er auf klassischem Boden. Er wollte

gerade die Insel Ithaka ansteuern, als ihn ein Fieberanfall heimsuchte, der ihn zwang, nach Petersburg zurückzukehren.
Noch einmal nahmen ihn seine Geschäfte in Anspruch. Als im Dezember 1863 die letzte Zahlung aus jenem Prozeß von Solovieff eingegangen war, begann er mit der Liquidierung seiner Firma. Jetzt hinderte ihn nichts mehr, sich die Wünsche eines freien Mannes zu erfüllen. Doch bevor er an die Verwirklichung seiner archäologischen Träume ging, wollte er sich noch einmal in der weiten Welt umsehen. Man könnte sagen, es war seine Odyssee; doch war die Reise keine Irrfahrt, sondern zum Erleben fremder Länder geplant.
Es wurde die längste und größte Reise seines Lebens, eine Reise um die Erde, damals noch ein recht großes Abenteuer.
Im April 1864 ging er in Tunis an Land. Seinem wissensdurstigen und der Antike verpflichteten Geist schuldete er selbstverständlich einen Besuch der Ruinen von Karthago. Von dieser einstigen Erzfeindin der Römer führte ihn sein Weg über Ägypten nach Indien. Aus der reichen, alten Kultur und der Landschaft des Subkontinents konnte er sich nur Ausschnitte wählen. Von Ceylon reiste er die Ostküste entlang über Madras nach Kalkutta. Den Ganges aufwärts sah er sich in Benares, Lucknow, Agra und Delhi um. Die Möglichkeit, einen Blick auf den höchsten Gebirgszug der Erde, den Himalaja, zu werfen, ließ er nicht aus. Südostasien mit Singapur, der Insel Java und Saigon im damaligen Chochinchina waren die nächsten Stationen, bevor er sich in das Reich der Mitte begab. Von der britischen Kolonie Hongkong aus erlebte er die großen Städte Kanton, Amoy, Schanghai, Tientsin und Peking. Einen Gang über das Wunderwerk der Chinesischen Mauer ließ er sich nicht entgehen. Schließlich war Japan mit Yokohama und Jeddo sein letzter fernöstlicher Aufenthalt.
Auf einem kleinen englischen Schiff überquerte er den Stillen Ozean. Fünfzig Tage dauerte die Seereise bis San Francisco. Diese Zeit nutzte er, um an Bord – in französischer Sprache – sein

erstes Buch, »La Chine et le Japon«, zu schreiben. Von dem ihm schon bekannten Kalifornien reiste er über Nicaragua nach dem östlichen Teil der Vereinigten Staaten, den er fast vollständig durchquerte. Mittelamerika wollte er nicht auslassen. Also begab er sich nach Havanna auf Kuba, wo er ertragreichen Besitz erwarb, und von da nach Mexiko. Jahre danach befaßte er sich immer noch mit diesem letzten Abschnitt seiner Weltreise. In Mittelamerika nämlich, hoffte er, Anhaltspunkte für eine Erforschung des Themas Atlantis zu entdecken. Spuren katastrophaler Zerstörungen von Kreta bis Troja und die Berichte Platons eines sogar Nordafrika beherrschenden Inselreiches westlich von Gibraltar beschäftigten seinen stets forschenden Geist und verlangten eine Deutung.

Genau zwei Jahre nach seinem Aufbruch betrat Heinrich Schliemann im Frühjahr 1866 wieder europäischen Boden. Doch zog es ihn nicht mehr nach Petersburg. Seine Ehe und das Kaufmannsdasein waren für ihn abgehakt. Während sein mecklenburgischer Landsmann Helmuth von Moltke den deutschen »Bruderkrieg« mit dem Sieg von Königgrätz für Preußen erfolgreich beendete, hatte sich Schliemann in Paris, in der Hauptstadt des »Undurchdringlichen« Napoleon III., niedergelassen und sich ein Haus gekauft – mit weiteren Häusern sicherte er sich für die Zukunft lukrative Einnahmequellen. Ihm war nicht daran gelegen, sich im Milieu der Pariser Demimonde zu amüsieren.

Ihn trieben Dynamik, Ehrgeiz, Unruhe, Besessenheit. Er wollte nun nicht mehr Autodidakt sein, er brauchte das Fundament der Wissenschaft. Für die nächsten fünf Jahre – mit Unterbrechungen – wählte er sich eine prominente Universität, die Sorbonne, zum Studium der Altertumskunde aus.

Über die strahlende Stadt an der Seine schrieb er kritisch und enthusiastisch zugleich: »Paris mit all seinen Herrlichkeiten hat keinen Reiz für den Reisenden, der die Welt umschifft hat. Was mich hier interessiert und zurückhält, sind die Vorlesungen der großen Professoren über Literatur, Philosophie und Hieroglyphenschrift usw. und außerdem die Museen und Theater, denn nichts so Erhabenes findet man anderswo in der Welt.« Gerade für die Geschichte des alten Ägyptens war Paris eine Hochburg, seit Jean-François Champollion als Begründer der Ägyptologie und Entzifferer der Hieroglyphen ab 1831 den ersten Lehrstuhl für diese Wissenschaft am Collège de France innehatte.

Das Ziel, Homers Stätten der Helden und Götter zu sehen, zu erkunden und gar auszugraben, war in überschaubare Nähe gerückt. In den Semesterferien des Jahres 1868 hielt es Heinrich Schliemann nicht mehr in Paris. Hellas und Troja hatten ihn gerufen, sich aus ersten Eindrücken ein Bild seiner künftigen Aufgabe zu formen.

Ithaka und die Argos

Peloponnes – Lieblingsspielwiese des Allgewaltigen

Im Schlammbad zu Nausikaa

Heinrich Schliemann, bei aller Sachlichkeit und kaufmännischem Denken doch Träumer und Romantiker, wollte nur noch den Spuren »seiner« homerischen Helden folgen und der zweifelnden Welt beweisen: Odysseus, Agamemnon, Hektor und Priamos hat es, auch wenn ihre Namen für andere historische Gestalten stehen sollten, tatsächlich gegeben, und Troja wie auch Kampf und Untergang von Ilion waren mehr als nur eine Pflichtlektüre für Humanisten.

Am 6. Juli 1868, um sechs Uhr morgens, ging Heinrich Schliemann in Korfu an Land. Damit betrat er bereits homerischen Boden. Zwei Tage Besichtigungsaufenthalt hatte er eingeplant, um wenigstens einen Eindruck von der Insel der Phäaken zu gewinnen, wo der Irrfahrer gastliche Aufnahme fand und den staunenden Zuhörern seine abenteuerlichen Erlebnisse schilderte. In seinem Tagebuch machte er sich Notizen über die Herkunft des einstigen Inselnamens Scheria, den er in dem phönizischen Wort Handel deutete, wie auch die Phäaken wohl Phönizier gewesen sein konnten.

»Die Tochter des Königs Alkinoos ist einer der edelsten Charaktere, welche uns Homer gezeichnet hat«, leitete Schliemann seinen Besuch auf der Insel ein, »die Einfachheit ihrer Sitten hat immer einen außerordentlichen Zauber auf mich ausgeübt; und ich war kaum auf Korfu an Land gestiegen, so eilte ich nach Kressida-Wrisis, um den Ort zu besichtigen, welcher der Schauplatz einer der rührendsten Szenen der Odyssee gewesen ist.«

Er mietete sich einen Führer, der ihn zu einer Mühle an einem kleinen Fluß brachte. Auf den vier Beinen des Pferdes ging es nicht mehr weiter, also mußte er sich auf seine zwei verlassen. Unter Wasser stehende Felder und ein gestauter Fluß waren für Schliemann keine Hindernisse. Je unüberwindlicher die Schwierigkeiten schienen, desto größer sein Ehrgeiz, zu beweisen, daß sich ein Mann wie er nicht von seinem Ziel abbringen läßt. Er zog sich aus, ließ seine Kleider beim Führer zurück und watete bis an die Brust im Wasser und Schlamm vorwärts.
Nach einem halbstündigen Schlammbad hatte er die Stelle erreicht, wo er Nausikaa und Odysseus seine Honneurs machen konnte. Zwei plump behauene Steine, so erzählte man sich, bezeichneten den Waschplatz der Bewohner der alten Stadt Korkyra. Hier mußte wohl auch Nausikaa mit ihren Dienerinnen die Wäsche gewaschen und den schiffbrüchigen Odysseus empfangen haben.
Sofort meldete sich Homer. Hier mußte es gewesen sein; denn Odysseus landete an der Flußmündung, und Nausikaa kam mit ihren Helferinnen:

»Aber nachdem sie erreicht die prächtig strömenden Fluten,
Wo sich die Gruben befanden, bereitet für immer –
Das Wasser sprudelte reichlich und schön,
Das Schmutzigste sauberzumachen ...«

Schliemann blickte sich um: Die Waschgruben mußten nahe dem Meer liegen; die Odyssee und er hatten recht. »Aber nachdem sie gewaschen und alle Flecken gereinigt, breiten sie die Kleider längs des Gestades aus, wo das Meer die meisten Kiesel ans Land gespült hat.« Das Trocknen der Wäsche abwartend, vergnügten sich die jungen Damen mit Ballspiel. Fürstin Nausikaas Ball verfehlte eine Dienerin und landete im Fluß. Zu ihrer Ehre sei angemerkt, daß die Göttin die Flugbahn des Balles so gesteuert hatte. Auf jeden Fall jubelten die Mädchen über den Fehlwurf ihrer Herrin so laut, daß der im nahen Gebüsch schlafende Odys-

seus erwachte. Und dies war ganz im Sinne seiner Beschützerin Athene.
Der barfüßige Millionär im schlammbeschmutzten Hemd war zufrieden. Die erste Begegnung mit einem Schauplatz der Odyssee verstärkte nur seinen Glauben an die epischen Gesänge: »Über die Identität dieses Flusses mit dem homerischen kann kein Zweifel bestehen; denn es ist der einzige Fluß in der Umgebung der alten Stadt. In der Tat gibt es auf der ganzen Insel nur noch einen anderen Fluß; aber dieser befindet sich zwölf Kilometer vom alten Korcyra ...«
Beglückt über die Bestätigung seines Glaubens an Homer, erwanderte er sich die Insel Korfu und genoß den Reiz ihrer Landschaft, eines einzigen Gartens mit Olivenbäumen, Zypressen und Weinstöcken, dazu Bergen, Hügeln und Tälern. Den Bewohnern stellte er kein so erfreuliches Zeugnis aus. Er wagte die Behauptung, daß wohl kaum mehr als einer von fünfzig Menschen lesen und schreiben konnte, wozu die Sprache aus einer Mischung von italienischen, spanischen und türkischen Wörtern beitrug, ein Erbe fremder Herrschaften vergangener Jahrhunderte.
Wohin Schliemann auch immer kam, Homer war schon vor ihm dagewesen. Und stets fand er die Worte des großen Dichters bestätigt.
Am Abend des 7. Juli bestieg er das Schiff, das ihn nach Argostolion, dem Hauptort der Insel Kephalonia, heute Kefallinia, brachte. Mit einer gemieteten Kutsche durchquerte er die Insel nach Osten. Gegen Mittag lag am Meer ein »elendes« Dorf vor ihm – Sami, das als Same und Samos bei Homer für den Namen der ganzen Insel Pate gestanden hatte. Nur die vielen Ruinen erinnerten noch an die einstige Größe der Hauptstadt. Vierundzwanzig Männer aus dieser Stadt waren die Freier gewesen, die Odysseus Gemahlin Penelope jahrelang auf der gegenüberliegenden Insel Ithaka heimsuchten und die erzwungene Gastfreundschaft genossen, bis sie im Pfeilhagel des heimgekehrten Irrfahrers, seines Sohnes Telemach und des Sauhirten Eumaios starben.

Ein Esel transportierte Schliemann auf die Akropolis, einen hundert Meter hohen Felsberg über dem Ort. »Eine Totenstille herrscht jetzt unter diesen von Vipern wimmelnden Ruinen«, notierte er. Im Jahre 189 v. Chr. hatte die Stadt einer viermonatigen Belagerung durch die Römer widerstanden. Doch schon zu Strabos Zeit lag sie völlig in Trümmern.

Eine unendliche Freude

> »... daß du mit Augen schaust, mit den eigenen Augen,
> was all die Zeit du ersehnt hast! Er ist daheim!
> Nach Hause zurück kam endlich Odysseus ...«
> *Odyssee*

Nicht nur für Odysseus bedeutete die Ankunft in Ithaka die Heimkehr, auch für Schliemann war es wie eine Heimkehr, nach vierzigjährigem Träumen und Warten »mit den eigenen Augen« zu schauen, was er all die Zeit ersehnt hatte.

»Endlich war es mir möglich, den Traum meines Lebens zu verwirklichen, den Schauplatz der Ereignisse, die für mich ein so tiefes Interesse gehabt, und das Vaterland der Helden, deren Abenteuer meine Kindheit entzückt und getröstet hatten, in erwünschter Muße zu besuchen.« Unerwünschte Muße zwang ihm ein widriger Wind auf; denn die Barke, die er sich für elf Francs gemietet hatte, brauchte bis zum nahen Ithaka statt einer geschlagene sechs Stunden. So betrat er erst am Abend in dem kleinen Hafen St. Spiridon die Heimat seines Helden Odysseus.

Ithaka ist nur ein Inselchen, keine hundert Quadratkilometer groß, mit Felsen und unbewaldeten, nur mit Gestrüpp bedeckten Höhen, die nach Westen steil zum Meer abfallen. Heute leben dort knapp fünftausend Menschen, nicht reich, aber stolze Nachfahren eines ruhmreichen Herren und seiner liebevollen Frau.

»Ich gestehe, daß ich trotz Ermüdung und Hunger eine unendliche Freude empfand, mich im Vaterland des Helden zu befinden, dessen Abenteuer ich mit der lebhaftesten Begeisterung gelesen und wieder gelesen habe.«

Der gescheite Analphabet

Ithaka begrüßte Heinrich Schliemann mit Homer in Gestalt des Müllers Panagis Asproieraka. Schliemann konnte sich glücklich preisen, daß ihm dieser Mann bereits beim Verlassen der Barke begegnete und ihm für vier Franken einen Esel für das Reisegepäck vermietete, sich selbst als Führer und Cicerone zur Verfügung stellte.

Beim üblichen Begrüßungsfragespiel erklärte Schliemann, daß er nach Ithaka gekommen sei, um archäologische Forschungen zu betreiben. Der Müller Panagis war sofort Feuer und Flamme und pries diese löbliche Absicht. Aber nicht nur das – auf dem ganzen Weg bis zur Hauptstadt erzählte er alle Abenteuer des Odysseus vom Anfang bis zum Ende und dies in einer Vortragsreihe, daß anzunehmen war, er habe sie schon mehrere hundert Male rezitiert.

So überraschend und inhaltlich einwandfrei diese Rede eines einfachen Mannes auch war, so sehr hinderte sie Schliemann, selbst zu Wort zu kommen; denn Panagis duldete keine Unterbrechung. Vergeblich waren daher Fragen nach dem Berg Aëtos, nach dem Phorkyshafen, der Lage der Grotte der Nymphen oder dem Feld des Laërtes. Der Müller winkte stets ab und deklamierte unverdrossen weiter. Der geplagte Schliemann zog die Bilanz: »Der Weg war lang, aber des Müllers Geschichte war auch lang, und als wir endlich, halb ein Uhr nachts, die Schwelle seiner Haustür in Vathy überschritten, war er gerade in der Unterwelt mit den Seelen der Freier unter dem Geleite des Merkur angelangt.«

Wohl auch aus Dankbarkeit über das Ende des Odysseus-Vortrags beglückwünschte Schliemann den Müller recht lebhaft, daß er die Hexameter der vierundzwanzig Gesänge Homers gelesen und so vortrefflich im Gedächtnis verwahrt habe, daß er sie mit dieser beispielhaften Eleganz in der neugriechischen Sprache wiedergeben könne. Wie groß aber mag Schliemanns Erstaunen gewesen sein, als Panagis eingestand, weder das Altgriechische zu verstehen noch die neugriechische Sprache lesen und schreiben zu können. Aber aus der Tradition heraus seien ihm die Abenteuer des Odysseus bekannt. Diese Tradition werde in seiner Familie gepflegt, während man sonst auf Ithaka nur unklare Vorstellungen von der Odyssee habe.

Gerstenbrot und warmes Regenwasser waren alles, was der Müller an Essen zu bieten hatte. Dafür wollte er den Fremden unbedingt sein einziges Bett zur Verfügung stellen. Auf einem großen, eisenbeschlagenen Kasten verbrachte Heinrich Schliemann dann die erste Nacht auf der Insel des listenreichen Konstrukteurs des hölzernen Trojanischen Pferdes.

Nymphengrotte und Odysseus-Palast

In der Stadt Ithaka, heute Ithaki, gab es im vorigen Jahrhundert kein Gasthaus mit Übernachtungsmöglichkeit. Doch fand Schliemann bei zwei jungen Damen, den Töchtern eines verstorbenen Gelehrten, ein sauberes Quartier. Ausruhen und Nichtstun konnte sich sein wißbegieriger Geist nicht erlauben. Gleich mietete er sich einen Führer und ein Pferd und ließ sich zu dem kleinen Hafen Dexia bringen, der am Fuße des Berges Neïon liegt und ein Teil des Meerbusens von Molo ist. Da war er wieder ganz in den homerischen Erzählungen. Phorkys hieß der Hafen, in dem die Phäaken den schlafenden Odysseus an Land brachten und ihn mit seinen Schätzen erst am Ufer und dann unter einem Ölbaum ablegten.

Eine Landkarte oder einen Lageplan hätte Schliemann wirklich nicht gebraucht. Mit der Ortsbeschreibung in der Odyssee war es möglich, den Spuren des königlichen Heimkehrers zu folgen, ohne fehlzugehen. Am Abhang des Berges Neïon, etwa fünfzig Meter über dem Hafenbecken und neben zwei kleinen, steilen Felsen, führte ihn ein natürlicher Eingang in die Grotte der Nymphen. Hier konnte sie von Sterblichen betreten werden, während eine runde Öffnung an der Südseite den Göttern vorbehalten blieb.

Die Finsternis im Innern hätte Schliemann keine Orientierung erlaubt, hätte sein Führer nicht ein Bündel aus Sträuchern entzündet. Über einige Stufenreste stieg Schliemann abwärts und sah dort einen sehr verstümmelten Altar. Massen von bizarr geformten Tropfsteinen hingen von der Decke herab, und sofort spielte seine Phantasie. Er konnte sich in diesen Gebilden Urnen, Krüge und die Webstühle vorstellen, an denen die Nymphen purpurfarbene Gewänder fertigten – an diesem Schauplatz der Odyssee versteckte der Held auf den Rat und mit dem Beistand der Athene seine von den Phäaken erhaltenen Schätze.

Dies alles war für Schliemann nur ein Vortasten in Richtung des Höhepunktes, der Begegnung mit dem Platz des Palastes, in den Odysseus nach zwanzigjähriger Abwesenheit zurückgekehrt war. Doch auch vor des Archäologen Entdeckerfreude haben die Götter den Schweiß gesetzt. Bei 52 Grad in der glühenden Sonne und auf allen vieren arbeitete sich Schliemann über Geröll zum Gipfel des Aëtos empor. Er vergoß ganze Bäche von Schweiß, obwohl er den sanfter geneigten Westhang gewählt hatte, auf dem er Reste eines alten Weges erkannte, der vom Palast zum kleinen Hafen, dem jetzigen St. Spiridon, geführt haben mußte.

Am Südgipfel angekommen, sah er die Trümmer eines Turmes aus plump behauenen, eineinhalb Meter langen und ebenso breiten Steinen, die sich, ohne Bindemittel aufeinandergefügt, etwas über eine ehemalige Zisterne wölbten. Zehn Meter tiefer traf er auf eine ähnlich gebaute Umfassungsmauer, gegen Süden zwei weitere, mit Verteidigungstürmen bestückte zyklopische Mau-

ern, die sich bis auf 60 Meter vom Gipfel ausdehnten. Außerdem standen auf dem Gipfelplateau noch die Ruinen eines weiteren zyklopischen Turms und einer Zisterne. 37 mal 27 Meter mußte der Palast groß gewesen sein.
»Auf diesem Raum«, schrieb Schliemann in sein Tagebuch, »befand sich der Palast des Odysseus.« Jedoch war außer zwei parallelen Mauern und einer Zisterne »für den Hausgebrauch« nichts mehr vorhanden. Sogleich entsann sich Schliemann der Worte des Königs an den göttlichen Sauhirten: »Eumaios, ohne Zweifel ist dies das prächtige Haus des Odysseus; es ist leicht zu erkennen, selbst zwischen einer Menge von Häusern. Es hat mehr als ein Stockwerk; der Hof ist geschützt durch eine Mauer mit Zinnen; die Türen sind fest und haben zwei Flügel. Niemand würde es erstürmen können.«
Zwischen den Steinen wuchs Gebüsch. Also, kombinierte Schliemann richtig, müsse es darunter Erdreich geben. Da wäre der Spaten anzusetzen. Nur hatte er keinen bei sich und mußte deshalb sein Vorhaben auf den nächsten Tag verschieben. »Die Hitze war drückend ... ich fühlte brennenden Durst und hatte weder Wasser noch Wein bei mir. Aber die Begeisterung, welche ich in mir fühlte, da ich mich mitten unter den Ruinen vom Palast des Odysseus befand, war so groß, daß ich Hitze und Durst vergaß. Bald untersuchte ich die Örtlichkeit, bald las ich in der Odyssee die Beschreibung der rührenden Szenen, deren Schauplatz dieser Ort gewesen ist; bald bewunderte ich die herrliche Rundsicht, die sich auf allen Seiten vor meinen Augen entrollte und kaum derjenigen nachstand, an welcher ich mich acht Tage vorher in Sizilien vom Gipfel des Ätna aus erfreut hatte.«
Es war in der Tat eine eindrucksvolle und auch sagenträchtige Landschaft: im Norden die Insel Santa Maura oder Leukadia mit dem Kap Dukato und dem Felsen des Sapphosprunges, wo sich die unglücklich Liebenden ins Meer stürzten, überzeugt, daß sie dieser Sprung von ihrer Leidenschaft befreien würde, im Süden die Berge des Peloponnes, im Osten die spitzen Gipfel Akarna-

niens und im Westen die Meerenge, dahinter die schroffen Berge von Kephalonia.

Über die Ostseite verließ Schliemann den Berg, nicht ohne unterhalb des Gipfels Spuren eines weiteren Weges zu entdecken, der wohl auch zum Palast des Odysseus geführt haben mochte. Die Ruinen kleiner Häuser zyklopischer Bauart stammten wohl ebenfalls aus ferner Vergangenheit. Am Fuß des Aëtos bot ihm ein Bauer eine Tonvase und eine schöne silberne korinthische Münze mit einem Minervakopf auf der einen und einem Pferd auf der anderen Seite zum Verkauf an. Er sagte, er habe beide soeben erst einem Felsengrab entnommen. Schliemann erstand die Fundstücke für sechs Francs.

Er ließ sich nicht einmal Zeit, zuerst sein Quartier aufzusuchen, sondern verpflichtete für den nächsten Tag gleich vier Arbeiter sowie einen Burschen und ein Mädchen, die wegen der großen Hitze Wasser und Wein auf den Berg tragen sollten. Erst als er für sich ein Pferd und einen Esel für den Transport der Werkzeuge gemietet hatte, gönnte er sich die verdiente Ruhe.

Am nächsten Tag – es war der 10. Juli – nahm er zuerst ein Bad im Meer und trank eine Tasse schwarzen Kaffee. Um fünf Uhr machte er sich dann mit seiner Truppe auf den Weg, in der Hoffnung, dort oben Anzeichen zu finden, die Homers Gesänge über den Trojaheimkehrer bestätigen würden. Vom Schweiß durchnäßt, erreichte die kleine Mannschaft nach zwei Stunden den Gipfel.

Wie am Vortag geplant, hieß er seine Leute, die Sträucher mit den Wurzeln auszureißen und dann den nordöstlichen Winkel aufzugraben, wo sich nach seiner Meinung jener herrliche Ölbaum befunden haben mußte, aus dem Odysseus sein Hochzeitsbett gezimmert und um dessen Standort er sein Schlafgemach gebaut hatte. Für Schliemann war diese Erzählung ein Faktum. Schon am vergangenen Tag hatte er sich die Stelle ins Gedächtnis gerufen:

»… ein wichtiges Merkmal, hatte das künstliche Bett,
das ganz allein ich verfertigt.
In dem Gehöft stand einst mit länglichen Blättern ein
Ölbaum,
Kräftigen Wuchses und voll und stark wie eine Säule.
Um ihn baut ich herum das Gemach aus festem Gesteine
Bis zur richtigen Höhe, dann zog ein Dach ich darüber …«

Von Gold, Silber und Elfenbein, von Rindslederriemen und glänzendem Purpur sprach Odysseus weiter, um durch die Kenntnis der Geheimnisse des Schlafgemachs Penelope die Zweifel an seiner Identität zu nehmen.

Für Schliemann indes Fehlanzeige. Außer Ziegeltrümmern und Tonscherben gab das Erdreich nichts her. Doch er ließ sich nicht so leicht entmutigen. Da wurden zwei Quadersteine entdeckt, also ließ er nebenan ausgraben – der Erfolg sollte nur drei Stunden auf sich warten lassen. Die Arbeiter förderten die unteren Lagen eines kleinen Gebäudes ans Tageslicht, mit Ziegeltrümmern und Tonscherben gemischt. Schliemann kratzte währenddessen mit dem Messer an einer anderen Stelle herum und legte einen kleinen Familienfriedhof mit zwanzig kleinen Ascheurnen frei. Der harte Boden zwang ihn, die Hacke zu benutzen. So ging sehr viel zu Bruch, und nur fünf Gefäße blieben unversehrt. Alle Vasen waren mit der Asche verbrannter menschlicher Gebeinc gefüllt.

Ein Opfermesser, ein Göttinnenidol aus Ton, Trümmer eines eisernen Degens, ein Eberzahn und Bronzefäden bildeten die wesentlichen Ergebnisse des ersten Grabungstages auf Ithaka. »Fünf Jahre meines Lebens hätte ich für eine Inschrift gegeben«, bedauerte er, »aber leider war keine vorhanden.« Dafür tröstete er sich mit der Vorstellung, daß die kleinen Urnenvasen die Asche des Odysseus und der Penelope oder ihrer Nachkommen enthalten könnten – in seinem Glauben an die Odyssee ließ er sich nicht beirren.

So träumte er auch vor sich hin, als er zusammen mit seinen Arbeitern einige Meter unterhalb des Gipfels rastete. Ihre Mahlzeit bestand zwar nur aus trockenem Brot, Wein und Wasser, dünkte ihn aber ein köstliches Diner, wenn er daran dachte, daß er im Palasthof des Odysseus saß, womöglich an der Stelle, wo der Heimkehrer Tränen vergossen hatte, als ihm sein Lieblingshund Argos entgegenkam und in der Freude des Wiedersehens starb. Schliemann wiederholte die berühmten Worte des göttlichen Sauhirten, die einst an diesem Platz gesprochen worden waren:

»Denn der allwaltende Zeus nimmt die Hälfte des Wertes
dem Manne,
Sobald der Tag der Knechtschaft ihn erreicht hat.«

Die Odyssee war für Schliemann kein episches Phantasiegemälde, sondern Realität, Wirklichkeit gewordener Atem der Mythologie. Das Hochgefühl dieser Stunde klingt noch nach, wenn er schreibt: »Ich kann wohl sagen, daß ich niemals in meinem Leben mit größerem Appetit gegessen habe als bei diesem frugalen Mahle im Schlosse des Odysseus.«

Doch von diesem Odysseus wollte die Erde nichts mehr hergeben, obwohl Schliemann und seine Arbeiter das Plateau des Gipfels aufwarfen wie Wühlmäuse. Es wurden nur noch die Spuren eines alten Weges am nördlichen Abhang entdeckt, dessen Erkundung für den nächsten Tag vorgesehen wurde. Für die Mühen und Entbehrungen auf dem Berg wurde Schliemann am Abend reichlich entschädigt, als ihm bei der Rückkehr seine reizenden Wirtinnen eine Schüssel Bratfische, dazu Kartoffeln, frische Trauben und Wein bereitgestellt hatten.

Bei dem Weg auf den Nordhang mußte es sich um den alten Weg vom Palast zum Feld des Laërtes handeln, des greisen Vaters des Odysseus, den Weg, den der Heimkehrer mit seinem Sohn Telemach ging. Schliemanns Erkundungsgang folgte den Worten Homers: »Da stiegen sie von der Stadt hinab und kamen bald auf dem wohlbebauten Felde des Laërtes an, das dieser sich mit viel Mühe erworben hatte.«
Der Weg war vier Meter breit und in den Felsen gehauen, an den Zwischenräumen in zwanzig Meter Abstand mit kleinen Schutztürmen bewehrt und nicht unter 55 Grad Gefälle angelegt. Er erschien Schliemann als Wunderwerk, wenn man die Knochenarbeit und die primitiven Werkzeuge jener Zeit vor über dreitausend Jahren in Betracht zog. Für den Archäologen Schliemann eine Selbstverständlichkeit, daß er diesen Weg hinabstieg, um seinem Helden und den Spuren der Vergangenheit zu folgen. Wie nachhaltig ihn die Begegnung mit den Stätten der griechischen Vorgeschichte bewegte, mag sein »Auftritt« am Ende jenes Weges verdeutlichen. Dazu seine eigenen Worte:
»Bald kam ich auf dem Felde des Laërtes an, wo ich mich niedersetzte, um auszuruhen und den 24. Gesang der Odyssee zu lesen. Die Ankunft eines Fremden ist schon in der Hauptstadt von Ithaka ein Ereignis; wie viel mehr noch auf dem Lande. Kaum hatte ich mich gesetzt, so drängten sich die Dorfbewohner um mich und überhäuften mich mit Fragen. Ich hielt es für das klügste, ihnen den 24. Gesang der Odyssee vom 205. bis 412. Vers laut vorzulesen und Wort für Wort in ihren Dialekt zu übersetzen.
Grenzenlos war ihre Begeisterung, als sie in der wohlklingenden Sprache Homers, in der Sprache ihrer glorreichen Vorfahren vor dreitausend Jahren, die schrecklichen Leiden erzählen hörten, welche der alte König Laërtes gerade an der Stelle erduldet hatte, wo wir versammelt waren, und bei der Schilderung seiner hohen

Freude, als er an demselben Ort nach zwanzigjähriger Trennung seinen geliebten Sohn Odysseus, den er für tot gehalten hatte, wiederfand. Aller Augen schwammen in Tränen, und als ich meine Vorlesung beendet hatte, kamen Männer, Frauen und Kinder alle an mich heran und umarmten mich mit den Worten: ›Du hast uns eine große Freude gemacht, wir danken dir tausendmal.‹

Man trug mich im Triumph ins Dorf, wo alle miteinander wetteiferten, mir ihre Gastfreundschaft in reichstem Maße zuteil werden zu lassen, ohne die geringste Entschädigung dafür annehmen zu wollen. Man wollte mich nicht eher abreisen lassen, als bis ich einen zweiten Besuch im Dorfe versprochen hatte.

Endlich gegen 10 Uhr morgens setzte ich meinen Marsch auf dem Abhange des Berges Anoge (des alten Neritos) fort, und nach anderthalb Stunden kamen wir in dem reizenden Dorf Leuke an. Man war schon von meinem Besuche unterrichtet, und die Einwohner, mit dem Priester an der Spitze, kamen mir in einer beträchtlichen Entfernung vom Dorfe entgegen, empfingen mich mit dem Ausdruck der lebhaftesten Freude und gaben sich nicht eher zufrieden, als ich allen die Hand gedrückt hatte.

Es war Mittag, als wir im Dorfe ankamen, und da ich noch die Stelle des alten Polistales und seine Akropolis, das Dorf Stavros und das Kloster der heiligen Jungfrau auf dem Gipfel des Anoge zu besuchen vorhatte, so wollte ich mich in Leuke nicht aufhalten. Aber man bat mich so eindringlich, einige Stellen aus der Odyssee vorzulesen, das ich mich endlich gezwungen sah nachzugeben. Um von allen verstanden zu werden, nahm ich einen Tisch unter einer Platane mitten im Dorf und las mit lauter Stimme den 23. Gesang von Vers 1 bis 247 vor, wo erzählt wird, wie die Königin von Ithaka, die keuscheste und beste der Frauen, ihren angebeteten Gemahl nach zwanzigjähriger Trennung wiedererkennt.

Obgleich ich dieses Kapitel schon unzählig oft gelesen habe, so war ich doch stets beim Lesen desselben lebhaft gerührt, und den

nämlichen Eindruck machten diese prächtigen Verse auf meine Zuhörer; alle weinten, und ich weinte mit.
Nach Beendigung meiner Vorlesung wollte man mich durchaus bis zum folgenden Tage im Dorfe behalten, aber ich lehnte dies entschieden ab. Mit großer Mühe gelang es mir endlich, mich von diesen braven Dorfbewohnern zu trennen, aber nicht ohne vorher mit ihnen angestoßen und jeden geküßt zu haben.«

Die Ställe des göttlichen Sauhirten

Heinrich Schliemann war sich bewußt, die Ergebnisse aller seiner Vorgänger, die auf Ithaka archäologischen Forschungen nachgegangen waren, korrigieren zu müssen. Von ihnen war die Hauptstadt des Inselreiches in das Polistal am landschaftlich reizvollen Golf der Westküste verlegt worden, hauptsächlich mit dem Argument, daß Polis eindeutig Stadt heiße. Zu dieser Überzeugung trug noch eine große Anzahl von Ruinen einer zweifellos nicht unbedeutenden Siedlung des Altertums bei.
Nur ein einziges bewohntes, von Weinbergen umgebenes Häuschen traf Schliemann dort an. Beim Besitzer erkundigte er sich, ob dieser ihm Antiquitäten zu verkaufen hätte. Er hatte keine, nannte aber einen gewissen Dmitrios Loisos im Dorf Kaluvia, der beim Ausheben einer Kalkgrube im Hafen von Polis gerade erst ein Grab mit vielen merkwürdigen Dingen freigelegt habe. Jener Dmitrios holte auch sofort die Fundstücke herbei und den Stein, mit dem das Grab abgedeckt gewesen war. »Der biedere Arbeiter«, meinte Schliemann, »schien eine größere Vorliebe für Geld als für Homer zu haben. Er verlangte anfänglich nicht weniger als 200 Francs für seinen Fund. Endlich nach vielem Handeln begnügte er sich mit 25 Francs.«
Der südliche Teil Ithakas war das Forschungsziel, zu dem Schliemann am nächsten Morgen mit seinem Führer aufbrach. Ein steiler und mit glatten Steinen übersäter Weg zwang ihn, vom

Pferd zu steigen und es zu führen. Zwei Stunden später stand er an der Quelle der Arethusa, jener Nymphe, die von dem Jäger Alpheios verfolgt wurde und mit Hilfe der Göttin Diana erst in der sizilianischen Stadt Syrakus eine sichere Bleibe erhielt, wo die »Fonte Arethusa« heute noch eine Touristenattraktion bildet. Die Arethusaquelle von Ithaka liegt am Fuße eines senkrechten Felsens, der Korax (Rabe) heißt. Einstmals mußte sie sehr ergiebig gewesen sein; ein siebzig Meter breites, bis zum Meer reichendes Bett sprach für diese Annahme. Schliemann bot sich jedoch nur ein schwaches Rinnsal. Auf dem Weg zum Sauhirten Eumaios hatte Athene dem von ihr in einen Bettler verwandelten Odysseus diese Quelle empfohlen:

»Und dann begib dich zuerst zu dem Hirten, der über die Schweine
Wacht als Herdenverwalter! Er liebt in treuer Verehrung
Dich und den Sohn und Penelope auch, die edelgesinnte.
Und du triffst ihn sitzend beim Vieh; er hütet die Schweine
Nahe beim Rabenfels und bei dem Quell Arethusa.
Reichlich nähren sie dort sich von Eicheln, und dunkles Wasser
Ist ihr Trank; dies bringt dem üppigen Fett das Gedeihen.«

Schliemann begab sich zu Eumaios, das heißt, zu den Überresten seines Gehöfts auf einem fruchtbaren Plateau jenseits des Rabenfelsens. Er entdeckte die zyklopischen Ruinen von Haus, Hof und zwölf Ställen; begrenzt wurde das Gehöft von einem Hügel. Von hier aus wurden nach Homers Schilderung die Schweine täglich an die Arethusaquelle zur Tränke getrieben. Da der Weg zur Quelle relativ steil abfiel, vermutete Schliemann einen Serpentinenweg, den die Schweineherde ohne Gefahr laufen konnte. Wieder einmal bedauerte er, kein Werkzeug bei sich zu haben, um nach diesem Weg zu graben. Während Homer von Eichelmast für diese Tiere und der Hofeinzäunung vom Eichenpfählen sprach, konnte Schliemann keine Eichen mehr auf Ithaka finden.

Wahrscheinlich waren sie, wie in anderen Ländern des Mittelmeerraumes, in der Antike und bis weit in die Neuzeit hinein, zum Haus- und Schiffbau abgeholzt worden.
Zum Gehöft des Sauhirten heißt es bei Homer, daß es mit einer Dornenhecke eingeschlossen und mit starken Pfählen umgeben gewesen sei. Wie damals war es noch zu Schliemanns Zeit. Stets auf Hochflächen und inmitten des Viehhofes errichtet, waren die Wohnungen durch eine Steinmauer geschützt, deren oberer Teil mit einer Hecke und spitzen Pfählen versehen war.

Da ließ er den Stock fallen

Bei Homer findet sich für manche Lebenslage ein passendes Rezept. Dies gilt sogar für den Umgang mit unfreundlichen Hunden. Mit der homerischen Gebrauchsanweisung im Kopf konnte sich Schliemann vor einer ganzen Meute sich wild gebärdender Vierbeiner schützen.
Immer wenn er sich einem in den Feldern liegenden einzelnen Gehöft näherte, um Trauben zu kaufen oder um einen Schluck Wasser zu bitten, rannten Hunde auf ihn zu. Bis zum Besuch der Ruinen des Gehöfts des Eumaios war es ihm stets gelungen, die Hunde mit Steinwürfen oder schon mit einer Wurfgebärde abzuwehren. Als er sich jedoch an diesem Tag im Süden der Insel auf einen Bauernhof zubewegte, stürmten ihm gleich vier wütende Hunde entgegen, die sich weder durch Steinwürfe noch durch eine drohende Haltung einschüchtern ließen. Er rief laut um Hilfe. Aber sein Führer war zurückgeblieben, und aus dem Haus ließ sich niemand sehen. Als er schon befürchtete, von den Tieren angefallen und zumindest erheblich verletzt zu werden, fiel ihm ein, wie sich Odysseus in einer ähnlichen Situation verhalten hatte: Er hatte sich auf die Erde gesetzt und seinen Stock fallen gelassen, als Hunde heulend und kläffend auf ihn zugelaufen kamen.

Schliemann tat das gleiche und verhielt sich ganz ruhig. Die Hunde bildeten einen Kreis um ihn, fuhren mit dem Bellen fort, ohne ihn jedoch anzugreifen. Wie der legendäre Odysseus hatte auch er durch den Anschein seiner Ergebenheit die Tiere so weit beruhigt, daß sie in ihm keine Gefahr sahen. Der inzwischen herbeigeeilte Führer rief nach dem Hausherrn, einem sanften, alten Mann, der durch das wilde Bellen seiner Hunde im Weinberg aufgeschreckt und schon unterwegs war. Auf sein Kommando ließen die Tiere von Schliemann ab. Dieser machte ihrem Besitzer heftige Vorwürfe und ließ ihn wissen, daß ihn nur die Erinnerung an das Verhalten des berühmten Königs von Ithaka in ebensolcher Lage vor einem schweren Schaden bewahrt habe. Der Alte bat vielmals um Entschuldigung mit dem Hinweis, daß seine Hunde noch niemals mit einem Fremden konfrontiert worden seien. Warum er bei seiner sichtlichen Armut gleich vier Hunde halte, wo doch einer auch genügen würde, wollte Schliemann nun wissen. Vier Hunde würden bekanntlich an Verpflegung so viel wie zwei erwachsene Personen brauchen.
Aber selbst bei diesem einsam lebenden, allem Anschein nach nur um seinen Weinberg besorgten Landmann mußte Schliemann erfahren, wie sehr noch nach bald dreitausend Jahren Homer auf Ithaka gegenwärtig war. Entrüstet klärte ihn der Alte auf, daß sein Vater, sein Großvater und seine sämtlichen Vorfahren bis auf Telemachos, Odysseus und Penelope stets viele Hunde gehalten hätten. Er würde lieber selbst Hunger leiden als auf seine Hunde verzichten. Als Entschädigung für den Schrecken brachte der Bauer einen Korb mit Pfirsichen und Weintrauben; eine Bezahlung entgegenzunehmen, weigerte er sich.
So jedoch wollte Schliemann die Gastfreundschft nicht hinnehmen. Er zog sein Buch der Odyssee aus der Tasche und las dem Alten die einhundertdreizehn ersten Verse des 14. Gesanges vor, in denen sich Odysseus gerade in dieser Gegend, von Athene in einen Bettler verwandelt, zu dem treuen Sauhirten Eumaios begibt. Aus der alten Sprache übertrug er den Gesang ins Neugrie-

chische. Zum Schluß jedoch bedrängte ihn sein Zuhörer, ihm doch etwas aus der Ilias vorzutragen, von der er nur ein paar blasse Vorstellungen habe. Schliemann jedoch wollte weiter. Da ließ der Mann Haus, Hunde und Arbeit im Stich, schloß sich Schliemann an, begleitete ihn den ganzen restlichen Tag durch den Süden der Insel und ließ ihm keine Ruhe, bis er den Inhalt der Ilias in einer Zusammenfassung und zahlreichen Phasen des Trojanischen Krieges in Details vernommen hatte. War es bei seiner Ankunft der Müller Panagis gewesen, der unablässig Homer rezitierte, so mußte nun umgekehrt Schliemann die Taten der Helden vor Troja erzählen.

Mit dem wißbegierigen Alten durchwanderte er die Landschaft und besichtigte auf zwei kleinen Hochflächen über dem Meer die Ruinen mehrerer Gebäude, die nach ihrer Bauart aus der römischen Zeit stammen mußten. Nach einer zyklopischen Anlage hielt er jedoch vergebens Ausschau.

Neun glückliche Tage lagen hinter Schliemann, als er von Ithaka Abschied nahm. Nie in seinem Leben würde er die Zeit vergessen, die er »unter diesem biederen, liebenswürdigen und tugendhaften Volke« verbracht hatte, zumal er in Ithaka erstmals seinen Spaten in homerischen Boden stechen durfte.

Seine weitere Route zeichnete ihm die griechische Geographie vor: Jenseits des Meeres barg der Peloponnes mit der Bergfestung von Mykene, der Heimat des Achäeranführers Agamemnon, und den zyklopischen Mauern von Tiryns zwei großartige Zeugnisse des heroischen Zeitalters. Wenn auch die ganze Halbinsel wie kaum eine andere Landschaft Griechenlands vom Tau der Sagen, von Dämonen und Göttern, von Giganten, Zyklopen und dem Kraftmenschen Herakles überglitzert ist, so mußte sich Schliemann vorerst nur auf einen Informationsbesuch beschränken; denn weiter im Osten, an der kleinasiatischen Küste, harrten Burg und Stadt des Priamos der ersten Erkundung durch den Mann, der sich in den Schutthügel hineinarbeiten würde, um ihre Geschichte und Geheimnisse aufzudecken.

Tausend Hierodulen und der Apostel Paulus

Der Name Peloponnes leitet sich von dem altgriechischen Wort *nisos,* Insel, ab. So war der Eindruck der alten Griechen vom südlichen Teil ihrer Heimat Hellas. Aber erst der 1893 fertiggestellte, 6,3 Kilometer lange Kanal zwischen dem Golf von Korinth und dem Saronischen Golf machte den Peloponnes de facto zu einer Insel. Nur Straße und Eisenbahn überqueren seitdem den tief eingeschnittenen Wasserweg, durch diese Erbauung mußte der einst stark frequentierte Hafen von Korinth erhebliche Einbußen hinnehmen.

Sieben Kilometer landeinwärts, unterhalb des Burgberges Akrokorinth, lag die alte dorische Stadt Korinth. 196 v. Chr. war sie Sitz des Achäischen Bundes, fünfzig Jahre später wurde sie von den Römern unter dem Feldherrn Lulius Mummius zerstört, von dem Griechenverehrer Caesar wiederaufgebaut, 27 v. Chr. wurde Korinth dann Hauptstadt der römischen Provinz Achaia. Als der bedeutendste Geist und Wegbereiter des jungen Christentums, Paulus, im Jahre 52 nach der Geburt des Herrn in diese Stadt ging, um eine Gemeinde des neuen Glaubens zu gründen, wußte er recht wohl, worauf er sich mit einem solchen Vorsatz einließ. Korinth genoß in der damaligen Welt einen besonderen Ruf, nicht wegen des nach der Stadt benannten, von Kallimachos geschaffenen Säulenkapitells, sondern der auf dem 575 Meter hohen Festungsberg im Aphrodiseion waltenden und in Liebeskünsten kaum zu übertreffenden Hierodulen wegen. Schon Jahrtausende zuvor hatte man im Zweistromland den Kult des *hieros gamos,* der heiligen Hochzeit, zelebriert. Inzwischen ließ sich diese Vereinigung von Himmel und Erde mit den Liebesdienerinnen der Aphrodite von jedermann nachvollziehen – gegen entsprechende Gebühr, versteht sich. Korinth wurde zu einem Synonym für Luxus, Zügellosigkeit und Ausschweifung. Angebot und Nachfrage in der von See- und Kaufleuten wimmelnden Stadt waren groß.

Es nimmt nicht wunder, daß diese Hetären, die sich zeitweilig zu Tausenden im Aphrodiseion tummelten, von vielen berühmten Dichtern und Schriftstellern der Antike beschrieben wurden, sei es, daß sie ihnen nur vom Hörensagen, sei es, daß sie ihnen aus eigener Erfahrung bekannt waren. Strabo war darunter, ebenso wie Pindar, Herodot, Simonides oder Aristainetos und schließlich auch Paulus. Dieser pries jedoch nicht, wie Aristainetos, die Brüste der von höchsten Kreisen begehrten und sagenhaft reichen Spitzendirne Laïs, indem er sie mit Kydonischen Äpfeln, Quitten, verglich, ihm ging es darum, die in dieser erotischen Atmosphäre ebenfalls nicht zimperlichen Sünder in den eigenen Reihen zu christlicher Ordnung zu rufen: »Bei alldem hört man von Unzucht unter euch, und zwar von einer Unzucht, wie sie nicht einmal unter den Heiden herrscht ...«
Hätte es nicht ohnehin schon längst der Vergangenheit angehört, das einstige erotische Fluidum dieser bedeutendsten Stadt des Peloponnes hätte Heinrich Schliemann gewiß nicht gereizt, hier einen Zwischenaufenthalt einzulegen. Im Gegensatz zu seinem vitalen und Frauenreizen nicht abholden Vater hatte er ein anderes Verhältnis zum weiblichen Geschlecht. Korinth, das Eingangstor zur geschichtsträchtigen Argolis, war für ihn lediglich die Ausgangsstation seines bevorstehenden Rittes in das Land der mykenischen Geschichte und Kultur.

Nächtliches Abenteuer

Zehn Jahre vor Schliemanns Ankunft, 1858, war Altkorinth von einem Erdbeben zerstört worden. In Neukorinth suchte er vergeblich ein Nachtquartier. Es gab kein Hotel. In einem schäbigen Wirtshaus wurde ihm eine Holzbank zur Verfügung gestellt. Trotz aller Müdigkeit konnte Schliemann kein Auge schließen. Tausende von Mücken fielen über ihn her. Als sie selbst durch ein Tuch, mit dem er sein Gesicht schützen wollte, nach seiner

Haut trachteten und sogar durch die Kleider stachen, hielt er diese aufdringliche Gastfreundschaft nicht mehr aus.
Sein verzweifelter Sprung zur Türe endete mit jähem Schrecken. Sie war verschlossen. Der Wirt war ausgegangen und hatte den Wohnungsschlüssel mitgenommen. Fenster gab es nicht. Die viereckigen Öffnungen ins Freie waren durch eiserne Stäbe vor ungebetenen Gästen von draußen abgesichert. Da halfen nur brachiale Gewalt und Schwerstarbeit. Mit aller Anstrengung gelang es Schliemann, zwei Stäbe herauszureißen und zu entkommen. »... auf die Gefahr hin, von den Nachtwächtern für einen Dieb gehalten zu werden, sprang ich auf die Straße und bettete mich auf den Sand am Meeresufer, wo es glücklicherweise keine Mücken gab.«
Nach kurzem, aber ungestörtem Schlaf nahm Schliemann ein Bad im Meer und kehrte zur großen Verwunderung des Wirtes zurück, der schon damit beschäftigt war, seine Sachen zu untersuchen, weil er überzeugt war, daß ihn Schliemann bestohlen und sich aus dem Staub gemacht hätte. Nun, es klärte sich alles recht rasch auf. Weit lieber als eine Homer-Vorlesung nahm der Gastwirt zwei Francs für den angerichteten Schaden an den Eisenstäben entgegen. Weil im unwegsamen Gelände der Berge Räuber ihr Unwesen trieben, erbot sich der Leutnant der kleinen Garnison, Schliemann zwei Soldaten als Begleitschutz bis Argos mitzugeben. Mit dem Führer und der Zweimanneskorte brach man um fünf Uhr morgens auf. Ein klappriger Gaul hatte die Ehre, Schliemann und das Gepäck zu tragen. Zügel, Sattel und Steigbügel waren in Korinth nicht aufzutreiben, da solche Luxusartikel für Einheimische unerschwinglich waren. Nur mühsam ließ sich das Pferd mit einem Strick dirigieren. Was man dem Roß statt eines Sattels auf den Rücken gepackt hatte, war für den Reiter ein Marterwerkzeug erster Ordnung: ein Sahyarion, eine Art viereckiges, hölzernes Gestell mit Haken an den vier Ecken, für den Lastentransport gut geeignet, der scharfen Haken wegen jedoch fast lebensgefährlich, wenn man nicht daran gewöhnt war.

Der Nachtsack, ein Korb mit sechs von einem Bauern in Korinth gekauften Vasen, eine Vierliterflasche mit Wein und ein Sack mit zwei Broten und Pferdefutter garnierten diesen ungewöhnlichen Sattel, mit dem Schliemann zufrieden sein mußte, wollte er nicht in der glühenden Hitze auf dem schlechten Fußsteig durch das Gebirge seinem Forscherdrang Ströme von Schweiß opfern.
Nach vier Stunden bergauf und bergab wurde an den Ruinen der alten Stadt Kleonä Rast gemacht. Zum Frühstück gab es Brot, Wein und Wasser aus einer Quelle. Der Führer, die Soldaten und das Pferd durften eine Stunde ruhen, während Schliemann sich in den Ruinen erging, aber außer einigen Säulen und Fundamenten alter Gebäude nichts Interessantes entdeckte. Hinzu kam, daß gleich nebenan ein Sumpf die Luft mit seinen Ausdünstungen verpestete und Fieberbakterien verbreitete, die den Menschen der ganzen Umgebung übel zusetzten.
Kurz nach Mittag wurde das schmutzige und elende Dorf Charvati erreicht, das auf einem Teil der Trümmer der einstmals reichen Stadt Mykene erbaut war. Diesmal hatte Schliemann diesen Ort nur für einen Kurzurlaub vorgesehen, später sollte er zu einer Art Standquartier für die Ausgrabungsmannschaft auf der Höhe werden.

Zeus und der »König der Männer«

> »Sagen der Völker vergehn nie ganz, wenn im
> Leben sie einmal tausendstimmig erklungen.
> Auch sie sind göttliche Wesen.«
> *Hesiod*

Der Göttervater Zeus war ein unverbesserlicher Don Juan. Immer wieder gelang es ihm, seine Ehefrau Hera mit irdischen Schönen zu betrügen. Seine »Lieblingsspielwiese« war der Peloponnes. In der Nähe der Stelle, wo die beiden Flüßchen Charadros und

Inachos ins Meer münden, hatte König Inachos die Stadt Argos gegründet. Die außergewöhnliche Schönheit seiner Tochter Io erregte Zeus' Aufmerksamkeit, durch eine List gelang es ihm, sich ihrer zu bemächtigen. Hera, längst an die Treulosigkeit ihres Gatten gewöhnt, beobachtete stets mißtrauisch jeden seiner Schritte. Auch die Liaison mit der Königstochter blieb ihr nicht verborgen. Zur Strafe wurde Io in eine weiße Kuh verwandelt, die von einer Stechfliege um die ganze Welt gejagt wurde.

Einer der fernen Nachkommen von Io und Zeus war der spätere König von Argos, Akrisios. Ihm war geweissagt worden, daß er durch die Hand seines Enkels sterben sollte. In seiner Angst sperrte er seine reizende Tochter Danaë in ein unterirdisches Gelaß, wo er sie vor verliebten Jünglingen sicher wähnte. Doch Zeus sah Danaë und machte sie durch einen Goldregen schwanger.

Als sie den Perseus geboren hatte, setzte Akrisios die beiden in einer Holztruhe auf dem Meer aus, doch von Zeus beschützt, wurden sie gerettet. Das Verhängnis des Akrisios sollte sich erfüllen, als Perseus, zum Jüngling herangewachsen, sich an Kampfspielen beteiligte und mit dem Diskus versehentlich seinen unerkannten Großvater traf. Perseus herrschte später über die Argolis und gründete die Stadt Mykene.

Wiederum ein Enkel von Perseus war der Halbgott Herakles, latinisiert Herkules. Er war die Frucht der Beziehung von Zeus zu Perseus' Tochter Alkmene. Im benachbarten Tiryns vollbrachte er die ersten seiner sagenhaften Taten.

Zur gleichen Zeit lebte in der Argolis auch schon das Geschlecht der Atriden, das ursprünglich von Tantalos abstammte, der für seine Freveltaten im Hades die sagenhaften Tantalos-Qualen erleiden mußte. Tantalos' Sohn Pelops zog durch weitere ruchlose Taten einen Fluch auf sein Geschlecht: Als Gattin hatte er sich Hippodameia, die Tochter des Königs von Elis, ausersehen. Um sie zu erringen, mußte man ihren Vater im Wagenrennen besiegen. Pelops bestach dessen Wagenlenker und ersetzte die Achsstifte an seinem Wagen durch wächserne, die schon beim Start brachen. Er tötete den König von Elis und zeugte mit Hippodameia die Söhne Atreus und Thyestes. Pelops wurde ein sehr mächtiger König, der seinem Reich Elis, Arkadien und weitere Ländereien einverleibte. Nach ihm wurde ganz Südgriechenland »Insel des Pelops«, Peloponnes, genannt.

Atreus und Thyestes töteten auf Anstiftung ihrer Mutter ihren Halbbruder Chrysippos. Daraufhin wurden sie von Pelops verbannt und flohen nach Mykene zu Sthenelos, dem Gatten ihrer Schwester. Auch in Mykene nahmen die Greuel kein Ende. Thyestes verführte Atreus' Frau und entwendete ihm ein goldenes Vlies. Atreus vertrieb den Ehebrecher. Dieser stiftete einen von ihm erzogenen Sohn des Atreus zum Mord an seinem Vater an. Atreus kam dem Anschlag zuvor und tötete ahnungslos den eigenen Sohn. Nach einigen weiteren Freveln lud Atreus seinen Bruder Thyestes zu einem angeblichen Versöhnungsmahl, bei dem er diesem aber die eigenen Kinder vorsetzen ließ. Atreus wurde schließlich von seinem Neffen Ägisth getötet, den Thyestes auf Weisung des Delphischen Orakels mit seiner eigenen Tochter Pelopia gezeugt hatte.

Auch auf den Söhnen des Atreus, Agamemnon und Menelaos, ruhte der Familienfluch. Agamemnon wurde König von Mykene und heiratete die Tochter des Königs von Sparta, Klytämnestra; Menelaos heiratete deren Schwester Helena, eine Zeustochter, die später zum Anlaß des Trojanischen Krieges werden sollte, als der Königssohn Paris sie entführte. Als es darum ging, seine Schwägerin zurück zu Menelaos zu bringen, opferte Agamemnon sogar seine älteste Tochter Iphigenie, um die Göttin Artemis zu besänftigen, die durch widrige Winde das Auslaufen der Flotte verhinderte.

Obwohl das Mädchen von der Göttin im letzten Moment gegen eine Hirschkuh vertauscht wurde, verzieh Klytämnestra ihrem Gatten nie. Während Agamemnons zehnjähriger Abwesenheit tröstete sie sich mit Ägisth. Als der Feldherr nach Mykene zurückkehrte, erschlug ihn Ägisth; nach anderen Quellen ermordete Klytämnestra ihn in der Badewanne. Diesen Frevel rächte Orest durch den Mord an seiner Mutter und deren Geliebten.

Drei Stunden Informationsgang

Diese blutrünstigen Sagen, die Erzählungen Homers und anderer Schriftsteller im Kopf, aber auch mit dem Wissen um die mykenische Kultur der späthelladischen Epoche, war Heinrich Schliemann mit seiner kleinen Mannschaft am Fuße der Burg des Agamemnon eingetroffen.
Rund ein halbes Jahrhundert nach Schliemanns Arbeit in Mykene charakterisierte der Entdecker der Mumie und der Schätze des Pharaos Tut-anch-Amun, Howard Carter, die Tätigkeit eines Ausgräbers folgendermaßen: »Bei archäologischen Arbeiten trifft für gewöhnlich das Gegenteil von dem ein, was man erwartet.« Für Schliemann traf dies nicht zu. Schliemann fand zumeist das, was er erwartet hatte. Homer war sein Leitfaden für die Ausgrabung von Troja, mit dessen Resten er gerechnet und sie dann auch gefunden hatte. Für Mykene hatte er zusätzlich weitere Hinweise antiker Autoren an der Hand. Besonders wichtig waren für ihn die Aussagen des Pausanias:
»Unter anderen Resten der Mauer ist das Tor zu nennen, auf dem Löwen stehen. Sie (die Mauer und das Tor) sind, wie die Sage geht, das Werk der Zyklopen, welche die Mauer für Proteus in Tiryns gebaut haben. Unter den Trümmern von Mykene befinden sich die Perseia genannte Quelle und die unterirdischen Gebäude des Atreus und seiner Kinder, in denen sie ihre Schätze aufbewahrten. Es ist dort das Grab des Atreus und die Gräber von Agamemnons Gefährten, die bei ihrer Rückkunft von Ilium von Ägisth beim Gastmahl getötet wurden … Es ist dort das Grab Agamemnons und das seines Wagenlenkers Eurymedon; Teledamus und Pelops wurden in demselben Grab beigesetzt; denn es

wird gesagt, daß Kassandra diese Zwillinge gebar, und daß sie als ganz kleine Kinder von Ägisth zusammen mit ihren älteren geschlachtet wurden. Dort ist auch (das Grab) der Elektra … Klytämnestra und Ägisth wurden etwas entfernt von der Mauer begraben; denn sie wurden für unwürdig gehalten, im Inneren begraben zu werden, wo Agamemnon ruht und diejenigen, die mit ihm getötet wurden.«

Etwa um 170 n. Chr. war Pausanias hier gewesen, er war kein phantasiebegabter Dichter, sondern ein Reiseschriftsteller, der das Land seiner Zeit schilderte. Wo er jedoch auf Stätten mit sagenhafter Vergangenheit traf, flocht er die Mythologien in seine Gegenwart hinein. So tat er es auch mit dem Schicksal des Agamemnon in Mykene. Und damals muß er auf der Burg noch weit mehr gesehen haben, als sich Schliemann bei diesem ersten Rundgang bot. Immerhin hatte Schliemann hier eine Gewißheit, die er sich in Troja erst verschaffen mußte: Der Platz, auf dem das alte Mykene gestanden hatte, lag einwandfrei fest, auch wenn die Stürme der Jahrtausende meterhohen Staub zwischen die Ruinen gefegt hatten. Der historische Kern müßte doch aus der vielfarbigen Schale der Sagen zu schälen sein.

Schliemanns Begleiter, die den ganzen strapaziösen Weg von Korinth bis zu diesem Ziel zu Fuß zurückgelegt hatten, waren rechtschaffen müde. Sie fühlten sich außerstande, ihm auf die drei Kilometer entfernte Burg zu folgen. Zudem konnte er von ihnen kein historisches oder gar archäologisches Interesse erwarten. Da ihm in der nun vor ihm liegenden Ebene keine grimmigen Räuber mehr Geld und Habseligkeiten abnehmen würden, erlaubte er seinen Begleitern, sich bis zu seiner Rückkehr im Dorf Charvati auszuruhen. Dann suchte er sich einen Bauernburschen, der die Trümmer auf dem Berg als »Festung des Agamemnon« und die Schatzkammer als »Grabmal des Agamemnon« kannte. Das war schon fast mehr, als man von jenen einfachen Dorfbewohnern erwarten konnte.

Schliemann erinnerte sich einer Behauptung Strabos: »Mykene

ist nicht mehr vorhanden.« Dies war eine Behauptung, die bewies, daß Strabo nie hier war; denn normalerweise hätten die Ruinen der Zitadelle seinen Blicken nicht entgehen dürfen. Nun, vielleicht war Pausanias ergiebiger. Der mußte sich ja genau umgesehen haben.

Während andere Wissenschaftler, darunter Edward Dodwell und Ernst Curtius, die von Pausanias genannten Gräber in der unterhalb der Burg liegenden einstigen Stadtsiedlung ansetzten, verstand Schliemann den Text so, daß jene fünf Gräber innerhalb der Akropolis zu suchen seien. Dafür sprach der Hinweis auf das Löwentor und die Mauer.

Während Schliemann zunächst vergebens nach den Grabdenkmälern Ausschau hielt, war er überzeugt, daß man »sie durch Nachgrabungen ohne Zweifel wieder auffinden« könnte. Die Festung hingegen sei in gutem Zustand, weit besser sogar, als man aus der Schilderung des Pausanias hätte schließen dürfen. Alle Umfassungsmauern der Zitadelle waren noch zu sehen; an vielen Stellen hatten sie eine Dicke von fünf bis sieben Metern und je nach Hebungen und Senkungen des Bodens eine Höhe von fünf bis zwölf Metern. Zum Teil waren diese Mauern aus gewaltigen, unregelmäßigen Steinblöcken errichtet, zwischen denen sich mit kleinen Steinen ausgefüllte Lücken befanden.

Soweit die »Unterwelt« zugänglich war, konnte er nicht darauf verzichten, einen Blick auf sie zu werfen. Also stapfte er über eine schlüpfrige Wendeltreppe zur unterirdischen Quelle der Perseia hinab. Dort aber zischten ihm Schlangen entgegen, so daß er eilends zur rettenden Höhe der Zitadelle flüchtete.

Nach seinem Informationsgang stellte er fest: »Die ganze Oberfläche der Zitadelle ist mit Stücken von Ziegeln und Töpferware bedeckt. Wie ich in einer von einem Bauern zu einem mir unbekannten Zwecke gegrabenen Grube sah, findet man dergleichen Bruchstücke bis zu einer Tiefe von sechs Metern. Mit Recht schließt man wohl daraus, daß die ganze Festung im Altertum bewohnt gewesen ist, und darf mit Rücksicht auf ihre imponierende Lage und große Ausdehnung annehmen, daß sie die Paläste der Familie des Atreus enthalten hat. Daß Sophokles derselben Ansicht war, ergibt sich aus seiner Elektra.«

Anschließend suchte er die Schatzkammer Agamemnons, gewöhnlich »Grab des Agamemnon« genannt, auf, die sich einen Kilometer entfernt in einer Schlucht befand. Dort war sie in den Abhang eines Hügels gegraben worden. Ein Gang von fünfzig Meter Länge und neun Meter Breite, der von zehn Meter hohen parallelen Mauern eingefaßt war, führte ihn zum Eingangstor. Hier erkannte er Löcher für Riegel und Türangeln mit weiteren kleinen Vertiefungen für Nägel, aus denen er sogar noch kleine Bruchstücke fingern konnte.

Die Anlage, heute als »Schatzkammer des Atreus« bekannt und inzwischen zum Pflichtprogramm jeder Touristengruppe gehörend, besteht aus zwei Räumen. Der erste, mit sechzehn Metern Höhe und ebensolchem Durchmesser, verjüngt sich mit Steinringen nach oben zu einer Kuppel, während der zweite und bedeutend kleinere Raum hinter einem Durchgang aus dem Felsen gehauen ist. Ein gigantischer Türsturz von neun Meter Länge und einem Meter Höhe gehörte eindeutig zur zyklopischen Bauweise jener archaischen Zeit.

Dies alles stellte Schliemann allerdings nicht sofort fest; denn als er das »Schatzhaus« betrat, herrschte darin völlige Dunkelheit. Er hatte leider nicht ein einziges Zündholz eingesteckt. So sagte er dem jungen Burschen, der ihn begleitete, er solle welche aus dem Dorf holen. Er bekam jedoch zur Antwort, daß es dort keine gebe. Das glaubte Schliemann nicht. Für die Besorgung von drei Streichhölzern stellte er als Honorar eine halbe Drachme in Aussicht. An diese Großzügigkeit wiederum glaubte der Junge nicht. Dreimal bohrte der Bursche nach, ob er tatsächlich fünfzig Lepta bekommen würde. Erst als Schliemann seine Zusicherung mit einem Eidschwur bei Agamemnons und Klytämnestras Asche untermauert hatte, machte sich sein Begleiter davon. Der Junge brachte zehn statt drei Hölzer aus Charvati und gestand,

dreimal mehr genommen zu haben, um ganz sicherzugehen, daß erstens damit auch Feuer gemacht werden könne und zweitens, damit er auf jeden Fall das Honorar erhalten würde.
Sicher war schon seit langem kein Feuer mehr im Schatzhaus entfacht worden, es schreckte eine Unzahl von Fledermäusen hoch, die an den Wänden ihr Domizil aufgeschlagen hatten. Gespenstisch schwirrten sie um die beiden Ruhestörer herum, prallten gegen ihre Gesichter und klammerten sich in der Kleidung fest. Schliemann fühlte sich an den 24. Gesang der Odyssee erinnert, in dem Homer schildert, wie Hermes die Seelen der getöteten Freier der Penelope in die Unterwelt führte. Sie folgten ihm schwirrend und machten Geräusche wie Fledermäuse.
Schliemann warf noch einen kurzen Blick auf die Ruinen zweier anderer Schatzkammern in der Nähe der Zitadelle, die kleinere Ausmaße besaßen, aber im gleichen Stil gebaut waren. Ihre Gewölbe waren eingestürzt, die Mauern hingegen gut erhalten. Bei näherem Hinsehen bemerkte er Spuren von bronzenen Nägeln, für ihn war das ein Beweis, daß das Innere der Bauten einst mit kupfernen Platten ausgelegt gewesen war.
Auch die ganze Anlage der alten Stadt Mykene, der weite Platz, der mit Ziegeltrümmern und Keramikscherben übersät war, überzeugte Schliemann, daß, von der Burg und ihren Schatzkammern ganz abgesehen, hier einmal eine eindrucksvolle Siedlung gewesen sein mußte. Nach drei Stunden hatte er seinen Informationsrundgang beendet. Er fühlte in sich den Auftrag, in der Akropolis des Atreus und dessen Nachkommen arbeiten zu müssen. So hatte er dann auch für 1870 mit Eustradiades, dem Leiter der griechischen Altertümer, einen gemeinsamen Besuch Mykenes vorgesehen. Doch mußte das Vorhaben wegen Unruhen und Unsicherheiten im Lande abgesagt werden. Den griechischen Behörden hatte Schliemann bereits verbindlich zugesagt, daß er nur für den Ruhm des Landes und für sein Recht der Erstveröffentlichung graben werde.
Bereits jetzt wußte er, daß ihn das Thema Mykene nicht mehr

loslassen würde, wie das aus zahlreichen seiner Briefe hervorgeht. Es trat in den nächsten zwei Jahren nur in den Hintergrund, als nach einer Probegrabung das vorrangige Ziel Troja angegangen wurde.
Seine Begleiter fand Schliemann völlig erschöpft schlafend im Dorf vor. Er weckte sie mit einem Wasserguß ins Gesicht. Mit Händen und Füßen und mit allen möglichen Argumenten wollten sie ihn überzeugen, auf eine Weiterreise zu verzichten. Er aber ließ sich nicht erweichen. In diesem elendsten und schmutzigsten Dorf Griechenlands, in dem es, wie er feststellte, weder eine Quelle noch Brot oder Obst, sondern nur abgestandenes Regenwasser gab, wollte er unter keinen Umständen eine Nacht verbringen. Seinem energischen Abmarschbefehl widersetzten sich seine Begleiter mit weiteren Einwendungen. Schließlich beendete er die Debatte, indem er die beiden Soldaten mit einem Geschenk entließ, seinen klapprigen Gaul bestieg und ihn zu beschleunigtem Trab antrieb. Wohl oder übel mußte ihm sein Führer folgen, da diesem ja das Pferd gehörte.
Das Heraion, das heutige Ireon, auf halber Strecke zwischen Mykene und Argos, barg die Ruinen des Tempels der Hera, der 423 v. Chr. durch einen unglücklichen Zufall abgebrannt war, danach jedoch wieder aufgebaut wurde. Vom neuen Heiligtum berichtete Pausanias. Schliemann ließ sich eine Besichtigung der in drei Terrassen gegliederten Plattform nicht entgehen. Er stellte fest, daß nur ein massiver zyklopischer Unterbau des alten und einige hellenische Mauern des neuen Tempels vorhanden waren.

Wunderwerk wie die Pyramiden

Manch anderer hätte längst aufgegeben, wenn er unter so primitiven Verhältnissen hätte leben müssen, wie Schliemann auf seiner ersten Forschungsreise. Doch ihn konnte keine Schwierigkeit von seinem Vorhaben abbringen.

Da kam er also noch vor sieben Uhr abends in Argos an, das auf den Ruinen der alten Stadt erbaut ist. Achttausend Menschen lebten zu Schliemanns Zeit auf einer großen Fläche, da alle Häuser nur einstöckig und von Gärten umgeben waren. Argos sei eine der blühendsten Städte Griechenlands, hatte er sich vorweg informiert, deren Industrie und Landwirtschaft weitum bekannt seien.

Aber in dieser blühendsten Stadt gab es nicht einmal ein Hotel. Da er aus Erfahrung eine berechtigte Skepsis gegenüber den üblichen Wirtshäusern hatte, zog er es vor, nach seinem Abendbrot die Nacht wieder einmal auf freiem Feld zu verbringen. Das war immerhin noch bequemer als eine harte Holzbank in einem Raum, den mit Sicherheit schon das Ungeziefer in Beschlag genommen hatte. Am nächsten Morgen stieg Schliemann zu der auf einem kegelförmigen, 334 Meter hohen Felsen errichteten Festung hinauf. Zwei Straßenjungen hatten sich zu je zehn Lepta »Gebühr« als Führer angeboten. Die Zitadelle war unter dem pelasgischen Namen Larissa oder, ihrer runden Form wegen, auch als Aspis, Schild, bekannt. Von zyklopischen Mauern waren nur noch ein paar Reste zu sehen. Auch aus hellenischer Zeit war fast nichts mehr vorhanden. Die Mauern stammten nahezu alle aus venezianischer und türkischer Zeit. Die verlassene Zitadelle war dem wohl unaufhaltsamen Verfall preisgegeben. Dafür wurde Schliemann durch die herrliche Fernsicht in die Ebene von Argos, nach Tiryns, Nauplia, Mykene, zum halkyonischen See und dem ternäischen Sumpf entschädigt.

Nicht nur seine Augen, auch seine Gedanken schweiften umher. Er gedachte der Gestalten und Ereignisse dieser Landschaft; König Inachos, Danaos. Hier regierten Pelops und seine Nachfahren Atreus und Agamemnon. Hier wurde Herakles geboren, um in der gleichen Gegend den Löwen in der Höhle von Nemea und die Hydra im ternäischen Sumpf zu töten. Überall auf dem Peloponnes traf Schliemann auf Sagen und Geschichte.

Ein johlender Haufen von Straßenjungen hatte sich inzwischen an Schliemanns Fersen geheftet und begleitete ihn lautstark durch das Städtchen. Wie die bellenden Hunde auf Ithaka ließen sie sich nicht verscheuchen. So mußte er notgedrungen den Lärm ertragen, als er noch die Reste der Stadtmauer, das einstige Theater und die Ruinen einiger Tempel besichtigte. Zurückgekehrt, wollte ihn die Meute einfach nicht in Ruhe lassen. Mit lautem Geschrei forderten die Buben Bezahlung, weil jeder behauptete, als Führer tätig gewesen zu sein. Es blieb ihm keine andere Wahl, er mußte in die Tasche greifen und für jeden zehn Lepta berappen, womit er sich schließlich seine Ruhe erkaufte.

An diesem Tag litt er sehr unter der drückenden Hitze. Sie war unerträglich, weil kein Lüftchen vom Meer her wehte. Klatschnaß vom Schweiß trieften seine Kleider. Den quälenden Durst wurde er nicht los, obwohl er eine solche Menge Wein und Wasser trank, die, wie er notierte, normalerweise für einen ganzen Wochenbedarf gereicht hätte. »Wie überall in Griechenland«, schloß er die Beschreibung seines Argos-Besuches ab, »ist hier der Wein ausgezeichnet, besonders der weiße, Retsina genannt, der durch die Beimischung von Harz einen sehr bitteren Geschmack bekommt.«

Weil er mittlerweile seinen Führer mit dem Pferd entlassen hatte, mußte er eine Kutsche in Anspruch nehmen. Mit einem solchen Wagen fuhr er am Nachmittag in Richtung Nauplia. Vier Kilometer vor dieser ersten Hauptstadt Griechenlands in der Neuzeit ging es wieder ganz weit in die Vergangenheit. Diese Vergangenheit hieß Tiryns, eine Burg auf dem Plateau eines kleinen Hügels und von bis zu zwölf Meter hohen und bis zu neun Meter breiten Mauern umgeben. Auf der Suche nach Detailangaben wurde er hier wie in Mykene bei Pausanias fündig. Jener Reisende durch Griechenland schrieb, daß der Heros Tiryns, nach dem der Ort benannt ist, ein Sohn des Argos und ein Enkel des Zeus gewesen sei. Die Zyklopen, nach der Mythologie nur drei, bisweilen auch sieben einäugige Riesen, in der Odyssee jedoch ein ganzes Volk, hätten die Mauern aus so gewaltigen Steinen gebaut, daß nicht

einmal der kleinste von einem Maultiergespann hätte bewegt werden können.
Im ganzen Altertum hielt man die Mauern von Tiryns für ein Wunderwerk; Pausanias verglich die Leistung der Zyklopen mit der der Pyramidenerbauer. Pausanias wie auch Strabo waren der Ansicht, daß dieses gigantische Werk für den König Proitos errichtet worden sei, der die Burg an Perseus abgetreten habe. Dessen Tochter Alkmene hatte sich dann, wie bereits bekannt, mit Zeus eingelassen, dem sie den Herakles gebar, um dann den Amphitryon zu ehelichen. Daß sein Stiefvater Amphitryon von Sthenelos, dem König von Argos, vertrieben worden war, paßte Herakles überhaupt nicht. Er eroberte Tiryns zurück und wählte es für lange Zeit als seinen Wohnsitz, weshalb er häufig der Tirynthier genannt wurde.
Wenn Heinrich Schliemann für seinen Rundgang auch nur wenig Zeit blieb, so betrachtete er doch besonders genau die Galerien und Kasematten im Süden und Osten der Mauer. Die östliche Galerie enthielt zwei parallele Korridore; einer davon hatte sechs Nischen in der äußeren Wand. Die südliche, vier Meter breite Galerie wies in der Mitte einen gewaltigen Türpfosten mit einem großen Loch für den Riegel auf. Bei Gefahr wurde dadurch der Gang versperrt. Homer bezeichnete Tiryns als »das mit Mauern umgebene«, ein Beiwort, das er sonst nicht verwendete. Am Abschluß seiner kurzen Visite war sich Schliemann im klaren, daß auch in Tiryns Arbeit auf ihn wartete.
Nauplia am Golf von Argos lag in Sichtweite. Der Fußmarsch dorthin verlangte keine große Anstrengung von ihm. Napoli di Romagna hieß die Stadt bei den Venezianern, die über dem Stadttor den Markuslöwen hinterlassen hatten. Von den Türken hingegen stammten zahlreiche Springbrunnen, an denen Schliemann auf seinem Weg zu einem Gasthof vorbeikam; aus den Jahreszahlen der türkischen Inschriften entnahm er, daß sie im 12. Jahrhundert der Hidschra, also im 17. Jahrhundert christlicher Zeitrechnung, errichtet worden waren.

Ein Mißgeschick blieb ihm nicht erspart: Als er hoffnungsvoll den Hafen erreicht hatte, war gerade das Dampfboot nach Piräus abgefahren. Das Schicksal schien um sein körperliches Wohlbefinden besorgt zu sein. Der Fahrplan zwang ihn zu einer Erholungspause, das nächste Boot verkehrte erst wieder in der darauffolgenden Woche.

Müßiggang entsprach nicht Schliemanns Charakter. Aber notgedrungen mußte er sich mit dem zufriedengeben, was Nauplia vorzuweisen hatte, mit Sagen, Geschichte und ein paar Bauwerken. Es hieß, Nauplios, ein Sohn des Poseidon und Vater des Palamedes, habe die Stadt gegründet, die deshalb seinen Namen erhielt. Palamedes heißt auch der steile und einsame Felsen über Nauplia. Auf seinem über zweihundert Meter hohen Gipfel hatten die Venezianer eine nahezu uneinnehmbare Festung erbaut, die, später von den Türken besetzt, im griechischen Freiheitskampf nur durch Aushungern der Osmanen erobert werden konnte. In dieser Festung, heute Palamidi genannt, war der Freiheitsheld Theodor Kolokotronis inhaftiert gewesen. Bei der Besichtigung stellte Schliemann ihren schlechten Bauzustand fest und zählte rund dreißig Soldaten als Garnisonsbesatzung. Trotzdem rühmte sich der Felsen immer noch als »Gibraltar Griechenlands«.

Troja und ein goldener Apfel

Zwei Hügel an der kleinasiatischen Küste

Die Götter sind an allem schuld

»Einst wird kommen der Tag, da die heilige Ilios hinsinkt,
Priamos selbst und das Volk des lanzenkundigen Königs!«
Homer

Das Epos von Homer und vom Trojanischen Krieg, von Königen, Helden, Göttern und schönen Frauen, galt bis zu Schliemanns Ausgrabungen als ein Denkmal griechischer Mythologie, als grandiose Dichtung, aber als bar jeden historischen Hintergrunds. Wer an dieser Meinung rührte, konnte nur ein Phantast und ein Narr sein. Dieses Urteil wurde in den Gelehrtenstuben und Hörsälen der Universitäten von den Unfehlbaren der Wissenschaft über Heinrich Schliemann gefällt. Er hatte nicht nur behauptet, das sagenhafte Troja gefunden und den Trojanischen Krieg bewiesen zu haben, sondern veröffentlichte seine Forschungsergebnisse als Fortsetzungsreportagen in Tageszeitungen und bediente sich moderner journalistischer Methoden, um eine breite Öffentlichkeit aufzurütteln.

Ein Museumsdirektor kommentierte die von den Schliemann-Artikeln ausgelöste allgemeine Hochstimmung folgendermaßen: »Zur Zeit dieser Berichte herrschte bei den Gelehrten wie beim Publikum eine große Aufregung. Überall, im Hause und auf der Straße, im Postwagen und auf der Eisenbahn, wurde von Troja geredet. Man war voll des Staunens und des Fragens.«

Troja – das war nicht mehr nur eine Pflichtlektüre für Humanisten, es war Allgemeingut geworden.

Drei Jahre sollten noch vergehen, ehe durch die Ausgrabung

Trojas aus homerischer Dichtung endgültig Wirklichkeit wurde. Doch schon als Heinrich Schliemann erstmals den »heiligen« Boden der Troas betrat, waren der große Sänger Homer und die Sagen sein Leitfaden. Troja wurde durch den Trojanischen Krieg nicht zum ersten Mal zerstört. Dies belegten die verschiedenen Schichten des Hügels. Auf der Suche nach dem »Übeltäter«, dem man eine Heimsuchung Ilions ankreiden konnte, mußte – wie konnte es anders sein – Herakles herhalten. In seiner Ilias läßt Homer dessen Sohn Tlepolemos sagen:

»Aber welch ein Mann, sagen sie, ist des Herakles Gewalt
gewesen:
Mein Vater, der kühn ausdauernde, löwenmutige,
Der einmal hierher kam um der Pferde des Laomedon willen
Mit nur sechs Schiffen und Männern, wenigeren als diese,
Und von Ilios zerstörte die Stadt und ausleerte die Straßen.«

Etwa um 1200 v. Chr. setzt die Wissenschaft den Trojanischen Krieg an. Homer schreibt, daß die Stadt Troja zunächst unter dem Namen Dardania von dem König Dardanos gegründet worden sei, der mit seinem Volk als erster am quellenreichen Idagebirge gesiedelt habe. Diese Ansicht teilen auch Vergil und Euripides. Dardanos folgten sein Sohn Erichthonios, sein Enkel Tros und sein Urenkel Ilos, deren Namen in Troja und Ilion enthalten sind. Sohn des Ilos war Laomedon, mit dem es Herakles zu tun hatte. Im Mittelpunkt des Abwehrkampfes gegen die Achäer stand dann der greise Priamos mit seinen Söhnen Hektor und Paris. Setzt man für Dardanos und seine fünf Nachkommen eine – sicher sehr hochgegriffene – Regierungszeit von einem Menschenalter an, so könnte die Gründung des homerischen Troja um 1400 v. Chr. erfolgt sein, also etwa siebenhundert Jahre bevor sich griechische Kolonisten hier niederließen.

Mythologie und Geschichte dieses Teils der antiken Welt sind voller Namen und Gestalten, die ihr einen besonderen Zauber verleihen.

Hellespont nannten die Griechen jene ein bis sieben Kilometer breite Meerenge zwischen der Landzunge des Thrakischen Chersones, der Dardanellen, und der Westküste Kleinasiens – seit vielen Jahrtausenden eine Brücke für wandernde Völker, für Heere und Händler, aber ein ebenso bedeutender Wasserweg zwischen der Ägäis und den ertragreichen Ländern rund um das Schwarze Meer.

Die Sage erzählt von der bedauernswerten Helle, als Namensgeberin dieser Wasserstraße. Sie wollte mit ihrem Bruder zusammen vor der bösen Stiefmutter Ino auf einem goldenen Widder von Europa nach Asien flüchten, in luftiger Höhe verlor sie die Balance, stürzte ins Meer und ertrank. Von Hero und Leander weiß ein anderes Kapitel der Sage zu berichten. Der Jüngling Leander, unsterblich in Hero verliebt, kraulte jede Nacht von Abydos am asiatischen Ufer hinüber nach Sestos, wo seine Angebetete, eine Priesterin der Liebesgöttin Aphrodite, einen Turm bewohnte. In einer stürmischen Nacht ertrank Leander; das Meer, ihm und Hero anscheinend nicht wohlgesonnen, warf den Leichnam mit nicht zu verkennender Absicht ausgerechnet am Turm der Geliebten an Land, die sich, als sie den Ertrunkenen erkannte, in den Tod stürzte.

Im März 1810 wiederholte Lord Byron, der Griechenschwärmer und Casanova der englischen Literatur, trotz seiner körperlichen Behinderung das »Unternehmen Leander« und durchschwamm den Hellespont. Allerdings erwartete ihn am europäischen Gestade keine Umarmung einer Hero, sondern der Beifall einer kleinen Schar von Mythologie-Liebhabern.

Durch diese Meerenge fuhren auch die Argonauten mit ihrem flotten Schiff, nicht ohne zuvor mit den männerlosen Lemnierinnen ein neues Geschlecht für deren Insel gezeugt zu haben; sie fuhren nach Kolchis und kehrten mit dem goldenen Vlies und der Königstochter Medea zurück.

Zu einem Feldzug gegen die Skythen überquerte Darius mit seinem Heer den Hellespont. Die Skythen aber waren nicht so töricht, sich auf eine Entscheidungsschlacht einzulassen; auf der von ihnen hinterlassenen »verbrannten Erde« mußte der König der Könige klein beigeben und zum Rückzug blasen. Nach ihm war es Xerxes, der auf einer Schiffsbrücke seine angebliche Millionenstreitmacht zur Niederringung der Griechen übersetzte und – so notierten die Kriegsberichterstatter – das Wasser auspeitschen ließ, weil es sich vor dem mächtigen Herrn nicht in gebührlicher Weise, nämlich ruhig, verhalten hatte. In umgekehrter Richtung, von West nach Ost, überschritt Alexander der Große mit seinen Makedoniern den Hellespont, um das Persische Weltreich zu zerschlagen und ein eigenes zu errichten. Wenn er auch kein Grieche war, so verstand er es doch, sich durch geschickte Öffentlichkeitsarbeit wenigstens als Verehrer und Protektor des Griechentums darzustellen. Mit einem Opfer und einer Gedenkstunde vor Troja erwies er Achilles seine Reverenz und legitimierte sich mit den angeblichen Waffen jenes Helden für seinen bevorstehenden Feldzug. Xerxes hatte es anders gehalten: Er hatte sich mit seinem Opfer für Athene entschieden, die für die kleinasiatischen Trojaner und gegen die Griechen Partei ergriffen hatte.

Später machten sich die Römer immer wieder auf den Weg nach Troja, um in der Landschaft der Troas ehrfürchtig ihres Ahnen Aeneas zu gedenken. Selbst Caesar, der sein Geschlecht auf jenen legendären Stammvater von Troja zurückleitete, und die Kaiser Hadrian und Caracalla besuchten den Hügel über dem Skamander, der damals latinisiert Ilium hieß.

Ihre Unsterblichkeit verdankt diese Landschaft dem großen Dichter der Antike, Homer. Der blinde Dichter formte den zehnjährigen Kampf um Troja zu einem gewaltigen Epos, so daß der Streit zwischen den Achäern und den Trojanern, wie auch den Göttern auf dem Olymp, zu einer der berühmtesten Schlachten der Weltgeschichte wurde. Zwar verfaßte er die Ilias dreihundert Jahre nach der Eroberung der Burg und Stadt, doch darf mit Sicherheit angenommen werden, daß seiner dichterischen Phantasie ein historisches Ereignis zugrunde lag. Zu Homers Zeiten gab es noch keine modernen Medien und keine Geschichtsbücher, die Taten der Helden und Götter lebten aber in den Liedern der Sänger und Erzähler fort und wurden von diesen mit weiteren Zutaten immer reichlicher ausgeschmückt.

Der Untergang Trojas fiel in eine Zeit, da im Mittelmeer und im vorderasiatischen Raum nicht sonderlich stabile Verhältnisse herrschten. Am Ostrand des Mittelmeeres gab es um die Wende vom 13. zum 12. Jahrhundert v. Chr. zwei Großreiche, das ägyptische im Süden und das hethitische im Norden. Kreta, die früher führende See- und Kulturmacht, war ausgeschaltet. Größere, befestigte Siedlungen auf dem Festland und die Inseln zwischen Ithaka und der kleinasiatischen Küste entwickelten sich zu staatsähnlichen Gebilden. Diese kleinen Herrschaften waren klug genug, sich zu den Großen auf Distanz zu halten und sich auf ihre Umgebung zu beschränken. Etwas Handel und Seeraub sorgten für den Lebensunterhalt und verschafften einigen Fürsten ein beachtliches Vermögen.

Mykene, eine Burg mit gewaltigen Mauern und umliegenden Bauernsiedlungen, hatte die Grenzen eines Stadtstaates überschritten und das kulturelle Erbe des minoischen Reiches von Knossos angetreten. Troja, die alte Festung an der Meerenge des Hellespont, holte sich von durchfahrenden Schiffen Tribut und zehrte vom Handel im Landesinneren. Die beiden Ansiedlungen gehörten zu den bedeutendsten der zahlreichen Kleinstaaten, die ihre eigene Politik betrieben.

Um 1200 bis 1000 v. Chr. kam es zur »Griechischen Völkerwanderung«. Die Einwanderung der Dorer auf dem Peloponnes machte der mykenischen Kultur ein Ende. Die Achäer wurden auf die Ionischen Inseln verdrängt, gleichzeitig wurde nach dem Zusammenbruch des Hethiterreiches die Küste Westasiens von Griechen besiedelt. In der Folgezeit bildeten sich allmählich neue politische Ordnungen. Aus den weiterbesiedelten mykenischen Burgen entwickelten sich autonome Stadtstaaten.

Dies alles bildet den realen Hintergrund der griechischen Sagenwelt. Homers Gesänge ließen die kriegerischen Auseinandersetzungen dieser Zeit zum Kampf um Troja werden.
Im Vorfeld des Trojanischen Krieges nennt die Sage fünf Frauengestalten, die an der Entstehung des zehnjährigen Kampfes beteiligt waren. Beim himmlischen Hochzeitsmahl der Thetis und des Peleus hatte Eris, die ihrer Funktion wegen nicht geladene Göttin der Zwietracht, unter die schmausenden olympischen Gäste einen goldenen Apfel geworfen, der die Aufschrift »Der Schönsten« trug. Kein Wunder, daß die attraktiven Damen des Götterhimmels in Streit gerieten, wollte doch jede die Schönste sein. Göttervater Zeus hatte durch seinen Auftrag an Eris dieses Gezänke inszeniert, um auf Erden einen gigantischen Krieg vom Zaune zu brechen. So sandte er seinen Kurier Hermes in die Gegend von Troja. Paris, Sohn des Königs Priamos, so lautete die Anweisung von Zeus, sei zum Schiedsrichter der Wahl der »Miß Olymp« bestimmt.
Drei Kandidatinnen folgten Hermes auf dem Fuße. Sie trafen den gutaussehenden Jüngling Paris an, als er gerade die Herden seines Vaters betreute, und sparten nicht mit Bestechungsversuchen. Die durch Stolz und Hoheit brillierende Hera, die Grande Dame des Olymp, versprach Paris die Herrschaft über das mächtigste Reich der Erde, eine durchaus reizvolle Aufgabe für einen jungen Mann. Pallas Athene wollte ihm höchsten Ruhm an Weisheit und Ehre bescheren, gewiß auch nicht uninteressant. Aphrodite, die Göttin der Liebe, verhieß dem Jüngling die schönste Frau der Welt.
Diesem Angebot konnte Paris nicht widerstehen. Aphrodite bekam den goldenen Apfel, und Zeus rieb sich im Olymp die Hände in dem Bewußtsein, daß diese Schönheitskonkurrenz bald von einem blutigen Krieg abgelöst werden würde. Die beiden abgewählten und enttäuschten Schönen schworen, sich für die Zurücksetzung an dem jungen Mann, an seinem Vater Priamos und an Troja zu rächen. Nicht genug damit, schon spalteten sich die

Himmlischen in zwei Lager, von denen das eine mit den Trojanern, das andere mit den Achäern sympathisierte.
Zwar mußten sich die streitbaren Göttinnen und ihre Anhängerschaft noch etwas gedulden. Aber schließlich verhalf ihnen Paris zur Einlösung ihres Schwures. Als er sich nämlich zu einer diplomatischen Mission nach Sparta begeben hatte, traf es ihn wie ein Blitz, als er Helena, der Frau des abwesenden Königs Menelaos, gegenüberstand. Das war Aphrodites Verheißung; sie mußte sich nun erfüllen. Er raubte die Schönste der Welt, die den prächtigen Jüngling nicht unsympathisch fand, und kehrte mit ihr nach Troja zurück – eine unverzeihliche Mißachtung der Gastfreundschaft.
Für die Sage war dies der Casus belli. Mit Menelaos und Agamemnon an der Spitze wollten die Achäer gen Troja segeln. Aber die dem Agamemnon grollende Göttin Artemis sorgte für eine Flaute. Die Schiffe lagen tatenlos im Hafen herum. Erst nach der Opferung Iphigenies, der Tochter Agamemnons, stellte sich ein günstiger Wind ein.
Am asiatischen Ufer des Hellesponts gingen die Achäer an Land. Ihrer Forderung, Helena wieder herauszugeben, widersetzten sich die Trojaner. So mußten die Waffen sprechen. Zwischen der Küste und der Stadt tobte über zehn Jahre hinweg der mörderische, wechselvolle Kampf, von dem die Ilias erzählt:

»Dem Zorn singe, Göttin, des Peleus-Sohns Achilleus,
Den verderblichen, der zehntausend Schmerzen über die
Achaier brachte
Und viele kraftvolle Seelen dem Hades vorwarf
Von Helden, sie selbst aber zur Beute schuf den Hunden
Und den Vögeln zum Mahl, und es erfüllte sich des Zeus
Beschluß ...«

Priamos, Hektor, Achilles, Ajax, Patroklos ließen die Götter im Kampf sterben. Die Heerführer Menelaos und Agamemnon kehrten nach Hause zurück, jener mit seiner »Beute« Helena, dieser, um bei seiner Heimkehr von seiner ungetreuen Frau Klytämnestra und ihrem Buhlen Ägisthos, seinem Vetter, getötet zu werden. Dem listenreichen Odysseus, dem Erfinder des den Krieg entscheidenden hölzernen Pferdes, war die sofortige Heimkehr nicht vergönnt. Erst nach schier endlosen Irrfahrten und Gefahren konnte er den Boden seiner Insel Ithaka betreten und seine von den Freiern bedrängte Gemahlin wieder in die Arme schließen. In der Odyssee, einer ebenso eindrucksvollen Dichtung wie der Ilias, hat Homer jene Abenteuer verarbeitet. Aus dem brennenden Troja konnte sich nur Aeneas mit seinem greisen Vater und seinem Sohn retten, um in Italien zum Ahnherrn der Römer zu werden.

Die Wissenschaft sprach Ilias und Odyssee zwar höchste dichterische Qualität zu, verwies die beschriebenen Ereignisse aber ins Reich der Phantasie.

Gerade in den ersten Jahrzehnten des 19. Jahrhunderts, als der Freiheitskampf der Griechen eine Welle der Begeisterung in Europa auslöste, als sich selbst ein Hölderlin für die Befreiung des griechischen Volkes engagierte und Gustav Schwab »Die schönsten Sagen des klassischen Altertums« herausgab, griff man wieder nach den alten Überlieferungen und diskutierte leidenschaftlich Gegenwart und Vergangenheit der Hellenen. Das Wissen um die früheste Zeit endete jedoch mit der Einwanderung der griechischen Stämme auf die Halbinsel. Solon, Platon, Sokrates, Aristoteles und Herodot gaben Zeugnis von den späten Phasen der griechischen Geschichte, Homer aber nahm man nur als phantasievollen Schriftsteller ernst. Seine Heldenmythen, so glaubte man, seien nicht geeignet, die im Dunkel liegende griechische Vorgeschichte zu erhellen.

Ein Mann jedoch war von Kindheit an überzeugt, daß in den Epen Homers um Troja und die Heimkehr der achäischen Fürsten ein wahrer Kern stecken müsse – Heinrich Schliemann.

Das »Sonnenuntergangs-Gesetz«

Auf der Insel Ithaka und den zyklopischen Burgen des Peloponnes war Schliemann erstmals den Helden Homers begegnet. Was es in Griechenland zu tun geben würde, wurde dennoch vorerst zurückgestellt; denn die Sehnsucht trieb ihn nach Troja, in die heilige Stadt Ilios, den Schauplatz eines der berühmtesten Kriege, des zehnjährigen Trojanischen Krieges, mit dessen Ende Stadt und Burg in Schutt und Asche sanken.

Wie war das doch gewesen, damals an Weihnachten 1829, als er, der knapp achtjährige Heinrich, beim Betrachten des Bildes vom brennenden Troja seinen Vater fragte: »Und dies alles ist zerstört, und niemand weiß, wo es stand?« – »So ist es«, antwortete der Vater. »Das glaube ich nicht«, hatte der Bub gesagt. »Wenn ich groß bin, werde ich Troja finden und ausgraben.« Nun konnte Schliemann die Stunden zählen, bis er seinen Vorsatz wahr machen konnte.

In der ersten Stunde des 6. August 1868 legte das Dampfboot »Nil« der »Messageries Impériales« im Athener Hafen Piräus in Richtung Dardanellen ab. Die lange Fahrt hätte Heinrich Schliemanns Unruhe sicher noch gesteigert, wäre die drohende Langeweile an Bord nicht durch die angenehme Reisebekanntschaft mit dem berühmten spanischen Bankier Andreas Pedreno aus Cartagena aufgelockert worden.

Die Dardanellen lagen – und liegen auch heute noch – auf türkischem Boden, ebenso Troja, das nun Truva heißt. Daß das Osmanische Reich nicht mit europäischen Maßstäben gemessen werden durfte, mußte Schliemann bereits in Sichtweite seines Zielortes erfahren. Es gab nämlich ein türkisches Gesetz, wonach es verboten war, nach Sonnenuntergang an Land zu gehen. Da das Schiff am folgenden Tag aber erst um zehn Uhr abends in die Dardanellen einfuhr und, der Vorschrift entsprechend, nicht anlegte, mußte Schliemann notgedrungen die nächtliche Weiterfahrt bis Konstantinopel in Kauf nehmen.

Es dauerte noch bis zehn Uhr vormittags, ehe die träge »Nil« in der Hauptstadt am Bosporus anlegte. Der ungeduldige Reisende glaubte, keine Stunde seiner kostbaren Zeit an einen Rundgang durch die an großartigen Denkmälern zweier Jahrtausende reichen Stadt verschwenden zu dürfen. Er deponierte sein Gepäck im Hotel d'Angleterre, eilte zurück zum Hafen und bestieg das Dampfboot »Simoïs« mit Ziel Dardanellen. Der Name des Schiffes war schon beinahe ein Willkommensgruß von Troja, war es doch der Name des am Nordhang Ilions fließenden, in den homerischen Skamandros mündenden Flüßchens.
Vor eineinhalb Jahrhunderten reiste man noch gemächlich dahin, besonders im Vorderen Orient. Eisenbahnen gab es dort noch nicht. Die »Simoïs« zwang Schliemann erneut zu einer Nachtfahrt, um ihn erst am darauffolgenden Morgen gegen sieben Uhr an den Dardanellen an Land zu setzen.
Da es an der strategisch wichtigen Meerenge einige Konsulate gab, wandte sich Schliemann an den russischen Konsul Fonton, erläuterte ihm sein Trojavorhaben und bat ihn um Unterstützung. Der gab ihm nicht nur nützliche Ratschläge, sondern besorgte ihm auch einen Führer und zwei Pferde ohne Zaumzeug und Sattel, wofür neunzig Piaster oder zwanzig Francs Miete zu zahlen waren.
»Ich gestehe, daß ich meine Rührung kaum bewältigen konnte, als ich die ungeheure Ebene von Troja vor mir sah, deren Bild mir schon in den Träumen meiner ersten Kindheit vorgeschwebt hatte«, erinnerte er sich des ersten Eindrucks.

Das Doppelgesicht der trojanischen Ebene

Troja war für Schliemann vorerst das Dorf Bunarbaschi. Dort hatte nach Meinung der Homer und dessen Gesänge interpretierenden Gelehrten auf einer steilen Erhebung eine Siedlung gelegen, die man als Troja bezeichnen könnte. Ohne sich lange bei

Konsul Fonton aufzuhalten, machte sich Schliemann auf den Weg zu diesem Ort, an dem er um sechs Uhr abends eintraf.
Er hatte die weite Ebene zwischen den Dardanellen und den Ausläufern der Berge durchritten. Dies war die Landschaft, die als Schauplatz des heroischen Ringens in verklärter Form vor seinem geistigen Auge geschwebt hatte, deren Fichten und Eichen für ihn nach Olivenhainen, grünen Feldern, Minze und Meer dufteten.
In Bunarbaschi zählte er dreiundzwanzig von Türken und Albaniern bewohnte Häuser. Auf jedem der flachen Dächer erblickte er eine Vielzahl von Storchennestern – auf einem Haus allein zwölf. Ihre gefiederten Bewohner fanden in den Sümpfen der Umgebung, die von Fröschen wimmelten, reichlich Nahrung.
Dieser Eindruck ländlicher Idylle war mit einem Schlag dahin, als er seinen Führer bezahlt und das Haus eines Dorfbewohners betreten hatte, der ihm als Hauswirt dienen sollte. In dieser Unterkunft hätte er auch nicht nur eine Nachtstunde verbringen können. Im allgemeinen nicht zimperlich, prallte Schliemann jedoch vor dieser »abscheulichsten Unsauberkeit« zurück. An den Wänden und auf der hölzernen Bank, die ihm als Schlafstelle dienen sollte, tummelte sich ein ganzes Heer von Wanzen. Auch auf die Milch, um die er zur Erfrischung gebeten hatte, mußte er verzichten. Sie wurde ihm in einer Schale dargeboten, die allem Anschein nach seit zehn Jahren nicht mehr ausgespült worden war. Lieber wäre er vor Durst umgekommen, als daß er sie angerührt hätte.
Die Konsequenz war Schliemann nicht neu: Er verbrachte die Nächte auf dem freien Feld, nachdem er mit dem Hausherrn vereinbart hatte, auf sein Gepäck zu achten und ihm jeden Morgen ein Gerstenbrot zu liefern. So brauchte er nicht zu sehen, welche Hände es wie zubereitet hatten.
Mit großer Mühe vermochte er für den nächsten Tag einen Führer aufzutreiben, der ein wenig Griechisch sprach und für sich und das Pferd pro Tag 45 Piaster verlangte. Wieder war es kein edles

Roß, sondern ein klappriger Gaul ohne Sattel und Zaumzeug, und erneut mußte Schliemann seine Knochen auf einem erbärmlichen, schmutzigen und unbequemen Sagyarion riskieren.

Das falsche Troja

Waren dieser Hügel über Bunarbaschi, der darunter vorbeifließende Skamander und die ganze Landschaft tatsächlich jenes Troja und das Schlachtfeld des zehnjährigen Krieges? Schliemann war der allgemeinen Auffassung hierher gefolgt.

Wenn es jenes Troja, das Ilios Homers, jemals gegeben haben sollte, so die Meinung der Gelehrten, dann mußte es auf dem asiatischen Ufer der Dardanellen, des antiken Hellesponts, gelegen haben. Dieser Auffassung hatte niemand eine andere Version entgegenzusetzen. Der große Dichter hatte sogar einen Ortshinweis geliefert: den Fluß Skamandros, der, aus den Bergen des Südens kommend, bei Kumkaleh ins Marmarameer mündet. Er soll an der Burg des Priamos vorbeigeflossen sein.

Es gab auch andere Hinweise auf die Existenz von Troja; einige antike Autoren berichteten von Besuchen der Könige und Kaiser des Altertums in der Troas und auf der Akropolis von Ilium. An den Aussagen dieser glaubwürdigen Berichterstatter wagte niemand zu zweifeln. Folglich mußte ein Troja zumindest in der Gestalt der römischen Siedlung Ilium bestanden haben. Also machten sich Wissenschaftler und interessierte Reisende auf, den Platz zu erkunden und zu lokalisieren. Und sie waren einhellig der Überzeugung, den Bergvorsprung bei Bunarbaschi, an dem vorbei sich der Skamander seinen Weg in die Ebene bahnte, als den Ort des alten Troja festlegen zu dürfen. Ein paar Ruinentrümmer auf der steilen Höhe über dem kleinen Dorf waren für sie die stummen Zeugen ihrer Theorie.

Auch Helmuth von Moltke, von König Friedrich Wilhelm III. als Instrukteur der türkischen Truppen nach Konstantinopel kommandiert, unternahm am 13. April 1836 eine Reise nach Alexandria Troas, den Ruinen einer Stadt, die von Antigonus, einem Feldherrn Alexanders, gegründet worden war. Der spätere preußische Feldmarschall hielt in seinem Tagebuch fest: »Wir ritten an dem Grabe des Patroklus vorbei, von welchem ich mir einen Ölzweig mitnahm, längs des öden Sandufers, wo der Pelide um die schöne Briseis getrauert, nach dem Vorgebirge Sigeum zu, welches hinausschaut auf das prachtvolle Meer und seine Inseln, die rauh umstarrte Imbros, die thrakische Samos (= Samothrake) und Tenedos, hinter welcher die Flotte der Achäer sich verbarg. Auf einem Hügel, der von Menschenhänden erbaut schien, lag ein griechisches Dorf, Aya Dimitri, dessen dicht aneinandergedrängte Häusermasse ein burgartiges Aussehen hatte. Obwohl ich wußte, daß Pergamus nicht hier, sondern landeinwärts gelegen, so machte es mir Vergnügen, mir vorzustellen, daß dies die viel durchwanderte Feste sei, und wahrscheinlich waren auch die von den Göttern abstammenden Helden nicht besser logiert als in diesen Lehmhütten …«

Landeinwärts, also bei Bunarbaschi, lagen Burg und Kampfplatz der Helden und Götter. Nicht nur Moltke, sondern auch Archäologen waren schon nach Bunarbaschi gepilgert und hatten den Rückweg in der Überzeugung angetreten, Troja habe hier hoch über dem Knie des Skamander gelegen.

So war die Ausgangslage. Doch schon der erste Rundblick sagte Schliemann, daß dies nicht Troja gewesen sein konnte. Die Landschaft schien »mir beim ersten Blicke zu lang zu sein und Troja viel zu entfernt vom Meer zu liegen, wenn Bunarbaschi wirklich innerhalb des Bezirks der alten Stadt erbaut ist«. Da paßte aber auch nichts in die homerischen Hexameter, die er jederzeit abrufbereit im Kopf oder in einem Exemplar der Ilias hatte.

Dreißig Jahre nach dieser ersten Begegnung Schliemanns mit dem Land der Troas schrieb Wilhelm Dörpfeld, später Mitarbeiter und Nachfolger:

»Im Jahre 1868 betrat Heinrich Schliemann zum ersten Male den Boden der Troas. Von dem Wunsch beseelt, die Stelle des homerischen Troja aufzufinden und vielleicht sogar durch Ausgrabungen die Ruinen der berühmten Burg wieder ans Licht zu bringen, besuchte er zuerst den Ort des Skamandertales, an dem damals von den meisten Gelehrten das alte Troja angesetzt wurde, den steilen Berg oberhalb des Dorfes Bunarbaschi.
Hier hatte zuerst der französische Reisende Lechevalier am Ende des 18. Jahrhunderts die homerische Stadt gesucht und angeblich auch gefunden. Hier hatten später berühmte Geographen und Strategen, von denen hier nur H. Kiepert, E. Curtius und Moltke genannt werden sollen, das homerische Troja angesetzt. Hier waren ferner im Jahre 1864, also kurze Zeit vor Schliemanns erstem Besuch, durch den Österreicher J. G. von Hahn Ausgrabungen vorgenommen worden, deren Ergebnisse nach dem Buch ›Die Ausgrabungen auf der homerischen Pergamos‹ von J. G. von Hahn, Leipzig 1864, auch den letzten Zweifel an der richtigen Ansetzung Lechevaliers behoben zu haben schienen.
Wie manche Reisende vor ihm, so bewunderte auch Heinrich Schliemann die prächtige und umfassende Aussicht, die man von dem steilen Fels am Skamander über die weite troische Ebene und das ferne Meer mit seinen Inseln genießt. Aber durch kleine Grabungen überzeugte er sich bald, daß hier wegen der geringen Schuttanhäufung und des zu jungen Alters der erhaltenen Mauerreste die berühmte Burg des Priamos nicht gelegen haben konnte.
Er besuchte darum einen zweiten Ort der Skamanderebene, an dem von einigen anderen Gelehrten das homerische Troja angesetzt wurde, nämlich die näher am Meer gelegene Stelle Hissarlik.«

In seinem festen, unerschütterlichen Glauben an die homerischen Aussagen wollte Schliemann schon bei diesem ersten Besuch der trojanischen Landschaft den Gelehrten und sich selbst beweisen, daß der Berg über Bunarbaschi niemals Ilion gewesen sein konnte. Eine Untersuchung der Höhe, die eine Akropolis und Siedlung getragen hatte, erwies, daß die bebaute Fläche so klein gewesen war, daß hier niemals eine Stadt mit einer größeren Einwohnerzahl gestanden haben konnte. Auch waren die Trümmer der Ringmauer und ihre Beschaffenheit viel zu jungen Datums. An zahlreichen Stellen schaute der nackte Felsboden vor; er war zudem so uneben, daß man vergebens nach Wegen oder Straßen eines größeren Ortes suchte.
Schliemann schüttelte den Kopf: Auf einer so kleinen, buckligen Anhöhe sollte die Burg des Priamos mit ihren 62 Räumen gestanden haben, mit den zyklopischen Mauern und dem großen Tor, durch das die Trojaner das verderbenbringende hölzerne Pferd des Odysseus gezogen hatten?
Aber nichts wollte Schliemann unversucht lassen. Wie ein Detektiv mußte er die Beweise zusammentragen, die seine Ansicht bestätigten. So hob er mit seinem Führer und fünf Arbeitern von der Höhe bis hinab zum Skamander auf einer Fläche von hundert Quadratmetern eine lange Reihe von Löchern aus. Doch überall stieß man sofort auf Urboden und Fels, schon in geringer Tiefe. Nirgends fanden sich Scherben oder andere Anzeichen, daß dieser Platz jemals von Menschen bewohnt gewesen sein könnte. Auch in Bunarbaschi wurde der Urboden bereits in einer Tiefe von einem halben Meter erreicht.
Wenn die Verfechter der Bunarbaschitheorie nur einmal aufmerksam die Ilias gelesen hätten, wären sie sofort von ihrer Meinung abgerückt. Da heißt es nämlich unmißverständlich, daß die Kämpfe der Achäer mit den Trojanern zwischen dem Schiffslager und der Stadt hin und her wogten und die Entfernung

zwischen Meer und Stadt mehrmals täglich durcheilt wurde. In voller Ausrüstung und mit den schweren Waffen wären ein mehrfaches Anstürmen und Zurückziehen auf der Strecke bis Bunarbaschi kaum möglich gewesen. Nichts war einfacher, als solches zu beweisen. Mit der Uhr in der Hand und Homers Hexameter im Kopf schritt Schliemann den Weg zwischen dem Bunarbaschihügel und dem Meer ab. Er rekapitulierte den ersten Tag der Schlacht, wie er vom zweiten Iliasgesang ab geschildert wird, und kam zu dem nicht zu bestreitenden Ergebnis, daß die Achäer in neun Stunden ihres Kampfes die erstaunliche Distanz von 84 Kilometern hätten zurücklegen müssen. Dies wäre sogar bei moderner Kampfführung eine mehr als beachtliche Leistung.
Ein Höhepunkt des Krieges war jener berühmte Kampf zwischen Achilles und Hektor, der mit einer Verfolgungsjagd um die Stadt begann. Nach Homer stellte sich die Situation so dar: Apollo hatte die Gestalt des Agenor angenommen und Achilles an das Ufer des Skamander gelockt. Hektor blieb vor dem Skäischen Tor: »Die todbringende Parze fesselt den Hektor und hält ihn vor Ilion und dem Skäischen Tore fest.« Achilles geht vom Skamander zum Tor. Dort trifft er Hektor, der von Furcht ergriffen flieht und von Achilles verfolgt wird. Sie kommen an der Warte und dem Feigenhügel vorbei. Sie »kreisten dreimal um Priamos' Feste … und alle Götter schauten zu.«
Schliemann folgte dieser Umkreisung des angeblichen trojanischen Hügels. Dabei erreichte er an der Südwestseite einen jähen Abhang von rund 150 Meter Höhe, den die beiden Helden hinabsteigen mußten, um zum Skamander zu gelangen und ihre Runden um die Stadt zu drehen. Auf der Höhe ließ er Führer und Pferd zurück und stieg den Abhang hinunter, der anfangs unter einem Winkel von ungefähr 45 Grad und weiterhin 65 Grad abfällt, so daß er gezwungen war, rückwärts auf allen vieren zu kriechen. »Ich brauchte fast eine Viertelstunde, um hinunterzukommen, und habe dadurch die Überzeugung gewonnen, daß kein sterbliches Wesen, nicht einmal eine Ziege, in eilendem Lauf einen

Abhang hat hinunterkommen können, der unter einem Winkel von 65 Grad abfällt, und daß Homer, der in seiner Ortsbestimmung so genau ist, gar nicht daran gedacht hat, daß Hektor und Achilles bei ihrem Rundlauf um die Stadt dreimal diesen Abhang hinuntergelaufen seien, was absolut unmöglich ist.«
Noch einem weiteren homerischen Hinweis ging Schliemann nach, nämlich der Schilderung einer heißen und einer kalten Quelle im Umfeld von Ilion:

»Und sie erreichten die zwei schönsprudelnden Quellen, woher sich
Beide Bäch' ergießen des wirbelnden Skamandros.
Eine rinnt beständig mit warmer Flut, und unter ihr
Wallt aufsteigender Dampf wie der Rauch des brennenden Feuers;
Aber die andere fließt im Sommer auch kalt wie der Hagel
Oder des Winters Schnee und gefrorene Schollen des Eises.
Dort sind nahe den Quellen geräumige Gruben der Wäsche,
Steinerne, schön gehaun, wo die stattlichen Feiergewänder
Trojas Frauen vordem und liebliche Töchter sich wuschen,
Als noch blühte der Friede, ehe die Macht der Achaier kam.«

Wie ein gewissenhafter Kriminalist erforschte Schliemann jeden Hinweis und jede Spur. Also machte er sich auf die Suche nach diesen beiden Quellen. 34 Quellen entdeckte er in einem Sumpfgebiet am Skamander. Sein Führer war überzeugt, daß er sich verzählt habe, und behauptete, es seien sogar vierzig; denn diese Stelle heiße im Türkischen »Kirk Giös«, was »Vierzig Augen« bedeute. Schliemann zog sein Taschenthermometer hervor; es war keine einzige heiße Quelle dabei. Alle Quellen hatten mit 17,5 Grad die gleiche Temperatur. Aber schon bald sollte er Hinweise auf die heiße Quelle bekommen.
»Erst um fünf Uhr abends verließ ich die kleine Zitadelle, und nachdem ich wiederum von Süden nach Norden den ganzen Raum, welchen man für die Stelle des alten Troja hält, durchwan-

dert hatte, stieg ich zum Skamander hinab und nahm mein Abendbrot ein, das nur in Gerstenbrot und Flußwasser bestand. Das Brot war durch die Hitze so trocken geworden, daß ich es nicht brechen konnte; ich legte es eine Viertelstunde ins Wasser, wodurch es weich wurde wie Kuchen. Ich aß mit Vergnügen und trank dazu aus dem Fluß. Das Trinken war jedoch beschwerlich; ich hatte keinen Becher und mußte mich jedesmal über den Fluß neigen, wobei ich mich auf die Arme stützte, welche bis zu den Ellbogen in den Morast einsanken. Aber doch war es eine große Freude für mich, das Wasser des Skamander zu trinken, und ich dachte lebhaft daran, wie tausend andere sich bereitwillig weit größeren Beschwerden unterwerfen würden, um diesen göttlichen Fluß zu sehen und sein Wasser zu kosten.«

Die Liebe und Begeisterung für diesen Fluß, an dem die Helden gekämpft hatten, waren für Schliemann keine schwärmerische Übertreibung. Er lebte und dachte in und mit seinem Homer. Diesem Skamander hielt er auch die Treue, als er drei Jahre später das »richtige« Troja ausgrub. Von seinen Quellen ließ er sich immer das Trinkwasser bringen, bis er durch dauernde Fieberanfälle erkannt hatte, daß die Wasserqualität doch nicht so »göttlich« war, wie er sie gepriesen hatte.

Keine Spur von Troja – zu diesem Resümee mußte Heinrich Schliemann nach intensiver Beobachtung, nach Grabungen, Abschreiten der Entfernungen und Suche nach Beweisstücken auf der Höhe und in der Umgebung von Bunarbaschi kommen. Nicht einen behauenen Stein, nicht eine Scherbe, die ihm auch nur den geringsten Aufschluß hätte geben können, fand er bei seinen Nachforschungen.

Er blickte auf seine bisherige Reise zurück: Mykene und Tiryns waren vor 2335 Jahren zerstört worden, und dennoch schienen die alten Zeiten in den Ruinen lebendig zu sein, in jenen gewaltigen Blöcken, die wohl noch einige tausend Jahre überstehen und auch dann die gleiche Bewunderung wecken würden. Dort schien nicht einmal unbedingt eine Grabung notwendig zu sein; schon

an der Oberfläche fanden sich ausreichende Scherben, die auf die einstigen Bewohner Schlüsse zuließen.
Das homerische Troja ging nur 722 Jahre früher in Flammen auf. Hätte es über Bunarbaschi gelegen, so wären dort mit Sicherheit zumindest Ruinen der zyklopischen Mauern zu sehen, ganz zu schweigen von Keramikresten, die sich überall finden lassen, wo in der Antike menschliche Behausungen gestanden haben. Den verbissen an ihr Dogma glaubenden Gelehrten konnte Schliemann nur zurufen, sich wie er anhand der Worte der Ilias und des Geländes selbst zu überzeugen, daß Troja nicht oberhalb von Bunarbaschi gelegen haben konnte.
Wo aber waren dann das Ilion Homers und die Burg des Priamos?

Der schöne Hügel von Hissarlik

Die Suche nach einem passenden Platz war nicht schwer. Eine knappe Stunde vom Meer entfernt und dem Hellespont am nächsten liegend, bot sich eine Erhebung an, die, wie die Ilias bekundet, die Täler zweier Flüsse, des Skamander und des Simoïs, trennt. Es war die Anhöhe von Neu-Ilium, nun Hissarlik genannt. Nur hier konnte Homers Troja verborgen sein.
»Sowie man den Fuß auf die trojanische Ebene setzt«, stellte Schliemann nach seinen Eindrücken fest, »wird man sofort beim Anblick des schönen Hügels von Hissarlik von Erstaunen ergriffen, der von der Natur dazu bestimmt zu sein scheint, eine große Stadt mit ihrer Zitadelle zu tragen. In der Tat würde diese Stellung, wenn sie gut befestigt wäre, die ganze Ebene von Troja beherrschen, und in der Landschaft ist kein Punkt, der mit diesem verglichen werden kann.«
Mit dem Blick über die Landschaft hinweg zum Meer, zum Götterberg auf der Insel Samothrake und landeinwärts zum Berg Ida, von dem aus Zeus zehn Jahre lang den von ihm initiierten Krieg wohlgefällig betrachtete, durchlebte Schliemann das sa-

genhafte Geschehen bei den Achäern und den Trojanern, aber auch bei den Göttern, die ihre Sympathien auf die beiden Kontrahenten verteilten. Er sah im Geiste Priamos und Helena auf der Plattform des Skäischen Tores und hörte die troischen Siegeslieder bis hin zum Lager des Agamemnon schallen.
Schon in aller Frühe des 14. August hatte sich Schliemann mit seinem Führer und den Arbeitern aufgemacht. Im sandigen Bett des Skamander ging es nach Norden. Der von der Hitze ausgetrocknete Boden war derart locker, daß das Pferd seinen Reiter nicht tragen konnte. Es mußte vom Führer über die Felder nach Hissarlik gebracht werden, während alle anderen zu Fuß weiterstapften. Nach einer Stunde passierten sie das Flüßchen Kimar-Su, den alten Thymbrius, bei seiner Mündung in den Skamander.
»Das Klima ist sehr ungesund«, stellte Schliemann fest, »denn während der großen Hitze dünsten die Sümpfe pestilenzialische Miasmen aus, die gefährliche Fieber erzeugen. Diese Fieber richten große Verheerungen in der Bevölkerung an, besonders aber an Neuangekommenen, die noch nicht an das Klima gewohnt sind. Ohne jene Sümpfe würde das Klima durchaus gesund sein. Aber die Bevölkerung ist gegenwärtig so schwach und unbedeutend, daß sie sicherlich um eine Verbesserung derselben sich nicht kümmert. Indes geht aus den alten Schriftstellern hervor, daß hier immer Sümpfe gewesen sind, selbst zu der Zeit, als die Bevölkerung zahlreich und mächtig war.«
Nun, noch setzten ihm jene Miasmen und das Fieber nicht zu. Für seine spätere Arbeit hatte er sich reichlich mit Chinin eingedeckt, so daß er vom Fieber fast ganz verschont blieb und auch seine Arbeiter versorgen konnte.
Gegen zehn Uhr erreichte Schliemann mit seiner Mannschaft ein weit ausgedehntes, hoch liegendes Terrain, das mit Scherben und Trümmern von bearbeiteten Marmorblöcken bedeckt war. An vier einzeln stehenden Säulen, zur Hälfte im Boden vergraben, erkannte er die Reste eines Tempels. Die weite Ausdehnung des Trümmerfeldes gab ihm die Gewißheit, auf dem Boden einer

ehemals großen und blühenden Stadt zu stehen. Es war Neu-Ilium gewesen, jetzt Hissarlik, was Palast bedeutet. Nach einem halbstündigen Marsch auf diesem Gelände wurde ein etwa vierzig Meter hoher Hügel erreicht, der im Norden fast senkrecht in die Ebene abfiel und ungefähr zwanzig Meter höher war als der Rücken der Bergkette, deren letzten Ausläufer er bildete. Von einem »fortlaufenden Bergrücken« hatte schon Strabo berichtet. Das Plateau auf dem Gipfel maß 233 Meter in Länge und Breite. Schon der amerikanische Vizekonsul Frank Calvert, der den Raum um die Dardanellen betreute und sich bei Tschiplak auf einer Anhöhe östlich von Troja ein Haus gebaut hatte, war hier tätig gewesen. Er hatte erkannt, daß der Hügel zum großen Teil künstlich aus Ruinen und Trümmern der Tempel und Gebäude aufgeworfen war, die über viele Jahrhunderte hinweg nacheinander hier gestanden hatten. Bei einer Ausgrabung im Osten des Gipfels hatte er Reste eines großen Baues, vielleicht eines Palastes oder Tempels freigelegt, der aus großen, ohne Bindemittel zusammengefügten Quadern bestand.

Nachdem Schliemann zweimal die ganze Höhe abgeschritten hatte, schloß er sich Calverts Überzeugung an, daß Hissarlik der Ort des alten Troja war und hier die Burg Pergamos gelegen hatte. Wie auch andernorts ergänzte er seine Kenntnisse aus der Ilias durch weitere Überlieferungen, die ihm wichtiger erschienen als alle Buchweisheiten der Wissenschaft.

War es doch Herodot, der vom Großkönig Xerxes, seiner Besichtigung von »Priams Pergamos« und dem Opfer von tausend Rindern für die Göttin Athene berichtete. Opferte nicht auch Mindaros, der Feldherr der Lakedämonier, wie Xenophon zu erzählen wußte? Oder Arrianus als Berichterstatter des großen Alexander, der sich Achilles verbunden fühlte und aus Ilion die Waffen an sich nahm, um sie als Glückssymbole von seiner Leibwache in die Schlacht tragen zu lassen. Caesar, der als Verehrer Alexanders gerne auch wie der Makedone die Weltherrschaft an sich gerissen hätte, und all die anderen prominenten

Römer, waren gewiß nicht nach Bunarbaschi, sondern hier an den Hügel von Hissarlik gekommen.
Waren sie alle nur einem Phantasiegebilde gefolgt? Oder waren sie sich der Existenz Trojas sicher? Während Alexander und den Römern die Dichtung Homers ein Begriff war, dürfte Xerxes von in seinen Diensten stehenden kleinasiatischen Griechen über den Trojanischen Krieg informiert worden sein. Für sie war Troja eine Realität. Noch fehlte Schliemann das letzte Beweisstück, die kalte und heiße Quelle, die er in Bunarbaschi vergebens gesucht hatte.
Zu den wenigen, die an Hissarlik-Troja glaubten, gehörte neben dem schottischen Wissenschaftler C. MacLaren oder dem Deutschen Eckenbrecher auch Frank Calvert, der bald ein Freund Schliemanns werden sollte. Ihm gehörte die Hälfte des Hissarlikhügels und er hatte eine wichtige Information parat: Nach seiner Beobachtung waren in Abständen immer wieder heiße Quellen aus dem vulkanischen Boden ausgetreten, um nach einiger Zeit vorübergehend zu verschwinden und erneut zu erscheinen. Calvert hatte selbst schon am Hügel gegraben, sich jedoch weiter nicht mehr damit befaßt, obwohl auch er überzeugt war, daß man hier Troja finden würde.
Die beiden Quellen, die eine heiß, die andere kalt, mußten unmittelbar unterhalb Ilions in dem dortigen Sumpf der Nordseite liegen, in dem sich Odysseus und Menelaos in den Hinterhalt gelegt hatten. Odysseus sagte zu Eumaios: »Als wir aber zur Stadt gelangten und zu den hohen Mauern, lagerten wir uns in voller Waffenausrüstung vor der Zitadelle, mitten unter dichtem Gesträuch, in den Binsen eines Sumpfes.«
Was sich in Bunarbaschi als unmöglich erwiesen hatte, die Verfolgungsjagd von Achilles und Hektor rund um die Stadt, war in Hissarlik durchaus plausibel. Schliemann umschritt die Stadt, beziehungsweise den sie bergenden Hügel, und stellte fest, daß die beiden Helden bei ihrer dreimaligen Verfolgungsjagd eine Entfernung von fünfzehn Kilometern bewältigt haben mußten,

eine durchaus glaubhafte Strecke, wenn man bedenkt, daß sie von Kampfeswut erfüllt waren.
Nun gab es für Schliemann keinen Zweifel mehr. Sein erster Besuch hatte ihn überzeugt. Das Resümee seines »Spähtrupps« in die archaische Welt Griechenlands faßte er in seinem 1869 erschienenen Buch »Ithaka, der Peloponnes und Troja« zusammen: »Um zu den Ruinen der Paläste des Priamos und seiner Söhne sowie zu denen der Tempel der Minerva und des Apollo zu gelangen, wird man den ganzen künstlichen Teil dieses Hügels fortschaffen müssen. Alsdann wird sich sicherlich ergeben, daß die Zitadelle von Troja sich noch eine bedeutende Strecke über das anstoßende Plateau ausdehnte; denn die Ruinen vom Palast des Odysseus, von Tiryns und von der Zitadelle in Mykenä sowie die große Schatzkammer Agamemnons beweisen deutlich, daß die Bauwerke des heroischen Zeitalters große Ausdehnungen hatten.«
Schliemann bedauerte nicht, an diesen ersten Erkundungstagen zunächst der bis dahin üblichen Meinung gefolgt zu sein und Bunarbaschi aufgesucht zu haben. Sie hatten ihm den Beweis erbracht, daß dort Troja nicht gelegen haben konnte. Noch fehlte die Entschlüsselung der Geheimnisse des Hissarlikhügels, doch konnte er nun getrost die Rückreise antreten und die anderen Sehenswürdigkeiten der Küste der Dardanellen besuchen. Er hatte den Ort der Helden Homers und des Trojanischen Krieges gefunden. Was der Hügel und der Schutt durch die Jahrhunderte hindurch konserviert hatten, sollte demnächst zu finden sein.

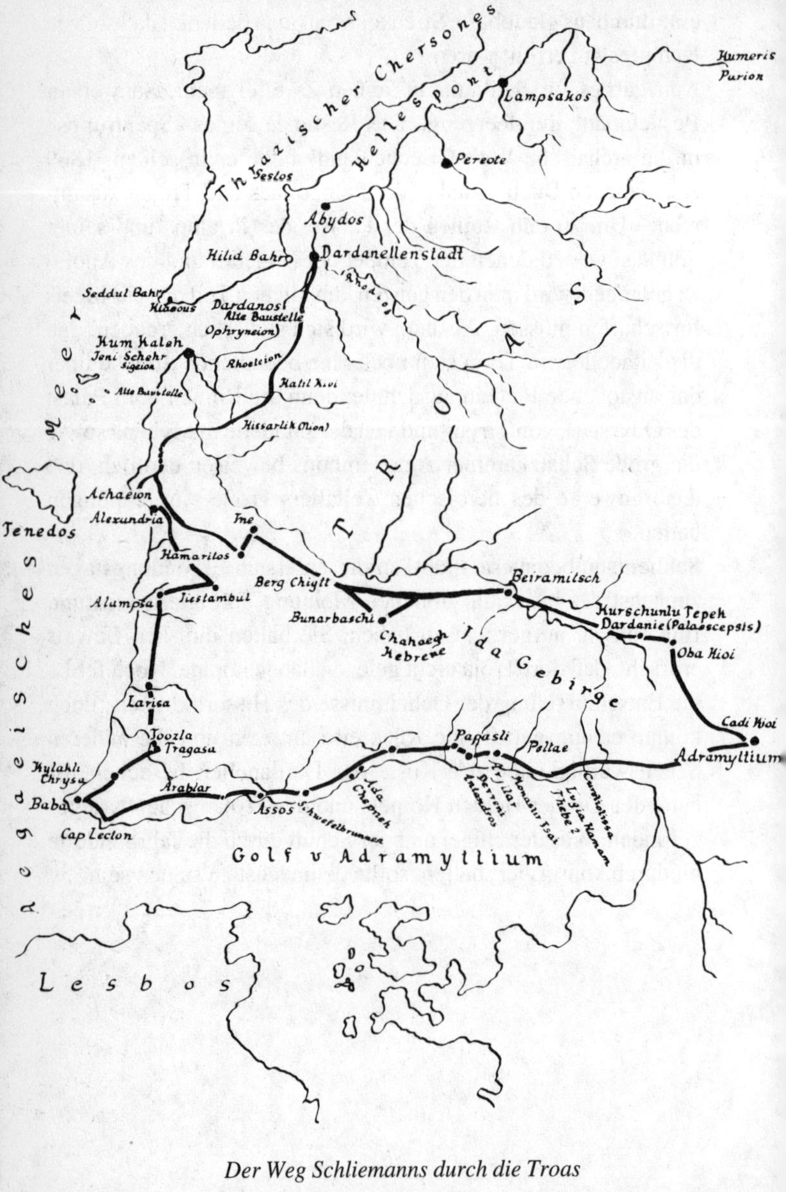

Der Weg Schliemanns durch die Troas

Die Troas und zwei Frauen

Geißel Kleinasiens und der Erzbischof als Ehevermittler

Glaube an Homer

»Forsche nicht, wer von Geschlecht und Geblüte Homer war;
es rühmen stolz sich meiner Geburt alle die Städte ringsum.«
Hellenistisches Epigramm

Heinrich Schliemann hatte einmal bekannt, daß er an das Werk Homers wie an das Evangelium glaube. Es sei gleichsam die Bibel der Griechen.

Über den ältesten epischen Dichter des Abendlandes wissen wir fast nichts. Lange Zeit galt er als fiktive Gestalt. Die moderne Wissenschaft sieht ihn wieder als historische Persönlichkeit. Über Homers Lebensdaten gibt es keine Angaben. Das Herodot zugeschriebene ionische Volksbuch über Homers Leben schildert ihn als wandernden Rhapsoden, ist aber in den Anekdoten frei erfunden. Aus Hinweisen in den Epen und in antiken Zeugnissen ergibt sich lediglich eine annähernde Datierung seines Werkes auf die Jahrhundertspanne zwischen 750 und 650 v. Chr. Homers Heimat ist das ionische Kleinasien. Aus der großen Zahl von Städten, die sich die Ehre anrechnen, sein Geburtsort zu sein, ragen sieben besonders hervor: Smyrna, Rhodos, Kolophon, Salamis, Argos, Chios und Athen. Als seine letzte Ruhestätte nennt die Tradition die Insel Ios. Zur Legende von Homer gehört auch seine angebliche Blindheit. Manche Wissenschaftler wollen darin ein Symbol für die tiefe Verinnerlichung des Dichters sehen. Während die rund 16000 Hexameter der Ilias das Werk Homers sind, nimmt die neuzeitliche Forschung aufgrund von sprachlichen, gesellschaftlichen und kulturellen Indizien für die Odyssee

mit ihren rund 12000 Hexametern einen anderen Verfasser an, der sie ein Jahrhundert später gedichtet haben soll. In diesem seit dem 18. Jahrhundert anhaltenden Streit der Wissenschaft um die Entstehungsgeschichte der homerischen Epen soll hier aber nicht eingegriffen werden.
Mit der Ausgrabung Trojas war Heinrich Schliemann bemüht, im Rankenwerk der Dichtung die historische Wahrheit zu ergründen. Letztlich war es sein durch nichts zu erschütternder Glaube an die Worte der Ilias und der Odyssee, dem wir alle es verdanken, in einen bis dahin unbekannten Kulturkreis früher Geschichte des Mittelmeerraumes und damit Europas blicken zu können.

Streifzüge durch die Troas

Sein Standquartier Bunarbaschi mußte Heinrich Schliemann notgedrungen beibehalten. Wenn er von seinen Ausflügen dahin zurückkehrte, dann nur, um bei den »Vierzig Augen« im Freien zu übernachten. Sonst aber hatte er kein Interesse mehr an diesem Dorf und dessen Anhöhe, war für ihn doch die Lokalisierung Trojas bereits vollzogen. Als Ergebnis dieser Tage schrieb er: »Ich will dort Ausgrabungen in großem Maße machen und nicht eher ruhen, ehe ich nicht die ganze Akropolis ausgegraben habe.« Unter dem Hügel von Hissarlik das homerische Troja zu wissen war zwar zum Höhepunkt seiner Reise von Korfu bis an die Dardanellen geworden, doch brauchte er die ganze Landschaft Troas, um ihr geschichtsträchtiges Bild vor seinen Augen abzurunden.
Erste Station seiner Wanderung war im Nordwesten das Städtchen Yenitscheri auf dem Vorgebirge Sigeum, direkt über dem Meer. Von nirgendwo hätte Schliemann einen besseren und umfassenderen Blick auf die ganze trojanische Ebene werfen können. Dies war wieder so recht nach seinem Geschmack: »Als ich mit der Iliade in der Hand auf dem Dache eines Hauses stand

und hinausschaute, war mir, als sähe ich unter mir die Flotte, das Lager und die Versammlungen der Griechen, Troja und die Feste Pergamos auf dem Plateau von Hissarlik, die Märsche und Gegenmärsche und die Kämpfe der Truppen in der Ebene zwischen der Stadt und dem Lager.« Zwei Stunden lang genoß er das Panorama und die Hexameter Homers. Dann sehnte er sich nach einem anderen Genuß. Sein arg vernachlässigter Gaumen und Magen ließen sich mit Homer nicht besänftigen. Er hatte heftigen Hunger.

Nach schwarzem Gerstenbrot und Skamanderwasser verlangte es ihn nach einem ordentlichen Essen. Man brachte schnell ein Huhn herbei und wollte es vor seinen Augen schlachten. Das arme Tier schien jedoch sein Ende zu ahnen und schrie so jämmerlich, daß Schliemann voller Mitleid sein Geld zückte und das Huhn unter der Bedingung bezahlte, daß es Leben und Freiheit erhielt. So kam kein knusprig gebratener Vogel auf den Tisch. Aber auch acht Eier, frisches Brot und Wein von der Nachbarinsel Tenedos boten eine ordentliche Mahlzeit.

In dem Städtchen hatte man ihm in einer recht ordentlich aussehenden Stube ein ebenso ordentliches Bett zurechtgemacht. Endlich einmal ein Bett! Aber schon schlug die Geißel Kleinasiens wieder zu: An den Wänden feierten Hunderte von Wanzen ein fröhliches Volksfest. Er flüchtete wie von Furien gejagt auf das Dach eines Stalles und streckte dort seine müden Glieder aus. Doch kaum hatte er sich hingelegt, als eine blutgierige Meute von Flöhen zum Generalangriff blies und über ihn herfiel. Die ganze Nacht hindurch war er nur mit verzweifelten Abwehrmaßnahmen beschäftigt.

Am frühen Morgen des nächsten Tages reiste Schliemann in Richtung Süden. Er passierte eine Reihe unversehrter Grabhügel und machte sich schon Gedanken, sie vielleicht eines Tages zu öffnen. Schließlich erreichte er das reizvolle griechische Dorf Neochorion, wo er im Hause des Demarchen Menguissis einkehrte. Dieser liebenswürdige und interessante Mann war gerade für den Archäologen Schliemann eine willkommene Bereicherung seines Aufenthaltes in der Troas. Menguissis beeilte sich, ihm das Dorf und mehrere Skulpturen zu zeigen, die er einige hundert Meter von seinem Haus entfernt am Meeresufer ausgegraben hatte. Demnach mußte auch hier im Altertum eine nicht unbedeutende Siedlung bestanden haben. Zurückgekehrt, verbrachte er die Nacht auf dem Felsen von Bunarbaschi, vor Wanzen und Flöhen sicher.

Bei einem weiteren Besuch Hissarliks durchwanderte er das Tal des Dumbrek-Su, des alten Simoïs, bis zu den Ruinen von Palaio-Castron, dem einstigen Ophrynium, wo Hektor begraben wurde. Wieder begab sich Schliemann mit seinem Führer nach Bunarbaschi, um am Felsen bei den »Vierzig Augen« zu übernachten.

Das Pensum seines ersten Aufenthaltes in der Troas war noch nicht erfüllt. Am 17. August stand Alexandria-Troas, jetzt Ikistambul, auf dem Besuchsprogramm. Diese von Antigonus gegründete und zunächst nach ihm Antigonia benannte Stadt wurde von Laysimachos erweitert, der sie zu Ehren Alexanders des Großen umtaufte. Auf dem Zwanzigkilometerweg dorthin ritt Heinrich Schliemann an einer Reihe von türkischen Friedhöfen vorbei, die mit prächtigen Marmorbildwerken aus Alexandria-Troas bestückt waren. In einem schier endlosen Eichenwald lagen und standen Säulen und Trümmer in einer solchen Menge herum, daß Schliemann von ihrer einstigen Pracht überzeugt war. Doch selbst unter Berücksichtigung des umfangreichen, sie nun bedekkenden Eichenwaldes hielt er die überlieferte Einwohnerzahl von einer halben Million für erheblich hochgestapelt.

In dem kleinen Ort Ikistambul, angelehnt an die Ruinen von Alexandria-Troas, kehrte er, angenehm von äußerster Sauberkeit überrascht, im Hause eines Türken ein, der ihn reichlich und reinlich bewirtete, nach Schmutz und Ungeziefer ein wohltuender Aufenthalt. Für das Entgelt bot sich der Gastgeber noch als Führer zum antiken Hafen an. Auch da wieder Säulenreste und Ruinen rund um das einstige, winzige Becken, aus dem inzwischen ein versandeter Tümpel geworden war. Alexandria-Troas hatte den Türken ganze Arsenale von steinernen Kanonenkugeln geliefert, die aus Säulen geschnitten waren und in Stapeln Schliemanns Weg am Meeresufer säumten.

Im Gegensatz zu seinem ordentlichen Gastgeber in Ikistambul hatte es Schliemann in dem Dorf Ugik mit einem ausgekochten Spitzbuben zu tun. Topal hieß der Bursche, der angeblich zwei gute Pferde zu bieten hatte und gleich die Bezahlung von fünfzig Piaster im voraus verlangte, zusätzlich zehn Piaster Trinkgeld oder Vermittlungsprovision. Der von seinem Tagesausflug erschöpfte Schliemann zahlte auch. In der Nacht weckte man ihn und sagte, die Pferde stünden bereit. Doch glaubte er seinen Augen nicht zu trauen, als man ihm ein völlig heruntergekommenes Pferd andrehen wollte. Ein zweites Tier, angeblich in einem Nachbaranwesen, war, ebenso angeblich, plötzlich verschwunden. Wütend, daß man ihn derart übertölpeln wollte, schlug Schliemann Krach. Wenn ihm auch der Bursche wieder 48 Piaster zurückzahlte, so wandte sich Schliemann doch mit einer schriftlichen Anzeige an den Demarchen Menguissis, der sofort einen Polizisten losschickte und Topal verhaften ließ, weil er nun einen echten Beweis in der Hand hatte, daß jener Kerl, schon lange verdächtigt, ein wirklicher Ganove war.

Mit dem Wirt des Kaffeehauses, wo er abgestiegen war, handelte Schliemann die Miete eines Pferdes aus, wobei der Wirt ihn am nächsten Tag auf einem Esel bis Rinkoi in der Troja-Ebene begleiten sollte. Auf diesem Ritt genoß er noch einmal die ihm nun schon vertraute Landschaft bis hin zur Stätte der homerischen Helden auf Hissarlik. Mit zwei weiteren Pferden traf er am Nachmittag an den Dardanellen ein und nahm im winzigen Gasthaus ein Zimmer. Von der Anstrengung des Tages ermüdet, streckte er sich auf dem Bett aus und schlief fest ein. Aber bereits nach einer Viertelstunde jagten ihn heftige Schmerzen an Händen, Gesicht und Nacken hoch: Ein Regiment Wanzen hatte sich auf ihn gestürzt. Zu allem Unglück wurde ihm am nächsten

Morgen mitgeteilt, daß erst am 21. August ein Dampfboot nach Konstantinopel verkehren würde, er also drei Nächte an den Dardanellen verbringen müßte. Drei Nächte – das Ungeziefer drohte wie ein Menetekel vor seinen Augen. Er zog die schon gewohnte Konsequenz, schlug sein Nachtlager auf dem Sand am Meeresufer auf und engagierte zwei Arbeiter mit Revolvern und Dolchen, die ihn und seinen Schlaf zu bewachen hatten. Tagsüber saß er auf dem Balkon des Gasthauses und las, nutzte aber auch die Zeit, um die Sammlung antiker Vasen und anderer Fundstükke zu besichtigen, die Frank Calvert ausgegraben und an den Dardanellen ausgestellt hatte.

Über ein Jahrzehnt später vermerkte er als Nachtrag zu dieser Reise: »Ein Exemplar des Werkes ›Ithaka, der Peloponnes und Troja‹ nebst einer altgriechisch geschriebenen Dissertation übersandte ich der Universität Rostock und wurde dafür durch die Erteilung der philosophischen Doktorwürde dieser Universität belohnt. Seitdem habe ich mit unermüdlichem Eifer stets danach gestrebt, mich dieser Ehre würdig zu zeigen.«

Die Promotion durch seine mecklenburgische Heimat-Universität erfolgte bereits 1869, im Jahr nach seiner Reise. Seine Unternehmungen, vor allem aber die Ausgrabung Trojas ab Herbst 1871, sollten Heinrich Schliemann in den folgenden Jahren zum bedeutendsten Archäologen des 19. Jahrhunderts machen, dessen Name nicht nur in Gelehrtenzirkeln kursierte, sondern auch der breiten Bevölkerung bekannt war.

Weil man nicht ohne behördliche Genehmigung das Erdreich auf der Suche nach Altertümern aufbrechen darf, stellte Heinrich Schliemann sofort nach Abschluß seines Besuches in der Troas den Antrag auf Grabungserlaubnis in Hissarlik. Aber die bürokratischen Mühlen von Konstantinopel mahlten sehr langsam. Auf den »Ferman«, die Bewilligung, mußte er zwei Jahre warten.

Aufregung, um leben zu können

Von Ithaka bis Troja, von Odysseus bis Priamos, Schliemanns Tagebuch war prall gefüllt. Aus Notizen, umfangreicheren Eindrücken und im Gedächtnis verbliebenen Erlebnissen ein Ganzes zu formen war Heinrich Schliemanns Aufgabe in den nächsten Wochen. Bereits im Titel seines Buches »Ithaka, der Peloponnes und Troja« waren die Stationen seiner Informationsreise festgehalten. Schon im darauffolgenden Jahr, 1869, konnte das Werk in der damals führenden deutschen Verlagsstadt Leipzig bei Brockhaus erscheinen. Noch nahm die Fachwelt keine sonderliche Notiz von dieser Arbeit. Doch sollte sich dies bald ändern, als im Laufe seiner ersten Grabungskampagne in Hissarlik seine Niederschriften in den Tageszeitungen fortlaufend erschienen und dann als Buch veröffentlicht wurden.

Auch das Jahr 1869 verlief turbulent. Es verlangte seiner physischen und psychischen Kraft vollen Einsatz ab. Eine gewisse Erleichterung war es für ihn, daß die zu Beginn nicht glückliche Ehe mit Katharina nach jahrelanger Trennung der beiden Partner geschieden wurde. Seine mit Petersburg und der dortigen Gesellschaft verbundene Frau hatte sich nie bereit gezeigt, das Leben in der zaristischen Hauptstadt zu verlassen, während Schliemann dem höfischen Glanz nichts abgewinnen konnte. Das nur auf äußere Reputation zielende Treiben in den Salons und Ballsälen, dem sich Katharina verpflichtet fühlte, war ihm zu schal und bei aller finanziellen Grundlage zu aufwendig. Auch nach der Scheidung fühlte er sich den beiden dieser Ehe entsprossenen Kindern Sergius und Nadescha verpflichtet und sorgte für ihren Unterhalt. Auf den großen Gewinnen seiner nicht immer risikolosen, aber häufig vom Glück begünstigten Geschäfte wollte er nicht ausruhen und das behagliche Leben eines angesehenen Bürgers genießen. Die Langeweile einer materiell abgesicherten Existenz entsprach nicht seinem unbändigen Tatendrang. »Ich muß Sorgen und fortwährende Aufregung haben, um leben zu können«, bekannte er in dieser Zeit, »ich bin so sehr an Tätigkeit gewöhnt, daß Untätigkeit, selbst bei allen erdenklichen Vergnügungen, mich in wenigen Monaten zum Wahnsinn bringen würde.«

Die alte Geschichte hatte Schliemann nun in ihren Bann gezogen. Nach dem Studium an der Sorbonne war er durch die 1869 erfolgte Promotion durch die Universität Rostock am Ziel seines akademischen Ehrgeizes, der ihm notwendig erschien, um im Chor der Gelehrten eine Stimme zu besitzen.

Aber noch waren die Anforderungen und Möglichkeiten dieses Jahres 1869 nicht ausgeschöpft. Gleich nach der Promotion reiste er über den Atlantik, um in Kuba seine Besitzungen zu regeln, kehrte sofort wieder zu einem Studienaufenthalt nach Paris zurück, um anschließend nach Athen zu fahren, das er zwei Jahre später zum festen Wohnsitz wählte. Mit diesem Athen war der entscheidende Wendepunkt im Leben Heinrich Schliemanns erreicht. Nun lag das Ziel, die intensive Beschäftigung mit der frühesten griechischen Geschichte, vor seinen Augen. Um es angehen zu können, fehlte ihm noch der passende, seine Ambitionen teilende Partner.

Aus Paris hatte er geschrieben: »Ich beabsichtige, in 14 Tagen nach Griechenland zu reisen, um mich dort nach einer anderen Frau umzusehen. Sollte ich eine Griechin finden, deren Alter noch Hoffnung auf Nachkommenschaft läßt, die außerdem für altgriechische Sprache und Literatur, für alte Weltgeschichte, Archäologie und Geographie schwärmt und in diesen Wissenschaften schon bedeutende Fortschritte gemacht hat, dann nehme ich sie zur Frau, aber auch *nur dann.*«

Schliemann konnte geholfen werden. Es wurde ein Kennenlernen und eine Vorentscheidung auf Distanz. Kurz vor seiner Abreise nach Athen schrieb er: »Der Erzbischof von Griechenland, mein früherer Lehrer, hat mir die Portraits mehrerer Athenienserinnen zur Auswahl geschickt; ich habe darunter Sophia Engastromenos als die liebenswürdigste ausgesucht. Ich werde sie aber nur dann nehmen, wenn sie Sinn für Wissenschaften hat.« Sophia war dreißig Jahre jünger als Schliemann, das gewünschte Interesse an der Wissenschaft brachte sie mit; sie teilte Schliemanns Begeisterung, wuchs sehr rasch in die gemeinsame Aufgabe hinein und wurde zu seiner tatkräftigsten Mitarbeiterin, die sich bei den Strapazen in Troja bewährte und auf der Burg von Mykene einen ganzen Ausgrabungsabschnitt in Alleinverantwortung leitete. Sie erfüllte auch seinen Wunsch nach Nachkommenschaft, indem sie ihm eine Tochter und einen Sohn schenkte. Das Jahr 1869, in dem Schliemann schon auf den Ferman aus Konstantinopel hoffte, klang mit dem neuen Eheglück aus.

Im Frühjahr 1870 riß Schliemann der Geduldsfaden. Aus der Hauptstadt am Bosporus war immer noch keine Grabungserlaubnis eingetroffen. Die türkischen Behörden ließen sich orientalischer Gepflogenheit entsprechend viel Zeit. Wenn sich in Konstantinopel schon nichts rührte, dann wollte er auf eigene Faust handeln. Das Ziel vor Augen, konnte er nicht tatenlos herumsitzen. In der ersten Aprilwoche traf er an den Dardanellen ein. In aller Eile trommelte er ein paar Arbeiter zusammen und ließ zehn Tage lang, vom 9. bis 19. April, jenen ihm später übel angekreideten Suchgraben durch den Hügel ausheben. Er ging rücksichtslos vor, zerstörte vieles in den oberen Schichten, verschaffte sich aber die Gewißheit, bei einer umfassenden Grabungsaktion die Beweise für Troja finden zu können.

Liebend gern hätte er sich mit schonungslosem Eifer durch die Anhöhe gewühlt, doch gebot ein behördliches Veto Halt. Wenn er auch seine Arbeit abbrechen und mit Geduld auf die offizielle Genehmigung warten mußte, so nahm er doch die feste Überzeugung mit nach Hause, auf dem richtigen Weg zu seinem Ziel zu sein.

Kurz vor dem Tod seines Vaters, der 1870 im Alter von neunzig Jahren verstarb, schilderte Heinrich Schliemann diesem in einem Brief die Situation der Troas: »Wenn Ihr Euch nicht wochenlang mit Wasser vom Skamander und mit Brot, welches von den kotigsten aller Hände gebacken, begnügen könnt und wenn Ihr nicht (um zu vermeiden, bei lebendigem Leibe von den Wanzen verzehrt zu werden) die Nächte auf freiem Felde, in der ungesundesten Gegend, am Rande von Fieber und Tod aushauchenden Sümpfen, zubringen könnt, dann müßt Ihr *nie* nach Troja kommen.« Daß sich im Orient vieles nur gegen – auch erkleckliche Summen – »Bakschisch« ausrichten läßt, mußte Schliemann in diesem Jahr 1870 erfahren.

Schon hatte er bei jener Probegrabung in der Nordwestecke des Hügels in drei Meter Tiefe des Suchgrabens einige Mauern aus der Zeit des Lysimachos entdeckt, als zwei Türken aus dem Dorf Kumkale auftauchten und ihm unter Hinweis auf die Behörden verboten weiterzuarbeiten. In selbstbewußtem Ton verwiesen sie darauf, daß sie auf der Höhe, unter der das Ilion Homers verborgen lag, ihre Schafhürden betrieben. Nur eine sofortige Entschädigung von 12000 Piaster würde Schliemann berechtigen, sein gestartetes Unternehmen fortzusetzen. Außerdem habe er sich gerichtlich zu verpflichten, die von ihm ausgehobenen Löcher wieder zuzuschütten und zu planieren.

Das in Schliemann rebellierende Kaufmannsblut lehnte die Unverschämtheiten ab. Weil die ein gutes Geschäft witternden Türken das Gelände auch nicht verkaufen wollten, wandte er sich an Safvet Pascha, den Minister für Volksaufklärung. Dieser gute Mann, mit dem er es noch öfter und nicht immer im besten Sinne zu tun haben würde, zeigte zum Glück volles Verständnis für die Belange der Wissenschaft und scheuchte seinen Kollegen vom Innenministerium hoch, der dem Statthalter der Hohen Pforte in Archepelagus und an den Dardanellen, Achmed Pascha, den Befehl erteilte, das Feld auf Hissarlik von Experten abschätzen zu lassen. Anhand des Schätzpreises sollten dann die Eigentümer gezwungen werden, das Gelände an die Regierung zu verkaufen. Siehe da, nun war das Land plötzlich nur noch dreitausend Piaster wert!

Nach entmutigendem Start schien nun doch das kommende Jahr den ungetrübten Auftakt der Grabungsarbeit bringen zu können.

Die beiden Schafhalter waren ausgeschaltet, der Minister für Volksaufklärung, der sich in der Frage der Regelung des Geländes so einsichtsvoll gezeigt hatte, würde sicher auch etwaige Hindernisse anderer Art beseitigen helfen, besonders aber recht bald die Grabungserlaubnis besorgen oder sich dafür verwenden. Mit einer solchen Vorgabe schien Schliemann das Unternehmen in greifbare Nähe gerückt zu sein.

Wenn er auch in seinem Ehrgeiz, gleich Troja aufdecken zu können, gebremst worden war, so reiste er doch nicht völlig verstimmt ab.

Im weit entfernten Frankreich leistete er sich dann ein Bravourstück, das typisch war für sein Draufgängertum. Noch war er ja Student und Hausbesitzer in Paris. Die Militärs schien dies allerdings nicht zu interessieren. Um die Hauptstadt an der Seine hatten die deutschen Heere einen dichten Belagerungsring gezogen. Kein normal Sterblicher durfte ihn passieren. Schliemann war indes kein solcher. Mit der Schläue und List eines Odysseus verkleidete er sich als Postmeister, und die deutschen Soldaten ließen ihn seines Weges ziehen.

Hissarlik und eine Viertelmillion Kubikmeter

Ein Irrtum in Gold: Der »Schatz des Priamos«

Die Ilias und die Hethiter

> »... so muß man doch andererseits eine hohe Genugtuung in der nunmehr erlangten Gewißheit empfinden, daß es wirklich ein Troja gab, daß dieses Troja dem größten Teile nach von mir ans Licht gebracht ist, und daß die Ilias – wenn auch in übertriebenem Maße – diese Stadt und die Tatsache ihres tragischen Endes besingt.«
> *Heinrich Schliemann*

Troja – das konnte und sollte die Erfüllung eines brennenden Wunsches sein, der Heinrich Schliemann seit seiner Jugendzeit nicht losgelassen hatte, den er aber vier Jahrzehnte lang auf die Warteliste setzen mußte.
Nun wollte er den Beweis antreten, daß die Königsburg des Priamos kein dichterisches Phantasiegebilde war, sondern eine vor dreitausend Jahren lebendige Wirklichkeit.
Troja – in seinen Sagen und Überlieferungen, in seiner Legende und Geschichte lebte Schliemann; das Ringen im Trojanischen Krieg war ihm so gegenwärtig, als habe er wie Zeus vom Berge Ida zugeschaut.
Das Werk Homers über den Trojanischen Krieg macht selbst für Anhänger der Sagentheorie den verblüffenden Eindruck, vieles den geschichtlichen Wahrscheinlichkeiten entnommen zu haben. Da werden Schiffe, Gestalten, Waffen und Kampfarten, Sitten und Gebräuche, Verhaltensnormen der Gegner und geographische Details geboten, daß es selbst für Fachleute schwierig ist, die Grenzen zwischen Mythologie und Dokumentation zu ziehen.

Die eigentliche Ursache für den Krieg bleibt im blassen Dämmerlicht der Geschichte; denn bei allem Verständnis für den Groll des betrogenen Menelaos kann man den Raub Helenas als Motiv für ein zehnjähriges Ringen mit einem gewaltigen Aufgebot an Schiffen und Kriegern ausschließen. Daß es Kontakte zwischen den mächtig gewordenen Mykenern und Troja, der zweifellos führenden Stadt an der kleinasiatischen Küste, gegeben hat, wird von den Gelehrten nicht bestritten. Unter der Vorherrschaft der Achäer in der Ägäis wurde auch die Küste Kleinasiens besiedelt, die zunächst von dem machtvollen Reich der Hethiter beherrscht wurde. Ahhiyawa nennen hethitische Inschriften ein Hilfstruppenkontingent im Kampf gegen Ägypten. Dieser Name sei identisch mit den Achäern, meint die Mehrzahl der Gelehrten.
In der zweiten Hälfte des 13. Jahrhunderts vor Christus begann die Macht der Hethiter zu schwinden. Das von Suppiluliuma geschaffene Großreich zerfiel unter den Händen seines schwachen Nachfolgers Tudhalijas IV. und des noch schwächeren Arnuwandas IV., die den Westen des Reiches preisgaben. Schon um die Mitte des Jahrhunderts waren die Achäer so stark geworden, daß sie, zuvor noch hethitische Verbündete, nun in das entstandene Machtvakuum einbrechen und sogar nach Anatolien vordringen konnten. Dabei gerieten sie wahrscheinlich mit dem ebenfalls erstarkten Städtebund in Konflikt. Das in diesem Zusammenhang genannte Truisa dürfte mit Troja gleichzusetzen sein. Der achäische Angriff auf diese Stadt konnte wohl zur Zeit des Königs Tudhalijas um 1230 erfolgt sein, als sich die Hethiter bereits aus dem Nordwesten zurückgezogen hatten. Truisa-Troja stand nicht allein; es trug zwar die Hauptlast in der Abwehr der Invasion, doch erhielt es immer wieder Verstärkungen aus den Mitgliedsorten des Städtebundes.
Wie konnte es kommen, daß aus Achäern und Trojanern, den einstigen Handelspartnern, Feinde wurden? Da sie das ohnmächtige und sich nur noch auf Inneranatolien konzentrierende Hethiterreich nicht mehr fürchteten, wollten die Achäer das gesamte

ertragreiche Küstenland Kleinasiens in ihre Gewalt bringen. Daß ihrem Vorhaben Troja als stärkste und führende Festung des Städtebundes im Wege war, liegt auf der Hand. Erst mit seiner Ausschaltung konnte die Ägäis ein achäisches Binnenmeer werden.

Zu den neuesten Erkenntnissen des Verhältnisses zwischen Geschichte und Homers Ilias zählen die Forschungsergebnisse des Amerikaners Denys Page, der im achäischen Angriff »das abschließende Kapitel des Romans über die zweihundertjährige wirtschaftliche Durchdringung des Ostens« sieht. Nach seiner Ansicht veranschaulicht die Ilias »einen Abschnitt der Geschichte, die in den Annalen von König Tudhalijas vorgezeichnet ist«. Ein weiteres Beweisstück für die Historizität der Ilias könnte der lange Schiffskatalog im zweiten Gesang sein. Er beschreibt eine Schlachtordnung, nennt die Befehlshaber, ihre Heimatorte und die – jedoch stark übertriebene – Zahl ihrer Schiffe. Doch haben sich erst ein paar Wissenschaftler zu dieser Theorie bekannt, zumal die Gelehrtendiskussion über den griechischen und trojanischen Katalog noch im Gange ist. Das Für und Wider zu diesem Thema braucht hier nicht Gegenstand einer Untersuchung zu sein; denn es verbleiben die hethitischen Annalen als Anwalt für die Glaubwürdigkeit eines historischen Kerns in Homers Dichtung.

Könnte Heinrich Schliemann heute noch zu diesen wissenschaftlichen Erkenntnissen Stellung nehmen, so wäre seine Reaktion wohl nur ein Lächeln: An die Wahrheit der Ilias habe *er* immer geglaubt; nur seine Zeitgenossen hätten Homer für einen nett plaudernden Märchenonkel gehalten. Aber auch nur so lange, bis seine Ausgrabungen sie überzeugt hatten.

Als »Vorbemerkung zur Buchausgabe«, die 1874 in Leipzig unter dem Titel »Trojanische Alterthümer. Bericht über die Ausgrabungen in Troja« erschien, hatte Heinrich Schliemann im Jahr zuvor geschrieben:

> »Das vorliegende Werk ist eine Art von Tagebuch meiner Ausgrabungen in Troja, denn alle Aufsätze, woraus es besteht, sind, wie die Lebhaftigkeit der Schilderung beweist, an Ort und Stelle, beim Fortschreiten der Arbeiten, von mir niedergeschrieben.
> Wenn meine Aufsätze hin und wieder Widersprüche enthalten, so hoffe ich, daß man mir dies zugute halten wird, wenn man berücksichtigt, daß ich hier eine neue Welt für die Archäologie aufgedeckt, daß man bis jetzt noch nie oder nur höchst wenige solcher Sachen gefunden, wie ich sie zu Tausenden ans Licht gebracht, daß mir daher alles fremd und rätselhaft erschien, und ich somit oft Vermutungen wagte, die ich bei reiflicher Überlegung wieder umwerfen mußte, bis ich endlich zur gründlichen Einsicht gelangte und auf viele tatsächliche Beweise gegründete Schlüsse ziehen konnte.«

Bis zur Niederschrift dieser »Vorbemerkung« mußte Schliemann einen Weg härtester Arbeit durch ein Spalier von Hohn und Spott gehen. Aber am Ende dieses Weges winkte der Triumph, auch wenn er später zur »gründlichen Einsicht« kam, manchen Fehler gemacht zu haben und Irrtümern unterworfen gewesen zu sein.
Das Jahr 1871 war gekommen. Im Spiegelsaal von Versailles war mit Wilhelm I. ein deutscher Kaiser proklamiert worden. Mit der Unterzeichnung des Friedensvertrages am 10. Mai im »Schwanenhotel« zu Frankfurt am Main wurde der Deutsch-Französische Krieg offiziell beendet. Außer für die Lektüre der üblichen Zeitungsmeldungen blieb Heinrich Schliemann keine Zeit, sich mit der militärischen und politischen Lage in »Europa«, wie man

in Griechenland die Staaten jenseits der eigenen Grenzen bezeichnete, zu beschäftigen. Er hatte Athen zu seinem endgültigen Wohnsitz gewählt und war damit befaßt, alle Vorbereitungen für die trojanische Kampagne zu treffen. Voller Hoffnung und Tatendrang betrat er mit seiner jungen Frau türkischen Boden.
Alles schien den rechten Gang zu gehen, als man in Konstantinopel hellhörig wurde. Altertümer, Schätze, die man nicht nur verkaufen, sondern selbst konservieren konnte, um sich den Ruf geschichts- und kunstbewußter Zeitgenossen zu erwerben, lockten die Paschas aus ihren Harems. In der Hauptstadt am Bosporus erkannte man plötzlich die Möglichkeit, sich mit Hilfe fremder Ausgräber, die ja alles mit ihrem oder fremdem Geld bezahlten, ein eigenes Museum für alte Kunstschätze aufzubauen. Deshalb wollte man auch keine unbeschränkte Erlaubnis für Ausgrabungen mehr erteilen.
Gerade in diese Überlegungen und Gesetzgebungen war Schliemanns Antrag auf einen Ferman für Hissarlik hineingeplatzt. Die Erlaubnis wurde nicht erteilt. Auch nach dreimaliger Reise nach Konstantinopel wurde das wichtige Papier verweigert. Nun konnte nur noch ein Freund, der amerikanische Geschäftsträger am Bosporus, John P. Brown, Hilfestellung geben. Dessen Intervention fand ein offenes Ohr. Wenige Tage später konnte Heinrich Schliemann mit dem begehrten Ferman in der Tasche nach Hissarlik zurückkehren.
Seine freudige Zuversicht, das »Unternehmen Troja« nun mit Elan angehen zu können, erhielt einen typisch orientalischen Dämpfer. Der Dardanellen-Pascha Achmed wehrte scheinheilig bedauernd ab. In dem Dokument sei die Lage der zu erforschenden Felder nicht genau eingezeichnet und somit nicht erkennbar. Er könne also die Grabungen nicht erlauben, solange er vom Großwesir keine entsprechenden Angaben erhalten habe. Allahs Wege sind unerforschlich, die seiner osmanischen Jünger wohl noch weit weniger. Da zu befürchten war, daß bis zu einer endgültigen Klärung der Angelegenheit Monate, wenn nicht gar

Jahre vergehen konnten, mußte abermals Exzellenz Brown eingeschaltet werden. Zum Glück stieß er bei dem neuen Ressortchef für Volksaufklärung Kiamil Pascha auf einen Mann, der brennendes Interesse an der Wissenschaft erkennen ließ und beim Großwesir sofort den notwendigen Zusatz zum Ferman ausfertigen ließ.
Dennoch hatte Schliemann wieder zwei Wochen seiner kostbaren Zeit verloren. So traf er erst am 10. Oktober mit seiner Frau in der Ebene von Troja ein. Das Auge der Regierung ließ sich jedoch nicht abschütteln. Laut Ferman mußte er von einem türkischen Beamten überwacht werden, dem er während der Grabungszeit auch noch ein Gehalt von täglich 25 Piastern zu zahlen hatte.

Stein und Steine des Anstoßes

Für Heinrich Schliemann war es ein denkwürdiger Tag. Nach langem Verdruß und Zeitverlust konnte er am 11. Oktober 1871 endlich mit acht Arbeitern dort fortfahren, wo er im Jahre zuvor seine Probegrabungen beendet hatte. Da ist Geld zu verdienen, sprach sich bei den Leuten herum. Also strömten die Hilfskräfte aus den umliegenden Dörfern herbei. Schon am nächsten Tag konnte er 35 und wieder einen Tag später 74 Mann auf den Hügel schicken. Jedem zahlte er neun Piaster pro Tag.
So arbeitswillig seine Truppe auch war, Schliemann hatte sich noch nicht mit den orientalischen Verhältnissen angefreundet. Er kannte zwar bereits die verschlungenen Wege der Bürokratie, aber nicht die noch sehr rückständige Wirtschaft. Nur acht Schubkarren hatte er mitgebracht, mußte sich aber sagen lassen, daß es hier solche Hilfsgeräte nicht gab und auch in der weiteren Umgebung keine hergestellt würden. Um den anfallenden Schutt wegschaffen zu können, mußte nun alles in Körben weggetragen werden. Schliemann ging dies zu langsam und war zu unergiebig. So trieb er vier größere Karren auf, die von Ochsen gezogen

wurden – eine weitere finanzielle Belastung von zwanzig Piaster pro Rindvieh. Doch nahm er diese Ausgaben in Kauf, um noch vor dem Winterregen, mit dem jeden Tag gerechnet werden mußte, auf den Urboden des Hügels zu kommen und dem großen Rätsel Troja näher zu rücken.

Seine Überlegungen gingen von der Tatsache aus, »daß Berge, die aus bloßer Erde bestehen und beackert werden, allmählich ganz verschwinden, und wenn so z.B. der Wartsberg bei dem Dorfe Ankershagen, den ich einst als Kind für den höchsten Berg der Welt hielt, in 40 Jahren ganz zu Grunde gegangen ist, so ist es ebensowohl Tatsache, daß Hügel, auf denen im Laufe von Jahrtausenden fortwährend neue Gebäude auf den Trümmern der früheren Bauten errichtet werden, sehr bedeutend an Umfang und Höhe gewinnen. Dafür liefert der Berg Hissarlik den schlagenden Beweis.«

Schliemann vermutete, daß der Tempel der Athene, der nach Herodots Worten Xerxes seine Reverenz erwiesen hatte und der seine Magier tausend Rinder opferten, auf der höchsten Stelle des Hügels gestanden habe. So entschloß er sich, diesen Platz bis zum Urboden aufzugraben. Und da lieferte er der Wissenschaft den Stein des Anstoßes, über den die Gelehrten jahrelang nicht hinwegkamen. Immer die Aufdeckung des homerischen Troja im Sinn, das nach seiner Meinung in großer Tiefe gelegen haben mußte, legte er von der steilen Nordseite genau nach Süden und bis über die höchste Bergfläche hinausgehend »einen ungeheuren Einschnitt« an. Dazu räumte er die im Jahre zuvor freigelegten Fundamente des von ihm angenommenen Tempels radikal beiseite, »da sie innerhalb meines Einschnitts von keinem Nutzen sind und nur hindern würden …« Dies aber nahmen ihm später die modernen Archäologen mit dem nicht unberechtigten Argument übel, daß durch dieses unqualifizierte Vorgehen wichtiges Material verlorengegangen sei.

Vorerst aber schien Schliemann wie ein Bauunternehmer die tägliche Arbeitsleistung nach dem abtransportierten Schutt zu

messen – es sollten letztlich eine Viertelmillion Kubikmeter werden, mit denen sicher manches wertvolle und aufschlußreiche Stück verlorengegangen ist.
Diese Schutt- und Steinmassen ließ er beiderseits des großen Grabens auf die schroffe Bergseite schütten. Besonders mächtige Steine nahmen viel Zeit in Anspruch, aber nicht nur der Mühe ihrer Beseitigung, sondern des allgemeinen Gaudiums wegen, »da in dem Augenblick, wo ein großer Steinblock bis an den Rand des Abhangs gewälzt wird, immer alle meine Leute ihre Arbeiten verlassen und hineilen, um Augenzeugen zu sein, wie die gewaltigen Lasten mit donnerndem Getöse den steilen Pfad hinunterrollen und sich erst in einiger Entfernung in der Ebene festlegen«.
Die archäologische Ausbeute dieser ersten Tage war nicht überwältigend: Kupfermedaillen, die größtenteils aus Alexandria-Troas und aus dem Ilium des jeweils ersten vor- und nachchristlichen Jahrhunderts stammten.
Mit besonderem Stolz vermerkte Schliemann, daß seine junge Frau bereits in dieser Anfangsphase die Ilias nahezu auswendig aufsagen konnte. Als treue Gefährtin lernte sie nicht nur die Hexameter, sondern nahm auch alle Beschwernisse in dieser Einöde auf sich, in der es an allem fehlte. So waren sie und er gezwungen, als Vorbeugung gegen die »pestilenzialen Sumpffieber« jeden Morgen Chinin einzunehmen, im übrigen jedoch auf alles zu verzichten, was das Leben hätte erleichtern können. Schliemanns Arbeiter waren Griechen aus dem Nachbardorf Renkoi; nur sonntags, wenn sie zu Hause blieben, engagierte er Türken, für die ja der Freitag Gebets- und Ruhetag war. Einen unentbehrlichen Zahlmeister hatte er in seinem Diener Nikolaos Zaphyros.

In die Steinzeit?

Wenn Heinrich Schliemann an den Sonntagen auch nur vorübergehend keine türkischen Arbeiter bekommen konnte, da diese im Spätherbst ihre Saaten bestellten, so kam er mit der Grabung doch rasch voran. Fast jeder Tag brachte neue, wenn auch nicht großartige Funde, die aber doch für die wissenschaftliche Ausarbeitung von Bedeutung zu sein schienen.

Nach jenen Stücken, die in die griechisch-römische Zeit Iliums und Alexandria-Troas' datiert werden konnten, stieß er zu seinem größten Erstaunen in eine Schicht Schutt vor, aus der eine Menge von Werkzeugen aus einem sehr harten, schwarzen Stein, nämlich Diorit, herausgeholt wurde. Sie waren von sehr primitiver Form. Als man am folgenden Tag Silberdraht und Keramikteile mit dem Bruchstück eines Eulenkopfbechers barg, glaubte Schliemann, wieder auf die Spuren eines zivilisierten Volkes gestoßen zu sein, während die steinernen Funde auf die Invasion von Barbaren zurückgeführt werden könnten, die hier wohl nur eine kurze Zeit die Herrschaft ausgeübt hätten.

Aber einen Tag später war er erneut in die »Steinzeit« gekommen, dazu in so reichem Maße, daß er für diese in noch nicht einmal fünf Meter Tiefe liegende Schicht keine Erklärung fand. In seinem Buch über die »Alterthümer«, wie auch in seinen Zeitungsberichten appellierte er deshalb an seine »verehrten Kollegen«, sich über dieses Problem Gedanken zu machen und ihm bei der Enträtselung dieser »dunklen Punkte« beizustehen.

Ihm mußten zwangsläufig Fragen unbeantwortet bleiben; denn in der relativ geringen Tiefe lagen die Funde nahe bei einer gar nicht so alten Mauer, und außerdem konnte sich Schliemann nicht erklären, wie diese Stücke mit sicher nicht weniger groben Werkzeugen hergestellt werden konnten. Bei diesen Funden lag ferner eine große Menge irdener Gefäße, zwar ohne Verzierungen, aber ausgezeichnet gearbeitet und ohne Töpferscheibe hergestellt, woraus sich das zusätzliche Problem stellte, wie sie ohne eine

solche »maschinelle« Hilfe gearbeitet werden konnten. Eine große Anzahl seltsamer kleiner Dinge, etwa wie Brummkreisel oder winzige feuerspeiende Berge, mit einem Loch in der Mitte und in ihrer kegelartigen Form den riesigen Grabhügeln in der näheren Umgebung auffallend ähnlich, war ebenfalls in die Steinperiode zu verweisen; denn auch in dem benachbarten Grabhügel, dem Chanai-Tepe, waren Gerätschaften aus der Steinperiode gefunden worden. Dies alles wies auf eine Zeit hin, die um Jahrtausende älter als der Trojanische Krieg sein mußte.
Gerade die wahrscheinlich steinzeitlichen »Brummkreisel« beschäftigten Schliemann begreiflicherweise immer wieder, da sie auch weiterhin in großer Anzahl gefunden wurden. Mit Ausnahme eines Exemplars aus feinem Marmor waren sie alle aus sehr hart gebranntem Ton hergestellt. Fast alle wiesen Verzierungen auf, die zweifellos vor dem Brennen in den weichen Ton eingeritzt worden waren. Auch in den Verzierungen ließen sich Reste dieser weißen Masse nachweisen. Unter der Lupe zeigte sich, daß die Verzierungen mit einem Feuerstein angebracht worden waren.
Für den Verwendungszweck der Kreisel gab es kaum Anhaltspunkte. Weder zum Spinnen und Weben noch als Gewichte an Fischernetzen konnten sie gedient haben, da sie viel zu zierlich und künstlerisch gearbeitet waren. Es blieb also nur eine Erklärung übrig, daß sie wie die Grabhügel einen symbolischen Charakter besaßen. Auf Bechern und Vasen aus Terrakotta fand Schliemann mehrfach den Kopf der Eule dargestellt, der Urvorfahrin des athenischen Vogels der Pallas Athene. Dies wiederum konnte den Schluß zulassen, daß die Trojaner, wenn sie nicht Ahnen oder Verwandte der Griechen waren, dieses Symbol an sie weitergegeben hatten. Zugespitzte Eberzähne, Hämmer und Äxte, Gewichte aus Granit, Handmühlen aus Lava, Messer aus Flintstein, Nadeln und kleine Löffel aus Knochen und Hunderte von durchlöcherten mehrfarbigen Terrakotten wurden in dieser Schicht geborgen. Gelegentlich kamen auch flache steinerne

Mörser vor. In dieser Steinperiode, wie Schliemann diese Phase seiner Ausgrabung nannte, konnte auch eine Hauswand freigelegt werden, deren Steine mit Lehm verbunden waren.
Trümmer und größtenteils unansehnliche Funde aus einer wahrscheinlich steinzeitlichen Besiedlung konnten einen Mann, der sich zum Ziel gesetzt hatte, die Burg des Priamos nachzuweisen, nicht gerade begeistern. Dennoch stellte Schliemann nach diesem Ausgrabungsabschnitt fest: »Meine Ansprüche sind höchst bescheiden; plastische Kunstwerke zu finden, hoffe ich nicht. Der einzige Zweck meiner Ausgrabung war ja von Anfang nur, Troja aufzufinden, über dessen Baustelle von hundert Gelehrten hundert Werke geschrieben worden sind, die aber noch niemand jemals versucht hat, durch Ausgrabungen ans Licht zu bringen. Wenn mir nun dies nicht gelingen sollte, dann würde ich doch überaus zufrieden sein, durch meine Arbeit bis in das tiefste Dunkel der vorhistorischen Zeit vorzudringen und die Wissenschaft zu bereichern durch die Aufdeckung einiger interessanter Seiten aus der urältesten Geschichte des großen hellenischen Volkes. Die Auffindung der Steinperiode, anstatt mich zu entmutigen, hat mich daher nur noch begieriger gemacht, bis zu der Stelle vorzudringen, die von den ersten hierher gekommenen Menschen betreten worden ist, und ich will bis dahin gelangen, sollte ich selbst noch fünfzehn Meter zu graben haben.«

Rückkehr in die trojanische »Zivilisation«

Bereits drei Tage nach seinem Bekenntnis, auch über die Steinperiode hinweg in weiteres Dunkel der Vorgeschichte zu stoßen, öffnete sich Heinrich Schliemann in zehn Meter Tiefe die Schicht einer höheren Zivilisation, so daß er gesteht, seine Vermutung, bereits in die Steinzeit vorgedrungen zu sein, berichtigen zu müssen. Freimütig gab er zu, aus den Steingeräten einen falschen Schluß gezogen zu haben.

Nun waren es Mengen an Waffen, Nägeln, Messern und Werkzeugen, alle aus Kupfer, jedoch nicht aus Bronze. Wie glücklich wäre er, meinte er bereits zwei Jahre zuvor, wenn er nur einmal eine Inschrift finden würde. Jetzt schienen es gleich zwei zu sein, die er aus dieser Schicht barg. Eine kleine, sechs Zentimeter große Terrakotta enthielt fünf phönizische Buchstaben, von denen jedoch nur drei deutlich erkennbar waren. »Ich hoffe«, schrieb er in sein Tagebuch, »daß die Inschrift dennoch zu entziffern sein wird.«
Ebenfalls auf einem runden Stück in der Form des »Brummkreisels« entdeckte er den zweiten Schriftzug, der ganz um das winzige »Karussell« herumgeführt war, so daß nicht daraus zu ersehen war, wo die Schrift begann und wo sie endete. Vielleicht, so kombinierte Schliemann, handelte es sich bei diesen »Brummkreiseln« um ein Götteridol des Vulkanherrn Hephaistos, das den Verstorbenen mit in die Asche gelegt worden war. Schließlich entdeckte er auf einem gewöhnlichen Stein ein Zeichen, einem Haken ähnlich, dessen einer abgewinkelter Schenkel mit einem von zwei Punkten verbunden war. »Unendlich sollte es mich freuen, wenn jemand fähig wäre, die Inschriften zu lesen, und somit im Stande, Aufklärung zu geben über den Gebrauch dieser sonderbaren Stücke, über das Volk, welches sie anfertigte ...«
Diese Hoffnung währte jedoch nicht lange. Der französische Gelehrte Émile Burnouf, an den sich Schliemann gewandt hatte und der bald zu einem überzeugten Anhänger des Trojaentdeckers werden sollte, schrieb in einer Stellungnahme, daß die Zeichen weder eine phönizische noch eine andere Schrift darstellten.
Die Funde häuften sich. Sehr oft zierte der Eulenkopf die zahlreichen einfarbigen, jedoch in zunehmender Tiefe immer eleganteren Gefäße. In der Form einer Glocke oder sehr großer Champagnergläser tauchten Stücke mit drei Füßen auf, die sicher als Trinkbecher verwendet wurden, und schließlich Graburnen von einem Meter Höhe und Breite, die in solchen Massen vorhanden waren, daß sie die Arbeiten behinderten. Da sie alle zertrümmert

waren, konnten sie bei einer Wandstärke von rund fünf Zentimetern nicht mehr zusammengeleimt werde. Aus der überaus großen Menge von Gewichten und Handmühlen schloß Schliemann auf eine beträchtliche Zahl von Haushaltungen dieser Siedlung.

Immer wieder wurde Schliemann wegen seiner Grabungsmethoden kritisiert. Zahlreiche Hauswände, Fundamente und Türschwellen, die seinem Drang in die Tiefe im Wege standen, ließ er täglich fortschaffen. Daß ihm mit einer derartig rücksichtslosen Methode viele Fehler unterliefen, sollte er aber erst später erkennen und freimütig zugeben. Er sah eben nur »sein« homerisches Troja und dies nicht dort, wo es später ermittelt wurde, sondern weit unter dem Schutt verborgen.

Als er sich nach Regentagen und in Anbetracht eines baldigen Wintereinbruchs Ende November entschloß, seine Grabung für das Jahr 1871 einzustellen, war er überzeugt, schon in den Ruinen Ilions zu sein; denn in den letzten Tagen hatten er und seine Arbeiter es nur noch mit gewaltigen Blöcken zu tun. So mußte er 65 Mann drei Stunden lang damit beschäftigen, eine einzige Türschwelle mit Tauen und Rollen wegzubringen. Was er bei der Betrachtung der Steine vermutete, daß sie durch ein Erdbeben aus den Hauswänden gerissen worden seien, sollte sich dann für die Siedlung Troja VI, die Vorgängerin der homerischen Burg, bestätigen. In der letzten Stunde dieses Grabungsjahres fand er noch ein kleines, fünf Zentimeter großes Töpfchen mit drei Füßen, dessen oberer Teil die Form eines Globus mit fünf Feldern besaß, in die winzige Sternchen geprägt waren. Die Öffnung war nicht breiter als neun Millimeter. Als Lampe konnte es nicht verwendet worden sein; denn Homer kannte noch keine Lampen. So vermutete Schliemann, daß dieses Töpfchen den Damen als Behältnis für wohlriechendes Öl gedient habe. Auf kosmetische Möglichkeiten, die äußere Attraktivität zu steigern, wollten wohl auch die Töchter Ilions nicht verzichten.

Kreuz, Hakenkreuz, Sonne und Lebensbaum

Wer Heinrich Schliemann für seine ersten Arbeiten auf dem Hügel von Hissarlik als Raubbau treibenden Außenseiter nur kritisiert, wird seinem Gesamtbild nicht gerecht. Die in Kubikmetern gemessenen Schuttmassen, deren Zahlen er in Abständen notiert, die tiefen Einschnitte durch den Burgberg und die ausgedehnte Plattform scheinen zwar denen recht zu geben, die den Verlust zahlreicher Fundgegenstände anderer Epochen beklagen. Wenn man Schliemanns Aufzeichnungen eingehender studiert, muß man ihm jedoch zugestehen, daß er mit aller Sorgfalt selbst das kleinste Scherbenteilchen registrierte, es nicht nur der schon vorhandenen Materialmenge zur Ablage übergab, sondern sich bereits Gedanken über eine Deutung machte, die das alte Troja in einen größeren Völkerverband einordnen könnte. In seiner großen Belesenheit konnte er Vergleiche mit indo-arischen Erscheinungsformen anstellen. Die bis in eine Tiefe von zehn Metern in ungeheurer Menge auftretenden kleinen Karussells oder »Brummkreisel« wiesen Verzierungen auf, die nicht ausschließlich für diesen Platz typisch sein konnten.

Rund die Hälfte dieser Fundstücke zeigte in der Mitte die Darstellung der Sonne, zum Teil mit, zum Teil ohne Strahlen. Andere wiederum enthielten nur die Strahlen. Bisweilen war das Sonnensymbol mit bis zu fünfzig winzigen Sternchen umgeben. Andere Sonnen trugen ein Kreuz oder ein oder mehrere Hakenkreuze, auch »Swastika« genannt. Sehr oft waren sie in Kreuzform um die Sonne herum angeordnet. Gleiches galt auch für die von vier Bäumen als Kreuz umgebene Sonne. Jeder Baum trug drei oder vier große Blätter. Eine in acht Meter Tiefe gefundene Kugel zeigte gegenüber der Swastika einen von Sternen umrahmten Baum.

Lassen wir Schliemanns Gedanken, die sich auch auf andere Publikationen stützen, selbst sprechen: »Ich wage daher die Vermutung auszusprechen, daß dieser Baum der Lebensbaum ist, den man so vielfältig in den assyrischen Skulpturen sieht, und daß er identisch ist mit dem heiligen Sômabaum, der … im Himmel wächst und dort von den Gandharvas bewacht wird, welche der ältesten arischen Periode angehören und später die Zentauren der Griechen wurden. Indar, der Sonnengott, raubte in Falkengestalt vom Himmel diesen Sômabaum, aus dem das Unsterblichkeit verleihende Amrita (Ambrosia) träufelt.« Zu diesem Lebensbaum zitiert Schliemann aus der »Geschichte der Kunst« von Julius Braun: »Hermes, der seltene Gast, wird mit Nektar und Ambrosia bewirtet. Das ist die Speise, deren die Götter bedürfen, um unsterblich zu bleiben. Mit dem ganzen Götterberg Olymp ist sie aus Innerasien nach Westen gerückt; denn die Wurzel dieser Vorstellung ist der Lebensbaum des urzoroastrischen Systems. Frucht und Saft dieses Lebensbaums machen unsterblich. Im hebräischen Paradies werden die Menschen davon ferngehalten, damit sie, die vom Baum der Erkenntnis genossen haben, nicht auch noch durch Unsterblichkeit vollends gottähnlich werden. Aber der künftige Messias Sosiosch in den Zendschriften wird allen Gläubigen davon reichen und sie alle unsterblich machen. Diese Hoffnung sahen wir auf assyrischem Bildwerk, wo die geflügelten Genien mit Saftgefäß und Frucht vor dem heiligen Baum stehen, reichlich angesprochen. Der Baum ist dem Propheten Hom heilig oder ist selbst der Prophet Hom. Darum kann dieser Prophet sagen, es sei sein Leib und sein Saft, der von den Gläubigen genossen werde. Symbolische Nachbildung jenes künftigen, unsterblich machenden Genusses ist die irdische Abendmahlsfeier der Parsen, und ihr entstammt der christliche Gebrauch. Also, die Götterspeise auf dem homerischen Olymp und die heiligen Symbole der christlichen Kirche dürfen in ein und derselben Vorstellung ihre gemeinsame Wurzel haben.«

Vor Widerständen zu kapitulieren war nicht Heinrich Schliemanns Art. Er trotzte mit seiner jungen Frau, die bald vom gleichen fanatischen Drang wie er beseelt war, extremen, ungewohnten Witterungsverhältnissen, den aus den Sümpfen aufquellenden Fieberdünsten und der schikanösen Behandlung durch die türkischen Behörden. Den bevorstehenden Wintereinbruch, der sich in der zweiten Novemberhälfte bereits mit Regenfällen angekündigt hatte, wollte das Ehepaar Schliemann jedoch nicht abwarten. Vom 24. November datiert seine letzte Tagebucheintragung auf dem Hügel von Hissarlik. »Von unserer Lebensweise in dieser Einöde, wo es an allem fehlt, ...« bot das Athener Heim nun eine viermonatige Pause, die mit etwas Erholung, Freude an der in diesem Jahr geborenen Tochter Andromache und Aufarbeitung der Grabungskampagne ausgefüllt war. Als rastloser Briefeschreiber war Heinrich Schliemann bis in die Nächte hinein mit einer Fülle von Korrespondenz befaßt, so daß die Zeit zur Vorbereitung der zweiten Grabungsperiode und zum Aufbruch in die Troas sehr rasch verstrich.

Würde ihn das Jahr 1872 nun seinem Ziel näher bringen?

»Ich habe in Gesellschaft meiner Frau am 1. April, sechs Uhr morgens, bei herrlichem Wetter mit 100 griechischen Arbeitern aus den benachbarten Dörfern Renkoi, Kalifati und Jenischahir die Ausgrabungen wiederaufgenommen«, notierte er in seinem ersten Bericht. Aus der Erfahrung heraus, daß er und seine Frau nicht ständig alle Arbeiten überwachen konnten, hatte er sich nach Aufsehern umgesehen. Der Direktor der vom Piräus nach Athen führenden Eisenbahn, John Latham aus Folkestone, stellte ihm seine beiden besten Arbeiter, Theodoros Makrys aus Mitylene und Spiridon Demetrios aus Athen, zur Verfügung, denen er monatlich 150 Francs zahlte. »Außerdem hatte Herr Piat, der den Bau der Eisenbahn vom Piräus nach Lamia übernommen hat, die Güte, mir seinen Ingenieur Adolphe Laurent auf einen Monat zu überlassen, dem ich dafür 500 Francs und die Reisekosten vergüte.« Mit den Arbeiterlöhnen und weiteren bedeutenden Ausgaben beliefen sich Schliemanns tägliche Gesamtkosten auf nicht weniger als dreihundert Francs.

Mit unveränderter, ja zunehmender Besessenheit wühlte er sich in den Hügel von Hissarlik hinein und ließ auf der schroff aufsteigenden Nordseite eine horizontal durch den ganzen Berg laufende Plattform graben. Laurent hatte die abzutragende Schuttmasse auf rund 80000 Kubikmeter berechnet. Wo Schliemann Schutt und Mauern vorfand, die seinem Streben, in das letzte Geheimnis der Stadtburg vorzudringen, im Wege standen, räumte er rücksichtslos auf: »Da es meine Absicht war, Troja auszugraben, und ich dasselbe in einer der unteren Städte zu finden erwartete, mußte ich manche interessante Ruine in den oberen Schichten zerstören, so zum Beispiel in einer Tiefe von sechs Metern unter der Oberfläche die Ruinen eines prähistorischen Gebäudes von drei Meter Höhe, dessen aus behauenen, mit Lehm zusammengefügten Kalksteinblöcken bestehende Mauern vollkommen glatt waren. Augenscheinlich gehörte dieses Haus zu der vierten der nacheinander auf dem Urboden folgenden gewaltigen Trümmerschichten, und wenn, wie nicht bezweifelt werden kann, jede Schicht die Ruinen einer besonderen Stadt darstellt, so gehörte es zur vierten Stadt. Sie stand auf den calcinierten Backsteinen und anderen Trümmern der dritten Stadt, welche letztere augenscheinlich die Ruinen von vier verschiedenen Gebäuden bezeichneten, die nacheinander auf derselben Baustelle gestanden hatten und deren unterstes auf Mauertrümmern oder losen Steinen der zweiten Stadt erbaut worden war. Außerdem mußte ich noch eine kleine Rinne von 20 cm Breite und 18 cm Tiefe zerstören, die ich etwa 11 m unter der Oberfläche fand und die wahrscheinlich als Gosse gedient hatte.«

Wie von einem großen Salatkopf blätterte er Schicht um Schicht des Hügels ab. Ein aus mächtigen behauenen Kalksteinen gebautes Bollwerk aus der Zeit des Lysimachos, des Truppenführers

Alexanders und späteren Königs von Thrakien, schien ihm, obwohl für den Fortgang der Arbeiten hinderlich, doch so eindrucksvoll und ehrwürdig, daß er es nicht wagte, Hand daran zu legen. Sein Wunsch war, es der Nachwelt zu erhalten.

Die immer umfangreicher werdenden Arbeiten, die von Schliemann, seiner Frau und den beiden Unteraufsehern nicht fortwährend überwacht werden konnten, machten die Einstellung eines weiteren Aufsehers notwendig. Georgios Photidas aus Paxos erwies sich als ein Glückstreffer. Dieser Grieche hatte sieben Jahre als Bergmann in Australien gearbeitet und sich besondere Erfahrungen im Tunnelbau angeeignet. »Durchs Heimweh ins Vaterland zurückgetrieben«, schilderte Schliemann dessen Kurzbiographie, »hat er sich, ohne selbst das tägliche Brot zu haben, in jugendlichem Leichtsinn und aus Patriotismus mit einer fünfzehnjährigen armen Landsmännin verheiratet. Erst nach der Hochzeit ist er durch die Qual der häuslichen Sorgen zur Besinnung gekommen und, da er gehört hatte, daß ich hier grabe, so ist er auf gut Glück hierhergeeilt, um mir seine Dienste anzubieten.«

Da Photidas keinen Hehl daraus machte, daß eine Beschäftigung für ihn, seine Frau und seine Nachkommenschaft eine Existenzfrage sei, engagierte ihn Schliemann auf der Stelle, zumal er einen solchen Minen-, Tunnel- und Brunnenbauer bei der bereits erreichten Tiefe der Ausgrabung dringend brauchte. Zudem leistete der junge Mann, auch der griechischen Schrift mächtig, einen besonderen Beitrag, indem er, vor allem an Sonn- und Feiertagen, Schliemann insofern entlastete, als er die Artikel für die Zeitungen und wissenschaftlichen Gesellschaften abschrieb. »Denn dies war mir bisher so unausstehlich«, bekannte Schliemann erleichtert, »als ich meine langen Berichte über ein und dieselbe Sache dreimal auf griechisch niederschreiben und mir die Zeit dazu vom Schlafe stehlen mußte.«

Diese seine zumeist in Wochenabständen verfaßten Berichte über seine Funde an Terrakotta-Stücken, an Waffen, an Vasen und Hausrat, ergänzt durch seine historischen und archäologischen

Folgerungen, gingen fast ausschließlich an die Londoner »Times«, die sie regelmäßig publizierte. Für den deutschen Sprachraum war damals die »Augsburger Allgemeine« das führende Organ. Auch im Augsburger Blatt erschienen die meisten seiner Berichte. Schliemann beschränkte sich bei seinen Artikeln nicht allein auf die Ergebnisse seiner Grabungen, sondern berichtete immer wieder über Topographie, Klima, subjektive Beobachtungen und persönliche Erlebnisse. Langsam verschmolzen die Namen Schliemann und Troja zu einem nicht mehr trennbaren Begriff. Die Archäologie begann, aus der Isolation der Gelehrtenstuben zu treten, und wurde öffentliches Bildungsgut. Schliemanns Arbeit begann, ihr neue Impulse zu geben.

Achtung, Steinschlag!

Immer wieder hatte Schliemann Grund, sich über die vielen griechischen Feiertage zu beklagen, an denen die Arbeiter lieber irgendeinen Heiligen verehrten, als Geld zu verdienen. So hielt er am 23. Mai 1872 fest, daß in den vergangenen zwölf Tagen nur an sieben gearbeitet werden konnte.

Zur Beschleunigung der Arbeiten hatte er fünf und sechs Meter über der großen Plattform am Ost- und Westende Terrassen errichten und zum Deponieren des Schuttes Mauern aus großen Steinblöcken bauen und den Zwischenraum ausfüllen lassen. Die kleinere Mauer betrachtete er recht skeptisch, schien sie doch nicht stabil genug zu sein. Glücklicherweise hatte er die Arbeiter angewiesen, sich nicht in ihrer Nähe aufzuhalten; denn kaum war sie fertig, hielt sie dem Druck nicht mehr stand und stürzte ein.

Die größere war mit weit mehr Sorgfalt angelegt und aus mächtigen behauenen Steinen gefügt. Alle, sogar der »Spezialist« Georgios Photidas, waren überzeugt, daß sie noch Jahrhunderte halten würde. Trotzdem schien Schliemann auch hier Vorsicht am Platze zu sein. So ließ er am folgenden Tag einen Stützpfeiler

aus gewaltigen Steinblöcken aufrichten, um einen Einsturz der Mauer zu verhindern. Sechs Mann waren mit dieser Arbeit beschäftigt, als die Mauer plötzlich mit Donnergetöse zusammenbrach. Zu Tode erschrocken, eilte Schliemann zur Unfallstelle, fest überzeugt, daß seine Leute von der Steinlawine erschlagen worden seien. Ein großer Stein fiel ihm vom Herzen, als alle sechs unversehrt geborgen worden waren.
Aber auch für seine Person hätte er zu fürchten gehabt: »Ich kann auch noch immer nicht ohne Entsetzen daran denken, was aus der Aufdeckung Ilions und was aus mir geworden wäre, wenn die sechs Mann von der fallenden Mauer zermalmt worden wären; kein Geld und keine Versprechungen hätten mich dann retten können; die armen Witwen hätte mich in ihrer Verzweiflung zerrissen, denn das haben die trojanischen Frauen mit allen Griechinnen gemein, daß der Mann, mag er alt oder jung, reich oder arm sein, alles bei ihnen ist und Himmel und Erde nur von sekundärem Interesse für sie sind.«
Bei der großen Zahl der Arbeiter, die sich sehr oft über den ganzen Hügel verteilten und in den Schächten und Einschnitten bis zu zehn Meter Tiefe nicht immer beobachtet werden konnten, war Heinrich Schliemann um die Verantwortung nicht zu beneiden. Nachdem er einmal drei Stunden lang mit vierzig Mann an einer Erdwand geschuftet hatte und sie selbst mit Hebeln und Ketten nicht lösen konnte, stürzte die nächste Wand von selbst ein und begrub Georgios Photidas und einen weiteren Arbeiter. Da man die Wand mit starken Holzblöcken verschalt hatte, hatten sich beide vollkommen sicher gefühlt. Eine Stein- und Erdmasse von 75 Kubikmetern war auf sie herabgefallen, nachdem die Verschalung völlig zerfetzt worden war. Für Sekunden waren alle wie gelähmt. Dann stürzten sich Schliemann und seine Leute auf den Schutt- und Steinberg, unter dem das Stöhnen der Verschütteten zu hören war. Glücklicherweise hatten sich die Steine aneinander hochgeschoben und einen Luftraum geschaffen. Dennoch war die Bergung nicht einfach und gefahrlos, da Erdreich und Steine

jederzeit nachrutschen konnten. Schwere Geräte hätten die Gefahr noch erhöht. Mit seinem Taschenmesser schabte Schliemann Georgios Photidas aus der unglücklichen Lage heraus. Der andere Mann wurde auf gleiche Weise von seinen Arbeitskameraden befreit.

Schliemann gab auch zu, daß Ausgrabungen, bei denen man es mit hohen Erdwänden zu tun hat, bei aller Vorsicht immer wieder Gefahren in sich bergen. Zwar war immer wieder der mahnende Ruf »guarda, guarda!« zu hören, doch achtete nicht jeder darauf, zumal viele Steine von den Erdwällen herabrollten, ohne daß sie die Arbeiter überhaupt bemerkten. Bei dieser steten Gefahr war Schliemann nach Feierabend immer froh, wenn ein Tag ohne Unglück vergangen war.

Der Unfall, dem Photidas und der Arbeiter beinahe zum Opfer gefallen wären, veranlaßte Schliemann, nun besonders vorsichtig zu Werke gehen. Er beschloß, von der großen Plattform aus nur einen nach oben dreißig und unten zwanzig Meter breiten Durchstich anzulegen, der am Urboden entlang durch den ganzen Hügel führte, und erst danach den übrigen Teil der Plattform durchzustechen. Zwei Monate Arbeit hatte er dafür angesetzt.

Tausend wunderbare Sachen

Im Hügel von Hissarlik hatte Heinrich Schliemann die Burg- und Stadtanlage von Ilium aufgedeckt. Aber war es auch das homerische Troja, an dem sein Herz mit jeder Faser hing? War es die Stätte, die nach einem zehnjährigen Krieg durch die List des Odysseus erobert und von den Achäern eingeäschert worden war?

Je tiefer der Homer-Gläubige grub, desto überzeugter war er, bald die Schicht zu finden, auf der die Festung und der Palast des Priamos gestanden hatten. »Wären nicht die herrlichen Terrakotten«, schrieb er im Juli 1872 in sein Tagebuch, »die ich aus-

schließlich auf dem Urboden und bis zwei Meter über demselben finde, dann würde ich beschwören, daß ich in acht und genau bis zehn Meter Tiefe in den Trümmerschichten des homerischen Troja bin, denn in dieser Tiefe fand ich im vorigen Jahr und finde ich in diesem Jahr tausend wunderbare Sachen, während ich in den untersten Schichten, deren Wegräumen mir so unsägliche Mühe kostet, verhältnismäßig nur wenig finde.«
Ohne Verzierungen waren die kleinen Karussells, Verzierungen trugen hingegen die flachen, radförmigen Terrakotta-Stücke. Längst war Schliemann überzeugt, daß den alten Trojanern das Metall, zumindest Gold, Silber und Kupfer, bekannt gewesen sein mußte. Erste Beweise für seine Meinung waren ein kräftig vergoldetes Kupfermesser, eine silberne Haarnadel und viele, bis zu 16 Zentimeter lange kupferne Nägel, eine erhebliche Anzahl von Stichwerkzeugen, Ringen, Armbändern, zweischneidigen Messern und kleinen Sägen, dazu immer wieder Schmuck und Gebrauchsgegenstände aus Elfenbein, Vasen, Kannen, Becher, Schüsseln und schwarze Gefäße, die jenen aus etruskischen Gräbern sehr ähnlich waren. Aus feinem Marmor roh gearbeitete Götteridole schienen nach Schliemanns Ansicht erste Versuche eines Volkes zu sein, sich eine plastische Vorstellung von überirdischen Wesen zu machen. Möglicherweise hatte man die Figuren den Toten mitgegeben.
Drei Steine schützten auf dem Urboden in fünfzehn Meter Tiefe eine kleine Begräbnisstätte. Die recht mürben Urnen konnten jedoch nur in Einzelstücken geborgen werden, wurden aber von Schliemann wieder zusammengefügt. In einer Urne lagen in der Leichenasche die Reste eines sechs Monate alten Embryos. Zunächst glaubte Schliemann, daß die Mutter in der Schwangerschaft gestorben und verbrannt worden sei, die Knochen des Ungeborenen durch die sie umgebende Hülle der Mutter unversehrt geblieben seien. Während er einen befreundeten Mediziner in Athen um dessen Stellungnahme bat, setzte er die winzigen Knochen zu einem Skelett zusammen. Der Arzt Aretaios aus der

griechischen Hauptstadt widersprach Schliemanns These. Die Mutter, so müsse aus diesem Fund geschlossen werden, sei mit Sicherheit bei der Frühgeburt gestorben, man habe ihre Leiche, wie in jener Zeit üblich, verbrannt und den unverbrannten Embryo zusammen mit der Asche der Mutter in die Urne gelegt. Auf diese Weise sei der totgeborene kleine Trojaner in skelettierter Form erhalten geblieben.
Der Vorstoß in die Tiefe des Hügels vermittelte dem Ausgräber auch eine Vorstellung von den einstigen Gebäuden der untersten Siedlungsschicht. Die gewaltigen zyklopischen Steine, behauen und unbehauen, waren bis zu sechs Metern Höhe aufgerichtet und bildeten große und geräumige Häuser und »Paläste«. Da die Mauern nur mit Erde verbunden waren, stürzten sie größtenteils zusammen und zerschmetterten alle Hausgerätschaften. Mit der Zerstörung dieser Siedlung verschwanden auch ihre Bewohner; denn in keiner anderen Schicht gab es gleich große Bausteine oder Terrakotta-Scheiben in der Form der »Brummkreisel« oder Karussells.
Auf dem Trümmerfeld der zerstörten Stadt baute eine neue Volksgruppe ihre Häuser, deren Fundamente aus mit Lehm zusammengefügten Steinen bestanden. Die Wände der Unterkünfte waren aus ungebrannten Ziegeln gebaut. In sieben bis zehn Metern Tiefe der Ausgrabung waren sie stehen geblieben, weil die Glut der in Flammen lodernden Häuser die Ziegel wie in einem Ofen brannte und sie mit einer dauerhaften Glasur überzog. Aus den Symbolen in den Ornamenten der Fundstücke folgerte Schliemann, daß die Trojaner arischer Rasse gewesen sein mußten. Gleiches müsse für die Nachfolger der Trojaner gelten, da unzählige arische religiöse Symbole in der darüber liegenden Schicht nachgewiesen werden konnten.
Daß er selbst die Tierwelt der Troas in Verbindung mit der Ilias brachte, bewies seine Tagebucheintragung zu diesem Grabungsabschnitt: »Ich kann die Beschreibung der untersten Schuttschichten nicht schließen, ohne zu erwähnen, daß ich zwischen

den großen Steinblöcken, in 12 bis 16 Meter Tiefe, zwei Kröten, auch in 12 Meter Tiefe eine kleine, sehr giftige Schlange mit schildförmigem Kopfe fand. Letztere kann von oben dahin gelangt sein; dies ist aber unmöglich für die großen Kröten, und so müssen dieselben 3000 Jahre in diesen Tiefen zugebracht haben. Sehr interessant ist es, in den Ruinen Trojas lebende Geschöpfe aus der Zeit des Hector und der Andromache zu sehen, selbst wenn diese Geschöpfe nur Kröten sind.«

Zwei Tage danach wurden in dreizehn Meter Tiefe erneut zwei Kröten zwischen den Steinen »des alten Troja«, wie er notierte, gesehen. Sie hüpften davon, sobald sie sich in Freiheit fühlten. Wie sehr ihm Homer und Troja in Fleisch und Blut übergegangen waren, bewies diese seine Gläubigkeit an lebende Wesen aus der Zeit Ilions.

Die hochsommerliche Zeit brachte unangenehme Arbeitsbedingungen mit sich. Der unaufhörliche starke Nordsturm milderte zwar die Tageshitze von 32 Grad Celsius, doch vertrieb er nicht die Milliardenschar von Insekten und lästigem Ungeziefer. Besondere Angst hatte das Ehepaar vor den Skorpionen und den sogenannten Vierfüßlern, die oft von den Decken der Unterkunft fielen und deren Biß angeblich tödlich war.

Es war schon etwas Gold, was glänzte

Körbeweise wurden täglich die Fundstücke gesammelt. Immer wieder übertraf die Menge an Idolen und Symbolen der Sonnenverehrung alle anderen Gegenstände. Neben Schliemann schon bekannten Darstellungen mit teilweise vier Sonnen und ihren Strahlen tauchten auch, sicher als mystische Zeichen, Rosen als Kranz um die Sonne auf. Andere Rosen waren mit Schweifen von Sonnenstrahlen kombiniert. Einige runde Terrakotta-Plättchen zeigten über ein Dutzend krumme, Windflügeln ähnliche, von der Sonne in alle Richtungen ausgehende Strahlenbündel, deren Zwischenräume mit Strahlen ausgefüllt waren. Schliemann deutete derartige Verzierungen als Darstellung der Drehung des Rades oder des Laufes des Sonnenwagens am Himmel. Besonders eindrucksvoll war die Abbildung von drei mit Flammen bedeckten Opferaltären, Sternengruppen und eines Hakenkreuzes. Keine Verzierungen hingegen trugen die Stücke aus Blei oder feinem Marmor.

Immer wieder stellte Schliemann fest, daß die Funde in den unteren Schichten eine weit bessere Verarbeitung aufwiesen als in den oberen Siedlungsschichten, so daß hier ein Volk höherer Kulturstufe gelebt haben mußte. Die Streitäxte, Lanzen, Pfeile, Messer und Werkzeuge, die sich hier fanden, waren aus Kupfer. Mörser, Keile, Kugeln, Messer, bisweilen aus vulkanischem Glas, Werkzeuge, Handmühlen und Gießformen häuften sich auf den Tischen der Wohnbaracke Schliemanns. Viele Marmoridole trugen das Eulengesicht der Athene. Aus acht Meter Tiefe wurde eine Statuette der Göttin hervorgeholt, an deren Hals horizontale Striche eine Rüstung andeuteten; von den nach oben gerichteten Armen war nur einer erhalten, von da kreuzten sich zwei Linien am Nabel, und zwei etwas erhabene Punkte markierten ihre Brüste.

In fast zehn Meter Tiefe fand Schliemann in der gelben Asche eines ausgebrannten Hauses einen großen Metallklumpen. Er hielt ihn für Kupfer und deponierte ihn, ohne sich besonders damit zu befassen, auf seinem Tisch. Als dieser Klumpen jedoch zufällig auf den Boden fiel, zerbrach ein Silberdraht, der das Paket zusammengehalten hatte. Da wurde der scheinbar unbedeutende Klumpen plötzlich interessant. Es kamen drei silberne Armbänder zum Vorschein. In einem dreifach zusammengefügten Armband entdeckte er künstlerischen Schmuck, einen Ohrring mit einem Blatt aus Drähten und zwei weitere Klumpen mit Ohrringen aus Silber und Gold, von denen die meisten in fünf Blättern ausliefen. Ein besonders hübsches goldenes Exemplar war auf beiden Seiten mit drei Sternreihen verziert. Zweifellos gehörte diese Schmucksammlung einer begüterten Frau, die den Untergang ihres Hauses und der Stadt nicht überlebt haben dürfte; denn wäre es ihr gelungen zu fliehen, hätte sie ihre Pretiosen sicher mitgenommen. In der Glut der Feuersbrunst waren wohl alle Stücke zu diesem Klumpen zusammengeschmolzen. Der Fund war nicht überwältigend, doch Schliemann überzeugte er, auf der richtigen Spur zu sein und dem als reich gepriesenen Ilion näher zu kommen.

Es wird eifrig gearbeitet

In der ersten Julihälfte schien der Fortschritt der Arbeiten auf Hissarlik gefährdet zu sein. Fleißig gearbeitet wurde wohl, jedoch draußen auf den Feldern. Es war Erntezeit. Griechen und Türken waren in größerer Zahl kaum zu bekommen. Schon seit Anfang Juni hatte Heinrich Schliemann den Lohn auf zwölf Piaster pro Tag erhöhen müssen, um die Leute bei der Stange zu halten; denn unter 120 Mann konnte er an eine intensive Ausgrabung nicht denken. Aber auch diese finanzielle Aufbesserung half in den Tagen der Ernte nichts. Die Leute blieben weg, und Schliemann wäre in Verzug geraten, hätte ihm der deutsche Konsul in Gallipoli, Max Müller, von dort nicht vierzig Leute geschickt.

Auch die Zahl der Arbeitsgeräte konnte vergrößert werden. Da half ihm der englische Konsul in Istanbul, Charles Cookson. Er besorgte zehn Spezialwagen, die von zwei Mann gezogen und einem geschoben wurden, außerdem zwanzig Schubkarren, so daß er davon nun 88 besaß. Sechs größere Fahrzeuge mit Pferden kosteten täglich pro Gespann fünf Francs. Damit erhöhten sich die Gesamtkosten pro Tag auf vierhundert Francs. Außer Böcken, Ketten und Winden bestand das Materiallager aus über zweihundert Hebeln, Spaten und Hacken.

»Es wird von Sonnenaufgang bis Sonnenuntergang eifrig gearbeitet«, notierte Schliemann für diese Sommerzeit, »denn ich habe drei tüchtige Aufseher, und meine Frau und ich sind stets bei den Arbeiten.« Dennoch beklagte er, daß er täglich kaum mehr als dreihundert Kubikmeter Schutt fortschaffen konnte, da die Entfernungen von der Grabungsstelle bis zur Anlage immer größer wurden. Auch die Natur zeigte kein Einsehen. Ein beständiger Nordsturm trieb den Staub vor sich her und blendete die Augen. Schliemann erklärte sich diesen immerwährenden Sturm »vielleicht dadurch, daß zunächst das Meer von Marmara und dann das Schwarze Meer durch die verhältnismäßig so enge Wasserstraße mit dem Ägäischen Meer verbunden sind. Da man aber solche fortwährenden Stürme nirgends in der Welt kennt, so muß Homer in der Ebene von Troja gelebt haben, denn sonst könnte er seiner Ilios nicht so oft das treffende Beiwort ›das windige‹ oder ›das stürmische‹ geben, welches er sonst keinem anderen Orte gibt«.

Was Homer im 22. Gesang der Ilias vom berühmten Sturmlauf und Zweikampf zwischen Achilles und Hektor unterhalb der Stadtmauer erzählt, war immer noch nicht geklärt:

»Und zu den beiden Brunnen kamen sie, den schönfließenden, wo die Quellen,
Die zwei, entspringen des wirbelnden Skamandros ...«

Wenn ihm auch schon Frank Calvert von den Quellen und ihrem gelegentlich heißen Wasser berichtet hatte, so wollte doch Schliemann selbst an Ort und Stelle alles erkunden; denn schließlich vertraute er Homer wie dem Evangelium, wie er einmal mit Nachdruck betont hatte. Weil er zuvor die Anzahl der Quellen nicht aufgeführt hatte, besuchte er nun alle in der Umgebung des Hügels. Unter den Trümmern der alten Stadtmauer die erste, 365 Meter von seiner Ausgrabungsstelle entfernt; ihre Temperatur maß er mit sechzehn Grad. Vor ihrer zwei Meter hohen steinernen Einfassung standen zwei steinerne Tröge als Viehtränke. Die zweite, doppelt so weit entfernte Quelle besaß die gleiche Temperatur, war jedoch in keiner ordentlichen Verfassung. In fast einem Kilometer Entfernung schienen jene beiden Quellen zu liegen, von denen Homer sprach und an denen Hektor getötet wurde. Nach sechs Trögen floß ihr Wasser in den nahen Simoïs, von da in den Kalifatli-Asmak, dessen ungemein breites Bett einst der Skamander war, der einer heißen und kalten Quelle im Idagebirge entspringt und im Laufe der Jahrhunderte seinen Lauf weiter nach Westen verlegte und nun den türkischen Namen Mendere trägt.

Wie sehr sich Schliemann bei seinen Arbeiten, Beobachtungen und Schlußfolgerungen auf die alten Überlieferungen verlassen konnte, bestätigte ihm die Angabe von Strabo über das »Grabmal des Aesyetes, das auf dem Weg nach Alexandria-Troas fünf Stadien (925 m) von Ilium liegt«. Im Süden von Ilium, genau in der Richtung, in der die Straße nach Alexandria-Troas verlaufen sein mußte, erblickte Schliemann einen zehn Meter hohen Hügel mit einem Umfang von einhundertzwanzig Metern. Er maß die Entfernung von der Stadtmauer bis dorthin: es waren genau 930 Meter. Nur schien sich Strabo insofern getäuscht zu haben, als dieser Hügel nicht das Grab des Aesyetes barg, sondern das der Baticia oder Myrine:

»Da ist vorn vor der Stadt eine steile Kuppe,
Abseits in der Ebene, unbegehbar von beiden Seiten:
Ja, diese nennen die Männer Baticia,
Die Unsterblichen aber das Mal der sprunggeübten Myrine.«

Dieses Grab bezeichneten die Türken als Pascha-Tepe; die letzte Ruhestätte des Aesyetes war wahrscheinlich im Dorf Kumköi zu finden, wo sich noch die einige Meter hohen Reste eines Heldengrabes befanden.

In den ersten Tagen des Augusts befaßte sich Schliemann mit einer Mauer, die er in einer Entfernung von vierzig Metern vom Abhang des Hügels und in zehn Meter Tiefe entdeckt hatte. Sie war zwei Meter dick und drei Meter hoch und bestand aus großen, mit Erde verbundenen Steinen. Die Masse der vor ihr liegenden

Steine ließ darauf schließen, daß sie einst viel höher war. Es konnte noch nicht ermittelt werden, ob sie einem alten trojanischen Tempel als Unterbau diente oder zur Ringmauer gehörte, die, wie Homer sagt, von Poseidon und Apollon errichtet worden sein sollte.

Auf der Südseite grub Schliemann in diesen Tagen einen Turm mit zwölf Metern Durchmesser aus, der ihm, ebenso wie die Mauer, den Weg versperrte. Dabei konnte er den Turm von Schutt befreien. Er vermutete, daß es sich um den Turm an der westlichen Kante der Akropolis handelte, weil es auf der ganzen Höhe keine erhabenere Lage gab. Sofort wünschte er, daß es sich um denselben Turm handelte wie in Homers Zeilen zu Andromache:

»Nein, zu dem Turm ging sie, dem großen von Ilios,
weil sie hörte,
Die Troer würden bedrängt, und groß sei die Übermacht
der Achäer.«

Es bereitete Schliemann Genugtuung, daß die Entdeckung dieses Turmes und der Ringmauer seine schon häufig geäußerte Überzeugung vom Ausmaß der Stadt des Priamos bestätigte. So geriet er verständlicherweise ins Schwärmen: »Möge dieses heilige, erhabene Denkmal von Griechenlands Heldenruhm fortan auf ewige Zeiten die Blicke der durch den Hellespont Fahrenden fesseln, möge es ein Wallfahrtsort werden für die wißbegierige Jugend aller künftigen Generationen und sie begeistern für die Wissenschaft, besonders für die herrliche griechische Sprache und Literatur, möge es die Veranlassung werden zur baldigen vollständigen Aufdeckung von Trojas Ringmauern, die notwendigerweise mit diesem Turme, höchstwahrscheinlich auch mit der auf der Nordseite von mir bloßgelegten Mauer in Verbindung stehen müssen und deren Aufdeckung jetzt sehr leicht ist.«

Da er erkennt, daß die Kosten für die Ausgrabung der Maueranlagen für ein Privatvermögen zu hoch waren, hoffte er, daß später eine Gesellschaft oder die Regierung sich dieses Projektes anneh-

men würde. Zunächst allerdings wollte er weiterhin seine Arbeit, auch in Mykene, auf eigene Rechnung fortsetzen.
Als er die Asche eines Hauses durchsuchte, in dem er schon eine Lanze und Werkzeuge gefunden hatte, entdeckte er das gut erhaltene Gerippe einer Frau. Der Schädel war beim Graben beschädigt worden, doch konnte er wieder zusammengefügt werden. In dem etwas spitz zulaufenden Mund befanden sich erstaunlich kleine Zähne. Diese Frau konnte einer Katastrophe zum Opfer gefallen sein. Von Dörpfeld und Blegen wurde die Schicht, die Schliemann gerade untersuchte, als Troja VI festgelegt. Von dieser Siedlung weiß man, daß sie durch ein Erdbeben zerstört wurde, das sich nach 1500 ereignete und 1430 v. Chr. verstärkt wiederholte. Beide Beben dürften im Zusammenhang mit Ausbrüchen des Vulkans auf der Insel Santorin, dem alten Thera, gestanden haben. Nach Meinung einiger Experten soll der zweite Vulkanausbruch verheerende Verwüstungen im ganzen östlichen Mittelmeer ausgelöst haben, wobei auch die nur neunzig Kilometer entfernten Palastanlagen auf Kreta zerstört wurden. Aschenregen und Flutwellen müssen so gigantisch gewesen sein, daß nicht wenige moderne Autoren in jener Katastrophe das Ende des sagenhaften Atlantis sehen wollen. Die von Schliemann gefundene Trojanerin, die wahrscheinlich in ihrem brennenden Haus ums Leben gekommen war, hatte reichen Schmuck getragen. Zwei Fingerringe, drei Ohrringe und eine Tuchnadel gehörten zum Gerippe. Sie wollte sich wohl mit ihrem Schmuck in Sicherheit bringen, als die Erde zu beben begann; denn Schliemann sammelte gleich neben dem Skelett mehrere Perlen ein, die, wie die anderen Stücke, aus reinem Gold waren. In der Asche des Hauses fand er noch einen Teil eines gelben Bechers mit einem ausdrucksvollen Männergesicht.
Seine Notizen der ersten Augusttage 1872 schloß er folgendermaßen: »Schließlich schmeichle ich mir mit der Hoffnung, daß als Belohnung für meine riesenmäßigen Kosten und alle meine Entbehrungen, Drangsale und Leiden in dieser Wildnis, vor allem

aber für meine wichtigen Entdeckungen die zivilisierte Welt mir zuerkennt, diese heilige Stätte umzutaufen, und im Namen des göttlichen Homer taufe ich sie mit jenen Namen unsterblichen Ruhmes, welche das Herz eines jeden mit Freude und Enthusiasmus erfüllen; ich taufe sie mit den Namen ›Troja‹ und ›Ilium‹, und ich nenne ›Pergamos von Troja‹ die Akropolis, wo ich diese Zeilen schreibe.«

Vom Sumpffieber vertrieben

Es war der 14. August 1872, als Heinrich Schliemann die Natur der trojanischen Landschaft zur Kapitulation zwang. Am Abend des 14. August mußte er die Arbeit einstellen, »… denn meine drei Aufseher und mein Bedienter, der auch mein Kassierer ist, haben das bösartige Sumpffieber, und meine Frau und ich sind so leidend, daß wir nicht im Stande sind, den ganzen Tag in der furchtbaren Sonnenglut allein das Kommando zu führen. Wir lassen daher unsere beiden hölzernen Häuser und alle unsere Maschinen und Werkzeuge hier unter der Aufsicht eines Wächters und kehren morgen nach Athen zurück.«

In den Tagen zuvor hatte er sich noch einmal eingehend mit jenem Turm befaßt und ihn weiter freigelegt, dabei auch ein zweites Stockwerk aufgedeckt, von dem noch vier lange Stufen erhalten waren. Auf einer wurden zwei kupferne Lanzen, mehrere Pfeilspitzen, Stifte, kupferne und silberne Nägel, eine zweischneidige Säge, Scherben und eine Menge zum Teil gut erhaltener Vasen und Töpfe gefunden. Ein besonderes Prachtstück unter den Funden aus dem Turm war eine Kanne mit einem nach hinten gebogenen Hals, wie er bis dahin noch keine gefunden hatte.

Nachdem es vier Monate lang keinen Tropfen geregnet hatte, ging ausgerechnet an diesem letzten Tag ein Wolkenbruch nieder, der von einem heftigen Gewitter begleitet war. Schliemann war besorgt, die Wassermassen könnten dem frisch ausgegrabenen und noch ungeschützten Turm schaden, da noch keine Abflußrinne angelegt worden war. Zum Glück blieb das Werk jedoch verschont. Für einen entsprechenden Abzugsgraben hätte Schliemann dreitausend Kubikmeter Schutt wegräumen müssen. Eine solch gewaltige Arbeit konnte er sich in jenen Wochen nicht erlauben.

Von dem Turm schwärmte er noch ein Jahr später. Es sei eine Reise um die Welt wert, diesen Turm zu sehen, der einst hoch aufragte, die ganze Gegend beherrschte und gleichsam das weithin sichtbare Wahrzeichen Trojas gewesen sein mußte, nun aber mehrere Meter unter dem Niveau des Plateaus lag.

In einem Rückblick auf die erfolgreiche Grabungsarbeit des Jahres 1872, in dem er Gott für die Gnade dankte, daß bei den fast ständig drohenden Gefahren niemand zu Schaden gekommen war, zog Schliemann Bilanz. Er habe ein großes historisches Problem gelöst und die Lage Trojas für die Stelle festgelegt, die in der Ilias beschrieben war. »Ebenso wage ich hinsichtlich der von mir ans Licht gebrachten mehr als hunderttausend Gegenstände, welche bei jenen uralten Völkern in Gebrauch gewesen sind, zu sagen, daß ich für die Archäologie eine neue Welt aufgedeckt habe; denn, um nur ein Beispiel anzuführen, von jenen Rädern, Vulkanen und Karussells aus Terracotta mit den verschiedenartigsten arischen Symbolen habe ich hier viele Tausende gefunden.«

Nur vier Wochen hielt es Schliemann mit seiner Frau in seinem Athener Heim. Dann kehrte er am 10. September wieder nach Troja zurück. Dazu nahm er sich den Landmesser Sisilas mit, der ihm einen neuen Plan der Pergamos mit allen Ausgrabungen, den jeweiligen Tiefen und den Denkmälern fertigen sollte. An den Dardanellen verpflichtete er auch den Fotografen Siebrecht.

Bei seiner Ankunft auf Troja konnte er gerade noch Schlimmes verhindern. Zu seinem Schrecken stellte er fest, daß der zurückgelassene Wächter eine gewaltige Menge aus den Ausgrabungen stammender behauener Steine wegschleppen ließ. Der Mann

entschuldigte sich damit, daß sie zu einem guten Zweck, nämlich zum Bau eines Glockenturms im christlichen Dorf Yenischahir und zur Errichtung von Wohnhäusern im türkischen Dorf Tschiblak, verwendet wurden, doch Schliemann ließ ihn sofort das Feld räumen und die Aktion abbrechen. Nun engagierte er einen mit einer Flinte bewaffneten Wächter, der nicht nur den Ruf untadeliger Treue besaß, sondern auch über eine herkulische Figur und Stärke verfügte, die etwaigen Steinräubern allen Respekt einflößen würden.
Auf seinem Kontrollrundgang stellte Schliemann mit besonderem Ärger fest, daß die Steinfledderer es gewagt hatten, auch aus dem prächtigen Bollwerk des Lysimachos Steine herauszubrechen. Mit Sicherheit wäre diese Bastion ganz verschwunden gewesen, wenn er nur eine Woche länger ausgeblieben wäre. Mit Bedauern registrierte er, daß der Wolkenbruch am 14. August die freigelegte Stelle am Turm mit zwei Meter hohem Schutt und Schlamm bedeckt hatte. Sofort befahl er zwanzig Arbeitern, den Unrat bis auf den Urboden wegzuschaffen und eine große Steinmauer zu errichten, die zwar das Regenwasser, aber keinen Schutt mehr durchlassen würde. Außerdem mußten die »von frevelhafter Hand zerstörten oder beschädigten Mauern« wiederhergestellt werden. Jener Wolkenbruch hatte aber auch eine positive Seite; die Fluten hatten zwei Steine freigewaschen. Schliemann setzte einige Arbeiter an, die eine Stützmauer in sechzehn Meter Tiefe vom Schutt befreiten. Sie war aus mit Erde verbundenen Muschelkalksteinen gebaut und lag vierzig Meter vom Bergrand entfernt.

Kälte, Lakritze und Nilpferd

Während Heinrich Schliemann auf türkischem Boden die Zeit um Jahrtausende zurückdrehte, versuchte das Osmanische Reich den Schritt in die wirtschaftliche und technische Zukunft. Im Jahre

1872 hatte der österreichische Bahningenieur Wilhelm von Pressel von der Regierung in Konstantinopel den Auftrag erhalten, ein Eisenbahnnetz aufzubauen. Schon ein ganzes Jahr zuvor hatte eine Irade, ein Kabinettsbefehl des Sultans, diesen Bau angeordnet. Selbst ein fertiggestellter erster Abschnitt bis Izmit am gleichnamigen Golf des Marmarameeres hätte Schliemann wenig berührt. Von Athen zu den Dardanellen kam nur der Seeweg in Frage.

Nach viermonatiger Pause trafen die Eheleute Schliemann am 31. Januar 1873 wieder in Troja ein, um die Ausgrabungen fortzusetzen. In den nächsten drei Wochen, so kann man in der ersten Tagebuchnotiz lesen, konnte man gerade an acht Tagen arbeiten. Griechische Festtage, furchtbare Gewitterregen und eine grimmige Kälte hatten sich gegen Schliemann verschworen. Neben seinen beiden Bretterhäuschen hatte er sich im Herbst zuvor ein Steingebäude errichten lassen. Die Zuversicht, darin vor unangenehmen Überraschungen des Winters sicher zu sein, mußte schnell einer – im wahrsten Sinne des Wortes – eiskalten Ernüchterung Platz machen. Seine Aufseher besaßen nur dürftige Kleidung und keine Decken; sie wären bei der bitteren Kälte schon in der ersten Nacht erfroren. Er stellte ihnen sein Steinhaus zur Verfügung und bezog mit seiner Frau eine der Holzbuden. Es war in der Tat ein großes Opfer. In sein Tagebuch schrieb er:

> »Meine arme Frau und ich haben infolge dessen viel leiden müssen; denn der eisige Nordsturm blies mit Ungestüm durch die Fugen unserer Bretterwände, so daß wir nicht einmal im Stande waren, des Abends Licht anzuzünden; und obgleich wir Feuer im Kamin hatten, so zeigte dennoch das Thermometer 5 Grad Kälte in den Stuben, und das Wasser gefror zu Klumpen neben dem Kamin. Den Tag über konnten wir die Kälte noch einigermaßen ertragen, indem wir in den Ausgrabungen mitarbeiteten, des Abends aber hatten wir weiter nichts als unseren Enthusiasmus für das große Werk der Aufdeckung Trojas, um

uns zu erwärmen. Glücklicherweise aber dauerte die große Kälte nur vier Tage ...«

Das »Führungsteam« mußte erweitert werden. Nach seinem Grundsatz, daß ein guter Aufseher »nützlicher als zehn gewöhnliche Arbeiter« ist, verpflichtete er zu dem vom Vorjahr bereits bewährten Georgios Photidas den Schiffskapitän Georgios Barba Tsirogiannis aus Chalkis in Euböa und forderte aus Piraus zwei weitere Seeleute an, weil er diese für besonders fähige Aufseher hielt. Aus Athen hatte er auch noch einen Maler mitgebracht, der jeden gefundenen Gegenstand sofort mit chinesischer Tusche abzuzeichnen hatte.

Nun hatte er noch Schwierigkeiten mit dem Einstellen von Arbeitern. Daran war ein Kaufmann aus Smyrna schuld, der in der Umgebung von Hissarlik 150 Mann beschäftigte. Sie mußten eine medizinische Wurzel mit der Bezeichnung Glukoriza suchen, aus der Lakritzensaft gewonnen wurde. Der Smyrnaer zahlte gut, nämlich nach der ausgegrabenen Menge zwischen zwölf und 23 Piaster täglich, während Schliemann zunächst neun Piaster bot, um nach Ostern auf zehn und ab Juni auf zwölf Piaster hochgehen zu müssen. Es gelang ihm letztlich, 120 Mann aus entlegenen Dörfern aufzutreiben, so daß er in der letzten Februarwoche endlich an die Arbeit gehen konnte.

Dem alten Athene-Tempel auf der Nordseite des Berges galt nun die Aufmerksamkeit. Weiße Steine unterhalb der trojanischen Mauer bezeichneten die Stelle, an der das Heiligtum der Schutzgöttin der Stadt gestanden hatte. Auf gleichzeitig fünf Terrassen ließ Schliemann den Schutt mit Schubkarren wegtransportieren. Mit Marmorsplittern im schwarzen Erdreich war jedoch kein wissenschaftlicher Staat zu machen. Große Marmorblöcke bildeten den einzigen Hinweis auf den einstigen Tempel aus der Zeit der Lysimachos. In der unteren Terrasse setzte sich die von Schliemann als trojanisch bezeichnete Mauer fort, die erst lange nach der ersten Zerstörung der Stadt gebaut sein mußte. Der

Zustand der Schuttschichten bewies, daß die Gebäude alle durch Feuer zerstört worden waren.
Bei dieser Ausgrabungskampagne erlebte Schliemann eine besondere Überraschung. Aus sieben Meter Tiefe wurde ein Terrakotta-Stück geborgen, daß als Gefäß gedient haben mußte. Auf ihm war ein glänzend roter Hippopotamos, eine Nilpferdgattung, abgebildet. Als höchst merkwürdig, ja wunderbar bezeichnete er diese Darstellung: »... denn dieses Tier kommt bekanntlich nicht einmal in Oberägypten und nur in den Flüssen des Inneren von Afrika vor. Es ist jedoch wahrscheinlich, daß es im Altertum Hippopotamoi in Oberägypten gab; denn nach Herodot wurden sie in der ägyptischen Stadt Papremites als heilige Tiere verehrt. Jedenfalls muß daher Troja mit Ägypten in Handelsverbindung gestanden haben; aber selbst dann bleibt es ein Rätsel, wie das Tier hier so bekannt war, daß es in Ton, vollkommen der Natur getreu, nachgebildet werden konnte.«
Vasen, Becher in der Form eines Waldhorns und wieder mit Eulengesicht, Töpfergeschirr, kupferne Schleudern, Elfenbein und Massen von Terrakotta häuften sich erneut vor dem Ausgräber. Aus einem Meter Tiefe wurde der untere Teil einer weiblichen Statue aus Marmor geborgen.

Schlangenhörner und Bauboom

Inzwischen hatte Schliemann die Zahl seiner Arbeiter-»Kompanie« auf 158 Mann aufstocken können. So kam die Ausgrabungskampagne im März sehr flott voran. Hinzu kam herrliches Frühlingswetter, wenn auch nachts und morgens die Temperatur noch gelegentlich bis auf den Gefrierpunkt sank.
An der Stelle, wo der Athene-Tempel gestanden hatte, wurden innerhalb von vier Wochen 8500 Kubikmeter Schutt entfernt. Zu Schliemanns Freude konnte dadurch der größte Teil der aus mächtigen weißen Steinen bestehenden Stützmauer freigelegt

werden, die einst die ganze Nordostecke des Hanges verkleidet hatte. Diese Mauer mußte innerhalb der Stadt eine eigene Anlage isoliert haben, auf der mit Sicherheit ein kleiner Tempel stand. Von ihm wurden jedoch nur rote Holzasche mit glänzenden schwarzen Scherben und eine ungeheure Menge unbehauener Steine gefunden, die offenbar einer Glut ausgesetzt gewesen waren.

In dem Schutt wurden dieses Mal keine lebenden Reptilien geborgen, sondern Bruchstücke von Terrakotta-Schlangen, deren Köpfe manchmal Hörner trugen. Dieses sehr alte Symbol schien den Menschen schon immer von besonderer Bedeutung zu sein. Die Schlange steht seit alten Zeiten unter anderem für die Unsterblichkeit, weil sie durch Abstreifen der Haut ihr Leben immer wieder erneuert. Deshalb findet man sie auch im Sinnbild des Heilberufs, dem Äskulapstab. Bereits kurz nach der Erschaffung des Menschen, so die Genesis-Erzählung der Bibel, begegnet der Mensch einer Schlange, die ihm Göttlichkeit verheißt. Auch mit dem Baum ist sie, die Fruchtbarkeit verkörpernd, eng verbunden. Viele Darstellungen zeigen sie um den Stamm gewickelt und den Kopf in Richtung Frucht erhoben. Die Kraft der Schlangensymbole war zu Schliemanns Zeiten offenbar noch immer ungebrochen. Unter den Leuten der trojanischen Landschaft herrschte der Aberglaube, daß Schlangenhörner durch bloße Berührung eine Reihe von Krankheiten und besonders die Epilepsie heilen würden. Außerdem würden die Hörner, in Milch getaucht, diese sofort in Käse verwandeln. Ihrer heilsamen und ungewöhnlichen Wirkung wegen seien diese Schlangenhörner von hohem Wert. So kam es, daß Schliemann bei seiner Rückkehr aus Athen von Arbeitern gemeldet wurde, einer ihrer Kameraden hätte in einer Urne in sechzehn Meter Tiefe ein paar Schlangenhörner gefunden und an sich genommen. Alle Überredungskunst war erfolglos, die Hörner blieben verschwunden.

Am Athene-Tempel wurde die Grabung mit aller Energie fortgesetzt, so daß die Fundamente des alten Heiligtums gut zu erken-

nen waren. Der Fußboden bestand aus Sandsteinplatten, die wiederum auf Sandsteinblöcken ruhten. So konnten bei der Zerstörung keine Skulpturen in der Erde verschwinden. Unzählige Bruchstücke, über die ganze Fläche des Hügels verstreut, ließen vermuten, daß die Statuen wahrscheinlich in religiösem Eifer oder Mutwillen zertrümmert worden waren. In der Verehrung seines »Andromache-Turmes« beging Schliemann eine archäologische Sünde. Da sich der Turm genau unter dem Tempel hinzog und er ihn auf jeden Fall ganz freilegen wollte, ließ er vom Tempel nur die Reste der nördlichen und südlichen Mauern und ein acht Meter im Quadrat großes Reservoir stehen, in das vier Wasserleitungen mündeten. Alles übrige, darunter Marmorblöcke in korinthischem Stil, ließ er wegschaffen. Mit den verbliebenen Mauerresten wollte er Besuchern einen schwachen Begriff von der Mühe vermitteln, die er und seine Leute bei der Beseitigung der gewaltigen Steinmassen des 87 Meter langen Tempels hatten.
Schliemann durchwühlte Ilium, warf Tausende von Kubikmetern Schutt über die Abhänge – die Bewohner der umliegenden Dörfer bauten auf! Es entwickelte sich ein echter Bauboom in den Orten. Ununterbrochen stand eine Menge zweirädriger Ochsenkarren bereit. Sobald von den Arbeitern Steine angekarrt wurden, stürzten sich die Dorfbewohner darauf und suchten passende Stücke aus. »So wird jetzt unter anderem mit meinen ilischen Steinen eine Moschee und ein Minarett im elenden türkischen Dorfe Tschiblak und ein Kirchturm im christlichen Dorfe Yenischahir gebaut«, schrieb Schliemann in sein Tagebuch.
Der Frühling kam nicht nur mit milder Witterung, sondern auch mit Preiserhöhungen: Der Wein wurde teurer, und die Löhne mußte Schliemann ebenfalls aufbessern. Nach dem größtenteils milden Winter brachte das Frühjahr auch bösartiges Fieber, so daß der Effendi und »Arzt« auf Pergamos wieder eifrig Chinin an die Leute aus der nahen und weiten Umgebung ausgeben mußte. In den Sümpfen quakten Hunderttausende von Fröschen,

und die Störche fanden gedeckte Tische. Unheimlich war es zur Nachtzeit. In den Löchern der Ausgrabungswände hatten sich ganze Kolonien von Eulen eingenistet. Ihr »Geschrei hat etwas Geheimnisvolles und Grauenhaftes«. Die Störche hingegen hatten es abgelehnt, sich auf Schliemanns Gebäuden, wo er eigens Einrichtungen für ihre Nester geschaffen hatte, niederzulassen und häuslich einzurichten. Er konnte sich diese Weigerung der sonst doch überall in den umliegenden Dörfern nistenden Vögel nur damit erklären, daß ihnen der über die Höhe des Hügels permanent hinwegbrausende Nordsturm alles andere als sympathisch war.

Jesus Christus bei König Priamos

Auch Heinrich Schliemann erging es wie den Störchen. Bei dem in den letzten Märztagen über die Höhe rasenden kalten Sturm verspürte er wenig Lust, sich lange im Freien aufzuhalten. Hinzu kam, daß die Arbeiter in der Mehrzahl eine Pause einlegten, um ihre Weinberge zu bestellen.

Obwohl es vorübergehend nur recht langsam voranging, wurde doch in acht Meter Tiefe auf dem großen Turm eine prächtige schwarze Vase gefunden mit großen Frauenbrüsten, einem Nabel und aufrecht stehenden Armen, die wohl auch als Griffe gedient haben mochten. Unter einer Reihe von Gefäßen fiel ein glänzendschwarzer Becher mit einer Krone als Griff auf. Bemerkenswert waren auch eine kleine Goldplatte in Pfeilform, ein roter Becher mit einem merkwürdigen Menschengesicht und eine verzierte Röhre aus Elfenbein.

Immer wieder fand man Gebrauchsgegenstände und Schmuck aus Elfenbein, obwohl es im Raum der Ägäis bekanntlich keine Elefanten gibt. Elfenbein konnte also nur ein Importartikel gewesen sein. Während die Ilias ein Kriegsepos ist, könnte die Odyssee symbolhaft für Seefahrten zu bekannten und unbekannten Küsten stehen. Die Phäaken, an deren Land Odysseus gespült wurde, sollen Phönizier gewesen sein, die überall in der Levante ihre Handelsniederlassungen unterhielten. Sie betrieben einen regen Warenaustausch aus dem Vorderen Orient und Ägypten in die Siedlungen rund um das Ägäische Meer.

Das Elfenbein, zweifellos ein kostspieliger und deshalb besonders begehrter Artikel, war sicher begüterten Kreisen vorbehalten, ebenso wie die nur für die Aristokratie zugängliche Purpurfarbe aus phönizischer Produktion.

Der »Andromache-Turm«, an dem Schliemann jetzt wieder arbeitete, war reich an Relikten der Vorzeit. In einer Urne wurde ein gut erhaltener menschlicher Schädel mit zierlichen Zähnen entdeckt. Für einen Mann war er zu klein, mußte also wohl einer Trojanerin gehört haben. Dafür sprach auch eine kupferne Haarnadel in der Urne. Über dem Turm, direkt unterhalb des Athene-Tempels, wurde ein Haus freigelegt, in dem acht Zimmer identifiziert werden konnten, ohne Zweifel die Unterkunft einer wohlhabenden Familie. Zum Teil war das Haus errichtet worden, als der Turm schon mit Schutt bedeckt war. Die Höhe der Wände betrug drei Meter. Zum ersten Mal fand Schliemann einen echten Fußboden; er war aus Kalksteinen, doch verrieten Brandspuren, daß sich darüber ein Holzbelag befunden haben mußte. In einigen Stuben lagen über zwei Meter hohe, rote Krüge, die Schliemann an Ort und Stelle beließ. Ebenfalls an seinem Platz ließ er an der Ostseite des Hauses einen primitiven Opferaltar, dessen oberer Teil wie ein Halbmond ausgeschnitten war und sicher zum Schlachten der Opfertiere diente, deren Blut durch einen Kanal abgeleitet wurde.

Es war ein merkwürdiges Haus. In den größeren Räumen und auch außerhalb wurde eine Unmenge an Menschenknochen gefunden, jedoch nur zwei ganze Gerippe. Es mußten Krieger gewesen sein; denn die Schädel waren mit kupfernen Helmen bedeckt, und neben einem Skelett lag eine Lanze. Auch von den Wohnungseinrichtungen und Haushaltsgeräten war noch einiges

vorhanden: Vasen, Kannen, Becher in der Form von Rheinweingläsern und eine Schüssel in der Art einer Suppenterrine mit zwei Henkeln, eine Urne mit Eulenkopf und ein Schmelztiegel. Dreizehn Strick- oder Sticknadeln, Tuch- und Haarnadeln, 27 kleine Sägemesser und sechs Messerklingen aus vulkanischem Glas dürften wohl im Näh- und Arbeitszimmer der Hausfrau und ihrer Dienerinnen gelegen haben.
Mit der beachtlichen Zahl von 160 Mann konnte Schliemann im April bei günstiger Witterung nach Herzenslust arbeiten lassen. Der Erfolg stellte sich auch ein. Unmittelbar neben seinem Haus auf der Pergamos wurde eine fünf Meter breite Straße freigelegt, die in südwestlicher Richtung sehr steil nach der Ebene abfiel. Für den Homer-Freund war klar, daß sie sich von einem vornehmen Gebäude bis zum Skäischen Tor erstreckte. Eine »Hundertschaft« wurde sofort alarmiert und abgeordnet, nach dem Gebäude, von dem er insgeheim hoffte, es möge der Palast des Priamos sein, zu graben. Die Straße selbst war mit herrlichen Steinplatten gepflastert.
Die schlechte Erfahrung mit dem Steinklau-Aufseher des vergangenen Jahres und die Moschee- und Kirchenbauer der Dörfer ließen Vorsicht angebracht erscheinen. Schliemann hatte einen zündenden Gedanken: Er ließ den Leuten verkünden, daß Jesus Christus, der auch den Muslimen als letzter Prophet vor Mohammed gilt, den König Priamos besucht habe und über diese Straße zum Palast hinaufgegangen sei. Um diese Erzählung auch optisch zu untermauern, brachte er an der Nordwestseite der Straße in der Erdwand ein großes Christusbild an. Gegen etwaige Diebstahlversuche der abergläubischen Christen dieser Gegend waren die Steinplatten damit gesichert. Auch von den Türken brauchte er nichts zu befürchten. Zwar verbietet ihnen der Koran bildliche Darstellungen von Mensch und Tier, doch flößen ihnen solche Bilder, die sie für Dämonen halten, Respekt und eine gewisse Angst ein.
Den gleichen Trick wandte er an, um die Wände des Hauses mit

den acht Räumen vor begierigen Händen zu schützen. Im obersten Teil und unterhalb des Athene-Tempels hängte er das Bild der Gottesmutter auf. Auch hier wagte sich kein unwillkommener Interessent an die begehrten Steine.
Die Straße hatte es ihm angetan. Sein ganzer Ehrgeiz war, ihre Umgebung freizulegen. Zwei große Gebäude verschiedenen Alters förderte er mit seiner Mannschaft ans Licht, wobei das neuere auf den Ruinen des alten errichtet worden war. Die schwarze, rote und gelbe Holzasche und verkohlte Trümmer waren deutliche Beweise, daß beide Häuser Feuersbrünsten zum Opfer gefallen waren. Die Turmstraße, wie er sie auch nannte, mußte genau in das ältere Gebäude geführt haben, war aber bereits mit drei Meter hohen Trümmern bedeckt, als das neue Haus gebaut wurde.
Schliemann war fest überzeugt, daß diese herrliche, mit großen Steinplatten gepflasterte Straße von dem Hauptgebäude der Pergamos ausgehen mußte. »Ich grub daher entschlossen weiter, um dies ans Licht zu bringen, bin jedoch zu meinem allergrößten Leidwesen gezwungen worden, zu diesem Zweck drei große Wände des neueren Hauses wegzubrechen.« Für dieses archäologische Vergehen mögen ihm mildernde Umstände zugebilligt werden, denn das Resultat übertraf seine Hoffnungen: Er fand zwei große Tore und die dazugehörigen kupfernen Bolzen. Am ersten Tor hörte die Steinplattenstraße auf, während das zweite hinter einem unebenen Pflaster lag. Beide Tore wurden durch Mauervorsprünge gebildet.
Durch zusätzliche Grabungen kam Schliemann zur Überzeugung, daß es sich bei diesem Doppeltor um das Skäische Tor handelte. An diesem Bauwerk spielte die erhabene Szene der Ilias mit Priamos, den sieben Stadtältesten und Helena:

»Und schnell gelangten sie dann dorthin, wo die Skäischen Tore waren …
Die saßen, die Volksältesten auf den Skäischen Toren,
Durch ihr Alter schon des Kampfes ledig, doch Redner

Tüchtige, Zikaden gleichend, die da im Wald
Auf dem Baum sitzend die lilienzarte Stimme entsenden.
So saßen die Führer der Troer auf dem Turm.
Wie diese nun die Helena sahen, wie sie auf den Turm kam,
Da redeten sie leise zueinander die geflügelten Worte:
›Nicht zu verargen den Troern und den gutgeschienten Achäern,
Um eine solche Frau lange Zeit Schmerzen zu leiden!‹«

Vom Skäischen Tor und vom Turm aus schauten Priamos, die Ältesten und Helena auf die Ebene hinunter und sahen am Fuße der Pergamos die Heere der Trojaner und der Achäer nebeneinander, wie sie den Vertrag abschlossen, den Krieg durch einen Zweikampf zwischen Paris und Menelaos entscheiden zu lassen, zwischen dem betrogenen Ehemann und dem jungen Räuber der Helena.
Der Turm, die Straße und das Skäische Doppeltor waren keine Ausschmückung des homerischen Epos gewesen, sie waren noch nach drei Jahrtausenden Wirklichkeit für Heinrich Schliemann. In einer Sternstunde seiner mühevollen Arbeit legten sie Zeugnis für seinen Glauben ab, für sein in der Kindheit dem Vater und der Jugendfreundin Minna gegebenes Versprechen, das Märchenbuch vom Trojanischen Krieg durch einen Tatsachenbericht zu ersetzen.

Das »Königshaus«

Mit diesem Vorsatz war Heinrich Schliemann ausgezogen und hatte weder Mühe noch finanziellen Aufwand gescheut, um das homerische Troja zu finden und auszugraben. Er hatte der gelehrten Welt bewiesen, daß über Bunarbaschi zwar eine kleine, unbedeutende Siedlung gelegen hatte, daß aber das wirkliche Ilion unter dem Hügel von Hissarlik liegen mußte.

Sein unerschütterliche Glaube an die Worte der Ilias ließ ihn ein Werk beginnen, das Fachwelt wie Laien in Erstaunen setzte. An Mauern, Wällen, Fundamenten und an über hunderttausend Fundstücken gewann er die Überzeugung und erbrachte den Nachweis, daß der Berg nicht nur eine, sondern mehrere Siedlungen verborgen gehalten hatte. Nachdem er bis auf den Urboden vorgestoßen war, war er sicher, in der zweiten Schicht von unten »sein« Troja gefunden zu haben.

Das große Doppeltor, das Skäische, erhärtete seine Gewißheit, vor dem ersehnten Ziel zu stehen. Nur noch ein Arbeitsgang schien nötig zu sein, um aus den Details ein geschlossenes Bild zu zeichnen, das Menschen einer fernen Epoche, ihr Tun, Leben und Leiden sichtbar werden ließ, eine archäologische Ergänzung der Gesänge des göttlichen Dichters Homer.

Dieser eine Arbeitsgang konnte nur das große Gebäude an der Turmstraße sein. Seine Lage auf einer künstlichen Anhöhe und die solide Bauweise bestärkten Schliemann in der Überzeugung, daß es nicht nur das vornehmste Haus Trojas, sondern der Palast des Königs Priamos gewesen sein mußte. Er gab ihm auch sofort den Namen »Königshaus«. Es nun nach Relikten zu durchsuchen, die seine Auffassung bestätigen würden, war eine Verpflichtung. Und tatsächlich ließen die Funde auf einen begüterten Bewohner schließen:

Da war eine hohe, herrliche, glänzendbraune Vase mit dem Bild der Schutzgöttin Trojas, der Athene, mit einem Eulenkopf, Brüsten, Halsband, graviertem Gürtel und kunstvoll geschnittenen Verzierungen. Weitere Vasen – unter ihnen eine mit einem Schriftzug – mit ungewöhnlich langen Röhren, mit Zickzacklinien, Becher mit Eulen- und Schafsköpfen, Gefäße in Menschengestalt, eine Urne in eleganter Verarbeitung mit dreifachen Kreuzen und eine große Kanne. Vielfach waren diese Gegenstände bei der Zerstörung des Gebäudes zu Bruch gegangen, doch sorgte Schliemann für eine sorgfältige Zusammenfügung, auch wenn er sie nicht selbst vornehmen konnte, indem er sie einem Bekannten

in Athen sandte, der diese Arbeit mit größter Genauigkeit und der Erfahrung eines Fachmannes durchführte.
Alles paßte zusammen: die gesamte Anlage von der Straße bis zum Skäischen Tor, das »Königshaus« und die darin gefundenen, wertvollen Zeugnisse ihres reichen Besitzers. Hier mußten Priamos und seine Trojaner den sichtbaren Abzug der Achäer vor ihren Mauern und das von jenen überlassene Geschenk des hölzernen Pferdes als Zeichen des ersehnten Friedens und des Triumphes über den Feind in einer berauschenden Nacht gefeiert haben. Und hier mußten die dreißig Achäer im Bauch des »Geschenks« des Odysseus an den im Siegesrausch schlafenden Bewohnern vorbeischleichend das Skäische Tor geöffnet haben. Hier endlich wütete der Krieg, so daß nur Aeneas mit ein paar Getreuen dem Untergang seiner reichen Stadt entgehen konnte.
Heinrich Schliemann war am Ziel. Er hatte seinen unbeugsamen Glauben an Homer mit der Pergamos bewiesen. Das erschlossene Troja konnte der Welt den wahren Kern der Ilias aufzeigen. Was Mythos und Phantasie des göttlichen Dichters zu sein schienen, wurde zu einem Triumph des Ausgräbers, der »in den Häusern des Priamos, des zeusgenährten Königs« seinen Traum vom heiligen Ilion verwirklicht sah.
Befriedigt durch diesen Erfolg, beschloß er, sein Werk abzuschließen. Den 15. Juni 1873 setzte er als letzten Grabungstag fest. Und gerade dieser Tag sollte als Sieg der Archäologie, des Mannes Heinrich Schliemann und des gewaltigen Sängers Homer in die Annalen eingehen.

»Gold – schnell, schnell!«

In den letzten Wochen des Monats Mai hatte Schliemann von der Westseite des Hügels einen tiefen Einschnitt angelegt, bei dem er auf die Ringmauer des Lysimachos stieß. Um weiter vorzudringen, mußte er eine große Menge Steine wegschaffen. Trümmer hellenischer und vorhellenischer Zeit ließ er ebenfalls beseitigen, um endlich eine alte Ringmauer mit hervorstehender Zinne freizulegen, die jedoch nicht mit der Mauer zum Skäischen Tor in Verbindung stand. Dahinter wiederum kamen eine gepflasterte Fläche und eine sechs Meter hohe Festungsmauer zum Vorschein. Im weiteren Verlauf dieser Mauer gelangte er bis an das »Königshaus«. Damit schien die Anlage als eine befestigte Burg bewiesen zu sein.

Es war der 15. Juni 1873. Aber Jahrtausende zuvor mußte am »Haus des Priamos« ein Mensch versucht haben, angesichts der in die Stadt eingedrungenen Feinde sein Vermögen in Sicherheit zu bringen. Damals manifestierte sich Vermögen jedoch nicht in Bankauszügen, sondern in Pretiosen. Sie konnte jener Unbekannte vor dem Zugriff beutegieriger Krieger retten, sich selbst aber nicht.

Noch über ein Jahrhundert nach jenem 15. Juni 1873 ist man versucht, die Faszination des Augenblicks zu dramatisieren, als Schliemann und seine Frau die Mühsal, Einschränkungen, Kosten und dreijährige Anstrengung mit einem Triumph sondergleichen krönen durften. Schliemann maß dem letzten Grabungstag keine neuen Erkenntnisse mehr bei und begab sich mit seiner Frau noch einmal zum »Haus des Priamos«, um vielleicht noch ein wenig an der Ringmauer herumzukratzen. Sachlich wie er genau ein Jahr zuvor den zweiten breiten Reliefschmuck des wagenlenkenden Sonnengottes mit vier Hengsten, die sogenannte »Heliosmetope«, als Hinweis auf den Tempel und das homerische Troja beschrieb, schilderte er auch, was sich beim »Herumkratzen« an der Mauer ereignete:

»In 8 bis 9 Meter Tiefe legte ich die vom Skäischen Tor weitergehende trojanische Ringmauer bloß und stieß beim Weitergraben auf dieser Mauer und unmittelbar neben dem Hause des Priamos auf einen großen kupfernen Gegenstand höchst merkwürdiger Form, der um so mehr meine Aufmerksamkeit auf sich zog, als ich hinter demselben Gold zu bemerken glaubte. Auf dem kupfernen Gegenstand ruhte eine eineinhalb bis eindreiviertel Meter dicke steinfeste Schicht von roter Asche und calcinierten Trümmern, auf welcher die hohe Festungsmauer lastete, die aus großen Steinen und Erde bestand und aus der ersten Zeit nach der Zerstörung Trojas stammen muß.«

Wenn es um Homer und die iliadischen Gesänge ging, war Schliemann ein Träumer und Schwärmer. Forderte ihn die Arbeit, so wurde er zum kühlen Realisten. Auch in Stunden, da andere in Jubel ausgebrochen wären und nach Superlativen gesucht hätten, um ihren Erfolg ihrer und späteren Generationen mitzuteilen, blieb seine Niederschrift angesichts der Ungeheuerlichkeit seines Fundes nüchtern und ohne Begeisterung. Was hinter jenem kupfernen Gegenstand, noch größtenteils unter fester Asche verborgen, blinkte, war Gold!

»Gold, schnell, schnell«, rief Schliemann seiner Frau zu und befahl ihr, sofort »paidos« – »Ruhepause« – auszurufen, obwohl es noch nicht Frühstückszeit war, um den Fund vor den Augen und der Habsucht seiner Arbeiter zu schützen. »Während meine Arbeiter aßen und ausruhten, schnitt ich den Schatz mit einem großen Messer heraus, was nicht ohne die allergrößte Kraftanstrengung und die furchtbare Lebensgefahr möglich war, denn die große Festungsmauer, welche ich zu untergraben hatte, drohte jeden Augenblick auf mich einzustürzen. Aber der Anblick so vieler Gegenstände, von denen jeder einzelne einen unermeßlichen Wert für die Wissenschaft hatte, machte mich tollkühn und ich dachte an keine Gefahr.«

Ein solcher Fund – ausgerechnet am letzten Tag! Wie sollte man ihn heimlich in das Bretterhaus schaffen, ohne daß die Männer seiner ansichtig wurden? Bei einer solchen Fülle an Gold hätte man ihre Reaktion nicht voraussagen können. Sophie Schliemann wurde zum Goldtransporteur. In ihrem prall gefüllten Schal schleppte sie den unermeßlichen Reichtum in ihre Holzbude.

Nach der Veröffentlichung dieses Fundes mußte sich der ohnehin schon geschmähte Dilettant und Außenseiter Heinrich Schliemann nun auch noch gefallen lassen, von seinen gelehrten Gegnern zum »Goldgräber« abqualifiziert zu werden. Archäologen und Historiker gaben ihn ohne Hemmungen der Lächerlichkeit preis, nachdem er diese unermeßlichen Werte in seiner Homergläubigkeit als den »Schatz des Priamos« bestimmt hatte, war es doch für ihn selbstverständlich, daß neben dem aufgedeckten Haus jenes letzten »zeusgenährten« Königs von Troja dieses Gold nur aus der Schatzkammer eines der reichsten Herrscher der Vorzeit stammen konnte.

Auf der Flucht vor den Schwertern und Lanzen des schon durch die Straßen stürmenden Feindes und vor den Flammen brennender Häuser mußte jemand – vielleicht Priamos selbst – diesen Schatz hinter der Mauer abgestellt haben, um vermutlich Augenblicke später von einem Pfeil niedergestreckt zu werden. Die Asche der Feuersbrunst konservierte die herrlichen Stücke über Jahrtausende hinweg bis zu der Stunde, da sie Heinrich Schliemann und seine Frau wie Diebe, gehetzt und heimlich, in ihr Holzhäuschen brachten, fassungs- und sprachlos bestaunten. Erst allmählich gewann Schliemann einen vorläufigen Überblick. Aus dem Goldberg griff er ein Halsgeschmeide, ein Diadem und Ohrringe, schmückte damit seine junge Frau, die zwanzigjährige Griechin, und flüsterte in kaum zu bezwingender Erregung: »Helena, Helena!«

Der verständlichen Erschütterung und dem Aufruhr der Gefühle folgte die Sachlichkeit des Kaufmanns. Schliemann begann zu sortieren und zu registrieren. Mit Beschreibung, Größen- und Gewichtsangaben hielt er jeden Gegenstand fest, füllte ganze Seiten mit Details und zusätzlichen Bemerkungen. Wie exakt er jedes Stück erfaßte, mag bereits der Beginn seiner Aufzeichnungen verdeutlichen:

»Der zuerst gefundene Gegenstand war ein großer kupferner Schild, in Form eines ovalen Präsentiertellers, in dessen Mitte sich ein von einer Rinne umgebener Nabel befindet, dieser Schild hat fünfzigeinhalb Zentimeter Länge, ist ganz flach und von einem vier Zentimeter hohen Rande umgeben; der Nabel ist sechs Zentimeter hoch und hat elf Zentimeter im Durchmesser; die um denselben befindlichen Rinne hat achtzehn Zentimeter im Durchmesser und ist ein Zentimeter tief.«

Dann kam Gold und immer wieder Gold: schwere Becher, Flaschen, Vasen, auch in Silber, Diademe, Ohrgehänge mit 56 goldenen Ohrringen, Knöpfe und 8750 kleine Ringe, Ketten, Armbänder. »Die Prinzessinnen, die diese Armbänder getragen haben, müssen eine ungemein kleine Hand gehabt haben; denn sie sind so klein, daß ein Mädchen von zehn Jahren Mühe haben würde, sie aufzustecken«, vermerkte Schliemann dazu. Weiterhin waren in dem Schatz Zylinder, schraubenähnliche Gegenstände, unverarbeitetes Gold, durchbohrte Prismen, zusammengeschmiedete doppelte und dreifache Ringe mit durchgehendem Loch, Würfel und Perlen aus Gold. Neben gehämmertem Silber befanden sich auch Kupferteile von Waffen, Pfeile, Schwerter und Lanzenspitzen in diesem Fund.

»Das kleine Troja«, notierte Schliemann dazu, »war für damalige Verhältnisse unermeßlich reich; denn ich finde hier einen Schatz von goldenen und silbernen Sachen, wie man ihn jetzt kaum in einem kaiserlichen Palast finden kann.«

Schliemann war überzeugt, daß dieser Schatz in einer hölzernen Kiste gelegen hatte. Wieder bestärkte ihn darin die Ilias, und zwar die Totenklage über Priamos:

»Sprach es, und von den Truhen tat er auf die schönen Deckel.
Dort nahm er heraus zwölf überaus schöne Gewänder …
Und brachte von Gold abgewogen zehn ganze Pfunde,
Und nahm zwei blinkende Dreifüße heraus und vier Kessel
Und den Becher, den überaus schönen …«

Neben dem Schatz wurde nämlich ein zehn Zentimeter langer kupferner Schlüssel gefunden, der einen hölzernen Stiel gehabt hatte. Vermutlich, so kombinierte Schliemann, hatte jemand von der Familie des Priamos den Schatz in aller Eile in die Kiste gepackt, sie fortgetragen, ohne Zeit zu haben, den Schlüssel abzuziehen, und wurde auf der Mauer von einem Feind getötet.

Den Schatz nie verkaufen

Wie ein Dieb hatte Heinrich Schliemann mit seiner Frau Sophie den Schatz geborgen und in seine Holzbaracke gebracht; wie ein Dieb mußte er ihn außer Landes schaffen. Dies nicht, um sich persönlich zu bereichern; denn stets hatte er versichert, nur für die Wissenschaft zu arbeiten. Er wollte ihn nur vor einem ungewissen Schicksal bewahren.

Da er bereits am 17. Juni, zwei Tage nach dem Fund, in sachlicher Weise, aber doch mit nicht zu überhörender Genugtuung seinen Bericht an die Zeitungen und wissenschaftlichen Gesellschaften geschrieben hatte, durchlief bereits jetzt eine Welle der Überraschung und begeisterter Anteilnahme die Welt. Die Namen Schliemann und Troja waren in aller Munde. Dies konnte auch der türkischen Regierung nicht verborgen bleiben. In Anbetracht ihrer vieldeutigen Gesetzesauslegung und der bisherigen schikanösen Behandlung befürchtete Schliemann, daß seine Funde in dunklen Kanälen verschwinden, aber nicht im Museum landen würden. Es war Eile geboten. Heimlich und mit Hilfe der Verwandten seiner Frau brachte er den Schatz nach Athen. Was sollte mit ihm geschehen?

Schon bald hatte er sich mit einer Antwort auf diese Frage befaßt: »Meine großen Sammlungen trojanischer Altertümer haben einen unschätzbaren Wert, doch sollen sie nie verkauft werden. Wenn ich sie nicht noch bei meinen Lebzeiten verschenke, so sollen sie kraft letztwilliger Bestimmung nach meinem Tode dem Museum derjenigen Nation zufallen, die ich am meisten liebe und schätze.«

Welche Nation war dies aber? Wahrscheinlich dachte er da noch nicht an sein Geburtsland, das er ja als mittelloser Schiffsjunge verlassen hatte. In Rußland war er vom Handelsagenten zum mehrfachen Millionär, erblichen Ehrenbürger und geachteten Mitglied der Gesellschaft aufgestiegen. Mit kalifornischem Goldhandel hatte er sein Vermögen verdoppelt und war Bürger der Vereinigten Staaten geworden. In Kuba hatte er Besitzungen, die ihm Gewinne abwarfen. An der Sorbonne in Paris hatte er seine wissenschaftliche Ausbildung beendet. In Griechenland, wo die Wurzeln seiner Liebe zu Homer lagen, hatte er sich endgültig niedergelassen und bewohnte mit seiner Frau ein prächtiges Haus. Zunächst jedoch schien er England favorisiert zu haben. Dort hatten die Ergebnisse seiner Grabungen den lebhaftesten Beifall gefunden. Dort waren seine Bücher der siebziger Jahre, die er auch in Englisch geschrieben hatte, erschienen, und das South-Kensington-Museum machte seine Sammlungen zwei Jahre lang der Öffentlichkeit zugänglich. Liebe zu einer Nation – dies durfte für einen Mann wie Schliemann, der in vielen Ländern der Erde zu Hause war, kaum zu deuten sein.

Rudolf Virchow, der berühmte Arzt und begeisterte Archäologe, war wohl der einzige vertraute Freund Schliemanns geworden. Er überzeugte Schliemann, die Sammlung nach Berlin zu bringen und sie dem Deutschen Reich zu schenken. Am 14. Februar 1881 – nach anderer Quelle am 24. – schrieb Kaiser Wilhelm I. an Schliemann: »Aus einem Bericht des Reichskanzlers … habe ich mit Genugtuung ersehen, daß Sie Ihre bis jetzt in London ausgestellt gewesene Sammlung trojanischer Altertümer dem deutschen Volk zu ewigem Besitz und ungetrennter Aufbewahrung in der Reichshauptstadt bestimmt haben. Ich habe … Meine Zustimmung dazu erteilt, daß die genannte Sammlung der Verwaltung der preußischen Staatsregierung unterstellt und in der Folge in dem im Bau begriffenen ethnographischen Museum in Berlin in so vielen besonderen Sälen, als zu ihrer würdigen Aufstellung nötig sind, aufbewahrt werde, sowie, daß die zu ihrer Aufbewahrung dienenden Säle für immer den Namen des Ge-

schenkgebers tragen. Zugleich spreche ich Ihnen Meinen Dank und Meine volle Anerkennung für diese von warmer Anhänglichkeit an das Vaterland zeugende Sammlung aus und gebe Mich der Hoffnung hin, daß es Ihnen auch ferner vergönnt sein werde, in Ihrem uneigennützigen Wirken der Wissenschaft zur Ehre des Vaterlandes gleichbedeutende Dienste zu leisten wie bisher.«
Sechs Jahrzehnte lang verwahrte das Berliner Museum für Früh- und Vorgeschichte die Sammlungen. Dann kamen mit dem Zweiten Weltkrieg die Bomben. Der »Schatz des Priamos« wurde zuerst in der Preußischen Staatsbank und dann im Luftschutzbunker am Zoo untergebracht. Mit dessen Zerstörung wurde auch der Schatz vernichtet. Die übrige Sammlung, in Kisten verpackt, wurde in verschiedene Orte Ost- und Mitteldeutschlands ausgelagert. Im Kriegsgeschehen und in den ersten Monaten der Nachkriegszeit ging ebenfalls vieles verloren oder wurde in Unkenntnis des musealen Wertes als »unbrauchbare« Scherben zertrümmert. Was das Inferno und dessen Nachwehen überstanden hat, befindet sich heute im Museum für Vor- und Frühgeschichte der Stiftung Preußischer Kulturbesitz im Schloß Charlottenburg in Berlin.

Abschied von Troja – vorläufig

Mit den unumgänglichen Pausen – besonders im Winter – hatte Heinrich Schliemann drei Jahre lang in Troja gegraben. Kaum ein Arbeitstag war vergangen, da ihm Funde nicht den Nachweis erbracht hätten, daß der Hügel von Hissarlik nicht nur eine, sondern eine ganze Reihe von Siedlungsgeschichten enthielt. Höhepunkte seiner Arbeit waren die Aufdeckung des Skäischen Tores, die Freilegung des »Königshauses« und der Fund des Schatzes. Ganz in der Welt Homers denkend, lokalisierte er diese Entdeckungen als das Ilion des Trojanischen Krieges. Daß diese Schicht über ein Jahrtausend älter war, konnten erst sein späterer

Mitarbeiter Dörpfeld und der Amerikaner Blegen nachweisen. Ein Jahrzehnt danach, bei seinen letzten Arbeiten in Troja, korrigierte Schliemann seinen Irrtum.
Es spricht für ihn, daß er bereits in einer Bilanz dieser Ausgrabungszeit bereit war, Fehler einzugestehen: »Infolge meiner früheren irrigen Idee, daß Troja nur auf dem Urboden und ganz nahe darüber zu suchen sei, ist leider 1871 und 1872 ein großer Teil der Stadt von mir zerstört worden, denn ich habe damals alle mir in den höheren Schuttschichten in den Weg kommenden Hauswände niedergebrochen. Sobald ich aber in diesem Jahre durch klare Beweise zur bestimmten Überzeugung gelangt war, daß Troja nicht auf dem Urboden, sondern in sieben bis zehn Meter Tiefe zu suchen ist, habe ich in diesen Schuttschichten keine Hauswand mehr niedergebrochen, und auf diese Weise sind in meinen diesjährigen Ausgrabungen eine Menge trojanischer Häuser ans Licht gekommen, die noch jahrhundertelang stehen und die Besucher der Troade überzeugen können, daß die Steine der trojanischen Bauten nie zum Bau anderer Städte benutzt sein können (wie Strabo berichtet) …«
Das Resultat seiner Ausgrabungen des Jahres 1873 sei für die Wissenschaft sehr lohnend gewesen, stellte er weiter fest, nicht nur des Schatzes, sondern der Aufdeckung des königlichen Hauses wegen. Sein bereits im April 1870 angelegter Einschnitt sei an der richtigen Stelle gemacht worden. Wenn er ihn fortgesetzt hätte, wäre er schon damals auf das Haus des Priamos, das Skäische Tor, die große Ringmauer und den Turm gestoßen. Weil er dann diesen Einschnitt vernachlässigte, habe er Grabungen in allen Richtungen quer durch den Hügel anlegen müssen, um endlich zum Ziel zu gelangen.
Aus seinen Berechnungen und der genauen Kenntnis der Örtlichkeiten zog Schliemann den Schluß, daß Troja, wie die Begrenzung durch das Tor und die Ringmauer ergab, bei weitem nicht so groß war, wie man es sich gerne vorgestellt hätte. »Es tut mir ungemein leid«, bedauerte er, »einen so kleinen Plan von Troja

geben zu müssen, ja, ich hätte gewünscht, ihn tausendmal größer machen zu können. Aber die Wahrheit geht mir über alles, und ich freue mich, durch meine dreijährigen Ausgrabungen, wenn auch nur in verkleinertem Maßstab, das homerische Troja aufgedeckt und bewiesen zu haben, daß die Ilias auf wirklichen Tatsachen beruht.«

Schliemann schrieb, Homer sei ein epischer Dichter und kein Historiker gewesen. So müsse man seinen Schilderungen eine angemessene dichterische Freiheit zugestehen. Troja sei aber kein Phantasiegebilde, sondern Wirklichkeit gewesen. Begeisterung über das Resultat der Ausgrabungen sei durchaus angebracht, nur müsse in Kauf genommen werden, daß jenes homerische Troja nicht mehr als ein Kleinstädtchen mit kaum über fünftausend Einwohnern gewesen war. Aus den Liedern und Überlieferungen der Jahrhunderte habe Homer sein Epos der Götter und Helden geformt, die sich selbstverständlich in einer an Größe und Denkmälern unsterblichen Ruhmes reichen Palast-Stadt zu bewegen hatten. Mehr als fünfhundert Krieger habe Priamos nicht in den Abwehrkampf schicken können, doch dürften Untertanen und Verbündete in der Umgebung sicher ein ebenso starkes Kontingent gestellt haben.

Eine besondere Akropolis habe Troja nicht besessen. Homer habe sie hinzugedichtet, um den großen Taten einen entsprechenden Glanz zu verleihen. Der Dichter, so behauptete Heinrich Schliemann, habe auf seinem Ilion weder den Turm noch die Ringmauer, das Skäische Tor oder das Haus des Priamos gesehen; denn diese Monumente waren zu seiner Zeit längst unter dem Schutt begraben. Er kannte sie aber aus den Liedern der Sänger, die von Generation zu Generation weitergegeben worden waren.

Zwei Drittel des Hügels hatte Schliemann ausgegraben, weitere Grabungen hielt er nicht für sehr vielversprechend. Seinen Bediensteten, Koch und Kassierer Mikolaos Saphyros Jannakis weiteren Grabungsinteressenten als treuen, zuverlässigen Mann empfehlend, schloß er am 17. Juni 1873 seine Kampagne ab:

»Indem ich heute die Ausgrabungen in Ilium auf immer einstelle, kann ich nicht umhin, Gott inbrünstig für den großen Segen zu danken, daß trotz der furchtbaren Gefahr, der wir hier in den dreijährigen Excavationen, bei dem immerwährenden Sturm ausgesetzt gewesen sind, kein Unglück vorgefallen, niemand getötet, ja sogar keiner gefährlich verletzt worden ist.«
Für immer – hatte er geschrieben. Es war nur die Stimmung des Augenblicks. Die unsichtbaren Fäden, die ihn stets mit Troja verbunden hatten, sollten ihn wieder in das Land an den Dardanellen und zum Hügel von Hissarlik ziehen.

Die Pforte gibt nicht nach

Heinrich Schliemann brauchte keine hellseherische Begabung, um zu ahnen, daß selbst sein Haus in Athen für die Agenten der türkischen Regierung nicht unantastbar sein würde. Seine bisherigen Erfahrungen mit den Paschas waren ihm eine Lehre. Und wieder erwies sich der Großwesir am Bosporus als wortbrüchig. Plötzlich hieß es, daß er die ihm zunächst zugesagte Hälfte aller Funde nun nicht mehr mitnehmen, sondern sie in der Türkei verkaufen müsse. Daß sie damit im Dschungel orientalischer Basare für immer verschwunden sein würden, war für ihn gewiß. Hatte er sich mit dem Schatz schon aus Troja heimlich wie ein Krimineller davonschleichen müssen, so tat er es gleichermaßen in Athen. Kaum in seinem Haus eingetroffen, schaffte er alles in einer Nacht-und-Nebel-Aktion in sichere Verstecke aus dem Land. Und daran tat er gut. Denn schon stürmten auf Antrag des türkischen Gesandten die Polizeihäscher sein Haus. Äußerlich ungerührt, innerlich frohlockend, schaute Schliemann ihrem schnüffelnden Treiben zu. Die »Hütte von Ilion«, wie er sein Heim in Erinnerung an die Bretterunterkunft auf Hissarlik getauft hatte, war sauber. Unverrichteter Dinge zogen die Gesetzeswächter ab, und der turbanbehütete Gesandte mußte zu seinem Bedau-

ern Fehlanzeige nach Istanbul melden. Also strengte die Pforte einen Prozeß an. Der Beklagte, gebürtiger Deutscher, Ehrenbürger von Rußland und Bürger der Vereinigten Staaten von Nordamerika mit Wohnsitz Athen, war inzwischen im Auftrag Homers damit beschäftigt, wieder den einstigen Herrschern des goldreichen Mykene nachzuspüren. Ein ganzes Jahr lang dauerte der Prozeß. Dann sprach der Gerichtshof das Urteil: Dem Beklagten wurde die Zahlung einer Entschädigungssumme von zehntausend Francs an die türkische Regierung auferlegt.
Schliemann wollte die Türken nicht unnötig erbosen. Also zeigte er sich generös und übersandte im April 1875 dem Minister für Volksaufklärung nicht die im Urteil festgelegte Strafe, sondern 50000 Francs zur Verwendung für das kaiserliche Museum. In einem Begleitschreiben sprach er den Wunsch aus, mit den türkischen Behörden in gutem Einvernehmen zu bleiben, die ihn sicher ebenso nötig brauchten wie er sie. Jener Safvet Pascha, mit dem er früher einen recht heftigen Strauß ausgefochten hatte, zeigte sich so erfreut, daß Schliemann es wagen konnte, Ende Dezember 1875 selbst nach Konstantinopel zu gehen, um sich einen neuen Ferman für Troja ausstellen zu lassen. Obwohl er Hilfestellung durch die Gesandten Amerikas und Italiens, Safvet Pascha und den Großlogothen Aristarches Bei erhalten hatte, wurde sein Gesuch vom Reichsrat abgewiesen. Wieder war ein Umweg nötig. Über Raschid Pascha, den Minister für auswärtige Angelegenheiten, einen hochgebildeten Mann, der sich persönlich beim Großwesir für Schliemann verwendete, wurde dann der Ferman schnellstens ausgestellt.
Schliemann schickte dem Museum in Istanbul sieben große, eineinhalb bis zwei Meter große Vasen und vier Säcke mit steinernen Werkzeugen. Das sah er weniger als seine Pflicht an, als daß er freundliches Entgegenkommen zeigen wollte. Er war überzeugt, »der einzige Wohltäter« geworden zu sein, den dieses Museum je gehabt hatte. »Denn zwar werden alle Fermane mit der ausdrücklichen Bedingung erteilt, die Hälfte der zu findenden

Altertümer ans Museum zu geben, aber noch niemals hat letzteres von irgend jemand irgend etwas davon erhalten. Denn da es nichts weniger als öffentlich ist und selbst gar oft dem Direktor desselben von der Schildwache der Eintritt verweigert wird, so weiß jeder, daß die dahin geschickten Altertümer auf ewig für die Wissenschaft verlorengehen.«

In einem Nachtrag des Jahres 1881 berichtete er über eine Fundunterschlagung durch zwei Arbeiter. Im Dezember 1873 hatte die Polizei von Kumkaleh bei den Männern eine Menge goldener Schmuckgegenstände konfisziert, die sie im März, als sie für Schliemann arbeiteten, an drei verschiedenen Stellen in zehn Meter Tiefe gefunden hatten. Der größte Teil hatte sich in einer Vase mit Eulenkopf befunden. Einer der beiden Arbeiter hatte seinen Anteil durch einen Goldschmied in Renköi umschmelzen und daraus Schmucksachen nach der gängigen Mode fertigen lassen. Alle Schmuckstücke, auch die umgeschmolzenen, wurden dem kaiserlichen Museum zu Konstantinopel übergeben.

Ein unfeiner Zeitgenosse

Vieles in der Welt, besonders in der alten Geschichte, interessierte Heinrich Schliemann. Er hatte sich längst ein Bild von den großen Zusammenhängen im Mittelmeerraum geformt. Er glaubte fest an Handels- und kulturelle Beziehungen zwischen Ägypten, dem Vorderen Orient, der Ägäis und den Ländern im Westen. Wo sich ihm die Möglichkeit bot, durch Grabungen Zeugnisse alter Kulturen ans Licht zu bringen und durch Vergleiche Kontakte zu anderen Völkern und Ländern nachzuweisen, war er zu finden.

Gerade hatte er seine erste Kampagne in Troja beendet, da bewarb Schliemann sich im gleichen Jahr 1873 bei der griechischen Regierung um die Erlaubnis, auf dem Peloponnes das alte Olympia auszugraben. Dort war nicht nur die Stätte der berühmten

Spiele gewesen, sondern auch ein den Göttern geweihter Hain. Das dortige Zeusheiligtum, das vollkommenste Bauwerk der vorklassischen Kunst, war durch den byzantinischen Kaiser Theodosius zerstört worden. Was danach noch stand, fiel im 6. Jahrhundert nach Christus einem Erdbeben zum Opfer. Hier hätte Schliemann gerne gewirkt, doch wurde Ernst Curtius von den Athener Behörden der Vorzug gegeben. Dennoch sollte dieses Olympia für ihn ein Glückstreffer werden, indem er sich später von dort den Architekten Wilhelm Dörpfeld engagierte, der nicht nur seine rechte Hand und späterer Vollender der Arbeiten in Troja, sondern auch ein sachverständiger und unentbehrlicher wissenschaftlicher Berater wurde, um mit Beginn des 20. Jahrhunderts als Direktor das Deutsche Archäologische Institut in Athen zu leiten.

Schliemanns unruhiger, stets den Verflechtungen der Völker des Altertums nachspürender Geist trieb ihn sogar aus der Burg von Mykene weg. Auf Sizilien grub er zwischendurch in den Ruinen der alten phönizischen Festung Motye, ohne jedoch wissenschaftlich brauchbares Material als Beleg für etwaigen Kulturaustausch mit den sehr regen und machtvollen Mykenern zu finden. Im darauffolgenden Jahr 1876 befaßte er sich mit den römischen Anlagen von Kyzikos am Marmarameer.

Seine dortigen Grabungsversuche brach er jedoch sofort ab, als er Ende April den wichtigen Ferman für Troja erhielt. Denn an Troja hing er nun einmal mit Leib und Seele, auch wenn er zwei Jahre zuvor fest überzeugt gewesen war, auf Hissarlik die Arbeit für immer abgeschlossen zu haben. Beflügelt eilte er an die Dardanellen, wo ihn allerdings eine unangenehme Überraschung erwartete. Der Generalgouverneur des dortigen Wilayets, Ibrahim Pascha, entpuppte sich als recht unfeiner Zeitgenosse. Er verweigerte Schliemann die Grabung. Mit dessen Tätigkeit auf Ilion verlor der Pascha nämlich eine zusätzliche Einnahmequelle. Schliemanns Erfolge hatten die Menschen mobilisiert: Man wollte selbst das der Sage entrissene Troja sehen. In selbstherrlicher

Machtanmaßung hatte Ibrahim Pascha für die angereisten Neugierigen Besichtungserlaubnisscheine ausgestellt – gegen entsprechende Gebühr für seine eigene Tasche, versteht sich. Nun, da Schliemann wieder aufgetaucht war, würden nicht mehr die Piaster in seiner Kasse klingeln. So behauptete er, noch keine Bestätigung des Fermans von der Regierung erhalten zu haben. Zwei weitere Monate konnte er noch kassieren und seine Schatulle füttern; dann endlich mußte er Schliemann gewähren lassen. Damit aber ja noch etwas für ihn abfiel, beorderte er einen gewissen Izzet Effendi als Aufseher an Schliemanns Seite, gegen finanzielle Entschädigung natürlich, von der Ibrahim Pascha Prozente einstrich. Dieser Aufseher war ein würdiger Knecht seines üblen Herrn, der ein Hindernis nach dem anderen aufzubauen verstand. Einige Zeit danach erfuhr Schliemann durch Frank Calvert, daß dieser Izzet Effendi wegen grober Unterschlagung von staatlichen Geldern verbannt worden sei.
Unter solch schikanösen Umständen zu arbeiten war für Schliemann geradezu beleidigend. Er konnte sich nicht entschließen, auch nur einen Tag länger zu bleiben, und kehrte nach Athen zurück. Doch ließ er es nicht mit diesem Rückzug bewenden. Wozu hatte er als »Mitarbeiter« der »Times« eine gute Feder und die entsprechenden Kontakte zu dem führenden englischen Blatt? In einem Artikel schilderte er die Machenschaften jenes Ibrahim Pascha, ohne ein Blatt vor den Mund zu nehmen. Der am 24. Juli 1876 veröffentlichte Beitrag fand natürlich seinen Weg in die Blätter der türkischen Hauptstadt, was Schliemann sehr gelegen kam. Schon zwei Monate später war der saubere Herr auf einen weniger ertragreichen Posten im fernen Anatolien abgeschoben. »Nun hätte ich ungehindert meine Ausgrabungen in Troja fortsetzen können«, schrieb Schliemann in sein Tagebuch, »aber gegen Ende Juli schon hatte ich die Ausgrabungen in Mykene wiederaufgenommen und konnte sie jetzt nicht verlassen, bevor ich nicht alle Königsgräber gründlich erforscht hatte.«
Zuvor aber lag ihm daran, einen Irrtum zu korrigieren. Seine

anfängliche Meinung, Ilium sei bis ins neunte nachchristliche Jahrhundert bewohnt gewesen, stellte sich als falsch heraus; denn schon seit Ende des vierten Jahrhunderts war der Ort verlassen. Schliemann hatte sich durch Frank Calvert, mit dem ihn inzwischen eine Freundschaft verband, irreführen lassen. Calvert hatte nämlich behauptet, daß aufgrund von Urkunden der Platz bis ins 14. Jahrhundert besiedelt gewesen sei. Sollte es tatsächlich solche Urkunden geben, so können sie sich nur auf Alexandria-Troas beziehen, das auch im Neuen Testament nur Troas genannt wird. In Alexandria-Troas, das er 1868 besucht hatte, sah Schliemann eine Fülle byzantinischer Ruinen. Auf Hissarlik hingegen habe er nur Münzen von Konstantin dem Großen und Konstans II. gefunden, von späteren Kaisern jedoch nichts. Konstantin der Große starb 337, sein Nachfolger Konstans oder Constantius II. regierte bis 361. Nach ihm also müßte Ilium »geräumt« worden sein. Die als wirtschaftlicher und kultureller Schwerpunkt blühende Stadt Alexandria-Troas dürfte auch auf die Einwohner von Ilium wie ein Magnet gewirkt haben.

Schliemann hatte Abschied von seinem großen Werk Troja genommen. Doch der neu beantragte und nach Schwierigkeiten erteilte Ferman ließ das »Hintertürchen« einer Rückkehr offen. Troja konnte für ihn nicht einfach abgeschrieben sein. Schon wenige Jahre später war er wieder auf dem Hügel von Hissarlik zu finden.

Einstweilen hatte er sein Arbeitsfeld nun nach Griechenland verlegt. Unter Führung von Agamemnon waren die Achäer gen Troja gefahren. Mykene war dessen Heimat gewesen. Die »goldreiche« Stadt, wie sie Homer gepriesen hatte, war vier Jahrhunderte lang ein politisches und wirtschaftliches Imperium gewesen. Ihre Ruinen und die Zitadelle des benachbarten Tiryns hatten Heinrich Schliemann auf den Peloponnes gelockt.

Ende des Jahres 1876 kehrte er von dort nach Athen zurück. Der großartige Erfolg seiner Grabungen – in den Kapiteln über Mykene und Tiryns wird darüber zu berichten sein – mußte seinen publizistischen Niederschlag erhalten. Ein ganzes Jahr lang arbeitete Schliemann an der deutschen und englischen Ausgabe seines Buches »Mykenae«, und noch einmal ein halbes Jahr, bis Sommer 1878, beschäftigte ihn die französische Edition. Parallel dazu verfaßte er das Werk »Ilios« in deutscher und englischer Sprache. Zusätzlich hätte Schliemann ein eigenes Postamt betreiben können; denn Tausende von Briefen verließen sein Haus oder stapelten sich aus aller Welt auf seinem Schreibtisch. Zeilen herber und nicht immer gerechtfertigter Kritik mußte er dabei über sich ergehen lassen. Sein 1874 erschienenes Buch »Trojanischer Alterthümer«, das Resümee seiner dreijährigen Grabungskampagne in Hissarlik, hatte die Altertumskundler aufgescheucht.

Sie lebten und dachten noch in einer exklusiven Welt des sich nach außen hin abschirmenden Gelehrten. Gerade seit Winckelmann war die Beschäftigung mit der Antike, auch noch nach Pompeji, von Kunst und Ästhetik geprägt, museal und auf die gebildeten Zirkel beschränkt. Wer sich nicht mit ihnen assoziierte, wer nicht zeitgenössische Dichter und Schreiber von Ruf als Interpreten ihrer nur für den engsten Kreis bestimmten Schriften nutzte, mußte unter den erbarmungslosen Blitzschlägen einer Philippika zu einem Reuebekenntnis seiner Unverfrorenheit gezwungen werden. Wer es gar versuchte, dem Adel der Wissenschaft die Stufen zur Guillotine zu zeigen, mußte zumindest verbal niederkartätscht werden.

Und Heinrich Schliemann war ein solcher Revolutionär, der die Schranken ungeschriebener Gesetze der Wissenschaft durchbrochen und sich mit den Ergebnissen seiner Ausgrabungen direkt an die Öffentlichkeit gewandt hatte, die – als sich mit wenigen Ausnahmen gerade die deutschen Wissenschaftler von ihm distanzierten – den Selfmademan feierte.

Seine »Alterthümer« wurden rigoros zerpflückt, seine undisziplinierte Grabungsmethode der brutalen Einschnitte und Schuttbeseitigung als unverzeihliches Vergehen gebrandmarkt und seine

Mißachtung interessanter Relikte bei der Suche nach dem homerischen Troja als typisches Merkmal des hemmungslosen Autodidakten angeprangert. In kürzester Zeit wurde Schliemann in nicht weniger als neunzig Publikationen angegriffen, wobei kein Kritiker eingestehen wollte, daß Männer wie er zumeist den Anstoß gaben, Probleme zu lösen. Schon allein die Herkunft Schliemanns – halb Kaufmann, halb Wissenschaftler –, zu der er sich uneingeschränkt bekannte, wurde zum Stein des Anstoßes. Dazu kam, daß er erfolgreich in beiden Tätigkeiten war. Auch an seiner Entmythologisierung der tabuisierten Dichtung Homers, seinem schockierenden »Reklamefeldzug«, der Kühnheit, den Staub von den Gesetzestafeln etablierter Gelehrtenschaft wegzuwischen, entzündete sich die Kritik.
Heinrich Schliemann litt unter diesen Attacken; er konnte sie nicht wie ein beschmutztes Hemd abstreifen. Wie jeden Newcomer und jedes Genie traf ihn die zumeist unsachliche Kritik sehr hart. Noch vier Jahrzehnte nach dem Tod Schliemanns, 1932, schrieb sein Mitarbeiter und Ratgeber, der inzwischen zum Professor avancierte Dr. Wilhelm Dörpfeld: »Nie verstanden hat er dagegen den Spott und Hohn, mit dem mehrere Gelehrte und namentlich deutsche Philologen seine Arbeit in Troja und Ithaka begleitet haben. Und auch ich habe diesen Spott, mit dem einige große Gelehrte später auch meine Ausgrabungen an homerischen Orten bedacht haben, stets bedauert und nicht nur für unberechtigt, sondern auch für unwissenschaftlich gehalten.«
Schliemanns großem Helfer, der sich mit Erfolg um die Respektierung Schliemanns bei deutschen Fachgelehrten bemühte, dem berühmten Arzt und Verehrer der Archäologie, dem Berliner Professor Rudolf Virchow, ist das folgende objektive Urteil zu verdanken: »Es ist eine müßige Frage, ob Schliemann im Beginn seiner Untersuchungen von richtigen oder unrichtigen Voraussetzungen ausging. Nicht nur der Erfolg hat für ihn entschieden, sondern auch die Methode seiner Untersuchung hat sich bewährt. Es mag sein, daß seine Voraussetzungen zu kühn, ja willkürlich

waren, daß das bezaubernde Gemälde der unsterblichen Dichtung seine Phantasie zu sehr bestrickte, aber dieser Fehler des Gemüts, wenn man ihn so nennen darf, enthielt doch auch das Geheimnis seines Erfolges. Wer würde so große, durch lange Jahre fortgesetzte Arbeiten unternommen, so gewaltige Mittel aus eigenem Besitz aufgewendet, durch eine fast endlos scheinende Reihe aufeinandergehäufter Trümmerschichten bis auf den in weiter Tiefe gelegenen Urboden durchgegraben haben, als ein Mann, der vor einer sicheren, ja schwärmerischen Überzeugung durchdrungen war? Noch heute würde die gebrannte Stadt in der Verborgenheit der Erde ruhen, wenn nicht die Phantasie den Spaten geleitet hätte.«

Es war gut, daß sich Schliemann durch die Ablehnung weiter Kreise der Fachwelt nicht abschrecken ließ. Die Zähigkeit, mit der er sich aus weit schwierigeren Talfahrten seines Lebens emporgekämpft hatte, stärkte ihn nur in der Gewißheit, erst den Anfang seiner großen Aufgabe hinter sich gebracht zu haben. Nicht nur durch seine Zeitungsartikel, sondern mit weiteren Taten wollte er beweisen, daß die gegen ihn vorgebrachten Theorien durch unwiderlegbare Fakten zu Fall zu bringen waren. Und er besaß auch das Vorrecht, aus seinen Entdeckungen Schlußfolgerungen zu ziehen, die, wohl zunächst als Scharlatanerien belächelt, im nachhinein als für die Wissenschaft allgemeingültig anerkannt werden mußten.

Mit seiner Arbeit in Mykene und Tiryns hatte er das Fenster für den Blick auf die umfassenden Zusammenhänge der Vorgeschichte Griechenlands, Westkleinasiens und Kretas, den mykenisch-minoischen Kulturkreis, geöffnet. Internationale Kapazitäten kommen seitdem nicht umhin, diese Tatsache zu honorieren. Im Herbst 1878, fünf Jahre nach seinem vorläufigen Abschied, traf Heinrich Schliemann wieder an den Dardanellen ein.

Troja: Ansicht des Südosttores
a) Quermauern mit Torverschlüssen
b) Seitenwände
c) Unterbau der römischen Propyläen
Lithographie aus Schliemanns Buch »Troja«

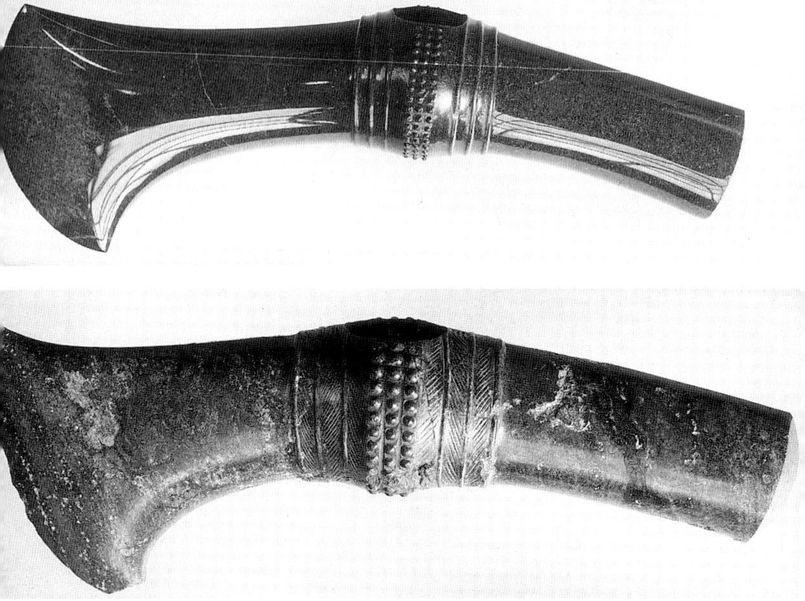

Troja: Axthämmer aus blauem Stein mit Verzierungen

Troja: Terrakotta-Gebrauchsgefäße, oben rechts und unten links Gesichtsvasen

Troja: Doppelkamm aus Knochen und ein reich verzierter sogenannter »Saitenhalter« aus Knochen

Troja: Glockenförmige Becher aus Gold, Feingehalt 23 Karat

Troja: Kugelbauchige Flasche aus Gold, Feingehalt 20 Karat

Rechte Seite

(oben) Troja: Becher aus Gold in Form eines Schiffchens, Feingehalt 18 Karat, mit Silber gemischt
(unten) Troja: Goldschmuck aus Schicht II

Troja: Silbergefäße: Becher, Flaschen, Vasen, zwischen 7 und 19 Zentimeter hoch

Mykene: Die kreisförmige Agora heute mit der Ausschachtung und den Wasserbehältern am Eingang

Mykene: Die »Maske des Agamemnon« aus dem ersten Grab

Linke Seite
(oben) Mykene: Das »Löwentor«, der Eingang zur Agora
(unten) Mykene: Eingang zum »Schatzhaus des Atreus«

Mykene: Goldplatte mit Intaglio, Löwen und Hirsche, aus dem ersten Grab

Mykene: Goldkrone, 63 Zentimeter, aus dem dritten Grab

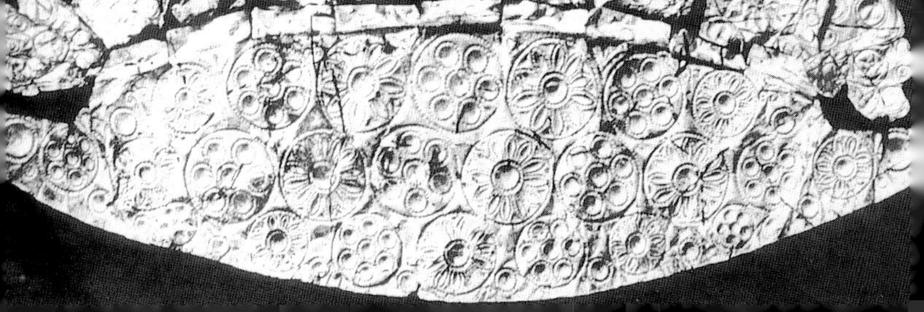

Mykene: Goldbecher, 12,5 Zentimeter hoch, aus dem vierten Grab

Mykene: Grabstele über dem fünften Grab

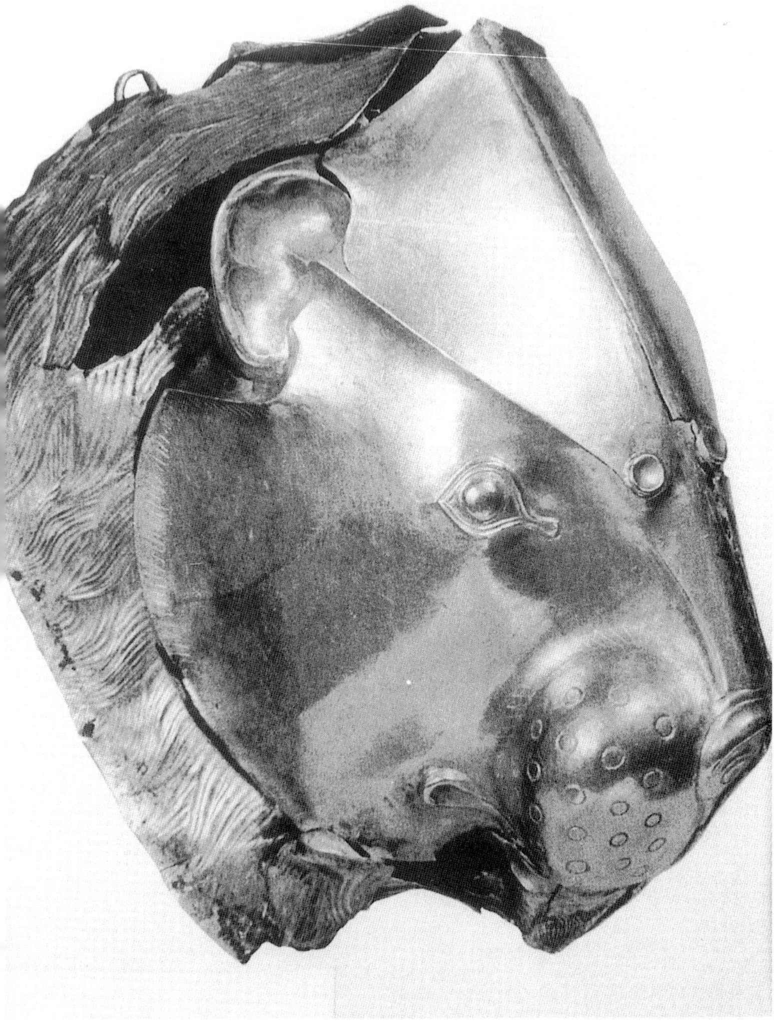

Mykene: »Maske« aus dem vierten Grab, der Löwenkopf, als Trinkgefäß benutzt

Rechte Seite
Mykene: Kuhkopf aus dem vierten Grab, in Gold und Silber

Orchomenos: Der Eingang zum »Schatzhaus des Minyas«

Linke Seite

(links oben) Tiryns: Galerie und südlicher Aufgang zur Burg
(rechts oben) Tiryns: Die Zyklopenmauer der Burg
(unten) Tiryns: Burgmauer von Süden

»Iliu Melathron«, Schliemanns Haus in Athen, heute Oberster Gerichtshof Griechenlands

Über dem Hauptfriedhof von Athen: das Mausoleum über dem Grab Heinrich Schliemanns

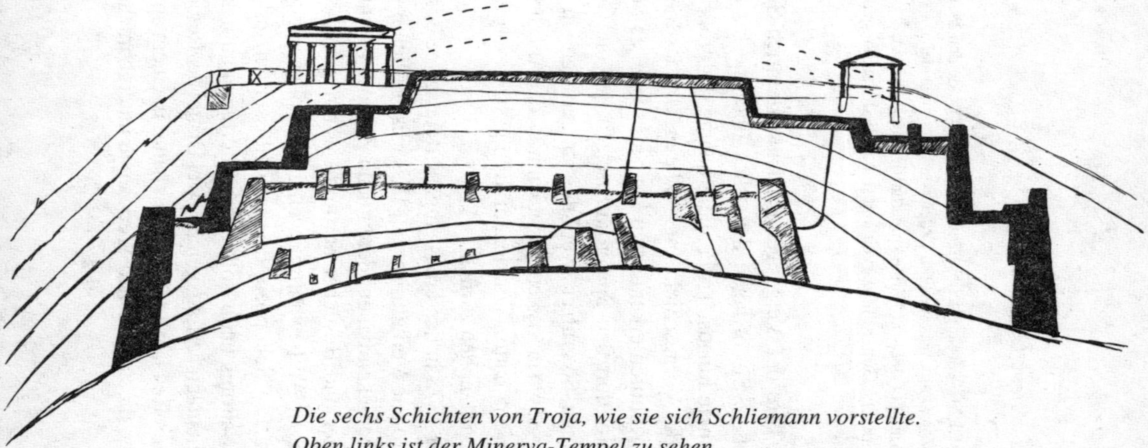

Die sechs Schichten von Troja, wie sie sich Schliemann vorstellte.
Oben links ist der Minerva-Tempel zu sehen

Troja und die erhabenen Hügel

Abklärung der Schichten – Immer wieder Verdruß

Polizeistation und neue Goldschätze

> »Nichts Vergängliches nährt die Erde als grade den Menschen
> Von allem, was weit auf Erden wandelt und atmet.
> Meint er doch, er könne kein künftig Übel erleiden,
> Solange Götter ihn stärken und seine Glieder sich regen.«
> *Homer, Odyssee*

Verschlossene Tore der Vergangenheit hatte Heinrich Schliemann aufgestoßen. Sie öffneten den Blick über die bis dahin gültigen Endpunkte hinaus. Troja allein konnte die großen Zusammenhänge der Vorgeschichte nicht klären. Um das Ineinandergreifen der Kulturen erkennen zu können, schien es Schliemann notwendig, dort den Spaten anzusetzen, wo die Gegner Ilions gelebt hatten. So grub er zwei Jahre lang erfolgreich in der Landschaft Argos, wo in Mykene Agamemnon, der Anführer der Achäer, geherrscht hatte. Von jenem Königssitz trieb es ihn wieder an die Dardanellen zurück.

Im Spätsommer 1878 in der Troas eingetroffen, sorgte er zuerst einmal für geordnete Verhältnisse auf Hissarlik. Er ließ mit Filz gedeckte Holzbaracken bauen, deren neun Zimmer für ihn, die Aufseher, Diener und Besucher bestimmt waren. Eine weitere Baracke diente zur Aufbewahrung wenig wertvoller Funde und als Speiseraum. Ein Schuppen, dessen Schlüssel der türkische Beamte in Verwahrung hatte, sollte jene Altertümer aufnehmen, von denen Schliemann vertragsgemäß zwei Drittel der Regierung des Osmanischen Reiches zu überlassen hatte. In einem anderen Schuppen waren die zahlreichen Werkzeuge untergebracht. Die

Ausgrabungs-»Stadt« wurde schließlich noch durch ein Steinhaus für die Küche und deren Bedienstete, ein Holzhaus für die Polizisten und einen Pferdestall vervollständigt.
Zehn Gendarmen, Flüchtlinge aus dem europäischen Teil der Türkei, hatte Schliemann für monatlich 410 Mark verpflichtet. Ihre Anwesenheit schien dringend erforderlich zu sein. Die »Polizeistation« galt nicht nur der Überwachung der Arbeiter, die unter dem Auge des Gesetzes zur Ehrlichkeit gezwungen wurden, sondern vor allem zum Schutz gegen das Räuberunwesen, das, im Gegensatz zu den ersten Grabungsjahren, eine rechte Plage der Troas geworden war. Die Sicherheitsmaßnahme stellte sich als gerechtfertigt heraus. Kurz nach der Abreise Schliemanns fand in dem nur zwanzig Minuten von Hissarlik entfernten Dorf Kalifatli ein regelrechtes blutiges Gefecht zwischen den Bewohnern und einer großen Schar bewaffneter Tscherkessen statt. Die Banditen griffen zunächst das Haus des Mannes an, der im Ruf stand, viel Geld zu besitzen. Der Überfallene konnte sich auf das Dach seines Hauses retten und die Nachbarn um Hilfe rufen. Mit ihren Flinten waren sie auch rasch zur Stelle. Bei der folgenden Schießerei wurden zwei Tscherkessen und zwei Dorfbewohner getötet. Schliemanns finanzielle Investition für seine Polizeitruppe war also durchaus berechtigt.
Mit einer großen Zahl von Arbeitern und mehreren Pferdegespannen nahm Schliemann Ende September seine Ausgrabungen wieder auf. Sie galten jetzt vornehmlich dem großen Gebäude, dem er die Bezeichnung »Königshaus« gegeben hatte, und der Verlängerung des Torweges. Schon nach drei Wochen wurde er in seiner Meinung bestätigt, daß es sich um das prächtigste und bedeutendste Gebäude handelte. Er hatte Besuch bekommen: sieben Offiziere des englischen Kriegsschiffes »Monarch«. Sie waren natürlich begierig, den schon in aller Welt bekannten Ausgräber aufzusuchen und vielleicht bei seiner Arbeit beobachten zu können. Ihr Besuch und Interesse lohnten sich. Sie wurden begeisterte Freunde Trojas, als am 21. Oktober in acht Meter

Tiefe in einem Gemach des großen Hauses erneut ein Schatz gefunden wurde. Die Goldsachen befanden sich in einem zerbrochenen Terrakotta-Gefäß, das im Schutt lag und beim Untergang der Stadt wahrscheinlich vom oberen Stockwerk herabgestürzt war. Merkwürdigerweise war das Gold von einem weißen Pulver umgeben.
Das Haus schien in der Tat eine »Goldgrube« zu sein. Wenig später entdeckte Schliemann nicht weit von der ersten Fundstelle entfernt in grauer Holzasche und nur einen Meter über dem Urboden in zwei ebenfalls zerbrochenen Terrakotta-Vasen kleine Schätze, sicher auch von oben herabgestürzt. Nur einen Meter daneben wurden mehrere Bronzewaffen und goldener Schmuck freigelegt. Auch hier war alles in weißem Pulver verpackt.
Schon war die Arbeit an der früheren großen Plattform aufgenommen, als der Winterregen einsetzte. Am 26. November, also nach nur zwei Monaten Ausgrabungszeit, beendete Schliemann die Troja-Kampagne für das Jahr 1878.

Nun mit wissenschaftlicher Assistenz

Für mehrere Wochen hatte sich Heinrich Schliemann in Europa aufgehalten. Aber bereits der Februar 1879 sah ihn wieder in der Troas. Erneut verpflichtete er zehn Gendarmen und begann am 1. März mit 150 Arbeitern mit den Ausgrabungen. Doch bis Mitte März peitschte der gefürchtete Nordsturm über den Hügel hinweg. Die Kälte kroch in die Holzbaracken. Schliemanns Finger waren derart erstarrt, daß er in den Abend- und Nachtstunden keine Zeile schreiben konnte. Nur die körperliche Arbeit hielt ihn tagsüber warm.
Bereits ein Jahr, bevor Sebastian Kneipp in Wörishofen Stadtpfarrer wurde, wußte Heinrich Schliemann um die vorbeugende Wirkung des Wassers. Was Kneipp dann 1886 in seinem ersten Buch »Meine Wasserkur« schrieb, praktizierte Schliemann schon

vorher an den Dardanellen, um kein Erkältungsrisiko einzugehen. Selbst in jenen eisigen Märztagen ritt er täglich in aller Frühe zum kleinen Hafen Karanlik, nahm ein Bad im Meer und kam noch vor Sonnenaufgang wieder zur Ausgrabung zurück. Zwei seiner Polizisten begleiteten ihn als Leibwache, wie sie auch sonst an seiner Seite zu sein hatten, wenn er Troja verließ. Sebastian Kneipp hätte Schliemann sicher als Musterbeispiel für sein zweites Buch »So sollt ihr leben« herausgestellt, wenn ihm die Notizen des trojanischen »Wasserapostels« in die Hände gefallen wären.

Die Zeiten des draufgängerischen, unbedachten Grabens waren vorbei. Schliemann hatte nicht nur Anhänger seiner Forschungen, sondern auch berufene Helfer gefunden: »Gegen Ende März trafen meine Freunde Professor Rudolf Virchow von Berlin und Émile Burnouf aus Paris, Ehrendirektor der Ecole française in Athen, als meine Mitarbeiter in Hissarlik ein.«

Auf Veranlassung des Unterrichtsministers Jules Ferry war Burnouf von der französischen Regierung auf eine wissenschaftliche Expedition nach Troja gesandt worden. Als Ingenieur und vorzüglicher Maler hielt er alles in Plänen und Karten fest und untersuchte auch die geologische Beschaffenheit der verschiedenen Schichten von Hissarlik. Der Mediziner Virchow befaßte sich vornehmlich mit den botanischen, zoologischen und geologischen Verhältnissen in der Troas. Daneben war er mit Rat und Tat dabei, die in verschiedenen Tiefen aufgedeckten Trümmer zu begutachten.

Schliemann ging nun ganz systematisch vor. Zuerst setzte er alles daran, die Ringmauer in ihrer ganzen Ausdehnung freizulegen. Weil er immer noch bestrebt war, das homerische Troja zu erfassen, grub er die Ruinen der drei oberen Städte Schicht für Schicht ab, bis er auf den leicht erkennbaren Schutt der dritten Stadt stieß. Nachdem das ganze Terrain auf gleiche Höhe ausgegraben war, begann er, ein Haus nach dem anderen auszuräumen, ohne Mauern und Fundamente zu beschädigen, bis alle Gebäude gut erkennbar waren, wenn auch nur noch ihr Unterbau und ihre Wände bis zu drei Meter Höhe vorhanden waren. Aus der großen Zahl der hier gefundenen Krüge schloß er, daß diese Räume als Keller gedient hatten. Zudem waren keine Türöffnungen vorhanden. Wahrscheinlich wurden die Keller von oben mit Leitern oder Holztreppen erreicht.

Dazu gab ihm Virchow den erklärenden Hinweis. Seine zusätzliche ärztliche Tätigkeit führte ihn laufend in die Dörfer der Troas. Er bestätigte Schliemanns Vermutung: »Die Haupteigentümlichkeit dieser Architektur besteht darin, daß in den meisten Fällen der untere Teil der Häuser keinen Eingang hat und von einer Steinmauer umgeben ist. Das obere Geschoß, das aus viereckigen, an der Sonne getrockneten Ziegeln gebaut ist, dient als Wohnung für die Familie, das untere, in das man auf Stiegen oder Leitern von oben hineingelangt, als Vorratsraum. Hat das Erdgeschoß eine Tür, so wird es häufig auch als Viehstall benutzt.« – Ein augenscheinlicher Beweis, daß sich in den ländlichen Gegenden die Bauweise seit mehreren tausend Jahren kaum geändert hat.

Troja, so hatte Homer geschrieben, habe schöne, breite Straßen besessen. Schliemann wollte auch sie finden. Doch war sein Bemühen von keinem überzeugenden Erfolg gekrönt. Denn außer der schon 1873 freigelegten Torstraße entdeckte er nur schmale Durchgänge zwischen den Häusern, die teilweise nur einen Abstand von fünfzig Zentimetern zwischen den Gebäuden aufwiesen. Wo sie gepflastert waren, zeigten die Steine deutliche Spuren des Feuersturms der brennenden Stadt.

Die Mauer hatte Schliemann nach allen Richtungen hin freigelegt. Als er neben seinem großen Einschnitt, der die Mauer unterbrach, noch einmal Nachgrabungen durchführen ließ, wurde in Gegenwart seiner beiden Freunde, Virchow und Burnouf, noch ein Schatz goldener Schmuckstücke gefunden. Auch er lag nicht weit von der Fundstelle des »Schatzes des Priamos« entfernt. Gewiß war es nicht ein so gewaltiger Goldfund wie jenes Kopf-

geschmeide, das – wie die Ilias erzählt – von Andromache in höchstem Schmerz weggeworfen worden war und den Kopf wie die Zinnen einer Mauer bekränzt hatte.
Im Osten und außerhalb der Stadtmauer wurden Ruinen von Häusern, jedoch kaum Altertümer entdeckt. Schliemann schloß daraus, daß die Vorstadt nur »von der ärmeren Klasse bewohnt worden ist«. Auch für die Tumuli, die sogenannten Heroengräber der Troas, hatte er nach langem Warten und erneutem Einschalten des Ministers für Volksaufklärung, Munif Effendi, und des britischen Gesandten in Istanbul, Sir Austen Henry, des Ausgräbers von Kalach und Ninive, den notwendigen Ferman erhalten.
Diese Grabhügel, über die Landschaft verteilt, sollten für Helden des Trojanischen Krieges, darunter Achilles, Patroklos und Priamos, errichtet worden sein. Einige hatte er schon bei seinem ersten Besuch 1868 gesehen. Weil Homer über sie berichtet, war es für Schliemann eine Pflicht, sich mit ihnen archäologisch zu befassen.

Troja und Trojanischer Krieg – nicht wahr oder doch wahr?

Insgesamt zehnmal hatte Heinrich Schliemann Gold gefunden. In das Hochgefühl des Fundes dieser Schätze und seiner weiteren Entdeckungen, des Turmes, des Skäischen Tores und des »Königshauses«, das ihn im Glauben bestärkt hatte, das Troja Homers ans Licht gebracht zu haben, mischten sich auch Enttäuschung und Unsicherheit. Er hatte die geringen Ausmaße Ilios' festgestellt, die auf nicht mehr als eine bedeutungslose Kleinstadt schließen ließen. Hätten die Trojaner, so resümierte er, nicht Hilfskräfte aus dem Umland zur Verfügung gehabt, wären sie mit Sicherheit nicht in der Lage gewesen, eine zehnjährige Belagerung durchzustehen. Im Gegenteil, ein starker Feind, wie die von der Ilias geschilderten Achäer, hätte dieses Städtchen, selbst bei starker Befestigung, im Handstreich nehmen müssen.

Nach seinen Arbeiten, der Freilegung der Ringmauer und den erneuten Goldfunden hatte er geglaubt, »die trojanische Frage für immer gelöst und bewiesen zu haben, daß die kleine Stadt, die dritte über dem Urboden, deren Häuser ich in einer durchschnittlichen Tiefe von sieben bis acht Meter unterhalb der Ruinen von vier jüngeren Ansiedlungen freigelegt hatte, notwendig das durch Homer unsterblich gewordene Ilios sein müsse«.
In seinem 1880 veröffentlichten Buch »Ilios« hatte er diese Theorie vertreten. Aber schon kurz danach mehrten sich seine Bedenken hinsichtlich der Ausdehnung der Stadt: »... meine Zweifel sind mit der Zeit immer größer geworden.«
Drei Stellen der Ilias belegen, daß Troja durch den Krieg sehr verarmte. Es hatte in den eigenen Mauern nicht genügend Verteidiger gegen die gesamte Streitmacht der Achäer. Es mußte Hilfskräfte der nicht sonderlich begeisterten Dardanier und der benachbarten Stämme verpflichten. Aus den Texten im 2. Gesang kann man sogar schließen, daß neun Zehntel des Kriegsvolkes nicht aus heimischen Männern bestanden. Diese Truppen mußten bezahlt werden. Der große Eurypylos und viele seiner Keteier oder Kittiten, die vor Troja fielen, »dienten für Geschenke«. Hektor, der die Verbündeten mit der Autorität eines Generals anredet und auf ihre Entlohnung verweist, sagt: »Ich erschöpfe die Trojaner mit Geschenken an euch und mit eurer Verpflegung.« Schließlich feuert er seine Landsleute an, einen Ausfall zu machen: »Einst pflegte alle Welt Trojas Reichtum zu preisen; aber jetzt sind die schönen Kostbarkeiten ganz und gar aus unseren Häusern verschwunden.« Auch Achilles ist die Situation bekannt; zu Priamos meint er: »Wir hören, daß du einst glücklich warst und durch Reichtum und die Zahl deiner Söhne alle Nachbarländer übertrafst.«
Wie konnten dann die Schätze von Schliemann gefunden werden, wenn »die schönen Kostbarkeiten« ganz und gar aus den Häusern verschwunden waren? Stammte das Gold etwa nicht aus dem »Schatz des Priamos«? Die in den Krieg verwickelte Stadt mußte

nicht nur die große Zahl ihrer Hilfsvölker, sondern auch die aus dem Landesinneren bezogenen Lebensmittel bezahlen. Wäre es nicht die Pflicht des Königs gewesen, seine Goldreserven zur Verfügung zu stellen? Es ist doch kaum denkbar, daß eine so edel geschilderte Gestalt wie Priamos sein Vermögen gehortet hätte. Lief Schliemann nicht Gefahr, das ganze Gebäude seines unbeirrbaren Glaubens an Homer zusammenbrechen zu sehen? Was hatte der Dichter, dem man selbst noch Jahrhunderte nach dem Untergang Trojas die Qualität eines Augenzeugen bescheinigen möchte, nicht alles an Details, allein aus der Landschaft beschrieben, die sich noch nach zweieinhalb Jahrtausenden als Tatsachen herausstellten. Vom gegenüberliegenden Thrakien, den Inseln, dem Hellespont bis zu den Naturphänomenen der Troas konnte jede Einzelheit nachgeprüft und als noch in der Gegenwart zutreffend bestätigt werden. Und ausgerechnet bei der Heimstätte der Trojaner sollte ihn der Teufel maßloser Übertreibung geritten haben? Was waren dies doch für Adjektive, die er Ilios gegeben hat: groß, anmutig, blühend, wohlbewohnt, gutgebaut mit breiten Straßen! Solches für eine unscheinbare Siedlung, die kaum dreitausend, im Höchstfall, bei mehrstöckigen Häusern, vielleicht an die fünftausend Einwohner hatte? »Der ganze Trojanische Krieg mit seiner zehnjährigen Belagerung wäre entweder völlig erfunden oder hätte nur eine winzig geringe Grundlage gehabt«, mußte sich Schliemann eingestehen. Während an der kleinasiatischen Küste bereits Städte von beachtlichem Ausmaß blühten, sollte der Untergang eines so bescheidenen Ortes derart hochgespielt worden sein, daß die Sage von der Zerstörung noch jahrhundertelang fortgelebt hätte und von Homer aufgegriffen und zu einem großartigen Epos geformt worden sei?

Warum sollte der göttliche Sänger ausgerechnet bei der Schilderung von Ilios ins Phantasieren geraten sein, wo er doch sonst so zuverlässig berichtet? Nicht nur seine Gesänge sind überzeugend, für das ganze Altertum war der Krieg eine Realität. Als prominenter Gewährsmann steht kein Geringerer als Thukydides für

die geschichtliche Wahrheit gerade. Im fernen Ägypten untermauern Hieroglyphen und Papyrusschriften die Existenz Trojas. Auf dem im Britischen Museum aufbewahrten Papyrus Sallier werden die Bundesgenossen aufgezählt, die im fünften Jahr der Regierung Ramses' II. mit den Hethitern gegen den Pharao nach Kadesch gezogen waren. Darunter befinden sich die Dardanier und das Volk von Iluna, also Dardanier oder Trojaner von Ilion. Auch die übrigen genannten Völker stimmen mit der Beschreibung im zweiten Gesang der Ilias überein, wo die Hilfstruppen der Trojaner bei der Verteidigung der Stadt aufgeführt werden. Es sei also eine sichere Tatsache, schloß Schliemann daraus, daß in Kleinasien ein Reich der Dardanier existiert habe. Auch auf einem Pylon von Medinet Habu zu Theben werden die Dardanier erwähnt und als Danau bezeichnet, die mit anderen Stämmen, darunter den Philistern, um 1200 v. Chr. in Ägypten einfielen und von Ramses III. geschlagen wurden. Außerdem werden sie in einer zweiten Gruppe der aufgezählten Völkerschaften unter diesem Pharao nicht mehr Dardanier, sondern Teukrier genannt. »Könnte«, so fragte sich Schliemann, »dieser Namenswechsel der Trojaner durch den Krieg und die Einnahme von Troja und durch die Vernichtung und Zerstreuung des Volkes verursacht worden sein? Es ist indessen zu bemerken, daß Herodot die alten Trojaner der epischen Poesie immer nur Teukrier nennt, während bei den römischen Dichtern die Bezeichnungen Teukrier und Trojaner gleichwertig sind.« In diesem Sinne berichten Vergil, Horaz und Ovid von ihnen. So schließt sich die Überlieferung um Troja und den Trojanischen Krieg von Ägypten über die griechischen Autoren bis zu den berühmten römischen Schriftstellern.
Das Wissen um diese Zeugnisse ließ Schliemann keine Ruhe. Seine Zweifel, in der dritten Schicht das homerische Troja aufgedeckt zu haben, bestärkten seinen Entschluß, im Jahre 1882 seine Ausgrabungen auf Hissarlik für weitere fünf Monate fortzusetzen, »um das Geheimnis aufzuklären und um die wichtige trojanische Frage endgültig zu erledigen«.

Bismarck besorgt neuen Ferman

Eine Ausgrabungserlaubnis wurde durch die türkische Regierung nicht für immer erteilt. Sie lief im allgemeinen nach zwei bis drei Jahren ab. So erging es auch Schliemann mit dem durch die Vermittlung von Sir Henry Layard 1878 erwirkten Ferman. Die Erfahrungen mit der Hohen Pforte und ihren unberechenbaren Repräsentanten mahnten ihn, sich gleich eines weltweit angesehenen Fürsprechers zu versichern. Keiner konnte geeigneter sein als der deutsche Reichskanzler Otto von Bismarck, den er bei einer gemeinsamen Kur in Bad Kissingen kennengelernt hatte. Der »Eiserne Kanzler« setzte sich über die deutsche Gesandtschaft in Konstantinopel nachdrücklich für die Erlaubnis ein, so daß Schliemann bereits im Oktober 1881 einen neuen Ferman in der Hand hatte, der ihm auch die Grabung in der Unterstadt erlaubte. Eine weitere Intervention Bismarcks veranlaßte die türkische Regierung, ihm einige Monate später die Erlaubnis zu erteilen, an jeder beliebigen Stelle der Troas zu graben, allerdings mit der Einschränkung, diese Grabung immer nur an einer Stelle und in Gegenwart eines türkischen Delegierten vorzunehmen.
So hatte ein Ehrenbürger von Berlin dem anderen geholfen; im gleichen Jahr 1881 war Heinrich Schliemann, zusammen mit Bismarck und Moltke, zu dieser Auszeichnung durch die Reichshauptstadt gelangt.
Durch den erweiterten Ferman stand den Arbeiten des Jahres 1882 nichts mehr im Wege. Die Ergebnisse sollten ihren publizistischen Niederschlag in dem Buch »Troja« finden, das er »Ihrer Kaiserlichen und Königlichen Hoheit Victoria, Kronprinzessin des Deutschen Reiches und Kronprinzessin von Preußen, Princess Royal von Großbritannien und Irland, Herzogin zu Sachsen, der erhabenen Beschützerin von Kunst und Wissenschaft in tiefster Ehrfurcht« widmete. Die Vorrede zu »Troja« stammt aus der Feder des berühmten Oxforder Professors A. Henry Sayce.
Dieser britische Gelehrte bescheinigte Schliemann, Eigenschaf-

ten in sich zu vereinigen, die man bei einem Archäologen nur selten antrifft und denen er den »erfolgreichen Wiederaufbau der Alten Geschichte verdankt«. Zu diesen Eigenschaften gehörten nicht nur die Sprache, mit der er sich jedem verständlich machen konnte, nicht nur seine physische Kraft, mit der er der Natur und den unglaublichen Einschränkungen trotzte, sondern vor allem sein wissenschaftlicher Geist, der ihn durch die Museen Europas wallfahren ließ, der ihn aber auch dazu brachte, seine Lieblingstheorien aufzugeben, wenn ihm Beweisgründe vorlagen, die eine Korrektur verlangten. Schliemanns Belohnung sei die Verwirklichung seines Kindheitstraumes gewesen, für die Wissenschaft aber sei es zur unwiderlegbaren Tatsache geworden, daß der Hügel von Hissarlik das Troja der griechischen Legende unter seinem Schutt barg. »Er hat im Studium des klassischen Altertums eine neue Ära eingeführt; er hat in unseren Vorstellungen über die Vergangenheit eine Umwälzung hervorgebracht; er hat den Sporn gegeben zu jener ›Forschung mit dem Spaten‹ ...
Das Licht hat sich über die Gipfel des Ida ergossen, und die längst vergessenen Jahrhunderte des prähistorischen Hellas und Kleinasiens liegen, in ihm gebadet, erleuchtet vor uns.«

Das Drumherum einer Ausgräberstadt

Heinrich Schliemann hatte die Grobarbeit der vergangenen Jahre hinter sich; nun lag das feine Ausfeilen vor ihm. Längst wußte er um verschiedene Siedlungsschichten auf Hissarlik. Sie nun nach seinen Erkenntnissen wie ein Anatom aus dem Ganzen zu sezieren hatte er sich für das Jahr 1882 vorgenommen.
Aus den kritischen Reaktionen der Wissenschaftler hatte er gelernt, auch wenn er in zahlreichen Artikeln die meisten Einwände widerlegen konnte. Um jedoch Irrtümer und damit Fehler zu vermeiden, sicherte er sich die Unterstützung zweier Fachleute, der Architekten Dr. Wilhelm Dörpfeld aus Berlin und Josef

Höfler aus Wien. Dörpfeld hatte vier Jahre lang den technischen Teil der Ausgrabungen des Deutschen Reiches in Olympia geleitet. Er und Höfler hatten von ihren heimischen Akademien die ersten Preise für Architektur bekommen und Staatsstipendien zu wissenschaftlichen Reisen erhalten. Sie waren also für ihre Tätigkeit bei Schliemann prädestiniert.
Das trojanische Arbeitsteam wurde noch um drei Aufseher erweitert. Zwei waren Peloponnesier; sie hatten in Olympia ihre Dienste mit Auszeichnung versehen. Gregorios Basilopulos wurde gleich zu »Ilos« umgetauft, während sein Kollege Gregorios Paraskevopulos den Namen »Laomedon« erhielt. Dieser war ein Prachtexemplar von einem Aufseher: Bei seinem hünenhaften Körperbau verfügte er über Bärenkräfte, die den Arbeitern Respekt und Furcht einflößten, so daß sie ihm blindlings gehorchten. Mit ihm war Schliemann die große Sorge um den geordneten Ablauf der Arbeit genommen. Beiden Neuerwerbungen zahlte er monatlich 120 Mark. Als dritten Aufseher engagierte er Gustav Battus, den Sohn des verstorbenen französischen Konsuls Battus an den Dardanellen. Ihn entlohnte er mit 240 Mark im Monat.
Mit Genugtuung vermerkte Schliemann bei seiner Ankunft in Troja, daß der türkische Wächter, den er im Jahre 1879 mit der Aufsicht über die Baracken und Magazine betreut hatte, alles in bester Ordnung verwahrt hatte. Nur mußte man die Bauten mit neuem Filz decken und sie außerdem auseinander ziehen lassen, damit ein etwa ausgebrochenes Feuer nicht durch den fast immer stürmischen Nordwird auf andere Baracken übergreifen konnte. In einer Baracke mit fünf Zimmern bewohnte Schliemann selbst zwei; die drei anderen Räume waren für Besucher vorgesehen.
Es waren unsichere Zeiten. Landstreicher und Wegelagerer trieben sich in der Gegend herum. Jenseits des Meeres, in Makedonien, wurden immer wieder begüterte Menschen gekidnappt, in die Berge verschleppt und nur gegen hohes Lösegeld wieder freigelassen. Schliemann wollte kein ähnliches Schicksal erleiden. Er wandte sich an den Zivilgouverneur der Dardanellen,

Hamid Pascha, und ließ sich elf starke und zuverlässige Türken für ein Gehalt von 610 Mark vermitteln. Diese Leibwache, lauter eindrucksvolle Gestalten, war mit Büchsen, Pistolen und Dolchen bis an die Zähne bewaffnet. Wenn auch einige von den Leuten noch alte Feuersteingewehre besaßen, so war er überzeugt, daß sie mit allem Einsatz jede Räuberbande in die Flucht schlagen würden. Ein Korporal führte das Kommando und teilte die Leute für den Wachdienst bei Tag und Nacht ein. Drei mußten Schliemann jeden Morgen nach Karanlik begleiten, wo er sein Seebad nahm. Weil Schliemann mit seinem Pferd dauernd trabte, konnten sie ihm nur im Laufschritt folgen. Dafür bekamen sie aber auch ein Extratrinkgeld von sechzig Pfennigen. In der Mitte der Lagerstadt waren die Polizisten in einer eigenen Baracke untergebracht. Nur schienen sie von der gemeinsamen Unterkunft und der Kameradschaft wenig zu halten. Weil es schon am Anfang zwischen ihnen zu Streitigkeiten gekommen war, zogen es einige vor, die Nächte im Freien zu verbringen. Selbst die Kälte konnte sie nicht davon abhalten.

Als »Haushofmeister« und Finanzvorsteher fungierte der bereits seit 1870 in Schliemanns Diensten bewährte Nikolaos Zaphyros Giannakis aus Renkoi, der von der Bedeutung und Unentbehrlichkeit seiner Person und Aufgabe so eingenommen war, daß er sich weigerte, diesmal für einen Lohn unter dreihundert Mark, einschließlich Verpflegung, tätig zu sein. Schliemann ging gern auf seine Forderung ein, da er ein wirklich zuverlässiger Mitarbeiter war. Es war nicht verwunderlich, daß der Aufseher über fremdes Geld auch auf das eigene bedacht war. Er stand seinem Herrn, der Jahrzehnte zuvor ja auch Geld gescheffelt hatte, nur insofern nach, als es sich bei ihm nicht um Millionen, sondern um kleinere Beträge handelte, die er sich auf legale Weise zu verschaffen wußte. Sein Gehalt war gleichsam sein tägliches Brot, den üppigen Sonntagsbraten strich er aus einer zusätzlichen lukrativen Quelle ein. Da ihm genügend Zeit blieb, hatte er in der Barackenstadt eine Kantine eingerichtet und dazu seinen Bruder als Hilfskraft angestellt. Zusätzliche Lebensmittel, Tabak, Schnaps und eben alles, was Arbeiter in dieser Einsamkeit gern erstanden und verbrauchten, gab es auf Kredit. Nikolaos zog die Schulden am Wochenende gleich vom Lohn ab und strich den Gewinn gleich in seine Tasche. Das Geschäft blühte, und der Finanzexperte Nikolaos hätte nichts dagegen einzuwenden gehabt, wenn Schliemann auf Troja noch zwanzig Jahre gegraben hätte. Schließlich wurde sein Vermögen noch durch Immobilien aufgestockt. Als nämlich Schliemann Troja verließ, schenkte er ihm sämtliche Baracken. Das waren dort und damals beachtliche Werte.

Der Diener Oedipus Pyromalles und die Köchin Jokaste, ein Stellmacher und ein Zimmermann gehörten zum »Troß«. Schliemanns aus Athen mitgebrachtes Reitpferd stand die Strapazen bis zur letzten Woche durch. Dann brach es zusammen und mußte in der Troas zurückbleiben. Ein Arbeiter und ein Knabe waren für die Trinkwasserversorgung zuständig. Auf einem Esel brachten sie das Naß zu den Baustellen und Baracken. Bei sommerlichen Temperaturen waren die beiden und das Tier den ganzen Tag unterwegs, um von der 365 Meter entfernten einstigen trojanischen Stadtquelle das Wasser herbeizuschaffen und die zehn bereitstehenden Fässer zu füllen.

Mit über dreihundert Werkzeugen, Geräten und Karren, zusätzlichen Ochsen- und Pferdegespannen nahmen Schliemann und seine 150 Arbeiter am 1. März die Grabungen auf. Von Sonnenaufgang bis Sonnenuntergang wurde bei einer einstündigen Mittagspause gegraben und geräumt. Nach Ostern genehmigte Schliemann zusätzlich eine einstündige Brotzeitpause am Vormittag. Mit einer Lohnerhöhung um dreißig Pfennig auf zwei Mark und vierzehn Pfennige pro Tag trug er der schweren körperlichen Belastung seiner Arbeiter Rechnung. Die Ochsen- und Pferdegespanne honorierte er mit achtzehn Pfennigen pro Gespann und Fuhre.

Die Mehrzahl von Schliemanns Arbeitern waren Griechen aus

den benachbarten Dörfern und von den Inseln Imbros und Tonedos, einige auch aus Thrakien, dem europäischen Teil an den Dardanellen. Nur rund zwei Dutzend Türken beschäftigte er. Liebend gerne hätte er mehr eingestellt; denn sie arbeiteten weit fleißiger als die asiatischen Griechen und waren auch sonn- und feiertags zur Stelle, während die Griechen wegen ihrer Heiligenverehrung oft tagelang zu Hause blieben und sich nicht einmal mit der Aussicht auf einen Sonderlohn von ihren Ikonen weglocken ließen. Die Türken brauchten nicht angespornt zu werden; sie packten an, auch ohne den Befehl eines Aufsehers oder Gendarmen. Schliemann würdigte diese Einstellung und ließ ihnen einen höheren Lohn zahlen, was sich positiv auf ihre Leistung und Arbeitsmoral auswirkte.

Gelegentlich hatte er auch jüdische Arbeiter, »die ebenfalls viel besser arbeiteten als die Griechen«. Interessant war für Schliemann die Feststellung, daß diese Juden, Nachfahren ihrer vor vier Jahrhunderten im Rahmen der Reconquista aus Spanien vertriebenen Ahnen, im Wechselbad ihrer Schicksals die spanische Sprache nicht verlernt hatten. Untereinander sprachen sie immer noch spanisch, wobei selbst der einfache Arbeiter die spanische Sprache besser beherrschte als das Türkische. »Wenn einer dieser Juden«, schrieb Schliemann in sein Tagebuch, »jetzt nach Spanien zurückkehrte, so würde sein Vokabularium allerdings viel Heiterkeit erregen, denn es wimmelt von veralteten spanischen Wörtern, wie wir sie im Don Quichote finden, und es enthält außerdem viele türkische Wörter. Dessenungeachtet erscheint es uns wunderbar, wie sich die spanische Sprache hier vier Jahrhundert lang erhalten konnte im Munde von Leuten, die sie zwar als Schriftsprache gebrauchen, jedoch nicht mit lateinischen, sondern nur mit hebräischen Buchstaben.«

Ein Ungeheuer im Regierungsdienst

Die türkischen Behörden hatten Schliemann zwei Aufseher zugeteilt, um die Fortschritte der Arbeiten unter Kontrolle zu behalten. Den einen, Moharrem Effendi, stellte die örtliche Verwaltung. Ihm mußte ein Zimmer zur Verfügung gestellt werden und ein Monatslohn von 150 Mark bezahlt werden. Den anderen, Beder Eddin Effendi, hatte das Ministerium für Volksaufklärung delegiert, das ihn auch besoldete. Ihm war nur die Unterkunft zu stellen; aber er erwies sich als der weitaus lästigste aller bisherigen Aufseher:
»Viele Jahre lang habe ich archäologische Forschungen in der Türkei gemacht, aber noch nie hatte ich bis dahin das Unglück gehabt, ein Ungeheuer von Aufseher, wie Beder Eddin Effendi, zu haben, dessen Vermessenheit und Eigendünkel nur seine totale Unwissenheit gleichkam, und der es als sein alleiniges und einziges Amt ansah, mir nur alle erdenklichen Schwierigkeiten in den Weg zu legen. Da er im Regierungsdienst war, so hatte er den Telegraphen von Kumkaleh nach der Dardanellenstadt zu seiner Verfügung, und er benutzte denselben auf die schamloseste Weise, um meine Architekten und mich bei der Lokalbehörde anzuklagen. Anfänglich glaubte ihm der Zivilgouverneur und schickte zuverlässige Leute zu uns, um seine Klagen zu untersuchen; nachdem er sich aber wiederholt überzeugt, daß uns der Mensch auf erbärmliche Weise verleumdet hatte, achtete er nicht mehr auf ihn.«
Der Mißerfolg seiner Bemühungen brachte den verleumderischen Aufseher jedoch nicht zur Vernunft. Im Gegenteil, nun versuchte er, die Mannschaft gegen Schliemann aufzubringen. Unter dem Deckmantel der islamischen Religion und ihres Schutzes vor Andersgläubigen bearbeitete er die elf Polizisten so lange, bis er sie auf seiner Seite und als Agenten gewonnen hatte. Die Gendarmen waren aber nicht in der Lage, entscheidende Zuträgerdienste zu leisten.

Beder Eddin Effendis Chance schien gekommen, als Dörpfeld einen Meßtisch hatte kommen lassen, um Vermessungen durchzuführen und von Ilios Lagepläne aufzunehmen. Nun hatte der Regierungsbeamte den offensichtlichen Beweis, daß hier unter dem Deckmantel wissenschaftlicher Ausgrabungen militärische Spionage getrieben wurde. Sofort meldete er diese interessante Schlußfolgerung dem Militärgouverneur an den Dardanellen, Djemal Pascha, der sogleich den Großmeister der Artillerie in Konstantinopel, Said Pascha, informierte. Said Pascha, schnell davon überzeugt, daß die Festung von Kumkaleh ausspioniert werden sollte, telegrafierte sofort den Befehl an den Militärgouverneur, Schliemann zu verbieten, den Meßtisch zu gebrauchen, und damit zu verhindern, daß irgendwelche Pläne gemacht würden, die der Verteidigungsbereitschaft des Osmanischen Reiches schaden könnten.

Beder Eddin Effendi wurde von diesem Befehl in Kenntnis gesetzt. Mit dieser Rückendeckung konnte er seine Macht austoben. Kaum ein Tag verging, da er dem Militärgouverneur nicht hinterbrachte, daß man auf Hissarlik das Verbot mißachte und heimlich Pläne anfertige. Es blieb nicht aus, daß der Dardanellen-Pascha die strikte Anweisung aussprach, innerhalb der Ausgrabungen keinerlei Pläne zu zeichnen. Beder Eddin Effendi reichte das noch nicht. Nun wollte er die Ungläubigen und Spione spüren lassen, wer auf diesem Boden das Sagen habe. Er erklärte, daß er und die Wächter, die er mit entsprechenden Anordnungen versehen hatte, nicht unterscheiden könnten, ob bei den Ausgrabungen Messungen, Notizen oder Zeichnungen gemacht würden. Er untersagte Schliemann schließlich, überhaupt etwas aufzuschreiben, und drohte Dörpfeld und Höfler, sie in Ketten legen und in die Hauptstadt bringen zu lassen, falls sie sich unterstehen würden, seinem Befehl zuwiderhandeln.

Das war nun wirklich der Gipfel dummdreisten Intrigantentums. Nun blieb Schliemann nur noch der Weg zur Gesandtschaft des Deutschen Reiches, der er die Lächerlichkeit des türkischen

Argwohns auseinandersetzte, da die »erbärmliche Festung« von Kumkaleh über acht Kilometer entfernt und von Hissarlik aus nicht einmal zu sehen sei. Außerdem wollte er ja nur Pläne von der Akropolis und der Unterstadt zeichnen lassen, da seine früheren ungenau seien. Der deutsche Gesandte, Baron von Hirschfeld, nahm sich sofort der Sache an, aber weder er noch sein vorzüglicher Kontaktmann zu den türkischen Behörden, Baron von Testa, waren gegen die Sturheit des Großmeisters der Artillerie in der Lage, etwas für Schliemann zu erreichen.
Der Regierungsschnüffler konnte aber noch so wachsam sein, gegen Heinrich Schliemann und dessen Mitarbeiter kam er nicht an. Zwar war an Messungen nicht zu denken, doch wenigstens wurden alle benötigten Notizen gemacht.
So konnte es nicht weitergehen. Da laufende Demarchen der Gesandtschaft kein offenes Ohr fanden und die Wochen und Monate unter dem permanenten Ärgernis mit Beder Eddin Effendi verstrichen, sah Schliemann nur eine Lösungsmöglichkeit auf höchster Ebene: »Im August wandte ich mich direkt an Se. Durchlaucht den Kanzler des Deutschen Reiches, Fürst Otto von Bismarck, welcher sich freundlich der Sache annahm, sogleich neue Instruktionen an die Gesandtschaft in Konstantinopel gab und im September die Erlaubnis für mich auswirkte, neue Pläne zu machen, vorausgesetzt, daß diese nur auf meine Gräben beschränkt blieben und keine Messungen an der Oberfläche vorgenommen würden.«
Bei aller Anerkennung für Bismarcks Einsatz war dies für Schliemann noch nicht genug. Die Angelegenheit würde sich wohl endlos hingezogen haben, wäre nicht ein Freund Schliemanns, Exzellenz von Radowitz, »einer der vorzüglichsten Diplomaten, den Deutschland je gehabt hat«, zum Geschäftsträger an der Pforte ernannt worden; »denn er hat das heilige Feuer der Wissenschaft und außerdem eine unbegrenzte Energie«. Radowitz sparte jeden Umweg und wurde sofort beim Sultan vorstellig. Radowitz verstand es, dem Herrscher zu schmeicheln: Der Ruhm

eines großen Förderers der Wissenschaft in aller Welt sei ihm sicher, wenn er dem berühmten deutschen Archäologen Schliemann erlaube, in der Nähe der Hauptstadt nach Zeugnissen der Vergangenheit zu forschen. Sofort erließ der Sultan eine Irade, die Schliemann in die Lage versetzte, seine Arbeit wunschgemäß durchzuführen. Gegen den Befehl aus dem Serail wagte das »Ungeheuer« Beder Eddin Effendi nicht aufzumucken. Auch die Gendarmen schwenkten wieder auf die Seite des Mannes über, der sie entlohnte und dem sie verpflichtet waren.

Eine unruhige Zeit

Nach den ersten drei Märztagen hatten Schliemann und seine Leute zwei Monate lang unter heftigem Nordwind zu leiden, der dann auch in Abständen den Sommer über anhielt. Anfänglich fiel nachts das Thermometer unter Null, und noch im April fror das Wasser in den Unterkünften zu dickem Eis. Bis in den Frühling hinein lag Schnee auf den umliegenden Bergen. Am Nachmittag des 1. April gab es ein kleines Erdbeben, das jedoch keinen Schaden anrichtete.
Schliemann und seinen wissenschaftlichen Mitarbeitern war daran gelegen, jetzt die einzelnen Siedlungen auf dem Hügel von Hissarlik so genau wie möglich zu definieren. Bekanntlich war man in der ersten Ausgrabungskampagne bis zum Urboden vorgestoßen. Nun sollten die einzelnen »Städte«, also die verschiedenen Schichten, untersucht und festgelegt werden.
Noch würden aber vierzig Jahre vergehen, ehe durch die Expedition der US-Universität von Cincinnati unter Leitung von Carl W. Blegen die für die einzelnen Troja-Schichten von Dörpfeld angenommenen historischen Daten durch neueste Methoden korrigiert wurden. Im allgemeinen schwankten die Jahreszahlen für die früheste Zeit um nicht mehr als zweihundert Jahre.
Verständlicherweise hatten Schliemanns Ausgrabungen das In-

teresse anderer Fachleute geweckt. Auch die Wissenschaftler Weinberg, Schachermeyer und Matz befaßten sich mit der Datierung, wobei Weinbergs Zahlen den durch Dörpfeld und Blegen erkannten Angaben am nächsten kamen und größtenteils sogar übereinstimmten. Diesen Erkenntnissen liegt auch die im Anhang befindliche Zeittafel zugrunde.
Der Vordere Orient war in Bewegung geraten. Im Zweistromland hatten sich in der zweiten Hälfte des vierten Jahrtausends die Sumerer niedergelassen und die erste Hochkultur der Geschichte gegründet. Die Wissenschaft setzt dafür die Zeit um 3300 v. Chr. an. Wenn man diesem Volk auch die Erfindung der Schrift, der wohl bedeutendsten kulturellen Leistung, zurechnen darf, so hat es der Nachwelt keinen Hinweis hinterlassen, von wo es herkam. Für jene Zeit haben Dörpfeld und Blegen die erste, noch neolithische Siedlung auf Hissarlik festgesetzt, nämlich 3200 v. Chr. Sie hat sich sechs Jahrhunderte gehalten, um dann von Troja II um 2600 abgelöst zu werden, als Mesannepada die erste Dynastie von Ur gründete, deren sechzehn Königsgräber 1922 freigelegt wurden. Zur gleichen Zeit begannen die Pharaonen Snofru, Cheops, Chephren und Mykerinos mit dem Bau der gigantischen Pyramiden westlich der heutigen ägyptischen Hauptstadt Kairo. Erst nach fünf Jahrhunderten, als auf Troja bereits die fünfte Stadt errichtet war, endete am Nil die sogenannte Pyramidenzeit.
Nicht nur in das Reich der Akkader, das Sargon I. geschaffen hatte, fiel ein Volk aus dem Norden, die Gutäer, ein, sondern auch in Kleinasien, das die über den Kaukasus vorgedrungenen Hethiter, ein indogermanischer Stamm, um 2000 v. Chr. in Besitz nahmen, während vom Balkan her die Phrygier den Nordwesten besiedelten. In diese Jahrhunderte fallen bereits die trojanischen Schichten V und VI. Schon 600 Jahre lang hatte auf Kreta die minoische Frühzeit gewährt und um 2200 v. Chr. ihren ersten Höhepunkt erlebt, als Troja II zerstört wurde, möglicherweise im Zusammenhang mit den neuen, in den Raum der Ägäis und in Kleinasien vorgestoßenen Volksgruppen.

Es war eine unruhige Zeit, in der alte Herrschaften ausgelöscht und neue Reiche gegründet wurden. An der Nahtstelle zwischen Ost und West, den Küsten des Hellesponts, strömten viele kulturelle und kultische Einflüsse aus den Ländern zwischen dem Nil und dem Persischen Golf in die Ägäis, die in ihren Einzelheiten noch mancher Untersuchung bedürfen, deren Ausdrucksformen Heinrich Schliemann aber bereits sichtbar geworden waren. Denn Troja lag an der Brücke, wo sich Völker und Traditionen begegneten.

Die erste Schicht

Schon im Neolithikum ließen sich Menschen auf dem Hügel von Hissarlik nieder. Ihre dort errichteten Unterkünfte waren die über dem Urboden gefundenen Reste der ersten Schicht. »Meine ausgezeichneten Architekten«, wie Schliemann seine Mitarbeiter Dörpfeld und Höfler nannte, »bewiesen mir über jeden Zweifel, daß die ersten Ansiedler auf dem Hügel Hissarlik nur ein oder zwei große Gebäude bauten. Die Länge dieser ersten Ansiedlung beträgt nicht mehr als 46 Meter, und ihre Breite kann kaum größer gewesen sein.«
Von der ersten Festungsmauer konnte nur ein kurzes Stück von fünfzehn Meter Länge freigelegt werden, andernfalls wären Ruinen der nachfolgenden Schicht zerstört worden. Die Mauern waren aus kleinen, mit Lehm verputzten Steinen errichtet. Neben der Siedlung auf der Höhe scheint es eine Unterstadt gegeben zu haben, in deren Überresten uralte Töpferware gefunden wurde. In acht großen Kisten mußten die Teile der vielen Tongefäße gepackt werden, »da selbst Bruchstücke … aus dieser ersten und ältesten Siedlung von Troja höchst interessant und jedem Museum willkommen sind«. Auch alle Knochen sammelte Schliemann und schickte sie in einer Kiste zur näheren Untersuchung an Virchow in Berlin.

Schon im gleichen Jahr publizierte der Arzt und Anthopologe einen Beitrag »Alttrojanische Gräber und Schädel«. Der englische Gelehrte Karl Blind, der sich besonders für Schliemanns Forschungen engagiert hatte und sie wissenschaftlich auswertete, nahm Virchows Ergebnisse zum Anlaß einer ausführlichen Rezension in der Londoner Zeitschrift »Academy«. In beiden Abhandlungen, bei Virchow noch sehr zaghaft, bei Blind jedoch schon jetzt selbstsicher, klingt bereits an, was Blind später ausführlich erforscht und veröffentlicht hat, daß nämlich die Trojaner gotischer, also germanischer Abstammung waren.
Die zu Hunderten gefundenen Terrakotta-Bruchstücke der ersten Schicht, vornehmlich schwarz glänzende Schalenränder, Krüge, Becher, Vasen oder Spinnwirtel, wiesen Verzierungen, oft mit weißem Kalk ausgelegte, große Augen auf, die durch einen Zwischeneinschnitt ein Eulengesicht symbolisierten. Als einziges unzerstörtes Gefäß wurde ein kleiner Krug entdeckt, der bereits auf der Scheibe gedreht worden war. Neben Hämmern und Äxten aus Stein sammelte Schliemann Hunderte von Handmühlen aus Trachyt. In diesen Handmühlen wurde das Korn gemahlen, das, wie Homer schilderte, zu einem Brei verarbeitet wurde. Obwohl der Dichter vielfach auf etwas hinweist, das den Namen Brot trug und als Zubehör der Mahlzeiten auf allen Tischen lag, kann es wohl kaum der späteren Brotzubereitung entsprechen. Nirgends konnte Schliemann Anzeichen eines Backofens entdecken. Da weder in der Ilias noch in der Odyssee etwas über die Art der Brotherstellung gesagt wird, vermutete Schliemann, »daß das homerische Brot wahrscheinlich auf gleiche Weise bereitet sein mag, wie es die Beduinen in der Wüste jetzt tun; nachdem sie den Teig geknetet haben, geben sie demselben die Form von Pfannkuchen und werfen diese auf die glühende Asche eines unter freien Himmel angezündeten Feuers, auf der sie in einem Augenblick vollkommen gebacken werden. Für eine solche Zubereitung des Brotes scheint auch der Umstand zu sprechen, daß lederne mit solchem Mehle gefüllte Säcke als Reisebedarf mit auf

den Weg genommen wurden; wir sehen nämlich, daß Telemachos, als er sich zur Reise nach Pylos vorbereitete, der Eurykleia befiehlt, 20 Maß dieses Mehls in lederne Säcke zu füllen«.
Wenn auch noch der letzten Phase der Steinzeit zuzurechnen, so fanden sich in der ersten Schicht doch bereits einige Gegenstände aus Kupfer und Bronze, ein Messer und ein Dutzend Tuchnadeln mit runden und spiralförmigen Köpfen, ebenso ein paar ähnliche Gegenstände aus Knochen und Elfenbein.
Nach Ansicht der Wissenschaft dürfte die Siedlung dieser ersten Schicht rund sechs Jahrhunderte bestanden haben. Schliemann schloß seine Übersicht über dieses erste Troja mit der Feststellung ab: »Ob die erste Ansiedlung friedlich von den Einwohnern verlassen oder von Feindes Hand zerstört wurde, darüber geben uns die Ruinen keinen Aufschluß; denn es finden sich keine Spuren weder von einer partiellen noch einer allgemeinen Zerstörung.«

Die zweite Stadt – »Die Ilios der homerischen Legende«

Trotz seiner beginnenden Zweifel hing Schliemanns Herz immer noch an seiner Theorie, die Ruinen der zweiten Schicht müßten »das eigentliche Troja, die Ilios der homerischen Legende« sein. Dieses Troja II war eine »verbrannte Stadt«, wie sie von Homer beschrieben war. In Wirklichkeit ist diese Schicht um ein gutes Jahrtausend älter – sie wird von 2600 bis 2300 v. Chr. datiert – als die Siedlung des Priamos und des Trojanischen Krieges, dessen Ende um 1180 v. Chr. angesetzt wird. Die griechischen Geschichtsschreiber nennen dieses Jahrzehnt von 1194 bis 1184 v. Chr.
Daß Troja II umfangmäßig sehr klein war, hatte Schliemann etwas stutzig gemacht. Auch die Beschreibungen Homers einer üppig gebauten und ausgestatteten Stadt paßten nicht zu den erhaltenen Ruinen. Schliemann konnte sich selbst keinen Reim

machen, wie dies alles in Einklang zu bringen wäre. Daß er sich geirrt hatte und sich den Fehler selbst zuschreiben mußte, wurde ihm nicht bewußt. Denn seine anfängliche Grabungsmethode mußte diesen Fehler verursachen und festschreiben. Schliemann hatte sich zunächst auf die Mitte des Hügels konzentriert und von da in die Tiefe gegraben. Weil aber das homerische Troja in seinem Kern schon zuvor zerstört worden war, stieß er daran vorbei.

In seinem 1902 erschienenen Buch »Troja und Ilion« befaßte sich Wilhelm Dörpfeld mit dieser Frage: »Als die Römer rings um den Tempel der ilischen Athena einen großen oberen Bezirk mit Stoen und Propyläen anlegen wollten, haben sie den ganzen mittleren Teil des Hügels, der höher als der griechische Tempel lag, vollständig abgetragen und die hierbei gewonnenen Schuttmassen zur Verbreiterung des Hügels benutzt. In dem höchsten Teile des Hügels befanden sich Gebäude der VI., VII. und VIII. Schicht ... In der Mitte des Hügels lagen nun die römischen Bauwerke unmittelbar über den Resten der V. Schicht ... Erst etwas weiter von der Mitte entfernt waren einige Gebäudereste der VI. Schicht. Damit steht in vollem Einklang, daß Schliemann oft in seinen Berichten seine Verwunderung über die geringe Tiefe ausspricht, in der die prähistorischen Funde in der Mitte des Hügels unmittelbar unterhalb der römischen Gebäude auftreten.«

Weil Schliemann am Rande seiner Einschnitte auf wenig beeindruckende Reste der VI. Stadt, der homerischen, stieß, konnte er weder deren Bedeutung noch die daraus zu schließende Größe der Stadt erkennen. Wären die Mauern und Fundamente dieser Schicht noch vorhanden gewesen, so hätte er sie sicher richtig gedeutet. So aber versteifte er sich darauf, diese wenigen Ruinen stets als »lydisch« zu bezeichnen. Die Aufdeckung der Straße, des Turmes, des Skäischen Tores, des »Königshauses« und der Fund des Schatzes bestärkten ihn nur noch in seiner Meinung, das Troja Homers erschlossen zu haben.

So verwandte er auch in den Monaten des Jahres 1882 viel Arbeit und Aufmerksamkeit auf diese Schicht. Seine Architekten hatten ihm bewiesen, daß er und sein damaliger Mitarbeiter, Émile Burnouf, 1879 die Trümmer der zweiten und dritten Schicht nicht richtig auseinandergehalten hätten, als sie die verbrannten Ziegelreste der dritten Stadt zurechneten. Ein gewaltiges Feuer, wohl auch Brennen bei der Herstellung zu beiden Seiten der Mauern, hatte diese Ziegel gebrannt. »Die eigentliche verbrannte Stadt ist daher nicht die dritte, sondern die zweite Stadt, da die dritte Ansiedlung unmittelbar darauf hingebaut ist, an einigen Stellen nur sehr geringfügig, sogar nur 20 cm tief ist. Da die Hausfundamente der dritten Ansiedler nur einfach in den verbrannten Schutt der zweiten Stadt gelegt waren, so schrieben wir diesen letzteren irrtümlich der dritten Ansiedlung zu, die nichts damit zu tun hatte.«

Die Siedler der zweiten Schicht nivellierten zunächst das Terrain, teilweise mit einer Aufschüttung bis zu drei Metern. Auch die Grundfläche der Akropolis wurde nach Süden hin bedeutend erweitert. Da dieser aufgeschüttete Boden zu locker war, erhielten die größeren Gebäude über zwei Meter tiefe Fundamente, die in den älteren Untergrund eingelasssen wurden. Unmittelbar darauf wurde ein Fußboden aus großen, weißen Kieselsteinen freigelegt. Den ganzen Hügel umgaben die Ansiedler mit einer starken Festungsmauer aus unbearbeiteten Steinen, die ohne Bindemittel, aber regelmäßig horizontal zusammengefügt worden waren. Einige Turmreste bestärkten Schliemann in seiner Auffassung vom homerischen Troja, da die Ilias im achten Gesang von zahlreichen Türmen spricht.

Auch als Höhlen- und Wasserforscher betätigten sich Schliemann und seine Mitarbeiter. Ein schon 1879 gefundener Gang außerhalb der Unterstadt und dreihundert Meter westlich von Hissarlik gelegen, wurde als eine im Kalkstein ausgehauene Höhle mit drei Nebengängen entdeckt, an deren Enden sich jeweils eine Quelle befand. Das Wasser mit 15,6 Grad Temperatur sammelte sich im großen Stollen und floß durch ein Tonrohr ab, das aus römischer

Zeit stammte. Bei der Säuberung der Höhle wurde unter dem Tonrohr auf dem gewachsenen Boden eine Wasserleitung primitiver Art aus zusammengelegten und nicht verbundenen Kalksteinen freigelegt. Schliemann stellte eine verblüffende Ähnlichkeit mit den zyklopischen Wasserleitungen von Tiryns und Mykene fest.

Diese Wasserführung in der Höhle scheinen die Bewohner der zweiten Schicht gar nicht bemerkt zu haben; denn sie hatten darüber eine irdene Röhre verlegt. Nachdem die Quellen vom Schutt gereinigt worden waren, lieferten sie sofort wieder gutes, trinkbares Wasser. Auch diese Quellen bestärkten Schliemann in seiner Homer-Gläubigkeit. Es mußte sich um den Ort handeln, an dem laut dem zwölften Gesang der Ilias die Trojanerinnen ihre Wäsche wuschen und wo sich Achilles und Hektor ihren Zweikampf lieferten.

»Aber einen noch gar viel gewichtigeren Grund für die Identität dieser Quellen mit den homerischen Quellen finden wir in der Tatsache, daß sie sofort nach einigen hundert Schritten in den Skamander flossen und aus diesem Grunde vom Dichter ›Quellen des Skamander‹ genannt werden konnten, während die drei noch jetzt an der Nordseite von Ilion vorhandenen Quellen in den Simoïs fließen … Da meine Architekten und ich aus allen diesen Gründen vollkommen überzeugt waren, daß Homer unmöglich andere Quellen als diese im Sinne gehabt haben konnte, so forschten wir eifrig nach der von ihm beschriebenen Quelle lauwarmen Wassers, gruben auch sorgfältig um die Außenseite der Höhle herum, aber all unser Suchen war vergebens. Das Nichtvorhandensein der lauwarmen Quelle kann uns nicht wundern, denn sie fehlte bereits zur Zeit des Demetrius von Skepsis (210–180 v. Chr.) und mag schon im hohen Altertum durch ein Erdbeben zerstört oder in kaltes Wasser umgewandelt worden sein.«

Von zwei Toren der Akropolis waren die Fundamente erhalten; zu ihnen führten Rampen von der Unterstadt hinauf. Sie bestanden aus mit Holzkohle bedecktem Lehm. Ein weiteres Tor im Südosten konnte nur teilweise freigelegt werden, da die Bewohner der dritten Stadt darüber ein anderes und engeres Tor gebaut hatten. Damit waren drei Tore der Akropolis aufgedeckt, die Homer jedoch nicht erwähnt; denn er kannte nur das Skäische. Zwei herausragende Gebäude, die einen halben Meter nebeneinander aus rohen Ziegeln errichtet waren, identifizierte Schliemann als Tempel. Alle Gebäude der zweiten Stadt zeigten die gleiche Architektur mit Fundamenten aus lehmverbundenen Kalksteinen, Wänden aus Ziegeln und einem terrassenförmigen Dach aus Holzbalken, Schilf und Lehm. In vielen Zimmern waren sorgfältig verlegte, zumeist aus Kieselsteinen hergestellte Fußböden; andere schienen mit Schieferplatten ausgelegt gewesen zu sein.

In einem der beiden Tempel fand Schliemann einen bronzenen Dolch, der in der Glut der brennenden Stadt aufgerollt war. Eine Reihe kupferner Nägel diente wohl zur Befestigung der Balken. Einer Lanze aus Bronze fehlte die Spitze. Die Vielzahl bronzener und kupferner Arbeitsgeräte, wie Bohrer oder Messer, die Tempel und andere Gebäude belegten eine hohe Kulturstufe dieser Bewohner.

Die Metallzusammensetzung der gefundenen Gegenstände ließ Schliemann durch den Chemiker Professor Rammelsberg in Berlin analysieren. Dabei wurde ein hoher Prozentsatz an Kupfer, wenig Zinn und nur Spuren von Blei und Eisen festgestellt.

Elfenbeinarbeiten wie Messergriffe, Löffel, Schmuck oder Pfeilspitzen waren sicher Importartikel. Die im zweiten Jahrtausend als Handelsmacht die Seefahrt im Mittelmeer beherrschenden Phönizier dürften wohl auch schon zuvor bis in den Raum der Ägäis vorgedrungen sein. Für Homer sind sie natürlich längst ein fester Begriff, wie aus der Odyssee hervorgeht:

> »Dorthin kamen Phöniker, der Seefahrt kundige Männer,
> allerlei Tand mitbringend im dunkelen Meerschiff.«

Alltägliche Gebrauchsgegenstände künstlerisch zu bearbeiten, verstanden bereits die Bewohner der zweiten Stadt. Neben Idolen aus Terrakotta erhielten Vasen, Krüge und Becher die Formen und das Aussehen von Schweinen, Eulen oder Katzen mit Verzierungen und Kronen als Deckel.
In einer Feuerkatastrophe endete die zweite Stadt. Wäre dieser Untergang nicht tausend Jahre früher geschehen, so würde diese Zerstörung mit der Ilias-Schilderung übereinstimmen. Schliemann hielt deshalb an seiner Meinung fest, in dieser an Brandspuren so reichen Schicht das homerische Troja gefunden zu haben. Den dort ausgegrabenen Ruinen und Funden widmete er daher in allen Publikationen seit 1873 den größten Aufwand seiner Beschreibungen, Analysen und Deutungen. Er ließ nichts unversucht, bekannte und befreundete Wissenschaftler zu konsultieren und deren Ergebnisse zu begutachten und in sein Gesamtbild einzufügen.

Die Armen der dritten Stadt

Auch nach der Ausgrabung der zweiten Stadt erlahmte Schliemanns Interesse am Hügel nicht. Der dritten Schicht von unten galt nun die Forschungstätigkeit. Schon bald erkannte Schliemann, daß die Zahl ihrer Bewohner nur gering gewesen sein konnte. Am Wiederaufbau der Unterstadt waren sie nicht interessiert, brachten vielmehr noch verwendbares Baumaterial von dort auf die Höhe. Dabei machte man sich nicht die Mühe, etwa die Schuttkegel der Tempel zu planieren oder einen tieferen Grund für die Fundamente auszuheben. Die Gebäude, vornehmlich aus Stein und nur selten aus Ziegeln, erhielten einen einfachen Lehmputz. Der einzige große Bau wurde auf den Resten des »Königshauses« errichtet. Im übrigen waren die Häuser nur einstöckig. Wo noch größere Stadtmauerreste der zweiten Schicht vorhanden waren, wurden sie ausgebessert. Neu angeleg-

te Befestigungen wurden weit einfacher konstruiert als die vorhergehenden. Auch die Tore, die man wieder aufbaute, waren kleiner und primitiver gehalten. Auch die Funde, einige Vasen, Becher und Hunderte von Spinnwirteln, sowie Ringe aus Terrakotta, Steinhämmer, runde Steine zum Kornquetschen, Sägen und Messer aus Feuerstein, waren weniger gut gearbeitet als die der vorhergehenden Schicht.
Schliemann zog Bilanz: »Wie wir in dieser letzten trojanischen Kampagne ... sehr reichlich Gelegenheit hatten uns zu überzeugen, müssen die dritten Ansiedler sehr arm gewesen sein, denn wir fanden nur wenig in ihren Häusern.«
Dieses Troja III, wie auch die nachfolgenden Schichten, war im Grunde nicht mehr als ein Dorf der prähistorischen Zeit. So konnten sich die wenigen Bewohner auch nicht der Invasoren erwehren, die um die Wende vom dritten zum zweiten Jahrtausend Kleinasien heimsuchten. Geplündert und auch teilweise durch Feuer zerstört, mag der Ort für seine Bewohner nicht mehr von Interesse gewesen zu sein, so sie das Schicksal ihrer Siedlung überhaupt überlebt hatten.

Auch Nummer vier nur ein Dorf

Doch Troja III war nicht vollständig zerstört worden, denn bei Beginn der Ausgrabung standen fast sämtliche Hausmauern noch zwei bis drei Meter hoch, wie auch die Festungsmauer noch gut erhalten war. Die Annahme war berechtigt, daß die vierten Ansiedler, wie ihre Vorgänger, die Häuser einfach auf den Schutt gebaut hatten. Sie benutzten alles, was noch brauchbar war; auch die Festungsmauer bedurfte nur einiger Reparaturen. Insgesamt beschränkte sich die Bautätigkeit auf den Umfang der vorangegangenen Siedlung.
Das ganze Terrain von Troja IV war mit Häusern bedeckt, deren Grundrisse keine regelmäßigen Formen bildeten; die Anordnung

der Räume war unregelmäßig und sichtlich planlos. Die Einfachheit der dritten Stadt setzte sich hier fort. Die Mauern der Häuser bestanden aus kleinen Bruchsteinen, die mit Lehmmörtel verbunden waren. Im allgemeinen waren sie noch schwächer als die Mauern der dritten Stadt. Auch einige Ziegelmauern wurden freigelegt; ihr Material bestand aus mit Stroh vermengtem Lehm. Die Wandstärke der Häuser überschritt einschließlich Innen- und Außenverputz nicht 47 Zentimeter. Diese einfache Bauart ließ für Schliemann den Schluß zu, daß die Häuser nur einstöckig waren: »Bei ihrer Ausgrabung machten sie den Eindruck von Dörfern.« Dachziegel kannten auch die vierten Bewohner nicht; sämtliche Häuser waren mit horizontalen Terrassen überdeckt, wie man sie noch in der Neuzeit in der Troas vorfindet, die aus Holzbalken, Rohr und Tonauflagen bestanden. Diese Dächerart hat den Nachteil, daß der Regen den Ton wegschwemmt und immer wieder Neuauflagen erforderlich macht.

In dieser vierten Schicht wurde wieder eine Menge Töpferware gefunden, jedoch keine neuen Typen, außer zwei Vasen mit Eulenköpfen und der Darstellung der weiblichen Sexualmerkmale. Daneben tauchten unzählige Spinnwirtel auf, ferner Tuchnadeln und Messer aus Bronze, viele Pfrieme und Nadeln aus Knochen, rohe Steinhämmer, zwei Handmühlen und polierte Äxte aus Diorit.

»Wie diese vierte Ansiedlung unterging«, notierte Schliemann, »läßt sich nicht mit Bestimmtheit sagen. Da aber die Stadtmauer in ihren oberen Teilen zerstört vorgefunden wurde, so liegt die Vermutung nahe, daß die Ansiedlung durch Feindes Hand untergegangen sei. So kommen zwar Brandspuren in vielen Häusern vor, jedoch können diese nicht von einer totalen Zerstörung herrühren; auch sind sie nicht beträchtlicher als die Brandspuren der dritten Ansiedlung.«

Keine besonderen Erkenntnisse ergab die fünfte Schicht, deren Besiedlungsbeginn von Dörpfeld und Blegen um 2050 v. Chr. angesetzt wurde. Die Bewohner dehnten ihr »Dorf« – mehr war es nicht – nach Süden und Osten weiter aus als ihre Vorgänger, nachdem sich die Fläche des Hügels durch den Schutt der vier vorhergehenden Siedlungen beträchtlich vergrößert hatte. So wurde über die alten Festungsmauern hinausgebaut. An den Häuserresten wurden keine grundlegenden Neuerungen festgestellt; ihre Mauern enthielten Bruchsteine und Lehmziegel. Als Mörtel wurde ein heller, fast weißer Ton verwendet. Nur ganz selten wurden gebrannte Ziegel entdeckt. Die Lehmmauern wurden auf hochgelegene Fundamente gesetzt, wahrscheinlich als Schutz vor Regenwasser. Noch immer waren Dachziegel unbekannt, so daß auch die Gebäude dieser Schicht horizontale Dächer aus Holz und Erdreich besaßen.
Für Troja V mußte eine neue Befestigungsmauer errichtet werden, da die alte unter dem Schutt schon völlig verschwunden war. Schliemann und seine Architekten konnten jedoch nur ein aus wenig bearbeiteten Kalksteinen bestehendes Stück freilegen. Aus den Funden der üblichen Terrakotta-Gegenstände ragten lediglich zwei Eulenvasen hervor, die recht gut ausgearbeitet waren und wieder die typischen Frauenmerkmale trugen. Auf der Vulva des kleineren Exemplars war das Hakenkreuz eingeschnitten, das, wie Schliemann notierte, »Émile Burnoufs Theorie zu bestätigen scheint, daß das Hakenkreuz die beiden kreuzweis gelegten Stücke Holz darstellt, in deren Verbindungspunkt das heilige Feuer durch Reibung hervorgebracht wurde, und das die Mutter des heiligen Feuers Maja ist, welche die zeugende Kraft in Gestalt einer Frau darstellt«.

Aus Europa waren die Phrygier nach Vorder-Kleinasien eingewandert. Ihrer Herrschaft machten die Lyder ein Ende und errichteten mit der Hauptstadt Sardes jenes Reich, dessen bekanntester König, Krösos, durch seinen legendären Reichtum in die Geschichte und den Sprachgebrauch eingegangen ist. Der Gründer des Persischen Weltreiches, Kyros, besiegte Krösos in der Schlacht am Halys, dehnte seine Herrschaft bis an die Ägäis aus und gab damit den Anstoß zur Auseinandersetzung zwischen Griechen und Persern unter seinen Nachfolgern.
Die sechste Stadt auf Troja, die zwischen 1800 und 1300 v. Chr. bestand, war für Heinrich Schliemann eine lydische Siedlung. Er bezog sich dabei auf Strabo, der von den Mysiern sprach, die sich an den Quellen des Kaikos nahe bei den Lydiern ansiedelten. In dieser sechsten Schicht glaubte Dörpfeld später das homerische Ilion zu erkennen, mußte sich jedoch durch Blegen korrigieren lassen, der die Schicht VIIa als die im Trojanischen Krieg zerstörte Burg des Priamos bestimmten konnte. So war die Nummer sechs der vorhomerische Ort auf Hissarlik.
Eine große Menge Tongefäße wurde aus dieser Schicht ausgegraben. Wie bei früheren Funden besaßen die Vasen Henkel mit Ochsen- oder Schlangenköpfen, die eine große Ähnlichkeit mit Stücken aus etruskischen Nekropolen Italiens aufwiesen. Auch sechs schwärzliche Becher mit hornähnlichen Auswüchsen am Bauch waren den im Etruskischen Museum im Vatikan und im Museo Nazionale von Rom aufbewahrten etruskischen Exemplaren sehr ähnlich. Diese Übereinstimmungen dürften Herodot bestätigen, der von einer Lebensmittelknappheit unter den Lydern erzählt, so daß ihr König das Volk in zwei Gruppen teilte und das Los über die Leute warf: »Die eine sollte bleiben, die andere aber auswandern. Und über den Teil, dem das Los zufiel zum Bleiben, verordnete er sich selbst als Fürsten, über den anderen aber, der ausziehen sollte, seinen Sohn Tyrrhenos. Diese

zogen hinab nach Smyrna, und nachdem sie sich dort Schiffe gebaut hatten, nahmen sie all ihr nötiges Gerät hinein und fuhren davon, um sich Unterhalt und Land zu suchen. So zogen sie an vielen Völkern vorüber und kamen endlich zu den Ombrikern, wo sie Städte gründeten und bis zu diesem Tag wohnen.«
Auch zwei einem Jagdhorn ähnliche Gefäße mit drei Füßen dürften fast gleichen Exponaten in der Etruskischen Sammlung des Louvre verwandt sein. Alle Tongegenstände dieser »lydischen« Siedlung unterschieden sich in Farbe, Herstellung und Zusammensetzung aus zerstoßenen Kieselsteinen und glimmerhaltigem Syenit von den Funden der fünf unteren Schichten. Außer diesen Stücken fand Schliemann nichts mehr, nicht einmal Reste einer Verteidigungsmauer, ebenso keine Ruinen oder Fundamente von Häusern. Er vermutete, daß die äolischen Griechen, die den Hügel »als Akropolis und geheiligte Stätte für ihre Tempel benutzten, alle Mauern wegbrachen ...«

Das griechische und römische Ilion

»Da ich unsere Arbeiten in Troja im Jahre 1882 nach dem Alter der Ansiedlungen zur Darstellung bringe«, leitete Schliemann das Kapitel über die siebte Stadt ein, »so komme ich jetzt zuletzt zu den Ruinen von Ilion, obwohl wir, unsere Ausgrabungen von der Oberfläche des Hügels Hissarlik anfangend, diese Trümmer natürlich zuerst ans Licht brachten und untersuchten.«
Diese von Schliemann als siebte Stadt festgelegte Schicht wurde später von Blegen als Troja VIII bestimmt. Um 700 v. Chr. war die Siedlung von griechischen Kolonisten errichtet worden. 86 v. Chr. äscherte sie Sulla ein. Die römische Nachfolgestadt vom Jahre 1 n. Chr. hatte bis 400 als Neu-Ilium oder lateinisch Novum Ilium Bestand, um dann von den Bewohnern verlassen zu werden.
Dörpfeld und Höfler verwandten viel Mühe darauf, in dem bis

dahin noch unerforschten Teil der Akropolis die aus gewaltigen Blöcken bestehenden Fundamente griechischer und römischer Bauten freizulegen. Ein kleiner dorischer Tempel konnte zu jenem von Strabo beschriebenen »winzigen und unbedeutenden« Heiligtum der Pallas Athene passen, das Alexander der Große hier sah und das schon zuvor Xerxes besucht hatte, wie Herodot schreibt: »Als aber das Heer zum Fluß Skamandros kam, dem ersten Fluß seit dem Aufbruch von Sardes, dessen Wasser ausging und nicht reichte, um das Heer und all das Vieh zu tränken, stieg Xerxes hinauf zur Burg des Priamos; denn es verlangte ihn, sie zu sehen. Und nachdem er sie besichtigt hatte und sich alles erzählen ließ, was dort einst geschehen war, brachte er der ilischen Athena ein Opfer von tausend Rindern dar, und die Magier spendeten den Heroen Trankopfer.«
Aus den gefundenen zwei Kapitellen, dem Baumaterial und den Eisenklammern mit Eisendübeln schlossen die Architekten, daß dieser Tempel jedoch nicht vor dem vierten Jahrhundert gebaut worden war, daß ihn Xerxes also nicht gesehen haben konnte. Das älteste Gebäude dieser Schicht war ein großer dorischer Tempel, von dem die von Schliemann bereits elf Jahre zuvor gefundene prächtige Metope des Phoebus Apollo mit der Quadriga stammte, die er dem Museum in Berlin gesandt hatte. Nun konnte eine verwitterte Metope aus makedonischer Zeit geborgen werden. Ein Krieger hält darauf einen knienden Mann an den Haaren fest, während er mit dem anderen Arm, der allerdings fast zur Unkenntlichkeit verwittert war, sicher mit einer Waffe zuschlagen will. Zu diesem Tempel gehörte mit Bestimmtheit ein weiteres Fragment, das auf dem türkischen Friedhof von Kenköi als Grabstein gedient hatte und einen Mann darstellt, der eine sinkende Frau hält.
In der ganzen Umgebung von Hissarlik fanden Schliemann und seine Leute auf türkischen Friedhöfen Säulenbruchstücke und Bedachungsteile dieses Athene-Tempels, der aus weißem Marmor gebaut war. Daraus konnten die Architekten ganze Kapitelle

zusammenstellen und mit Gebälkfragmenten ergänzen. Aus dem Fries des Tempels stammte eine Reihe von Teilen mit Darstellungen von Pferden, Streitwagen, Kriegern, einer Göttin und eines Medusenhauptes.
Was wäre eine griechische und römische Stadt ohne Theater gewesen! Es durfte auch auf Hissarlik nicht fehlen. Zur Freizeitgestaltung, aber auch zur Allgemeinbildung gehörten die Tragödien und Komödien der großen Dichter. Als größtes Gebäude von Ilion legte Schliemann östlich der Akropolis das Theater frei, dessen Sitzreihen und der Oberbau der Bühne jedoch zerstört waren. Eine Vielzahl von Säulenresten und Kapitellen dorischen, ionischen und korinthischen Stils bewies eine reiche Ausschmückung. Ein in den Kalkstein des nördlichen Abhangs geschnittener Halbkreis stellte den Zuschauerraum dar, der über sechstausend Personen Sitzplätze bot. Das Theater schien erst in römischer Zeit erbaut worden zu sein und muß sehr reich ausgestattet gewesen sein. Ein unzerstörtes Medaillon von über einem Meter Durchmesser stellte im mittleren Teil die den Romulus und Remus säugende Wölfin auf einem felsigen Untergrund und von Wald umgeben dar, im oberen Stück zwei Hirsche und unten den Waldgott Pan mit Ziegenfüßen. An einer in Marmor gefaßten Quelle floß das Wasser aus dem Mund eines Menschenkopfes in ein Becken. Auch die Unterstadt enthielt zahlreiche Relikte aus dieser Zeit. Eine Statue zeigte Herkules, der über dem linken Arm das Löwenfell hielt. Eine weitere Plastik, deren Kopf abgebrochen war, dürfte vielleicht den Flußgott des Skamander dargestellt haben. Beiden Figuren sprach Schliemann jedoch einen besonderen künstlerischen Wert ab.
Ein weiblicher Kopf aus Marmor, wahrscheinlich Athene, eine Männermaske, ein Pferdekopf und zahlreiche verzierte Gefäße wurden außerdem aus dieser Schicht geborgen. Schliemann fand es »sehr merkwürdig, daß Glas so außerordentlich selten in Ilion vorkommt, und daß die wenigen davon gefundenen Bruchstücke augenscheinlich einer späteren römischen Zeit angehören«.

Neben sechs Gemmen fand Schliemann 45 Münzen, meistens aus der makedonischen Epoche und der römischen Kaiserzeit. Sie zeigten Hektor, Pallas Athene, Marcus Aurelius, Commodus, Julia Domna, Caracalla, Severus, Valerian und andere Gestalten aus Mythologie und römischer Geschichte. Schliemann hatte inzwischen begonnen, Münzen aus der ganzen Troas zu sammeln. Nicht immer rang sich Schliemann zu einem eigenen Urteil durch. Viele seiner Funde ließ er von Spezialisten begutachten, um sich dann selbst eine Meinung zu bilden. Gerade bei einer Münze aus Tenedos schienen mehrere Deutungen möglich zu sein. Sie zeigte einen doppelten Kopf, männlich und weiblich, auf der anderen Seite eine doppelte Axt, eine Eule und eine Weintraube mit der Aufschrift TENEDION. »Man hat bisher allgemein geglaubt«, meinte Schliemann, »der Doppelkopf der tenedischen Münzen stelle den Zeus und die Hera dar. Prof. Percy Gardner sagt, Aristoteles hätte gemeint, dieser Typus sei aus dem Dekret eines Königs von Tenedos entstanden, welches Ehebruch mit dem Tode bestrafte. Gardner schließt sich jedoch der Meinung von François Lenormant an, daß der doppelte Kopf den zweigestaltigen oder mannweiblichen Dionysos darstellt.«
Unter den Münzen aus verschiedenen Orten Kleinasiens waren auch mehrere aus Griechenland, darunter eine aus Ithaka, die auf der einen Seite einen Odysseuskopf und auf der anderen einen Hahn mit der Aufschrift ITHAKON trug. Von nichtasiatischen römischen Münzen wurden über hundert gefunden.
»Auch wurde wenigstens ein Dutzend Münzen von Klöstern gesammelt«, berichtete Schliemann, »und da ähnliche Münzen oft von den Schäfern auf der Baustelle von Ilion gefunden wurden, so glaube ich mit Bestimmtheit, daß hier im Mittelalter ein Kloster floriert hat, und daß sogar die Angabe des Constantinos Porphyrrogennetos, welcher Ilion als einen Bischofssitz erwähnt, sich tatsächlich auf einen Teil des Burgberges von Ilion beziehen dürfte.«
Ein noch vorhandener Bogen der einstigen römischen Wasserlei-

tung, der mit Flußsand gefüllte Festungsgraben und Bruchstücke von Marmorbauten der Akropolis, auf einem relativ kleinen Raum konzentriert, bestärkten Dörpfeld und Höfler in der Überzeugung, daß noch im Mittelalter eine ganz bescheidene Siedlung, eben möglicherweise ein Kloster, bestanden haben müßte. Ilion selbst aber, so Schliemann, scheint schon verlassen »und in Ruinen gelegen zu haben, als sie von der Kaiserin Eudoxia (421–444 n. Chr.), der Frau von Theodosius II., besucht wurde, denn in ihrer ›Ionia‹ bricht sie in eine Wehklage aus: ›Ilios zwischen dem Ida und dem Meere, die einst so prachtvolle Stadt, verdient, daß man Tränen über sie weint, denn sie ist so vollkommen zerstört, daß selbst ihre Fundamente nicht mehr übrig sind. Sie, die dies gesehen hat, bezeugt es, um nach dem Evangelium zu sprechen.‹ Da aber Eudoxia die Stadt nicht Ilion, sondern Ilios nennt, so mag es immerhin sein, daß sie hier nur ihre Wehklage über das Verschwinden der homerischen Stadt erhebt, denn sie war eine so vorzügliche Homergelehrte, daß sie im Stande war, ein Leben Jesu in homerischen Versen zu schreiben.«

Die Heroengräber der Troas

Den Hügel von Hissarlik hatte Schliemann nun größtenteils ausgegraben und erforscht. Doch die Erfolge von Troja und Mykene machten ihn noch nicht zufrieden. Die Ilias und die Odyssee mit Leben zu erfüllen hieß, auch die kegelförmigen Gräber der Helden, die Heroen-Tumuli, aufzugraben.

Am Kap Sigeion im Nordwesten der Troas begann Schliemann seine Arbeit an den beiden Tumuli. Der Tradition des Altertums zufolge war der größere das Grab des Achilles, der kleinere vielleicht das seines Freundes Patroklos. Dies machte Schliemann stutzig; denn Strabo berichtete von drei Gräbern am Fuß des Kaps, von Achilles, Patroklos und Antilochos. Wieder einmal war auf den antiken Autor Verlaß. Schliemann entdeckte, daß südöstlich von Sigeion eine der großen, massiven Windmühlen auf einem alten, kegelförmigen Tumulus errichtet war – das war das dritte Grab, und Strabo hatte wieder einmal recht. Während der größere Hügel außer von Strabo durch Arrianos, Plinius, Lukianos, Quintus Smyrnaeus, Dio Cassius und andere einstimmig als das Grab des Achilles bezeichnet wird, hat Strabo nichts hinterlassen, wer nun in welchem der beiden anderen bestattet sein soll.

Aber in keinem der Grabhügel fand Schliemann auch nur eine winzige Spur, die auf eine Bestattung hinwies. Dies hatte er auch schon Jahre zuvor festgestellt, als er an anderen Stellen der Troas in Tumuli forschte. So konnten diese Erhebungen nur Kenotaphia, Ehrendenkmäler, gewesen sein. Die Sitte, solche leeren Ehrengräber zu errichten, war im Altertum sehr verbreitet. In der Odyssee empfiehlt Pallas Athene dem Telemachos, seinem Vater ein Kenotaphion anzulegen, wenn er dessen Tod erfährt. Menelaos würdigte Agamemnon mit einem solchen Hügel in Ägypten, und Vergil erzählt, daß Andromache, nachdem sie Hellenos geheiratet hatte und Königin von Chaonien geworden war, im Schatten eines geheiligten Hains und am Ufer eines falschen Simoïs zu Ehren Hektors ein Kenotaphion errichten ließ.

Der Name »Grab des Patroklos« war zu Schliemanns Zeit erst hundert Jahre alt. Die Franzosen Lechevalier und Choiseul-Gouffier hatten den Hügel so getauft. Der Windmühlenhügel dagegen war erst von Schliemann als Tumulus erkannt, jedoch noch nicht erforscht worden.

Fernsichtbar aus der Meerflut

Das Grab des Achilles lag auf einer kleinen, aber steil zum Meer abfallenden Höhe, keine hundert Meter vom Strand entfernt. Schon von weitem von der See her zu sehen, stimmte es mit dem 14. Gesang der Odyssee überein:

»Darüber sodann ein großes bewundrungswürdiges Grabmal
Häuften wir heiliges Heer der Danaer, fertig im Speerwurf,
Am vorlaufenden Strand des breiten Hellespontos:
Daß es fernsichtbar aus der Meerflut wäre den Männern,
Allen, die jetzt mitleben, und die sein werden in Zukunft.«

Der erste Versuch Schliemanns, die Tumuli auszugraben, war im Frühjahr 1879 an den maßlosen Geldforderungen der Eigentümer gescheitert. Für jedes Grabmal hatten sie damals hundert Pfund Sterling verlangt. Nun reduzierten sie den Betrag auf zwanzig Pfund. Schliemann hingegen war nur bereit, ein Pfund zu zahlen. Zum Glück besuchte ihn gerade der Zivilgouverneur Hamid Pascha, der nach Anhören der Situation entschied, daß Schliemann sofort mit oder ohne Genehmigung der Eigentümer zu graben beginnen könne, falls sie nicht mit zwei oder drei Pfund zufrieden seien. Nach Abschluß der Grabung werde er, Hamid Pascha, einen Sachverständigen schicken, der den Schaden zu schätzen habe. Da befürchteten die Eigentümer, daß sie am Ende gar leer ausgehen könnten, und erklärten sich gleich mit drei Pfund einverstanden. Nach türkischem Gesetz stand ihnen ein Drittel der gefundenen Schätze zu. Deshalb, erinnerte sich Schliemann, »beobachteten sie aufmerksam den Fortgang der Ausgrabung und verließen sie nie auf eine Minute. Sie wurden jedoch gewaltig in ihren Hoffnungen getäuscht, nicht aber ich; da ich nämlich in den früher von mir ausgegrabenen Tumuli kein Gold oder Silber gefunden hatte, so hatte ich auch nicht die geringste Hoffnung, jetzt Schätze zu entdecken. Alles, was ich zu finden hoffte, war Topfware, und diese fand ich in reichlichem Maße«. Mit je vier der besten türkischen Arbeiter und einem Gendarmen als Aufseher an jedem Hügel begann die Ausgrabung. Als Durchmesser des Achillesgrabes ermittelte Schliemann am Fuß dreißig und oben fünfzehn Meter, die Höhe, von der aus nach unten gegraben wurde, betrug 6,5 Meter. Weder Kohle, Asche noch Knochenreste wurden gefunden, nur eine kupferne Pfeilspitze, dagegen zahlreiche Scherben von Gefäßen, wie sie auch in der untersten Schicht von Troja vorgekommen waren. Ein Stück einer Vase, das nur ein paar Zentimenter unter der Oberfläche entdeckt wurde und mit Sicherheit aus der makedonischen Zeit stammte, dürfte wohl von einem Opfer übriggeblieben sein.

Es war herzlich wenig

Vom gewaltigen Hektor war des Achilles Freund Patroklos gefällt worden. Der Speer drang ihm tief in den Leib. Aber noch konnte der Sterbende seinem Bezwinger zurufen, daß auch dessen Ende durch die Hand Achilles' nahe sei. So schildert die Ilias im Ringen des Trojanischen Krieges den Tod des Patroklos, der das Schlachtenglück indirekt wieder zugunsten der Achäer wendete, nachdem der bis dahin grollende Achilles in den Kampf eingriff, die schon bis an die Schiffe vorgedrungenen Trojaner hinter die Mauern ihrer Stadt zurückwarf und Hektor im berühmten Zweikampf tötete.
Jenes Geschehen forderte geradezu, daß nahe beim Grab des Achill auch ein Tumulus für dessen Freund Patroklos errichtet wurde. Auch der Dichter sah diese Verpflichtung, wenn er den Archilles befehlen ließ, das Grab des Patroklos anzulegen:

> »Doch nicht rat ich das Grab sehr groß zu erheben mit
> Arbeit,
> Sondern nur so schicklich; in Zukunft mögt ihr es immer
> Weit und hoch aufhäufen, ihr Daner, die ihr mich etwa
> Überlebt, nachbleibend in viel geruderten Schiffen.«

Schon Frank Calvert hatte sich 1855, zusammen mit einigen Offizieren der britischen Flotte, mit dem »Grab des Patrokolos« beschäftigt. Bis zum Felsboden gruben sie damals hindurch, ohne etwas Besonderes gefunden zu haben. Allerdings ließ man zu jener Zeit alte Tonbruchstücke unberücksichtigt und warf sie auf den Schutthaufen. Trotzdem glaubte Schliemann, daß im Patroklosgrab noch einiges zu entdecken sei. Es war herzlich wenig. Außer Scherben wie im Achillesgrab, jedoch in weit geringerer Zahl, fand er noch das Stück einer Tonflöte. Mehr hatte der gute Patrokolos nicht zu bieten.

Bedenken um die Windmühle

Auch dem Tumulus des Antilochos wollte Schliemann auf die Spur kommen. Schließlich konnte er ja für sich in Anspruch nehmen, diesen Hügel überhaupt als Denkmal erkannt zu haben. Aber er stieß auf Schwierigkeiten. Dem Eigentümer hatte er zwar drei Pfund Sterling als Grabungsentschädigung geboten, doch weigerte sich der gute Mann mit der verständlichen Begründung, daß ein Schacht oder Tunnel am Fuß des Hügels die massiven Mauern seiner Windmühle erschüttern würde, so daß die Mühle einstürzen könnte. So erteilte er nur die Erlaubnis, daß an den Seiten ein paar Löcher ausgehoben werden durften.
Es blieb Schliemann keine andere Wahl. In den Löchern fand er eine große Anzahl alter Bruchstücke von Gefäßen, wie er sie schon in den Gräbern von Achilles und Patrokolos gesammelt hatte. Er verließ den Windmühlenhügel in der Zuversicht, daß es sich hier wirklich um ein Kenotaphion für Antilochos gehandelt hatte; denn in seiner Beschreibung des Ufers nennt Strabo erst die Tumuli des Achilles und Patrokolos und dann den Tumulus des Antilochos, dessen Hügel am weitesten vom Ufer entfernt sei.

Die Festung und die Torpedos

Aus Phylake in Thessalien hatte der Held Protesilaos seine Krieger nach Troja geführt. Er war der erste, der bei der Ankunft der Flotte an Land sprang, aber auch der erste, der – wahrscheinlich von Hektor – getötet wurde. Auf der europäischen Seite des Hellesponts wurde lange Zeit sein Grab gezeigt, wo er ein berühmtes Orakel hatte. Es lag bei der Stadt Elaeus. Von dieser Stadt sah man im Hintergrund noch viele Ruinen der 1869 verlassenen türkischen Festung Eski Hissarlik, die nördlich der großen Festung Seddul Bahr, des heutigen Ortes Seddulbahir, am äußersten Punkt der ins Meer ragenden Halbinsel angelegt war. Eine Inschrift über dem Eingang von Seddul Bahr besagte, daß sie im Jahre 1070 der Hidschra, also 1638 n. Chr., erbaut worden war.

Der Schliemann interessierende Tumulus des Protesilaos befand sich am Endpunkt des kleinen, fruchtbaren Tales zwischen Elaeus und der Festung. Er hatte mit 126 Metern einen erstaunlich großen Durchmesser, war jedoch nur zehn Meter hoch. Zweifellos ragte er einst viel höher empor; denn er wurde im Laufe der Jahrhunderte beackert und mit Terrassen zum Anbau von Wein, Mandel- und Granatäpfelbäumen versehen. Den Gipfel schmückten zusätzlich Olivenbäume und Ulmen. Bei ihrem Anblick erinnerte sich Schliemann sofort der von Philostratus überlieferten Unterhaltung zwischen dem Weingärtner und dem phönikischen Schiffskapitän. Der Weingärtner erzählte nämlich, daß die Ulmen von den Nymphen um das Grab gepflanzt worden seien und daß die in Richtung Troja reichenden Äste früher blühten und auch früher als die anderen Äste ihre Blätter verloren. Es ging die Sage, die auch Plinius wiedergab, daß die Ulmen, wenn sie so hoch gewachsen wären, um Troja sehen zu können, verdorren, aber von unten wieder frisch ausschlagen würden.

Dieser Tumulus heiße jetzt Kara Agatsch Tepeh, schrieb Schliemann, was »ein mit schwarzen Bäumen bepflanzter Hügel« bedeute. Mit seinem türkischen Delegierten Moharrem Effendi, einem Diener, zwei Gendarmen und vier kräftigen Arbeitern brach Schliemann zu seiner »Übersee-Expedition« auf. Von Kumkaleh setzten alle mit einem Boot auf den europäischen Teil der Dardanellen über.

Nicht nur der Tumulus, sondern seine ganze Umgebung und die Gärten in der Nähe erwiesen sich als eine einzige Fundgrube an Bruchstücken dicker, glänzendschwarzer Scherben, Schüsseln mit langen horizontalen Röhren zum Aufhängen, Vasen mit ebensolchen Röhren, vieles mit eingeschnittener und mit Kalk gefüllter Verzierung. Diese Art von Altertümern war nur in der untersten Schicht Trojas vorgekommen, entsprach also den ältesten Fundstücken, die Schliemann in die Hand bekommen hatte. »Es ist mir daher ganz unbegreiflich«, meinte er verständlicherweise, »wie sie hier, nachdem sie vielleicht 4000 Jahre lang Frost und Hitze, Regen und Sonnenschein ausgesetzt gewesen sind, noch so frisch sein können; aber noch gar viel unbegreiflicher ist, wie der Kalk, womit die Verzierung gefüllt war, so viele Jahrhunderte lang den Wechseln der Jahreszeiten widerstehen konnte.«

Die Funde häuften sich: Teile von Dreifuß-Vasen, Handmühlen aus Trachyt, rohe Hämmer aus schwarzem Diorit, kleine Sägen und Messer aus Silex oder Chalzedon, mehrere Kornquetscher aus Kieselstein und ein Gerät, das auf der einen Seite als Hammer und auf der anderen als Axt verwendet werden konnte.

Schliemann war zunächst recht zuversichtlich an die Arbeit gegangen, da er erfahren hatte, daß der Eigentümer des Tumulus, ein Türke aus Seddul Bahr, wegen Pferdediebstahls im Gefängnis saß, weshalb er sich vorstellte, daß man sich später mit Hilfe des freundlichen Hamid Pascha leicht über eine Schadensregulierung werde einigen können. Andererseits rechnete er aber schon mit dem ihm nicht sonderlich gewogenen Militärgouverneur der Dardanellen, Djemal Pascha, bei dem es angebracht war, jede nur mögliche Schwierigkeit einzukalkulieren. So verlor er keinen Augenblick seiner Zeit und ließ, da das notwendige Gerät mitgebracht worden war, sofort mit der Arbeit beginnen und einen drei Meter langen und breiten Schacht graben. Sein Gefühl hatte ihn nicht getäuscht. Der Festungskommandant von Seddul Bahr meldete sogleich das ihm obskure Treiben Schliemanns an Djemal Pascha, dem es unbegreiflich schien, warum an einem einsamen

Hügel herumgegraben wurde. So kombinierte er, daß dies nur ein Vorwand sei, um Pläne der Festung herzustellen und die kurz zuvor in die Dardanellen eingebauten Torpedos auszukundschaften. Logische Konsequenz war der Befehl, die Ausgrabung sofort einzustellen. Glücklicherweise kam der Befehl erst am Abend des zweiten Tages, so daß bis dahin schon einiges ans Tageslicht gebracht worden war.

Über die Lächerlichkeit dieses Vorgehens schrieb und telegrafierte Schliemann sofort an die deutsche Gesandtschaft in Konstantinopel und bat um entsprechende Intervention. Aber alle Bemühungen des Barons von Tresta nutzten nichts. Auch Schliemanns Vorschlag, der Kommandant von Seddul Bahr möge mit seinen Leuten auf Schliemanns Kosten und in dessen Abwesenheit die Ausgrabung durchführen, wurde mit geradezu hämischer Verachtung zurückgewiesen. Wenn auch nicht überwältigend, so war in diesen zwei Tagen doch soviel an Terrakottas gefunden worden, daß Schliemann einen Vergleich mit der ersten und zweiten Schicht von Troja anstellen konnte: »... so können wir diesen Tumulus mit der größten Wahrscheinlichkeit der Zeit der großen Katastrophe zuschreiben, welche die unmittelbare Veranlassung vom Trojanischen Krieg wurde.«

Die drei Namenlosen und das Priamos-Grab

Es war zu riskant, ohne einen entsprechenden Ferman auf Kap Rhoeteion ausgraben zu wollen, war dieser Landstrich an den Dardanellen bei der damals brisanten politischen Lage doch militärisches Gebiet ersten Ranges. Weil sich Heinrich Schliemann aber nur mit seiner Archäologie und nicht mit militärischen Dingen befaßte, ging er mit zwölf Arbeitern daran, am Kap drei namenlose Tumuli anzubohren. Drei Meter lange und breite Schächte hatte er bereits anlegen lassen, als der Militärgourverneur wieder mit seinem Veto energisch dazischenfuhr. Die Ein-

willigung des Eigentümers hatte drei Pfund Sterling gekostet. Bis in eineinhalb Meter Tiefe war man vorgestoßen, als die Arbeit eingestellt werden mußte. Nicht ein einziges Bruchstück war gefunden worden. Geld und Zeit hatte es gekostet, das archäologische Resultat war gleich Null.
Ein sehr niedriger Tumulus erhob sich auf dem Berg Bali Dagh hinter Bunarbaschi. Die Anhänger der Bunarbaschi-Theorie hatten ihn für das Grab des Priamos gehalten. Auch diesen Hügel grub Schliemann aus, fand Stücke glasierter grauer und schwärzlicher Tonware, wie sie in der siebten Schicht von Hissarlik vorgekommen war. Wie in den übrigen Tumuli entdeckte er auch hier keine Kohlen- und Aschenreste und auch keine Knochen, die auf eine Bestattung hätten schließen lassen. Dieser Hügel war nichts anderes als eines der zahlreichen Ehrendenkmäler in der Region.

Auf den Höhen der Troas

Es gab kein tatsächliches oder angebliches Ruinenfeld in der Troas, das Schliemann nicht durchforscht hätte.
Unmittelbar an den sogenannten Tumulus des Priamos schloß sich auf dem Bali Dagh eine kleine, ehemalige Siedlung an, die Schliemann wie auch Calvert für die alte Stadt Gergis hielten und die fast ein Jahrhundert lang die Ehre gehabt hatte, von den Gelehrten für Troja gehalten zu werden.
Auf der zweihundert Meter langen und hundert Meter breiten Akropolis wurden Mauern zweier Zeitperioden aus unbehauenen und behauenen Steinen erkundet, wobei die behauenen fast rechteckig und gut ausgearbeitet waren. Auch in der Unterstadt wurden Mauern gleicher Art festgestellt. Im Schutt fanden sich Teile hellenischer Becher, Vasen und Töpfe.
Gegenüber dieser Anlage untersuchte Schliemann auf einem Felsen am östlichen Ufer des Skamander die Ruinen von Eski

Hissarlik, was alte Festung bedeutet. Dort war die Mauer der Akropolis noch fast in ihrem ganzen Umfang erhalten. Über den Abhang hinab erstreckte sich die Unterstadt. Hier gab es nichts zu entdecken, da das von den Böschungen herabfließende Regenwasser alles weggeschwemmt hatte. Für beide wenige hundert Schritte voneinander getrennt liegenden Festungen nahm Schliemann eine Datierung zwischen dem neunten und fünften vorchristlichen Jahrhundert an. Sie beherrschten das hier enge Tal des Skamander und den aus der Troas in das Landesinnere führenden Weg.
Die im Nordosten des Bali Dagh liegende Höhe Fulu Dagh bot Schliemann keine überwältigenden Erkenntnisse. Zwei Ringe zerfallener Festungsmauern und ein formloser Trümmerhaufen enthielten hauptsächlich rohe Scherben aus makedonischer Zeit. Auf dem Kurschunlu Tepeh, dem »Bleiberg« am rechten Ufer des Skamander und ganz nahe beim Idagebirge, mußte einst eine beachtenwerte Siedlung gelegen haben. In dem an seinem Fuß liegenden »erbärmlichen türkischen Dorf Oba Kioi«, wie es Schliemann bezeichnete, sah man in den Mauern der Häuser gut gearbeitete Marmorblöcke und Teile dorischer Säulen. Noch Anfang des 19. Jahrhunderts waren von dem Engländer Dr. Clarke beachtliche Ruinen festgestellt worden, obwohl der Berg schon lange als Steinbruch für die Umgebung gedient hatte. So waren aus den einstigen Gebäuden eine Moschee, ein Derwisch-Grab, eine Brücke und zahlreiche große Häuser für den Ort Beiramitsch gebaut worden. Schon 1819 hatte P. Barker Webb in seinem Buch »Topographie de la Troade« diese Plünderung der alten Siedlung beschrieben.
Dennoch hoffte Schliemann auf einige neue Ergebnisse, als er die Höhe aufsuchte. Trümmer einer beinahe drei Meter dicken Mauer und das Fundament eines kleinen Gemachs, das wahrscheinlich zu einem Turm gehört hatte, fielen ihm zuerst auf. Auch Reste von anderen Gebäuden waren noch in Spuren vorhanden. Obwohl man bei der Ausgrabung schon in zwanzig Zentimeter Tiefe

auf Felsboden gestoßen war, wurden sehr viele Scherben gewöhnlicher Terrakotta gefunden, die, wie auf dem Fulu Dagh, dem neunten bis fünften Jahrhundert zuzurechnen waren. Eine Fehlinterpretation früherer Reisender galt es zu korrigieren. An der Ost- und Westseite waren Steinkreise als Druiden-Anlagen bezeichnet worden. Schliemann erkannte sie aber als von türkischen Hirten errichtete Unterbauten für Schäferhütten. Zwei kleine Tumuli am Skamanderufer gaben nur Tierknochen und uninteressante Ziegelstücke preis.
Für die wenig lohnende Mühe wurde Schliemann durch die Natur entschädigt. Von der Höhe des Kurschunlu Tepeh bot sich ihm ein Panorama von ungewöhnlicher Schönheit, von den Windungen des Skamander bis zu den höchsten Gipfeln des Idagebirges. Südöstlich von Bunarbaschi bestieg Schliemann mit zehn Arbeitern den Berg Chalidagh, auf dessen steilem Felsen in fast 550 Meter Höhe die Akropolis von Kebrene lag. Einige aus dem Felsen gehauene Hausfundamente und eine Zisterne waren alles, was er noch vorfand. Dagegen konnte er für die Unterstadt die Reste der Stadtmauer nachweisen, die einen Umfang von drei Kilometern gehabt hatte. Einige Scherben in der nur dünnen Schuttschicht waren alles, was zutage trat. Im Felsen selbst konnten zwei Gräber entdeckt und geöffnet werden. Die Skelette zerfielen jedoch sofort, als sie mit der Luft in Berührung kamen. In einem der beiden Gräber wurden einige silberne Ohrringe, ein eiserner Dreifuß, eine bronzene Schale und kupfernes Hausgerät gefunden, während das andere keine Beigaben enthielt. Aus griechischer und römischer Zeit stammten ein paar sauber ausgearbeitete Münzen.

Abschied von Troja und Rückkehr

Fünf Monate lang hatte Schliemann 1882 auf Hissarlik und in der Troas gegraben. Allein an keramischen Scherben und erhaltenen Exemplaren von Töpferarbeiten hatte er in dieser Zeit über 25000 Stück gesammelt. Mit dem Monat Juli schloß er seine Arbeit ab. In sein Haus nach Athen zurückgekehrt, arbeitete er an seinem Buch »Troja«, das zwei Jahre später erschien.

Im Rückblick auf die Ereignisse seiner Grabungskampagne schrieb er: »... so hatte ich bewiesen, daß es im fernen Altertum in der Ebene von Troja eine große Stadt gab, die einst in einer furchtbaren Katastrophe zerstört wurde; daß diese Stadt auf dem Hügel Hissarlik nur ihre Akropolis mit den Tempeln und wenigen anderen großen Gebäuden hatte, während sich ihre Unterstadt in östlicher, südlicher und westlicher Richtung auf der Baustelle des späteren Ilion ausdehnte, und daß diese Stadt folglich vollkommen der Homerischen Beschreibung der *heiligen Ilios* entspricht. Ich habe ferner wiederum die Ansprüche der kleinen befestigten Stadt auf dem Bali Dagh hinter Bunarbaschi, die Baustelle von Troja zu sein, vernichtet, indem ich bewiesen habe, daß sie aus viel späterer Zeit stammt und daß sie schon deshalb nicht Troja sein kann, weil sie von der auf einem hohen steilen Felsen auf dem anderen Ufer des Skamander gelegenen, jetzt Eski Hissarlik genannten befestigten Stadt, von der sie nur wenige hundert Schritte entfernt und mit der sie gleichzeitig und als Schlüssel des durch das Skamandertal führenden Wegs erbaut ist, nicht getrennt werden darf.«

Wieder einmal nahm Schliemann »endgültigen« Abschied von Ilios und der Troas: »Meine Arbeit in Troja ist jetzt für immer beendet; sie hat mehr als zehn Jahre gedauert – eine Zeitperiode, die mit der Legende der Stadt in einem gewissen Verhältnis steht. Wie viele Jahrzehnte lang ein neuer Streit darüber hin wüten mag, überlasse ich den Kritikern: *das* ist ihr Werk; das *meinige* ist vollendet. Ich begnüge mich damit, meinen Lesern die Worte ins

Gedächtnis zu rufen, die ich im ersten Jahre meiner Ausgrabungen (am 3. November 1871) von Hissarlik schrieb: ›Meine Ansprüche sind höchst bescheiden; plastische Kunstwerke zu finden hoffe ich nicht. Der einzige Zweck meiner Ausgrabung war ja von Anfang nur, Troja aufzufinden ...‹
Mit so schlichtem Vorsatz unternahm ich das große Werk: ich überlasse es den redlichen Lesern und Gelehrten zu beurteilen, wie ich es vollbracht habe; gegenüber denjenigen, die mir und meinen Werken stets mit einer gewissen Animosität entgegentreten – was dieselben angereizt hat, stelle ich ihrem eigenen Gewissen anheim –, hoffe ich fortan sehr wohl gleichgültig bleiben zu dürfen.«

Troja – nun doch endgültig

> »Kreta ist ein Land im dunkelwogenden Meere,
> Fruchtbar und anmutsvoll und rings umflossen. Es wohnen
> Dort unzählige Menschen und ihrer Städte sind neunzig.«
> *Homer*

Ein wichtiger Pfeiler der kulturellen »Brücke«, die sich vom Vorderen Orient und Ägypten in den ägäischen Raum spannte, war Kreta. Diese megalónnisos, diese Großinsel, das Elysium der alten Welt, wo Rhea den Zeus gebar, harrte eines Ausgräbers. Schliemann wollte nach seinem Abschied von Troja nun dort zum Pionier werden, wo die minoischen Kreter die Grundlagen der mykenischen und der abendländischen Kultur geschaffen hatten. Doch noch sollte es eine Weile dauern, bis Schliemann die Geheimnisse von Kreta entschlüsseln konnte.
Der Eigentümer des Feldes, auf dem die Ruinen des Palastes von Knossos lagen, hatte zunächst zu hohe Forderungen gestellt und versucht, Schliemann zu hintergehen. Auch eine Genehmigung zur Ausgrabung lag noch nicht vor. Als endlich freie Bahn war,

vereitelten Unruhen auf der Insel sein Vorhaben. »Ich entschloß mich daher, die Ausgrabungen in Troja fortzusetzen …«
Es war nicht allein Schliemanns inneres Verlangen, das ihn zurücktrieb. Da gab es den Mann der »Animositäten«, den Artilleriehauptmann a.D. Ernst Boetticher, einen Altertumskundler von eigenen Gnaden, der Schliemann und Wilhelm Dörpfeld, der inzwischen zum Ersten Sekretär des Kaiserlichen Deutschen Archäologischen Instituts in Athen ernannt worden war, in Flugschriften und einem Buch wütend angegriffen und behauptet hatte, Hissarlik sei weiter nichts als eine Feuernekropole. Er war sogar so weit gegangen, die beiden zu beschuldigen, die Quermauern der Öfen zur Leichenverbrennung absichtlich weggebrochen und somit die Pläne gefälscht zu haben.
Durch Vermittlung des ebenfalls für Homer begeisterten deutschen Botschafters in Istanbul, Baron von Radowitz, hatte die türkische Regierung im Oktober 1889 einen neuen Ferman zur weiteren Erforschung Trojas ausgefertigt. Der Generaldirektor des Kaiserlichen Museums in Konstantinopel, Hamdy Bey, sandte Ghalib Bey als Delegierten und Aufseher nach Troja.
Schliemann ließ an der Südseite der Pergamos einige mit Teerpappe gedeckte Holzhäuser errichten, so daß er am 1. November mit den Ausgrabungen beginnen konnte. Er plante eine Konferenz, in der er den Teilnehmern nicht nur die umfangreichen Funde erklärte, sondern sie auch bei Rundgängen durch die freigelegten Ruinen Trojas von seiner Arbeit und den dabei gewonnen Erkenntnissen überzeugen wollte. Die Akademie der Wissenschaften in Wien entsandte als Delegierten den berühmten Altertumsforscher Professor George Niemann. Aus Deutschland kam der durch seine topographischen Aufnahmen von Mykene bekannte Major Steffen. »Auf meine wiederholte Aufforderung«, hielt Schliemann fest, »erschien zur Konferenz endlich auch Hauptmann Ernst Boetticher, dem ich die Reisekosten mit 1000 Mark auszahlen ließ.«
Vom 1. bis 6. Dezember dauerte die Konferenz. Boetticher räum-

te zum Schluß ein, daß die von ihm behauptete Fälschung durchaus unbegründet, die Darstellung Schliemanns und Dörpfelds vielmehr in allen Punkten richtig sei. Darüber wurde ein Protokoll angefertigt, das mit einer Erklärung Schliemanns und Dörpfelds abschloß:

»In Anbetracht, daß Hauptmann a.D. Boetticher in seinem Buche ›La Troie de Schliemann‹, sowie in zahlreichen Flugschriften und Aufsätzen uns wiederholt der Fälschung von Ausgrabungsergebnissen beschuldigt hat, – in Anbetracht, daß die Anschuldigungen nach dem Urteil unparteiischer Sachverständiger in keinem Punkte als begründet erwiesen wurden, unsere Darstellung des fraglichen Sachverhaltes vielmehr in allen Teilen als richtig anerkannt worden ist, was von Hauptmann a.D. Boetticher, nachdem ihm in zuvorkommenster Weise unsererseits die Möglichkeit gewährt worden ist, sich persönlich an Ort und Stelle von dem Sachverhalt und der Grundlosigkeit seiner Anschuldigungen zu überzeugen, unterlassen hat, uns die geforderte Genugtuung zu geben – haben wir von Hauptmann a.D. Boetticher verlangt, daß er die Beschuldigungen öffentlich zurücknehme und um Verzeihung bitte.

Hauptmann a.D. Boetticher lehnte dieses mit der Bemerkung ab, daß er außerstande sei, eine andere als die mit Bezug hierauf schon zu Protokoll gegebene Erklärung (›Obwohl ich noch jetzt glaube, daß Dr. Dörpfeld in einem und dem anderen Punkte sachlich irrt, so liegt es mir doch völlig fern, demselben mala fides vorzuwerfen‹) abzugeben. Darauf teilte ich ihm mit, daß nunmehr jeglicher Verkehr zwischen ihm und uns abgebrochen sei.«

Auch die beiden neutralen Sachverständigen, Professor Niemann und Major Steffen, veröffentlichten nach ihrer Abreise eine Erklärung:

»Zu Anfang Dezember fand auf der Ruinenstätte von Hissarlik (Ilion) eine Zusammenkunft zwischen den Herren Dr. Schliemann und Dr. Dörpfeld einerseits und dem Hauptmann a.D. Boetticher andererseits statt. Der letztere hat bekanntlich in seinem Buche ›La Troie de Schliemann une nécropole à incinération‹ sowie in Aufsätzen und Flugschriften die Ruinen zu Hissarlik als eine ›prähistorische Feuernekropole‹ zu erklären versucht und dabei gegen Dr. Schliemann und Dr. Dörpfeld die Beschuldigung erhoben: durch Verbergung von Tatsachen, beziehungsweise Zerstören von Bauwerken, absichtlich die Ergebnisse der Ausgrabungen entstellt zu haben.
Als unparteiische Zeugen waren die Unterzeichneten erschienen. Bei Untersuchung der von Dr. Schliemann aufgedeckten Bauanlagen erwiesen sich die von Hauptmann a.D. Boetticher erhobenen Beschuldigungen als durchaus unbegründet, und es wurde von den Unterzeichneten die Übereinstimmung der in den Werken ›Ilios‹ und ›Troja‹ von Dr. Schliemann und Dr. Dörpfeld gegebenen Darstellung mit dem wirklichen Sachverhalt anerkannt.
Hauptmann a.D. Boetticher hat diese Übereinstimmung in mehreren wichtigen Punkten eingeräumt und die Beschuldigung der Entstellung der Ausgrabungsergebnisse zurückgenommen. Auf Grund der vom 1. bis 6. Dezember angestellten Untersuchungen, über die ein Protokoll geführt wurde, erklären die Unterzeichneten, daß sie in den zu Hissarlik aufgedeckten Ruinen nicht eine ›Feuernekropole‹ erblicken, sondern Wohnstätten, beziehungsweise Tempel und Befestigungsanlagen.

Konstantinopel, 10. Dezember 1889

George Niemann, Architekt
Steffen, Major und Abteilungskommandeur«

Obwohl Boetticher dem Konferenzergebnis zugestimmt hatte, setzte er in Zeitungsartikeln seine Angriffe fort und blieb bei seiner Behauptung, Troja sei eine Feuernekropole gewesen. So entschloß sich Schliemann, eine zweite Konferenz mit vierzehn international anerkannten Gelehrten abzuhalten. Die Crème der Fachwissenschaftler gab sich in Troja ein Stelldichein. Schliemanns Einladung waren gefolgt: »Aus Deutschland … Professor Dr. Rudolf Virchow aus Berlin, der Geheime Sanitätsrat Dr. W. Grempler aus Breslau, der Professor der Archäologie Dr. F. von Duhn aus Heidelberg und Dr. Karl Humann, Direktor an den Königlichen Museen in Berlin; von Konstantinopel der Generaldirektor des Kaiserlichen Museums O. Hamdy, von den Dardanellen der amerikanische Konsul Frank Calvert, dem die Hälfte von Hissarlik gehört und der durch seine Ausgrabungen in der Troas bekannt ist; von der Smithsonian Institution in Washington der Direktor der American school of classical studies in Athen Dr. Charles Waldstein. Endlich wurde von der Académie des Inscriptions et Belles Lettres zu Paris der Ingenieur C. Babin, der durch seine langjährigen Ausgrabungen mit M. Dieulafoy in Susa berühmt ist, zu unserem trojanischen Kongreß delegiert.«
Vier der vierzehn geladenen Wissenschaftler waren an der Teilnahme verhindert. Die zehn erschienenen überzeugten sich eingehend von der Grabungsarbeit und den freigelegten Schichten. Auch sie bescheinigten in einem Protokoll, »in keinem Teil der Ruinen irgendwelche Anzeigen gefunden zu haben, die auf Leichenverbrennung schließen lassen. Die Feuerspuren, die man in den verschiedenen Schichten, am stärksten aber in der zweiten, der ›verbrannten Stadt‹, findet, rühren meistens von Feuersbrünsten her. Die Gewalt des Brandes in der zweiten Schicht war so groß, daß die rohen Lehmziegel zum Teil gebacken und an den Außenflächen selbst verglast sind …«
Zu diesem Urteil kamen noch die Bestätigungen von über hundert Gelehrten und Altertumsfreunden, die im Frühjahr und Sommer inoffiziell Schliemann und Troja Besuche abstatteten. Auch sie

wiesen die Theorie der Feuernekropole entschieden zurück. Um Boetticher endgültig zu überzeugen, lud Schliemann ihn zur nächsten Ausgrabungskampagne zwischen dem 1. März und dem 1. August 1891 ein, dazu sollte es aber nicht mehr kommen.

Wenn auch das 1890 begonnene Ausgrabungswerk in diesem Jahr nicht mehr abgeschlossen werden konnte, so faßte Schliemann doch die bereits gewonnenen Erkenntnisse kurz zusammen. In der West- und Südwestseite der Pergamos war eine schichtweise Grabung vorgenommen worden. Dabei fand man heraus, daß die Römer in der Mitte der Akropolis die Mauern der oberen Schicht zerstört hatten, um ein Plateau anzulegen.

Außerhalb der Burgmauer waren die Reste noch erhalten geblieben. Die Fundamente zeigten vier Ansiedlungen, die nach dem Untergang der letzten prähistorischen Stadt aufeinander gefolgt waren. Von insgesamt sieben Schichten ließ Schliemann jeweils Hausmauern stehen, damit sich Besucher ein Bild von den einzelnen Siedlungen machen können.

Neun mächtige aufrecht stehende Krüge, unmittelbar neben der Umfassungsmauer, wahrscheinlich aus der vierten und fünften Siedlung, hatten als Vorratsbehälter für Öl, Wein, Wasser, Früchte und Getreide gedient. In einem fanden Schliemann und seine Mitarbeiter mehrere Getreidesorten und kleine Erbsen, von denen ein großer Krug allein über zweihundert Kilogramm faßte.

Im Westen beabsichtigte Schliemann, einen großen Teil der Unterstadt auszugraben. Er hatte jedoch mit erheblichen Schwierigkeiten zu kämpfen, da über den Hausmauern eine sechzehn Meter hohe Schuttschicht lag. Trotz aller Anstrengung konnte er nur sehr wenig freilegen. So faßte er den Vorsatz: »Wir werden aber vom 1. März 1891 ab mit aller Energie daran arbeiten, von der Mauer der Pergamos weiter und weiter nach Westen und Süden vorzudringen. Wir wollen dann gleichzeitig auch die ganze Agora des griechischen und römischen Ilion freilegen, von der wir bereits eine Menge Säulen ans Licht gebracht haben.

An der Süd- und Westseite am Fuße der Pergamos haben wir

Gräben von 100 Meter Länge gezogen und darin die Mauern großartiger Gebäude von Ilion, auch viele korinthische Säulen aufgedeckt. Um aber die Unterstadt von Troja ans Licht zu bringen, sind wegen der gewaltigen Schuttanhäufung auch hier große Vorarbeiten nötig, die wir zum nächsten Jahr aufschieben müssen.«

Mit diesem Vorsatz, der im Gegensatz zu seinen früheren Plänen stand, die Arbeiten auf Hissarlik endgültig einzustellen, schloß Schliemann seine Aufzeichnungen des Jahres 1890 ab. Es war August geworden. Bis zu seinem Tod sollten Schliemann nur noch fünf Monate bleiben. Sein Vermächtnis nahm sein Mitarbeiter Wilhelm Dörpfeld an, der 1893 und 1894 die Ausgrabungen von Troja abschloß und die Ergebnisse in seiner Arbeit »Troja 1893« publizierte.

War der Mittelpunkt von Heinrich Schliemanns archäologischem Lebenswerk auch Troja gewesen, so darf man darüber keinesfalls die anderen Schauplätze seiner Tätigkeit vernachlässigen. Trugen doch die Ausgrabungen in Mykene, Tiryns und an vielen anderen Orten wesentlich dazu bei, Schliemanns Forschungen zur Frühgeschichte des ägäischen Raumes zu einem Gesamtbild zu formen. Davon soll nach einem kurzen Blick auf das Alltagsleben auf dem Hügel Hissarlik in den folgenden Kapiteln die Rede sein.

Trojanische Streiflichter

Wenn man die Unterbrechungen und die Zeit für Grabungen an anderen Orten mitzählt, dann hat sich Heinrich Schliemann, größtenteils unter Mithilfe seiner archäologisch und historisch begeisterten Frau Sophie, rund zwei Jahrzehnte lang mit der Erforschung Trojas befaßt. Der Alltag auf dem Hügel von Hissarlik und in der Troas bestand aber nicht nur aus Grabungen, auch wenn die Auswertung von deren Ergebnissen Schliemann zumeist über Mitternacht hinaus am Tisch in seiner Baracke beschäftigten. In dieser Küstenlandschaft mit ihrem Bevölkerungsgemisch aus Nachfahren einstiger griechischer Kolonisten und muslimischen Türken gab es für den Europäer Schliemann immer wieder neue Eindrücke. Zumal da Schliemann auch ein recht eindrucksvoller Erzähler mit einem Sinn für das Amüsante ist, lohnt es sich, einen Blick zu werfen auf das Alltagsleben in dieser »Wildnis«, wie er das Land um Troja häufig nannte.

Witterung und Ungeziefer

Bevor ein Malariaanfall Schliemann trotz vorbeugender Chinineinnahme zwang, nach Athen zurückzukehren, hatte er drei Monate lang täglich meteorologische Beobachtungen angestellt und schriftlich festgehalten. Obwohl im Hochsommer die Quecksilbersäule auf 32 Grad im Schatten kletterte, brauchte keine Pause in der Arbeit eingelegt zu werden, da der im allgemeinen bis zu vier Tagen in der Woche herrschende Nordsturm die Hitze kaum spüren ließ. Dieser Sturm wirbelte den Staub von der Baustelle hoch und peitschte ihn den Leuten ins Gesicht. Wer keine Schutzbrille trug, behalf sich mit einem Tuch. So unterschied sich Troja

kaum von den engen Gassen einer orientalischen Stadt, wo die Menschen verschleiert herumlaufen.
Annehmlichkeiten schenkte die Natur dem Ehepaar Schliemann nur selten. So findet sich auch diese Notiz: »Nächst dem unaufhörlichen, unerträglichen Sturm ist die hiesige ungeheuere Menge von Insekten und Ungeziefer aller Art unsere größte Plage; besondere Angst aber haben wir vor den Skorpionen und den sogenannten Vierzigfüßlern, die oft von der Decke des Zimmers auf uns oder neben uns niederfallen und deren Biß tödlich sein soll.«

Arzt und Tierarzt Schliemann

Daß Schliemann ein würdiger Asklepios-Nachfolger und für alle Leiden zuständiger und helfender Hakim sei, also ein Arzt, dieser Ruf ging schon bald über den trojanischen Hügel und die umliegenden Dörfer hinaus ins Land. Nicht erst in Schliemanns Zeit war am Rand des Vorderen Orients die großartige medizinische Überlieferung der Araber des Mittelalters verlorengegangen, deren Ärzte sogar schon penizillinähnliche Präparate aus dem Zaumzeug ihrer Tiere und aus verschimmelten Brot gewonnen hatten.
Diese »Heilkundigen« rund um Troja wandten nur ein – und nach ihrer Meinung probates – Mittel an: das Aderlassen, gleich ob bei Verletzungen, Fieber oder anderen nicht zu diagnostizierenden Beschwerden.
Zudem hatten diese »Dorfärzte« nicht nur keine blasse Ahnung von Krankheiten und ihrer medizinischen Behandlung, sondern auch keinen Sinn für Hygiene und einen angeborenen Ekel gegen kaltes Wasser und alle Arten von Waschungen, außer am Brunnen der Moschee. »Oft zeigen schon die Runzeln rechts und links neben den Lippen der zehn- bis zwölfjährigen Kinder«, stellte Schliemann fest, »daß der Pfaffe ihnen bereits mehrmals Blut

abgezapft hat. Ich hasse aber das Blutvergießen und schwärme für Kaltwasserkuren. Ich lasse daher niemand zur Ader und verordne bei fast allen Krankheiten Seebäder, die hier, außer mir, der ich keine Zeit dazu habe, allen zu Gebote stehen.«
Schon bald hatte sich herumgesprochen, daß jener Mann, der auf der Höhe von Hissarlik tätig war, wundersame Heilkräfte besitze. Doch möge Schliemann selbst berichten:
»Die fortwährende warme feuchte Witterung erzeugt viel bösartiges Fieber, und es werden täglich meine Dienste als Arzt in Anspruch genommen. Glücklicherweise habe ich einen großen Vorrat von Chinin bei mir und kann somit allen helfen. Da ich aber gar nichts von Medizin verstehe, so würde ich gewiß grobe Irrtümer begehen, zum Glück jedoch erinnerte ich mich, daß mich einmal, als ich an einem aus Nicaragua stammenden Sumpffieber am Tode lag, der ausgezeichnete deutsche Arzt Tellkampf in New York mit einer Dosis von 63 Gran Chinin mich rettete. Ich gebe daher hier immer ein gleiches Quantum, aber nur in verzweifelten Fällen in *einer* Dosis, gewöhnlich in vier Dosen von 16 Gran. Auch werde ich täglich belästigt, nicht nur an Menschen, sondern an Kamelen, Eseln und Pferden Wunden auszuheilen, so ist mir dies bis jetzt noch in allen Fällen durch Arnikatinctur gelungen. Auch habe ich bisher noch alle Fieberkranken, die sich an mich wandten, geheilt. Bedankt aber hat sich bis heute noch niemand bei mir, in der Tat scheint die Dankbarkeit nicht zu den Tugenden der jetzigen Trojaner zu gehören.«
Kurz nach dieser Tagebucheintragung bildete ein Mädchen eine lobenswerte Ausnahme. Die Erfolge von Schliemanns Bädertherapien lösten ein so großes Vertrauen aus, daß selbst Frauen, die zu sterben fürchteten, wenn sie ihren Körper mit kaltem Wasser in Berührung brächten, freudig ins Meer gingen und untertauchten. Eines Tages brachte man Schliemann ein siebzehnjähriges Mädchen, dessen ganzer Körper mit Geschwüren bedeckt war. Auch das linke Auge war durch ein Geschwür geblendet. Die Kranke konnte kaum sprechen, überhaupt nicht gehen und stehen,

hatte, wie ihre Mutter versicherte, keinen Appetit. Ihre Brust war eingefallen, und schließlich litt sie noch unter einem starken Husten.

Der »Arzt« Schliemann stellte die Diagnose: Die Krankheit konnte nur die Folge übertriebenen Aderlasses und des dadurch bedingten starken Blutverlustes sein. So fragte er die Mutter nur, wieviel Blut man der Tochter abgezapft hätte. Die Antwort: Nach einer Erkältung habe ihr der Dorfpope siebenmal in einem Monat Blut abgenommen. Der Doktor vom Hügel Hissarlik schritt zur Therapie: »Ich gab ihr einen Löffel Castoröl und verordnete täglich ein Seebad; ferner, daß ihr Vater bei ihr, sobald sie zu Kräften gekommen sein würde, eine einfache passive Gymnastik, die ich genau beschrieb, anwenden solle, damit die Brust hervortrete.«

Es berührte ihn tief, daß vierzehn Tage später das Mädchen auf der Arbeitsstelle erschien, sich vor Schliemann auf die Erde warf, seine schmutzigen Schuhe küßte und ihm berichtete, daß schon nach dem ersten Seebad der Appetit wiedergekommen sei. Die Geschwüre hatten danach ebenfalls angefangen auszutrocknen und seien inzwischen völlig verschwunden, ebenso der Husten. Nur das Geschwür auf dem linken Auge sei noch vorhanden. Das Mädchen hatte die drei Stunden Weg von seinem Heimatdorf Neo-Chori nach Hissarlik zu Fuß zurückgelegt, um sich bei seinem Wohltäter zu bedanken, vielleicht auch in der Hoffnung, daß er auch das Auge heilen könnte. Dies aber mußte er einem Augenarzt überlassen.

Lange Zeit pilgerten die Leute zu diesem berühmten und erfolgreichen Arzt. Erst als sich Rudolf Virchow an der Ausgrabungsstätte aufhielt und mit seinem profunden medizinischen Wissen noch erfolgreicher in Aktion trat, wurde Schliemann vom »Hakim« wieder zum einfachen »Effendi«.

Der Heilige schlägt zu

Schliemann war kein Gegner der Religion und der religiösen Sitten und Gebräuche. Wo diese Sitten aber in Unsitten ausarteten, hörte sein Verständnis auf. Wenn kein Anlaß zum Feiern besteht, dann schafft man sich einen. Nach diesem Motto schienen die griechischen Bewohner der kleinasiatischen Küste zu handeln. Die Unzahl ihrer Feiertage bereitete Schliemann nicht geringen Kummer. Sechs Tage lang ruhte allein an Ostern die Arbeit. Da die christlichen Feste zumeist mit Feldarbeit oder Ernten der türkischen Bevölkerung zusammenfielen, war an eine intensive Grabungsarbeit nicht zu denken.
Schliemann hätte ja noch Verständnis aufgebracht, wenn nur die üblichen christlichen Feiertage begangen worden wären. Aber die Griechen hatten da ihre eigene Meinung. Weil es anscheinend nicht genug Heilige zu verehren gab, kramte man völlig unbekannte Namen aus der Versenkung oder erfand einfach einen Heiligen, um einen Grund zum Feiern zu haben.
Vergeblich suchte sie Schliemann von dem Unwesen ihres Aberglaubens abzubringen und sie mit der Zusicherung, einen erhöhten Lohn zu zahlen, an die Baustelle zu locken. Selbst die Ärmsten, die sonst begierig auf jedes noch so geringe Entgelt waren, lehnten rigoros ab: »Es schlägt uns der Heilige«, begründeten sie ihre Arbeitsverweigerung.

»Dieser Betrieb wird bestreikt«

Gegen das Rauchen hatte Schliemann grundsätzlich nichts einzuwenden. Nur paßte es ihm nicht, daß die Arbeit durch die fortwährenden Rauchpausen, die sich die Männer bisweilen schon nach ein paar Handgriffen genehmigten, hinausgezögert wurde. Also verbot er die Zigarette auf der Baustelle. Ein leidenschaftlicher Raucher läßt sich aber seinen Glimmstengel nicht wegnehmen. Viele der 120 Arbeiter, besonders aus dem Dorf Renkoi, qualmten heimlich weiter. Da ließ Schliemann verkünden, daß jeder, der noch einmal mit Zigarette erwischt würde, sofort entlassen und nicht mehr eingestellt würde.

Es kam zu einem echten Ausstand. Siebzig Mann aus Renkoi legten die Arbeit nieder und schrien, daß sie nicht mehr weiterarbeiten würden, wenn ihnen nicht freigestellt würde, so viel und so oft zu rauchen, wie sie wollten. Sie verließen die Plattform, von der gerade Schutt geräumt worden war. Aber nicht genug damit. Streikbrecher, Arbeiter aus den übrigen Dörfern, wurden von ihnen mit einem Steinhagel bombardiert und vom Ausgrabungsplatz verjagt.

Schliemann ließ sich nicht unter Druck setzen. Flugs schickte er einen Aufseher in die umliegenden Orte. Zum Entsetzen der Streikenden, die eine Nacht lang vor Schliemanns Baracke auf dessen Einlenken gewartet hatten, brachte der Aufseher am nächsten Morgen genügend Leute herbei, so daß wieder 120 Mann zur Verfügung standen. Das war ein harter Schlag für die Ausgesperrten, unter deren Aufsässigkeit Schliemann im übrigen schon ein ganzes Jahr zu leiden gehabt hatte.

Die Gelegenheit war günstig, gleich reinen Tisch zu machen. Neben dem strengen Rauchverbot verlängerte er die Arbeitszeit um eine Stunde pro Tag, genehmigte aber um neun Uhr eine halbe und nachmittags eine Stunde Essens- und Rauchpause.

Doktoren am Schubkarren

Bei durchschnittlich 150 Arbeitern mußte es selbst Schliemann schwerfallen, sich die Namen dieser Leute fest einzuprägen, zumal das Griechische und das Türkische keinerlei sprachliche Verwandtschaft oder auch nur Ähnlichkeiten aufweisen. Er versuchte es mit einer optischen Gedächtnisstütze:

»... so nenne ich sie je nach ihrem mehr oder weniger gottesfürchtigen, militärischen oder gelehrten Aussehen: Derwisch, Mönch, Pilgrim, Korporal, Doktor, Schulmeister usw., und kaum habe ich ihnen solche Namen gegeben, so wird der gute Mann von allen bei demselben genannt, solange er bei mir ist. Auf diese Weise habe ich viele Doktoren, von denen keiner lesen oder schreiben kann.«

Englisches Bier und trojanischer Wein

Archäologie und Wissenschaft in allen Ehren, aber auch für das leibliche Wohl mußte auf Hissarlik gesorgt werden. Die an Entbehrungen reiche Zeit, da Schliemanns Kost aus trockenem Gerstenbrot und Wasser aus dem Skamander oder irgendwelchen Quellen bestand, konnte nicht ewig andauern.
Während sich Arbeiter, Aufseher und Wachpersonal in der Kantine von Nikolaos Zaphyros Giannakis zu dessen finanziellem Vorteil selbst verpflegten, hatte Schliemann für sich und seine unmittelbaren Mitarbeiter, wie auch für etwaige Gäste vorzusorgen: denn schwere Arbeit an der frischen Luft macht hungrig. Die alten Freunde von der Firma J. Henry Schröder & Co in London lieferten alles Nötige. Ihre Schiffsfrachten aus England enthielten bedeutende Mengen an Konserven mit Rindfleisch aus Chicago, Pfirsichen, besten englischen Käse und Ochsenzungen. Zum Speisezettel wurde aus der Troas laufend frisches Hammelfleisch geliefert, dazu gab es Saubohnen, Artischocken und Spinat, jedoch keine Kartoffeln; diese mußte Schliemann aus Italien beziehen.
Aus London waren auch 240 Flaschen des besten englischen Bieres eingetroffen. Neben dem nicht zu leugnenden Genuß bot das Getränk weitere Wohltaten: »Ich war der einzige Konsument dieser 240 Flaschen Pale Ale, mit welchen ich fünf Monate hindurch ausreichte. Ich bediente mich ihrer als Medium gegen Verstopfung, an der ich über dreißig Jahre gelitten hatte. Alle

Heilmittel, besonders das Karlsbader Mineralwasser, hatten sie nur verschlimmert. Diese Pale-Ale-Kur hat mich von dem Übel befreit.«
Nicht minder wohltätig empfand Schliemann das Göttergeschenk des Dionysos. Der trojanische Wein aus den Dörfern Yenischahir, Yenikioi und Renkoi mundete dem Forscher vortrefflich. Nach seinem Urteil übertraf er selbst den allerbesten Bordeaux.

Man kann es mal probieren

Die Aussicht auf zusätzliche Einnahmen motiviert wohl Menschen jeden Gemüts, und Schliemanns Arbeiter bildeten da keine Ausnahme, wenn sie nicht gerade wieder einen mysteriösen Heiligen zu verehren hatten. Dies nützte Schliemann für seine Zwecke aus: »Da in den der dunklen Nacht vorgriechischer Zeit angehörigen Trümmern jeder Gegenstand, der Spuren menschlichen Kunstsinns trägt, eine Seite der Geschichte für mich ist, so muß ich vor allen Dingen dafür sorgen, daß mir nichts entgeht; ich zahle daher meinen Arbeitern ein Trinkgeld von zehn Paras für jeden Gegenstand, der den geringsten Wert für mich hat, also auch für jedes Rundstück Terrakotta mit religiösen Symbolen.« Obwohl eine Unmenge solcher Stücke gefunden und abgeliefert wurden, schien dies für zusätzliche Einnahmen nicht zu genügen. Also brachten die Arbeiter auf unverzierten Terrakotten eigene »Kunstwerke« an. Besonders beliebt war die Darstellung der Sonne mit ihren Strahlen; sicher weil sie einfach einzuritzen war. Aber etwas schlauer als die Kunstfälscher war Schliemann nun doch. Er erkannte natürlich die Fälschungen und bestrafte jeden Betrugsversuch mit dem Lohnabzug von zwei Piastern. Da aber die Arbeiter sehr oft wechselten, wurde das »Verfahren« immer wieder probiert.

»Das Leben in dieser Wildnis ist nicht ohne Gefahr«, stellte Schliemann nach einer Schreckensnacht fest. Fast wären er, seine Frau und Georgios Photidas lebendig verbrannt. In der Holzbaracke, in der auch der Aufseher ein Zimmer bewohnte, hatten sich die Schliemanns einen Kamin einbauen lassen, in dem sie in der Kälteperiode ständig ein Feuer unterhielten. Die Steine des Kamins waren einfach auf den Bretterboden gelegt und mit Lehm verbunden worden.
Eines Nachts wachte Schliemann zufällig auf, als bereits der Fußboden brannte und die eine Wand schon Feuer gefangen hatte. Nur weniger Augenblicke hätte es noch bedurft, daß der starke Nordsturm die Flammen über das ganze Haus geblasen hätte. Glücklicherweise war der Badeeimer voller Wasser. Schliemann löschte damit zunächst die Wand. Durch Schreien und Lärm wachte der nebenan schlafende Photidas auf, alarmierte weitere Arbeiter, riß mit ihnen den Fußboden auf und erstickte das Feuer mit Erde. Doch dauerte es noch geraume Zeit, bis die darunter glimmenden Balken ganz gelöscht waren.
Schlangen, vor allem äußerst giftige, sind gewiß nicht jedermanns Sache. Auch Heinrich Schliemann war nicht entzückt, daß die trojanische Ebene, selbst in den Tiefen seiner Ausgrabungsschächte, voll von diesen Reptilien war. Hatte er schon mit Stürmen, Hitze und eisiger Winterkälte seine liebe Not, so setzte ihm auch noch die Fauna zu. Alles hatte sich ihm schon »empfohlen«: Wanzen, Flöhe, Skorpione, Vierzigfüßler und nun auch noch Schlangen.
Beim Abgraben der Berghänge kam eine ungeheuere Menge von giftigen Reptilien zum Vorschein. Unter ihnen befanden sich besonders viele Exemplare einer kleinen braunen, Antelion genannten Schlangenart, die nur wenig dicker als Regenwürmer waren und ihren Namen davon hatten, daß der von ihnen Gebissene nur noch bis zum Sonnenuntergang zu leben hat. Nur die

Tausende von Störchen kümmerten sich nicht um das Gift; sie sorgten dafür, daß diese Tiere nicht überhandnahmen.
Mehr als verwundert war Schliemann, daß bis in elf Meter Tiefe zwischen den Steinen noch Schlangen gefunden wurden und daß seine Arbeiter sie mit den bloßen Händen faßten, sogar mit ihnen spielten. Er sah, daß ein Mann zweimal von einer Schlange gebissen wurde, sich aber nicht daran störte, so daß Schliemann geradezu entsetzt war und den Arbeiter bereits als Leiche sah. Lachend erhielt er die Antwort, daß man über die Schlangen Bescheid wisse und als Vorbeugung ein in der Gegend wachsendes Schlangenkraut Decoct getrunken habe, das gegen das Gift immun mache.
»Ich habe daher Order gegeben«, hielt Schliemann in seinen Notizen fest, »mir auch von diesem Decoct zu bringen, damit auch ich unverletzbar werde. Ich möchte aber wohl wissen, ob denn dieser Decoct auch den Biß der Brillenkobra unschädlich macht, von dem ich in Indien einen Menschen in einer halben Stunde sterben sah. Es würde in diesem Fall eine gute Spekulation sein, das Schlangenkraut in Indien anzubauen.«

Eine wichtige Ecke der Welt

Der zweite »Kampf um Troja«, nämlich die in die Neuzeit geholte Wirklichkeit der Ilias und des Trojanischen Krieges, war mit den Konferenzen und der letzten Grabungskampagne Schliemanns beendet. Seit dem ersten Spatenstich zur Probegrabung 1870 auf Hissarlik waren zwanzig Jahre vergangen. Wenn auch noch Arbeit verblieb, die anderen überlassen werden mußte, so hatte Schliemann der Welt bewiesen, daß Homer kein Märchenerzähler gewesen war. Das Ruinenfeld von Troja ist noch ein Jahrhundert nach Schliemanns Grabungen ein Wallfahrtsort für Freunde der alten Geschichte. Der berühmte britische Philologe Archibald Henry Sayce (1845–1933) widmete sich ausführlich Schliemanns Arbeit und Forschung. Einige Zitate aus seinem Werk mögen stellvertretend dafür stehen, wie die Fachwelt nach anfänglicher Ablehnung der Leistung des Ausgräbers gerecht wurde:

»Sowohl Hissarlik als auch die übrige Troas sind jetzt systematisch und gründlich ausgegraben, auf eine Weise, wie ein Bezirk ähnlicher Größe noch nie zuvor ausgegraben worden ist. Alles, was uns eine höchst wichtige Ecke der Welt über die Vergangenheit sagen kann, ist ihnen abgezwungen, abgepreßt worden. Dr. Schliemann hat jede alte Baustelle der Troas erforscht und hat, unter Mitarbeitung zweier erfahrener Architekten, die Baustelle Trojas einer erschöpfenden Prüfung unterworfen. Die Resultate … sind von allerhöchstem wissenschaftlichen Wert … Hissarlik nun, oder Ilion, muß die Stadt sein, deren Belagerung und Eroberung der Hauptgegenstand des griechischen epischen Gesanges wurde. Hier wurden die von arischen Barden in früheren Zeiten erzählten alten Mythen lokalisiert, und hier sahen die äolischen Dichter und Rhapsoden in den Kämpfen, welche ihre Landsleute gegen den mächtigen Herrscher von Ilion bestanden hatten, eine Wiederholung in der wirklichen Welt des Krieges, den Götter und Helden einst in dem Feenlande der Legenden geführt hatten …

Dr. Schliemann ist auf leichtfertige Weise angeklagt worden, daß er seine Tatsachen durch seine Theorien verdunkelt, und das Publikum ist gewarnt worden, daß ein strenger Unterschied gemacht werden müsse zwischen den von ihm vorgebrachten Theorien und den von ihm entdeckten Tatsachen. In Wirklichkeit aber sind es viel mehr seine Kritiker, als Dr. Schliemann selbst, die es sich haben zu Schulden kommen lassen, Theorien vorzubringen, die von keinen Tatsachen unterstützt werden … Seine Werke sind größtenteils eine Aufzeichnung von Tatsachen, die miteinander in Verbindung gebracht sind mittels jener induktiven Schlußfolgerungen, welche uns die wissenschaftliche Methode der modernen Archäologie zwingt, aus ihnen zu ziehen. Und mit wahrhaft wissenschaftlichem Geist hat er noch nie gezögert, diese Schlußfolgerungen zu modifizieren …

Jetzt, wo die Archäologie eine Wissenschaft geworden ist und ihre fundamentalen Tatsachen fest begründet sind, ist es zu spät, uns zu der vor fünfzig Jahren bestehenden dilettantischen Liebhaberei für Altertümer zurückzuwenden. In der Tat war es damals möglich, Theorien vorzubringen, welche das Erzeugnis der literarischen, nicht aber der wissenschaftlichen Vorstellung waren …«

Iliu Melathron und der Nil

Visite im Athener Haus und die Schlacht von Kadesch

Vom Ilion-Palais zum Obersten Gerichtshof

Athen, ehemals Wiege antiker Kultur und Demokratie, war ein Städtchen von gerade zehntausend Einwohnern, als den Bayern Otto von Wittelsbach, den in Nauplia residierenden ersten König Griechenlands, am 3. Juni 1833 eine Bittschrift aus Athen erreichte, »die Stadt mit dem Sitz seiner Regierung zu beehren«. Am 18. September des darauffolgenden Jahres veröffentlichte das Regierungsamtsblatt die Verordnung, wonach Athen ab dem 1. Dezember 1834 »königliche Residenz und Hauptstadt« sei. Von da an entwickelte sich aus dem unbedeutenden Ort in kurzer Zeit eine Großstadt.

In der europäischen Flurbereinigung der nachnapoleonischen Ära hatte deren »Oberbaudirektor« Metternich den Griechen, die sich gerade die Freiheit vom türkischen Joch erkämpft hatten, nicht etwa eine Demokratie nach antikem Vorbild, sondern eine Monarchie verordnet, von der er sich Stabilität und Bündnispartnerschaft in der Wiener Balkanpolitik versprach. Otto, der jugendliche Sohn König Ludwigs I. aus München, mußte sich diese Krone auf das Haupt setzen.

Griechenlands Nationalfarbe wurde das bayerische Weiß und Blau. Auch Ottos Vater Ludwig I. hielt sich oft in Athen auf und beeinflußte neben der Politik vor allem die Stadtplanung in Athen. Er legte den Platz für das Königsschloß, das heutige Parlament, fest und finanzierte den Bau, der nach den Plänen seines Münchner Architekten Friedrich von Gärtner errichtet wurde.

Als sich Heinrich Schliemann Athen zu seinem Dauerwohnsitz erwählte, war es für ihn eine Forderung der Repräsentation, sich in der Stadtmitte und im Einzugsbereich des königlichen Schlosses, in dem nun Georg I. die Griechen reagierte, niederzulassen. Nahe dem Syntagma-Platz baute für ihn der junge Dresdner Architekt Ernst Ziller im Stil der italienischen Renaissance das prächtigste Wohnhaus der Stadt, »Iliu Melathron«, das Ilion-Palais. Heute weht an der Fassade im vom Saronischen Golf herstreichenden Wind die Fahne mit den weißblauen Streifen; denn in der Gegenwart hat hier der Oberste Gerichtshof des Landes seinen Sitz.
Wenn der ehemalige arme mecklenburgische Kaufmannslehrling von einer Ausgrabungskampagne zurückkam, wohnte, nein, residierte er in diesem großartigen Gebäude, umgeben von seiner Familie und betreut von seinen Dienern Telamon und Pelops. Hier brauchte er keine eisige Kälte zu befürchten wie in seiner Baracke auf Troja, kein lästiges und giftiges Ungeziefer, keine Schwierigkeiten mit schikanösen Staatsbütteln. Einst hatte er in einer Dachkammer in Amsterdam seine Sprache deklamiert, nun saß er im Arbeitszimmer oder Bibliothekssaal im Obergeschoß seines Palais und blickte durch die Loggien auf das Wahrzeichen Athens, die Akropolis.
Ruhe kannte er indes nicht. Unablässig tätig, nutzte er den Aufenthalt in seinem Haus zu schriftlichen Arbeiten, zur Korrespondenz mit Gelehrten und Instituten in aller Welt oder zum Lesen antiker Autoren. Und immer wieder meldete ihm der Diener Besucher aus aller Herren Länder, die ihre Reise nach Athen mit einem Gespräch mit Schliemann krönten. Bereits beim Betreten des Hauses empfing sie Homer. Im Mosaik der Eingangshalle war Geschmeide aus Mykene nachgebildet, und von den Wänden leuchteten in goldenen Lettern Homerische Hexameter. Der Hausherr selbst konnte seinen Gast meist in dessen Muttersprache begrüßen, wenn diesem Griechisch nicht geläufig sein sollte. Nicht selten mußten die Besucher auf eine Vorsprache bei Hein-

rich Schliemann verzichten und konnten nur die Gastfreundschaft seiner Frau Sophie genießen; denn Schliemann war oft unterwegs, auch als er in den letzten Jahren längere Ausgrabungspausen einlegte. Dann besuchte er Freunde in »Europa«, wie man in Athen zu sagen pflegte, oder mußte sich um seine Häuser in Paris und Berlin kümmern. Die Verwaltung seiner Besitzungen in Kuba machte noch 1886 eine Reise über den Atlantik notwendig. Im gleichen Jahr hatte er sich in London mit der Behauptung eines Reporters auseinanderzusetzen, der wissen wollte, daß der Palast in Tiryns gleichzeitig mit einer Kirche, die in byzantinischer Zeit in die Trümmer hineingebaut worden war, entstanden sei. Mit Dörpfeld zusammen konnte er auch den Altmeister der britischen Architekturforschung, Penrose, und ein wissenschaftliches Gremium von seinen Ausgrabungsergebnissen überzeugen, womit die Haltlosigkeit jener Behauptung des Reporters bewiesen war. Im Anschluß an seinen Vortrag verlieh ihm das Royal Institute of British Architects die Große Goldene Medaille.

Koransuren und Ramses der Große

Nach seiner Grabung in Tiryns und längerer angestrengter Arbeit an den französischen Ausgaben seiner Bücher »Ilios« und »Troja« unternahm Schliemann 1886/1887 eine Reise nach Ägypten. Sie entsprang nicht nur dem Wunsch, Abstand von seiner Arbeit zu gewinnen, sondern war vor allem ein weiterer Schritt auf dem Weg zur Klärung der kulturellen Zusammenhänge im Altertum. Rudolf Virchow, sein Begleiter auf der nächsten Ägyptenreise von 1888, meinte dazu: »Die Erwägung, daß zu der Zeit, wo die Homerischen Gedichte entstanden, ja vielleicht schon zur Zeit, als Troja blühte, die ägyptische Kultur bereits Jahrtausende alt war und daß Zeugen dieser Kultur noch heute erhalten sind – diese Erwägung drängte sich mächtig in alle seine Betrachtungen ein.«

Bereits 1858 hatte Schliemann Ägypten aufgesucht. Damals empfand er es als Handikap, die arabische Sprache nicht verstehen und sprechen zu können. Bei der Fortsetzung seiner Reise durch den Vorderen Orient beschäftigte er sich dann intensiv mit dem Arabischen und baute schließlich in Petersburg seine Kenntnisse weiter aus.

Die Eindrücke von seiner zweiten Ägyptenreise schilderte er wie gewöhnlich in seinem ausführlichen Tagebuch. Als einzigen Begleiter hatte er einen seiner Diener aus Athen mitgenommen, der, so glaubte Schliemann, durch den Orts- und Klimawechsel von seinem Brustleiden kuriert werden könnte. Diese Hoffnung erwies sich als falsch; denn schon zu Beginn der Fahrt zeigte sich der Diener als so schwach, daß er ihn in einem kleinen Ort zurücklassen mußte.

So reiste Schliemann drei Monate lang ganz allein auf einem Segelschiff, das er sich gemietet hatte, den Nil hinauf bis Luxor und wieder zurück. Die arabische Mannschaft war seine einzige Gesellschaft. Er genoß das von der Arbeit gelöste Leben: »Trotz aller Mißhelligkeiten, wenn Windstille oder Gegenwind das Fortkommen hinderte, ist mein einziger Kummer die Eile der Zeit. Wahrlich ist mir die Eile der Zeit niemals so schnell vergangen, als jetzt, wo ich allein bin. Das macht, wie mir scheint, die Mannigfaltigkeit meiner Beschäftigungen. Um sieben Uhr stehe ich auf und wandle eine halbe Stunde auf dem Verdeck auf und ab, trinke Tee, esse drei Eier und gehe noch eine Stunde umher, indem ich rauche. Sogleich danach nehme ich ein arabisches Buch vor und zwei Stunden den Euripides. Darauf frühstücke ich, gehe wieder eine Stunde und lese weiter wissenschaftliche Bücher bis 5.30 Uhr. Später gehe ich bis sechs, diniere und wandle noch eineinhalb Stunden, den erquickenden Luftzug der Wüste genießend. Bevor ich mich niederlege, schreibe ich mein Tagebuch.«

Es ist ein echtes Schliemann-Tagebuch. Nichts entging seinem scharfen Auge und seinem regen Geist. Topographie, Landwirtschaft, Bevölkerung und ihre Sitten schilderte er anschaulich, den großartigen Denkmälern schenkte er besondere Aufmerksamkeit. Der Versuch, sich in die Zeit der Pharaonen zurückzuversetzen und die ihm bekannte Geschichte der einstigen Reiche an deren Bauten zu erleben, förderten seine Absicht, es nicht bei dieser Fahrt bewenden zu lassen.

Das Land der Pyramiden und Tempel hatte ihn so in Bann geschlagen, daß er im darauffolgenden Winter seinen Besuch wiederholte. Diesmal jedoch nicht allein, sondern in Begleitung seines Freundes Rudolf Virchow. Der Erinnerung dieses berühmten Pathologen und Kenner des Altertums ist es zu verdanken, daß jene Seite der Persönlichkeit zu erkennen ist, die schon auf Ithaka das Bild des Menschen Schliemann gezeichnet hatte. Auch in den Wüstendörfern Ägyptens suchte er den Kontakt zu den einfachen Leuten, die ihn als Wundermann bestaunten, der, wie ihre Mullahs und Richter, ihre Sprache nicht nur sprechen und lesen, sondern auch schreiben konnte. In den späten Abendstunden saß er mitten unter ihnen vor einer Hütte oder unter dem Palmendach und deklamierte in seiner fast ekstatischen Art die Suren des Korans, bis sich seine Zuhörer im Gebet verneigten und wie in der Moschee die Erde mit der Stirn berührten.

Neben solchem menschlichem Kontakt verstärkte sich immer mehr Schliemanns Bezug zur ägyptischen Geschichte. In Karnak und Luxor, am Ramsesseum, dem Totentempel Ramses' II. in Theben, in Abydos und Abu Simbel hatten die ägyptischen Künstler die Schlacht von Kadesch 1285 v. Chr. zwischen den Ägyptern unter Ramses II. und den Hethitern dargestellt und beschrieben. Obwohl er in dieser Schlacht keine Lorbeeren als Feldherr erworben hatte, feierten die Lobgesänge den Pharao. »Der Furchtlose, groß an Ansehen in allen Ländern, der das Land Äthiopien nicht mehr existieren läßt und dem Prahlen des Landes Heta ein Ende macht … der starke Löwe … dieser göttliche herrliche Falke …«

Gerade diese Auseinandersetzung zwischen Ägyptern und Hethitern, die ja in die hohe Zeit Trojas und der mykenischen Kultur fiel und an der Hilfstruppen aus Westkleinasien beteiligt waren, fesselten Schliemann, da er nun unmittelbar mit der Überlieferung konfrontiert war. Schon einige Jahre zuvor hatte der mit ihm befreundete britische Gelehrte Archibald Henry Sayce auf die Zusammenhänge hingewiesen, die der mykenische Kulturkreis mit Ägypten und den Hethitern haben müßte. Sayce war es gelungen, die von dem Franzosen Charles Texier (1802–1871) eingeleitete Erforschung der Hethiter um bedeutende Schritte weiterzubringen.

Im Vorwort zu Schliemanns Buch »Troja« hatte Sayce vier Jahre vor der zweiten Nilreise in einem längeren Abschnitt auf die Erkenntnisse aus seinen Forschungen hingewiesen, aus dem hier einige Zitate von Interesse sein dürften:

> »Stämme, welche von ihren Nachbarn Hittiten genannt wurden, wanderten im hohen Altertum vom Hochland Kappadokiens nach dem nördlichen Syrien und bildeten dort ein mächtiges und weitausgedehntes Reich. Von ihrer Hauptstadt Karkemisch, jetzt Dscherbalus, am Euphrat, zogen ihre Armeen aus, um auf gleichem Fuße gegen die Truppen des ägyptischen Sesostris zu kämpfen, oder um den Namen und die Herrschaft der Hittiten bis zu den Ufern des Ägäischen Meeres auszudehnen. Die im Engpaß von Karabel bei Smyrna im Felsen skulptierten Figuren, in denen Herodot die Trophäen des Sesostris erkannte, waren in Wirklichkeit Denkmäler der Eroberung der Hittiten, und die Hieroglyphen, die sie begleiteten, waren die Hieroglyphen von Karkemisch und nicht die von Theben … Wir können jetzt verstehen, wie es geschah, daß, als im 14. Jahrhundert v. Chr. die Hittiten mit dem ägyptischen Pharao im Krieg standen, sie im Stande waren, unter ihren anderen unterworfenen Bundesgenossen die Dardanier und Mysier und Mäonier zu ihrer Hilfe aufzubieten, während ein Jahrhundert später die Stelle der Dardanier von

den Tekkri oder Teukrern eingenommen wurde. Das Reich, und somit die Kunst und Kultur der Hittiten, dehnte sich bereits bis zum Hellespont aus ...«

Ägyptische Einflüsse über Kreta in den Peloponnes, hethitisch-vorderorientalische nach Troja und an die kleinasiatische Küste der Ägäis – dies waren die großen Zusammenhänge, die Schliemann zu erforschen gedachte. So reifte in ihm der Entschluß, jenes Kadesch, wo die beiden Mächte, Hethiter und Ägypter, aufeinandergeprallt waren, auszugraben und dort vielleicht Hinweise zu entdecken, die seine Theorie stützen könnten. Doch mußte er seine Nilreise vorzeitig abschließen; denn in dem Syrien benachbarten Mesopotamien war die Pest ausgebrochen, und einer Infektionsgefahr wollte sich Schliemann bei aller archäologischen Wißbegierde nicht aussetzen. Das Vorhaben Kadesch war jedoch nicht gestrichen, vorläufig nicht.

Dünne Goldblümchen

Ein anderes archäologisches Projekt Schliemanns war die Erforschung der antiken Stätte auf dem Berg Hymettos, auch Ymittos, bei dem Dorf Spata, heute einem Vorort von Athen. Von den Arbeiten in Spata versprach sich Schliemann eine Ergänzung seiner in Mykene gewonnenen Erkenntnisse. Was ihn bewog, jenem Dorf archäologische Aufmerksamkeit zu schenken, war eine kleine Erhebung neben der Siedlung, deren Gipfel fast kreisförmig und künstlich eingeebnet war und die mit durchschnittlich einem Meter hohem Hausschutt bedeckt war. Darin fanden Schliemann und seine Begleiter Bruchstücke archaischer Vasen mit gemalten horizontalen Streifen. Nach Angaben der Dorfbewohner war der Berggipfel noch kurze Zeit zuvor mit Ruinen einer alten Festungsmauer umgeben gewesen, deren Steine zum Bau des neuen Dorfes verwendet worden waren. Aus dem

alten Namen Demos Sphettos, der bei antiken Schriftstellern wie Aristophanes, Strabo, Plutarch und Pausanias belegt ist, dürfte sich die heutige Bezeichnung Spata abgeleitet haben.
In seinem Werk über das Leben des Theseus erzählt Plutarch, daß die fünfzig Pallantiden, die Söhne des Pallas und Neffen seines Bruders Ägeus, von Sphettos aus gegen Athen zogen. Sie wurden dann von ihrem Vetter Theseus, dem König von Athen und Sohn des Ägeus, getötet. Wo sie gewohnt hatten, an einem Vorhügel des Hymettos, der den Weg zur Küste sperrte, also bei Sphettos, sollen sie bestattet worden sein. Die Interpreten Plutarchs und der Theseus-Sage sahen deshalb in den Gräbern von Spata die letzten Ruhestätten der Pallantiden. »Dagegen«, so Schliemann, »sprechen aber die in Spata gefundenen Gegenstände, die es uns keinesfalls gestatten, das große Grab früher als ins 8. Jahrhundert v. Chr. zu setzen, während das Königtum in Athen jedenfalls einer sehr frühen Epoche angehörte und mit dem Königtum von Mykene gleichzeitig bestanden haben muß.«
In dem Schliemanns Besuch vorhergehenden Winter hatte sich an der steilen Südwestseite eine kleine Erdsenkung gebildet, in der ein in den weichen Sandstein gehauenes Grab zu erkennen war. Die Archäologische Gesellschaft zu Athen ließ daraufhin den Platz näher untersuchen. Man stellte einen fast dreiundzwanzig Meter langen, in den Felsen geschlagenen, schräg nach unten laufenden Weg fest, der zum Eingang eines Grabes führte. Dieses bestand aus drei viereckigen Kammern, die durch Gänge miteinander verbunden waren. Der Erbauer des Grabes dachte wohl jeder Kammer die Form eines Hauses zu, da er schräge Decken aushauen ließ, deren unteres Ende wie bei einem Hausdach über die senkrechten Wände hinausragte.
In jeder Kammer fand man inmitten von Asche und Holzkohle ein Menschengerippe, was auf eine ähnliche Verbrennungsweise wie in den Königsgräbern von Mykene schließen ließ (siehe auch Kapitel »Mykene und die Königsgräber«). Hier in Spata zerfielen die Skelettreste jedoch sofort zu Staub, als sie mit der Luft in

Berührung kamen. Allem Anschein nach war dieses Grab bereits im Altertum ausgeraubt worden, da man neben den Bestatteten, im Schutt und vor dem Eingang nur wenige verstreute Gegenstände entdeckte. Sie bestanden aus Knochen oder Elfenbein, Glas, Bronze und Keramikscherben. Aus Gold wurden nur kleine, hauchdünne Blümchen gefunden. Man durfte aus dem Zustand dieser Reste und des Grabes schließen, daß es die Räuber nur auf größeren Goldschmuck abgesehen und alles andere achtlos weggeworfen hatten.

Auch zwei Vasen entsprachen dem mykenischen Typus. Sie waren kugelförmig mit roten und schwarzen Streifen sowie einem geschlossenen Hals. Der Mund hatte die Gestalt eines Schornsteins. Sehr viele kleine Schmucksachen bestanden aus einer mit reichlich Bleioxyd versetzten Natron-Glasmasse, in der sich die Lichtstrahlen zu einem silberartigen, spiegelnden Schimmer brachen. Wie in Mykene schienen auch diese Schmucksachen in Formsteinen gegossen zu sein. Allerdings kannte man in Mykene solche Schmucksachen nur aus gegossenem Ton. Das Grab von Spata gab auch einen aus Knochen geschnitzten bartlosen Männerkopf mit einer hohen Mitra nach assyrischem Vorbild frei sowie einen Kamm und zwei Knochenplatten mit weiblichen Sphinxen. Ebenfalls assyrischen Stils war die Darstellung eines Löwen, der einen Ochsen zerfleischt, womit eine Platte verziert war.

Daß die »Mode« der assyrischen Kopfbedeckung auch in die frühgriechische Gesellschaft Eingang gefunden hatte, war für Schliemann ein erneuter Beweis für die Zusammenhänge zwischen den alten Hochkulturen im Vorderen Orient und den frühen Bewohnern den ägäischen Raumes.

Nach stilistischen Vergleichen und der Betrachtung der Materialien der Funde kam Schliemann zu dem Schluß, daß das Grab von Spata einer späteren Periode angehören mußte als Mykene.

Mykene und die Königsgräber

Noch ein Irrtum in Gold: die »Maske des Agamemnon«

Mord im Staatsbankett inbegriffen

> »Ich gehe nach Mykene, Hebel und Hauen will ich ergreifen, um mit gedrehtem Eisen die Stadt zu zerstören, die Mauerschwelle der Zyklopen, die mit dem purpurnen Richtscheit und dem Steinhammer wohl zusammengefügt.«
> *Euripides*

Die englische Kriminalautorin Agatha Christie schrieb unter anderem das Buch »Murder in Mesopotamia« oder »Mord in Mesopotamien«.

Ihre Recherchen dazu konnte sie an Ort und Stelle durchführen, als sie ihren Ehemann, den bedeutenden britischen Archäologen Sir Max E. L. Mallowan, auf eine seiner Grabungen im Zweistromland begleitete.

Doch auch ohne Mordfall bei den Grabungen liest sich der Bericht von beinahe jedem archäologischen Unternehmen spannend wie ein Kriminalroman, vor allem, wenn der grabende »Detektiv« einem Hinweis folgt, den alle Welt für ein Produkt religiöser oder dichterischer Phantasie hält. So war es mit den sumerischen Städten Ur und Babylon und der assyrischen Hauptstadt Ninive, die unter anderem nach biblischen Hinweisen identifiziert werden konnten. Und auch für Schliemann hatte sich sein unbeirrbarer Glaube an die Worte des Schriftstellers Homer bezahlt gemacht.

Auch die Geschichte vom mykenischen König Agamemnon, seiner Gattin Klytämnestra und deren Liebhaber Ägisthos wird von Homer und Äschylos überliefert. Schon bei seinem ersten

Besuch 1868 hatte Schliemann sich ein erstes Bild von der Stadt des Atreus und des Agamemnon machen können. Der erste umfangreichere Ausgrabungsversuch 1870 scheiterte dann an Unruhen auf dem Peloponnes, nun aber, 1874, sollten die Ruinen von Mykene endlich die Geheimnisse der Vergangenheit offenbaren. Hier brauchte er nicht erst andere Hügel anzubohren, keine Entfernungen zu messen und Argumente zu zerstreuen. Die gewaltigen Mauern von Mykene waren weithin sichtbar. Schliemann mußte nur alte Überlieferungen richtig deuten und den Schutt von Jahrtausenden räumen, um ein gigantisches Ruinenfeld so eindrucksvoll zu erschließen, wie es sich heute dem Betrachter bietet.

»Sonntags nie«

»Rossenährend« lautete Homers Epitheton (Beiwort) für die Landschaft der Argos zwischen den Bergen und dem Meer. Heute gibt es Rosse hier nur noch als »Pferdestärken« unter der Kühlerhaube der Reisebusse und PKW-Kolonnen auf der Straße zur Ausgrabungsstätte von Mykene. Wechselstuben, Bars, Motels, Restaurants und Souvenirläden locken mit den Namen Atreus, Agamemnon oder Helena die Abertausende zur Einkehr und zum Griff nach den Drachmen. In Homers »goldreichem« Mykene stapelt man heute Papiergeld.

Millionen von Schuhsohlen haben die uralten Steine der ganzen Burg, die Schliemann vom Schutt der Jahrtausende befreit hatte, spiegelblank gewetzt und poliert. Ein paar kümmerliche Grashalme und spärliche Strünke suchen zwischen dem Mauerwerk ängstlich Schutz.

Zwischen den Zyklopenwänden hindurchgeeilt, verharren die »Eroberer« aus dem 20. Jahrhundert vor der wahrscheinlich ältesten Skulptur auf griechischem Boden, dem Löwentor. Schnell werden Familie und Freunde davor zu Erinnerungsbildern postiert, denn schon wartet die nächste Gruppe. Vielleicht haben die Besucher im Reiseführer gelesen, daß dieses Tor etwa um 1250 v. Chr. errichtet worden sein soll, daß es 3,10 Meter hoch und an der Schwelle 2,95 Meter breit ist, daß der gewaltige Türsturz über den Granitblöcken etwa zwölf Tonnen wiegen dürfte. Das Entlastungsdreieck mit seinen 4,50 Meter Höhe ist nicht nur Torspitze, es ist die mykenische »Spitze« schlechthin: zwei auf einem Altar stehende Löwen richten sich beiderseits einer Säule empor. Die Köpfe hat man ihnen nicht abgeschlagen, sondern sie waren, wie schon Schliemann feststellte, mit Bolzen befestigt und sind im Laufe der über drei Jahrtausende wohl abgefallen. Die Löwenköpfe, so glaubte Schliemann, müssen »nur sehr klein, müssen hervorstehend gewesen sein und das Gesicht dem Betrachtenden zugewandt haben. Ich vermute sogar, daß diese Köpfe von Bronze und vergoldet gewesen sind. Die Schwänze der Löwen sind nicht breit und buschig, sondern dünn und denen ähnlich, die man auf den ältesten ägyptischen Skulpturen sieht«.

Der Besucher-Wettlauf geht weiter, in die Agora mit den Gruben, aus denen Schliemann die »Königsgräber« barg, und zum »Schatzhaus des Atreus«, vor dessen Eingang ein weiteres Familienfoto zum Pflichtprogramm gehört. Damit erschöpft sich für die meisten Mykene-»Ausflügler« der Rundgang durch die monumentale Anlage, in der einst mächtige und reiche Fürsten lebten und sicher einen Großteil des Peloponnes beherrschten. Den Burggipfel erklimmen zumeist nur junge Leute. Sicherlich denken nur die wenigsten Besucher daran, daß die dortigen Fundamente jene Räume trugen, in denen Agamemnon und seine mit ihm aus dem Trojanischen Krieg heimgekehrte Mannschaft beim heuchlerisch bereiteten Empfangsbankett wie »Ochsen und Schweine abgeschlachtet« wurden.

Die Quelle der Perseia, die beiden einzigen Brunnen, von denen das Wasser zur Burg hochgeschleppt werden mußte, die kleinen »Schatzhäuser«, zum Teil unmittelbar und etwas verborgen ne-

ben der Eingangsstraße, die Gräber in der Schlucht und die Häusermauern der Unterstadt werden von den meisten Touristen nicht beachtet.
Wer Mykene in andächtiger Ruhe besuchen will, dem sei empfohlen, das Wochenende und die Massen der Ausflügler zu meiden. Dann kann man mit Schliemanns Grabungsbericht »Mykene-Bericht über meine Forschungen und Entdeckungen in Mykene und Tiryns« aus dem Jahr 1878 in den Händen die Frühzeit Griechenlands an diesen Denkmälern spüren.
In den nächsten Kapiteln soll von der mykenischen Periode der griechischen Frühzeit und von Schliemanns Ausgrabungen in Mykene die Rede sein.

Zwingburg einer Herrenschicht

»Im äußersten Winkel des rossenährenden Argos« – so lokalisierte Homer in seiner Odyssee Burg und Stadt von Mykene. Argos, das war für den Dichter nicht die Stadt gleichen Namens, sondern die ganze Landschaft, die Argolis. Als König von Mykene herrschte Agamemnon über das ganze Gebiet, das einen großen Teil des Peloponnes einnimmt. Mykene – das war nicht nur eine politische Macht, sondern auch ein Kulturabschnitt in der archaischen Zeit. In der sogenannten späthelladischen Epoche, etwa zu Beginn des 17. Jahrhunderts v. Chr., hatten die Mykener im Nordosten des Peloponnes Fuß gefaßt. Über ihre Herkunft sind sich die Wissenschaftler nicht einig, liegen doch keine schriftlichen Überlieferungen vor. Während sie einerseits mit der um die Wende vom dritten zum zweiten Jahrtausend den ägäischen Raum erfassenden Wanderung in Verbindung gebracht werden und von Norden auf die Halbinsel gekommen sein sollen, sprechen andererseits Anzeichen dafür, daß sie über das Meer, etwa von Rhodos oder Kreta, gekommen sein könnten. Die mykenische Periode zeigt nämlich einen starken kretischen Einfluß. Aber

auch dieses Argument ließe sich entkräften, da dieser Einfluß durch die Handelsbeziehungen mit Kreta zustande gekommen sein kann.
Kreta konnte als Seemacht darauf verzichten, die Städte und Paläste auf der Insel mit Mauern zu umgeben. Die Mykener dagegen mußten auf erhöhten Plätzen mächtige Zwingburgen errichten, die sie vor Feinden und aufständischen Untergebenen im eigenen Lande schützen sollten. Typisch hierfür ist die Gesamtanlage von Mykene, die eine Unterstadt mit einschloß, in der vermutlich die Menschen der Urbevölkerung lebten, die für die Burgherren zu arbeiten hatten, sich dafür aber bei Gefahr hinter die Mauern der Festung zurückziehen konnten.
Wenn die Festung auch rund fünfundzwanzig Kilometer vom Meer entfernt war, so konnten die Mykener nicht ausschließen, daß möglicherweise von dort her Gefahren drohen konnten. Um gegen etwaige Überraschungen gewappnet zu sein, hatte Tiryns, das damals nur knapp eineinhalb Kilometer vom Argolischen Meerbusen entfernt lag und von dem aus die See gut zu überwachen war, zeitweilig die Aufgabe einer vorgeschobenen Bastion.
Im Gegensatz zu den späteren Griechenstämmen kannten die Mykener keine Tempel oder einen bildhaften Götterkult. In ihren Burgen gab es einen Altar mit einer Opfergrube, wo ein oberster Gott, wahrscheinlich der aus Kreta importierte, von den Griechen dann Zeus genannte, verehrt wurde. Kapellenartige Räume in den Wohnbauten sprachen für eine hausinterne Verehrung der Gottheit. Die, wie auch in Troja, zu Hunderten gefundenen Wirtel und Vasen mit Idolen dürften, so Schliemann, wohl nur symbolischen Charakter besessen haben.
Da alle mykenischen Palast- und Stadtanlagen, von geländebedingten Variationen abgesehen, dasselbe Schema haben und Tiryns bis heute die besterhaltene Befestigung besitzt, wird diese im betreffenden Kapitel detailliert beschrieben. Den Aufgang zur Burg von Mykene flankieren gewaltige Zyklopenmauern, von denen aus, wie Schliemann feststellte, auf die Angreifer, unter

anderem die Argiver, die 468 v. Chr. Stadt und Burg eroberten, große Steine geschleudert wurden. Diese Steinbrocken, die sich bis zum Löwentor angehäuft hatten, mußte Schliemann erst beiseite räumen lassen, um den Durchgang zum Burghof, zur Agora, freizulegen. Innerhalb dieser Rundanlage hob er dann die sogenannten »Königsgräber« aus.

Auf eigene Faust – verboten

Seit den ersten drei Stunden auf der Burg im Jahre 1868 hatte Schliemann das Thema Mykene nicht mehr losgelassen. Im Gegensatz zu Hissarlik, wo alles unter dem Hügel begraben lag, offenbarte sich Mykene mit eindrucksvollen Mauerresten und der gut erhaltenen Skulptur des Löwentores. Steine und Schutt ließen harte Arbeit erwarten, jedoch nicht im Umfang von Troja.

Im Februar 1874 wollte Heinrich Schliemann ans Werk gehen. Weil die Antwort auf seinen Antrag auf Grabungsgenehmigung von der Regierung noch nicht eingetroffen war und er seine Ungeduld nicht bezähmen konnte, begann er, ohne Lizenz zu graben. Dies paßte den Behörden nicht. Doch hatte diese Zeit gereicht, um an vierunddreißig Stellen der Burg Suchschächte anzulegen, wobei er auf der obersten Plattform bereits in etwas mehr als einem Meter Tiefe auf Fels gestoßen war. Wie bislang in seinem Leben, stand ihm auch diesmal das Glück zur Seite. Auf den zwei untersten der sieben Terrassen des Westabhangs stieß er in zwischen vier und sechs Meter Tiefe auf gewachsenen Boden und holte dabei eine »große Menge höchst merkwürdiger, uralter, wundervoll bemalter Gefäße und Topfscherben« ans Tageslicht, außerdem eine Anzahl von Idolen in Frauen- und Kuhform. Wie er in Troja die Eulen-Terrakotten als Idole der dortigen Schutzgöttin Athene aufgefaßt hatte, so sah er in den mykenischen die Beschützerin dieser Stadt, Hera, die Gemahlin des Zeus. Wie bei ihrem Gemahl und Bruder Zeus handelte es

sich auch bei ihr um eine über Kreta importierte Gottheit, die jedoch nicht die ihrem Rang zustehende Verehrung erfahren sollte.
Weil die Winterregen an den Hängen viel Boden abgewaschen hatten, war Schliemann überzeugt, nur geringe Mengen an Gerätschaften zu finden. Dem Grabungsverbot der Regierung folgend, lieferte er persönlich einen Korb voller Scherben beim Polizeichef in Nauplia ab. Dort wohlverwahrt, konnte später ein großer Teil der Funde als sehr alt erkannt und bis ins dritte Jahrtausend v. Chr. datiert werden.
Als scheinbar gehorsamer Diener hatte sich Schliemann dem Verbot der Obrigkeit gebeugt und seine Funde dem staatlichen Repräsentanten übergeben. Doch er schlug zurück. Er teilte der Regierung unmißverständlich mit, daß er mit seinem ganzen Vermögen Griechenland verlassen wolle und in Italien archäologisch tätig sein werde. Auf diesen Schreck hin gewann man in Athen wohl doch die Überzeugung, daß man mit diesem inzwischen berühmt gewordenen Manne anders umzugehen habe. Bald darauf traf die offizielle Grabungserlaubnis ein, doch konnte Schliemann erst zwei Jahre später das Unternehmen Mykene starten.

Die Mykener waren Musiker

Wie in Ithaka und Troja stützte Schliemann sich auch bei der Ausgrabung in Mykene auf die alten Überlieferungen. Neben Homer und dessen Gesängen kannte er Pausanias, der ihm den Hinweis auf die »Königsgräber« gab. Kein Schriftsteller, der sich mit Mykene befaßt hatte, war ihm unbekannt. So auch Diodorus Siculus, der zur Zeit Julius Caesars und des Kaisers Augustus lebte und das Ende der Stadt beschrieb, die nach der Einwanderung der Dorier nur noch eine zweitrangige Rolle spielte:
»In der 78. Olympiade (468 v. Chr.) brach aus den nachstehenden

Gründen zwischen den Argivern und den Mykenern ein Krieg aus. Stolz auf den alten Ruhm ihrer Stadt, weigerten sich die Mykener, den Argivern zu gehorchen, wie es die anderen Städte jener Landschaft getan hatten; sie nahmen eine unabhängige Stellung ein und kehrten sich nicht mehr an den Argivern. Sie hatten Streitigkeiten mit ihnen hinsichtlich des Kultes der Göttin Hera und traten mit der Anforderung auf, daß ihnen allein die Leitung und Anordnung der Nemeischen Spiele überlassen werden sollte. Sie waren außerdem in Zwiespalt mit ihnen, weil, während die Argiver beschlossen hatten, den Spartanern in den Thermopylen nicht zu Hilfe zu kommen – es sei denn, daß ihnen ein Anteil am Oberbefehl gegeben würde –, die Mykener allein von allen Bewohnern den Lakedämoniern zu Hilfe kamen. Wegen der früheren Größe ihrer Stadt (Mykene) argwöhnten die Argiver außerdem, ihre Nebenbuhler möchten wiederum zu mächtig werden und ihnen die Oberherrschaft streitig machen. Mit solchen Gründen zur Feindschaft hatten die Argiver lange auf eine Gelegenheit gewartet, Mykene zu zerstören, und nun dachten sie, der rechte Zeitpunkt wäre gekommen, als sie sahen, daß die Lakedämonier geschlagen und nicht imstande waren, den Mykenern zu Hilfe zu kommen. Sie brachten daher von Argos und den mit ihnen verbündeten Städten (Tegeä und Cleonä) eine starke Macht zusammen und führten sie zum Angriff. Die Mykener wurden geschlagen, innerhalb der Stadtmauern zurückgedrängt und belagert. Eine Zeitlang verteidigten sie sich tapfer; endlich aber – teils weil sie im Krieg im Nachteil gewesen, teils weil die mit ihren eigenen Kriegen beschäftigten Lakedämonier nicht imstande waren, ihnen Hilfe zu leisten; dann auch infolge der durch die Erdbeben angerichteten Verheerungen und weil sie jetzt niemanden mehr hatten, der ihnen hätte zu Hilfe kommen können – wurde wegen gänzlichen Mangels an Hilfe von außen ihre Stadt mit Sturm genommen. Die Mykener wurden somit von Argivern zu Sklaven gemacht, der zehnte Teil ihrer Habe der Religion gewidmet und in ihre Stadt geschleift. Diese Stadt nun,

die einst mit Reichtum und Macht gesegnet war, die so große Männer erzeugte und so große Taten vollbrachte, wurde auf diese Weise zerstört und blieb bis zur jetzigen Zeit unbewohnt.«
Die Behauptung des griechischen Geographen und Historikers Strabo (etwa 63 v. Chr. bis 26 n. Chr.), »daß sich jetzt von der Stadt der Mykener auch nicht eine Spur mehr findet«, konnte Schliemann nicht unwidersprochen hinnehmen. Es ist anzunehmen, daß Strabo Mykene nie gesehen und somit eine Fabel in die literarische und historische Welt gesetzt hatte; denn noch zwei Jahrtausende später waren nicht nur »Spuren«, sondern großartige Ruinen vorhanden. Und schließlich konnte Schliemann den Nachweis erbringen, daß eine Trümmerschicht an der Oberfläche der Akropolis aus hellenistischer Zeit stammte, Mykene noch zweihundert Jahre nach Strabo bewohnt war.
»Ich fing das große Werk am 7. August 1876 mit dreiundsechzig Arbeitern an«, schrieb er, »die ich in drei Haufen teilte, zwölf Mann stellte ich an das Löwentor, um den Eingang in die Akropolis freizugraben, dreiundvierzig Mann ließ ich in einer Entfernung von rund zwölf Meter vom Tor einen fünfunddreißig Meter langen und ebenso breiten Einschnitt machen und stellte die übrigen acht Mann an der Südseite des in der unteren Stadt nahe beim Löwentor gelegenen Schatzhauses auf, um einen Einschnitt zu machen und den Eingang zu finden.« Vom 19. August an konnte Schliemann 125 Arbeiter einsetzen. Ihnen zahlte er zweieinhalb Drachmen pro Tag, während die Aufseher fünf bis sechs Drachmen erhielten. Für seine vier zur Schuttbeseitigung notwendigen Wagen mußte er insgesamt zweiunddreißig Drachmen aufbringen. Seinen Leuten machte er das Kompliment: Sie »arbeiten aber hier viel besser und sind viel ehrlicher als die Arbeiter in der Landschaft Troas«. Wie in Troja stand Sophie Schliemann ihrem Mann auch hier zur Seite und ging ganz in der archäologischen Arbeit auf, konnten sich doch beide trotz Hitze, Sturm und Staub nichts Interessanteres »denken als die Ausgrabung einer vorhistorischen Stadt von unsterblichem Ruhm, wo fast jeder

Gegenstand bis zur Topfscherbe eine neue Seite der Geschichte aufdeckt«.

Harter Boden und übergroße Steintrümmer bereiteten Schliemann und den Arbeitern erhebliche Schwierigkeiten. Der vorhandene Schutt war nicht das Ergebnis eingestürzter Häuser, sondern der in Jahrhunderten durch Regenwasser abgewaschenen Terrassen. Nachdem der Eingang und das Löwentor selbst einigermaßen von den gröbsten Steinmassen befreit und das »Zimmer« des Torwächters entdeckt worden waren, fand Schliemann »unterhalb der verhältnismäßig modernen Stadt ... Tausende von Bruchstücken jener prächtig bemalten archaischen Vasen«. Sie hatten Kugelformen mit flachem Fuß, liefen nach oben in einen engen, geschlossenen Hals aus und wurden durch zwei Henkel gehalten. Als Besonderheit vermerkte Schliemann, daß es in Mykene ebenso viele verschieden gemalte Verzierungen wie Vasen gab. Neben der reinen Ornamentik mit Linien, Punkten, Spiralen, Hakenkreuzen kamen auch Darstellungen von Menschen und Tieren zum Vorschein. So hielt ein Mann mit Helm in der Linken eine Lanze und führte mit der Rechten ein Pferd. Ein anderer Menschenkopf mit einem sehr großen Auge trug das Haar wie eine phrygische Kappe gekämmt.

In wenigen Tagen konnte Schliemann allein über zweihundert Bruchstücke und zum Teil gut erhaltene Idole der Hera sammeln. Sie hatten entweder die Gestalt einer Frau oder der der Göttin heiligen Kuh. Eisen war den späteren Mykenern schon bekannt; denn es wurden Messer und Schlüssel aus diesem Metall gefunden. Zwei Messer aus Bronze waren in sehr gutem Zustand. Mehrere Pfeilspitzen, so stellte Schliemann fest, waren in Form und Typ den karthagischen ähnlich, die er im Jahr zuvor bei seinen Ausgrabungen in Motye auf Sizilien gefunden hatte.

»Die Mykener scheinen Musiker gewesen zu sein«, erklärte er nach wenigen Tagen Grabungsarbeit, »denn ich fand das herrlich verzierte Bruchstück einer Leier und drei Bruchstücke einer Flöte mit hübscher Intaglio-Ornamentation«.

Der erhaltene Teil einer zyklopischen Wasserleitung verwunderte Schliemann, da die Leitung, aus unbehauenen Steinen und ohne Bindemittel zusammengefügt, einfach auf dem Schutt lag. Es war rätselhaft, wie das Wasser durch sie rinnen konnte, ohne in den Zwischenräumen zu versickern. Doch mußte sie funktioniert haben; denn neben ihr befanden sich zwölf grabförmige Behälter, die aus großen Platten eines harten Kalksteins bestanden und augenscheinlich als Zisternen dienten.

Wenige Schritte von diesen Behältern entfernt, wurden zwei interessante Grabstelen mit Basreliefs freigelegt. Eine von ihnen, aus weichem Kalkstein, war mehrfach gebrochen; der obere Teil fehlte ganz. Auf dieser Stele war eine Jagdszene dargestellt. Auf einem von einem Pferd gezogenen Wagen stand der mit der linken Hand den Zügel haltende Jäger. Seine rechte Hand faßte ein langes, breites Schwert. Die vier Speichen des Rades bildeten ein Kreuz. Die langgestreckten Vorder- und Hinterbeine des Pferdes sollten wohl den schnellen Lauf andeuten. Ein gut wiedergegebener Hund begleitete das Gefährt und jagte ein Reh. Das Relief war von Kartuschen eingerahmt, deren sonderbare Ornamentik erst bei genauer Betrachtung als Spirallinien erkennbar war.

Direkt neben dieser Stele stand ein weiterer Grabstein aus viel härterem Kalkstein. Nur wenig beschädigt, war seine Skulptierung gut sichtbar. Unter zwei Spiralreihen stürmte ein Wagenkämpfer, der in der linken Hand ein noch in der Scheide steckendes Schwert hielt, während er mit der rechten einen langen Gegenstand führte, der bis zum Maul des Pferdes reichte, einen Zügel, vielleicht aber auch eine Lanze. Ein Hengst zog den Wagen; seine lang ausgestreckten Beine sollten auch hier die Geschwindigkeit andeuten. Vor dem Pferd stand ein nackter Kämpfer, der mit der rechten Hand den Kopf des Tieres ergriff und mit der linken ein zweischneidiges Schwert schwang. »Das

Fuhrwerk«, freute sich Schliemann, »gibt uns ein einzig in seiner Art dastehendes und höchst kostbares Bild eines homerischen Streitwagens, von dem wir uns nach des Dichters Beschreibung nur einen unklaren Begriff machen konnten.«
Der Wagenstuhl bildete keinen Halbkreis, sondern war viereckig und wies auf drei Seiten eine Leiste oder einen Rand auf, worüber Homer in der Ilias sagt:

»Dann in goldenen Riemen und silbernen schwebet der Sessel
Ausgespannt, und umringt mit zwei umlaufenden Rändern.«

Wenig später wurden ganz in der Nähe zwei weitere Grabmonumente gefunden. Wieder zeigte eines das Motiv des auf einem Wagen stehenden Kriegers, auf den ein von rechts heranstürmender Gegner mit einer Lanze eindringen will. Mäander und Spiralen umgaben das Relief. Das Relief des vierten Monuments zeigte nur zwei kräftige, Schlangenleiber darstellende Mäander, die sich an einer Säule hochringeln.
An Grabstelen war kein Mangel. Immer wieder wurden zum Teil gut erhaltene Exemplare, aber auch zahlreiche Bruchstücke in der Tiefe freigelegt. Schliemanns erste Vermutung, daß es sich bei schwarzen Asche- und Knochenresten um Verbrennungsrückstände menschlicher Knochen handelte, konnte korrigiert werden, als sich die Knochen als Überbleibsel von Opfertieren herausstellten. Deshalb gewann er die Überzeugung, daß man in Mykene die Verstorbenen bestattete und nicht verbrannte.
Die Verlockung war groß, nun auch den Gräbern nachzuspüren. Doch schob Schliemann diese Suche noch etwas auf, da er erst die Ausgrabungen auf der Nordseite der Akropolis abschließen wollte. Aber die nächste Arbeit war vorgegeben. Das Vorhandensein dieser Gräber nahe dem Löwentor, »also an der imposantesten Stelle der ganzen Akropolis, auf einem Platze, wo man erwartet hätte, den königlichen Palast zu finden, ist von guter Bedeutung, um so mehr als die Platten der beiden parallelen

Reihen vollkommen den der fünf unskulpierten Grabsteine ähnlich sind. Ich kenne kein Beispiel in der Geschichte, daß eine Akropolis jemals als Begräbnisplatz gedient hätte … Hier in der Akropolis von Mykene sind die Gräber … eine handgreifliche Tatsache. Wer aber waren die hohen Personen und welche ungeheuren Dienste hatten sie der Stadt erwiesen, um die große Ehre eines solches Begräbnisplatzes zu verdienen?«
Die Antwort gab er sich selbst.
Er war überzeugt, daß es sich um jene Gräber handelte, die Pausanias dem Atreus, dem »König der Männer« Agamemnon, seinem Wagenlenker Eurymedon, der Kassandra und ihren Gefährten zuschrieb. Allerdings konnte Pausanias diese Gräber nicht gesehen haben; denn zu seiner Zeit waren sie schon mit annähernd drei Meter dickem Schutt überdeckt. So hatte er seine Kenntnisse um sie sicher nur aus der Tradition.

Sophie Schliemann führt das »Commando«

Noch bremste Schliemann sein Verlangen, diese Gräber zu erforschen. Vorerst wandte er sich der Arbeit an dem Schatzhaus unweit des Löwentores zu, genauer gesagt, hatte er seiner Frau das »Commando« übertragen, die Leute zu überwachen und Funde zu bergen.
Er selbst wollte den das Löwentor versperrenden Schutt beseitigen. Die Archäologische Gesellschaft von Athen hatte ihn ersucht, damit zu warten, bis sie einen Ingenieur geschickt hatte, der das Löwentor gegen Beschädigungen durch Erdbeben sichern und zyklopische Steine ergänzen sollte. Anstelle dieses Fachmannes traf nach einiger Zeit jedoch die Grabungsgenehmigung durch die Gesellschaft ein. In einer Auflage wurde jedoch gefordert, beiderseits des Tores die Schuttanhäufung auf beträchtlicher Breite stehenzulassen, damit die zur Ausbesserung notwendigen Blöcke nicht verlorengingen.

Schliemann teilte seiner Frau dreißig Mann zu, mit denen sie das Schatzhaus freilegen sollte. Es wurde zu einem harten Stück Arbeit; von »furchtbarsten Schwierigkeiten« sprach Schliemann. Vom oberen Teil der Kuppel waren Hunderte von großen Blökken heruntergefallen, die mit erheblicher Mühe beiseite geräumt und für Ausbesserungen bereitgelegt werden mußten. Mit zwei Wagen wurde der Schutt abtransportiert.

Im Inneren des Schatzhauses wurde eine einzelne Bronzeplatte entdeckt. Da aber, im Gegensatz zum Schatzhaus des Atreus und des Minyas in Orchomenos, keine Steine mit Löchern für die Halterungen einer Wandverkleidung zu sehen waren, mußte dieses Schatzhaus weit einfacher gestaltet gewesen und älteren Datums sein. Der mehlige Untergrund des Innenraumes hatte einen Überzug aus Sand und Kalk, in dem noch Fußspuren zu sehen waren. Darin fand man auch das Bruchstück eines Frieses. Vor dem Schatzhaus wurden Keramikscherben gefunden, auf denen sehr roh dargestellte Reiter den Nacken eines Pferdes halten, daneben auch wieder mit Zickzacklinien, Mäandern, Hakenkreuzen, Blumen und Fischgrätmustern bemalte Vasenteile. Auch primitive Darstellungen von Kranichen oder Schwänen fanden sich. Neben dem sehr hohen Eingang standen Säulen. Auf der Türschwelle entdeckte Sophie Schliemann im Schutt ein dünnes, rundes Goldblatt.

Im Schutt vor dem Schatzhaus fanden sich mehrere Frauenfiguren, wahrscheinlich Hera-Idole, die sehr primitiv gearbeitet waren, jedoch teilweise durch Diademe als göttliche oder fürstliche Gestalten gekennzeichnet waren. Auch die Reste einer mit vertikalen Strichen verzierten Kanne konnten eingesammelt werden. Neben archaischen Kuhkeramiken, die ebenfalls die Göttermutter Hera symbolisierten, wurden eine kleine silberne Frauenfigur mit langem Haar und das Bruchstück einer Vase aus Granit geborgen.

Schliemann und seine Frau waren überzeugt, daß der Eingang dieses Schatzhauses bereits im hohen Altertum mit Schutt ausgefüllt worden sein mußte. Die zahlreichen Terrakotta-Stücke ließen eine solche Erklärung zu, da sie die geometrischen Zeichnungen jener frühen Zeit aufwiesen.

Das »Schatzhaus des Atreus«

Die zweite Attraktion neben dem Löwentor ist für den Mykene-Besucher der Gegenwart das knapp dreihundert Meter südlich der Burg und innerhalb der einstigen ummauerten Stadt liegende »Schatzhaus des Atreus«, früher auch »Grab des Agamemnon« genannt.

Auf dem Geschlecht der Pelopiden, der Herrscher von Mykene, lastete schon ein Fluch, seit Tantalos in frevlerischer Weise den Göttern seinen Sohn Pelops als Speise vorgesetzt hatte. Der wunderbar ins Leben zurückgerufene Sohn vergrößerte den Fluch noch durch einen weiteren Mord und gab ihn an seine Söhne Atreus und Thyestes weiter. Thyestes verführte seines Bruders Frau und mußte daher das Land verlassen. Nach langer Zeit kehrte er mit einem seiner beiden Söhne zurück. Atreus, der die ihm angetane Schmach noch nicht überwunden hatte, empfing seinen Bruder scheinbar herzlich und ließ ein Festmahl bereiten. Als »Delikatesse« setzte er Thyestes dessen getöteten und gebratenen Sohn vor. In furchtbarem Haß floh Tyestes erneut und lehrte seinen anderen Sohn nicht die Ehrung der Götter, sondern die Rache an seinem Onkel. Als der Knabe zum Jüngling herangereift war, schlich er sich unerkannt in die Burg von Mykene und erschlug nachts den Atreus, dessen Sohn Agamemnon nach Jahren ebenfalls vom Ahnenfluch eingeholt wurde.

Da der Reichtum der einstigen Fürsten von Mykene legendär war, hatte sich der Begriff der »Schatzhäuser« für die dort aufgefundenen Kuppelgräber eingebürgert, was Räuber und Schatzsucher anlockte. Auch das »Schatzhaus des Atreus« war von diesem Schicksal nicht verschont geblieben. Schliemann wurde von dem

Athener Medizinprofessor P. Pylas auf einen von diesem am 19. November 1857 veröffentlichten Zeitungsartikel über eine erste Ausgrabung im »Schatzhaus des Atreus« hingewiesen. »Mit Vorbehalt« nahm Schliemann die Übersetzung in sein Buch auf:

»Das Grab des Agamemnon in Mykene«
»Wie die alten Leute erzählen, kam im April 1808 ein Mohammedaner von Nauplia zu Veli Pascha, welcher zu der Zeit Statthalter des Peloponnes war, und sagte ihm, er wüßte, es lägen mehrere Statuen im Grabe des Agamemnon versteckt. Veli Pascha, der ein energischer und ehrgeiziger Mann war, fing sogleich an, mit Zwangsarbeit die Stelle vor dem Grabe auszugraben. Als er bis zu einer Tiefe von drei Klaftern gekommen war, stiegen die Arbeiter mittels einer Leiter ins Innere des Doms und fanden dort sehr viele alte Gräber, und als sie diese öffneten, fanden sie darin Knochen, auf denen Gold lag, welches ohne Zweifel von den mit Gold gestickten Gewändern stammte; sie fanden dort auch andere goldene und silberne Schmucksachen, ferner wertvolle Steine von der Art, die ›Antiken‹ (Gemmen) genannt werden; diese aber hatten keine Intaglioverzierungen. Außerhalb der Gräber fanden sie ungefähr 25 Statuen und einen marmornen Tisch; alle diese Gegenstände brachte Veli Pascha nach dem Lerna-See, und nachdem er sie hatte waschen lassen, ließ er sie in Matten packen und nach Tripolis senden, wo er sie an Reisende verkaufte und dafür 80000 Gros (damals ungefähr 20000 Franken wert) erhielt. Auch sammelte er alle Knochen und allen in den Gräbern enthaltenen Schutt und ließ das eine wie das andere nach Tripolis bringen. Er vertraute die Sachen dort den damaligen angesehenen Goldschmieden D. Contonicolacos und P. Scouras an, welche, nachdem sie den Schutt gereinigt und das an den Knochen haftende Gold abgeschabt hatten, ungefähr 4 Oken (4800 Gramm) Gold und Silber zusammenbrachten. Sowohl die Steine in Form von Antiken als auch die

Knochen wurden weggeworfen. Ich habe diese Erzählung aus dem Munde der beiden Goldschmiede gehört, als sie noch am Leben waren, auch von meinem eigenen Vater, welcher die Statuen bei den Mühlen (Lerna-See) sah.«

Schliemann stand dem Bericht mit Skepsis gegenüber. Aus dem heroischen Zeitalter konnten nirgends und auch nicht in Mykene irgendwelche Statuen gefunden werden. Außerdem bestätigten ihm die Leute aus Charvati und Umgebung, daß die Ausgrabung im Jahre 1810 stattgefunden hatte und daß lediglich ein paar halbe Säulen und Friese, ein marmorner Tisch und eine lange, von der Decke der Kuppel herabhängende Kette, an deren Ende ein bronzener Kronleuchter hing, gefunden worden waren. Auch die Existenz des Leuchters bezweifelte Schliemann, »denn, von Lichtern gar nicht zu reden, selbst Lampen von Terrakotta waren dem Homer völlig unbekannt, und ich habe sie nie, weder in Troja, noch in Tiryns oder in Mykene, in dem Schutt vorhistorischer Haushaltungen gefunden«. Daß Veli Pascha Gold erbeutet hatte, bezweifelte er in seiner Niederschrift nicht; denn schon einen Monat später öffnete er selbst die ersten Gräber mit Beigaben in Gold, die ihm und der Welt den von Homer gepriesenen Reichtum Mykenes bestätigen sollten.

Unterirdisch in den östlichen Abhang des Bergrückens gebaut, führten zwei zyklopische Mauern zum Eingang des Schatzhauses. Das Gemach hatte die Gestalt eines Domes oder einer Rotunde, deren gut behauene und polierte Blöcke sich nach oben zu einer Kuppel verengten. Von der vierten Steinschicht an nach oben hatte jeder Stein zwei gebohrte Löcher, in denen von Schliemann zum Teil noch Reste von Bronzenägeln gefunden wurden. Sie konnten nur den Zweck haben, die Bronzeplatten zu halten, mit denen einst das Innere des Gebäudes ausgeschmückt gewesen war. Aus den Werken Homers und des Pausanias ist bekannt, daß in jener Zeit die Paläste und Gemächer der Vornehmen mit derartigen Platten verziert waren. In der Odyssee liest man:

»Wie die Sonne oder der Mond im hellen Glanze erstrahlen,
So erglänzt der hohe Palast des hochherzigen Alkinoos;
Denn die ehernen Wände erstreckten sich von der Schwelle
Bis auf den Grund des Gebäudes; ihr Simswerk war von
blauem Stahl.«

Auch Pausanias berichtet, daß jenes unterirdische Gewölbe von Argos, das er zu den Merkwürdigkeiten seiner Zeit rechnet und das der Danae als Gefängnis diente, ein »kupfernes Zimmer« besessen hatte, das zwar zerstört worden war, »das Gewölbe aber ist noch jetzt vorhanden«. Auch in seiner »Antigone« befaßt sich Sophokles mit den bronzenen Platten, die das Gemach der gefesselten Danae umgaben, während Horaz von einem »ehernen Turm« der Danae spricht.
Dieses »Schatzhaus des Atreus«, vermerkte Schliemann, »ist das einzige vollständige und das allerwichtigste Denkmal in Griechenland, und das sich daran knüpfende Interesse ist um so größer, als die Tradition es dem Atreus, dem Vater Agamemnons, des ›Königs der Männer‹, zuschreibt«.

Kaiserliches Mahl im Schatzhaus

Vom zweiten Eingang hinter dem Löwentor, der nur noch in Bruchstücken vorhanden war, grub Schliemann weiter in Richtung der runden Agora, des Versammlungs- und Ratsplatzes in der Akropolis. Nur einige Schritte davon entfernt, deckte er wieder zwei zyklopische Wasserleitungen auf, von denen eine in einen langen und schmalen Korridor, die andere in zwei Zisternen mündete. Diese Wasserleitungen dürften nach Ansicht Schliemanns von der Quelle der Perseia gespeist worden sein, deren Name von Perseus, dem Gründer von Mykene, zu stammen scheint.
Beim Abgraben des teilweise bis zu sechs Meter hohen Schutts

hinter dem zweiten Tor wurden bronzene Finger- und Ohrringe gesammelt, die möglicherweise aus hellenischer Zeit stammten. Auf einem Siegelring ist eine sitzende Frau mit ausgebreiteten Armen, seitwärts gewandtem Kopf und üppigem Haar abgebildet; darunter befindet sich eine männliche Figur mit breiter Brust und ebenfalls ausgebreiteten Armen. Ein Ohrring aus zweimal gedrehtem Golddraht war jenen Stücken ähnlich, die Schliemann mehrfach in Troja gefunden hatte und die hauptsächlich zum »Schatz des Priamos« gehörten. Ein Bronzeschwert, mehrere Idole und Dreifüße aus Terrakotta in Form von Lehnstühlen wurden dem Schutt entnommen. Zwei kleine Wiegen aus Keramik mit einer winzigen Kinderfigur darin dienten wahrscheinlich als Weihgaben.

Am 30. Oktober 1876 notierte Schliemann: »Gestern und heute hatten meine Ausgrabungen die Ehre gehabt, von Sr. Majestät, dem Kaiser Dom Pedro II. von Brasilien, besucht zu werden.« Der Monarch war von Korinth gekommen und direkt zur Akropolis hinaufgeritten. Zwei Stunden lang besichtigte er aufmerksam Schliemanns Arbeit. Besonders interessierte er sich für die doppelte Plattenreihe der Agora und die vier Grabstelen, von denen Schliemann Fotos nach Kairo schicken sollte. »Das Löwentor, durch das der König der Männer schritt, als er zu dem ruhmvollsten Feldzug des heroischen Zeitalters abging, die wunderbare Schwelle dieses Tores, der zyklopische Unterbau des königlichen Hauses, die drei zyklopischen Wasserleitungen, die riesigen zyklopischen Ringmauern und alle übrigen Denkmäler vorhistorischer Zeit schienen ebenfalls von hohem Interesse für Se. Majestät zu sein. Der Kaiser besuchte darauf das von mir ausgegrabene Schatzhaus und hiernach das Schatzhaus des Atreus, wo das Mittagessen bereitstand. Das Mahl in der Mitte des geheimnisvollen, beinahe vierzig Jahrhunderte alten, domförmigen, unterirdischen Gebäudes schien Se. Majestät ungemein zu gefallen. Er besichtigte darauf mit tiefstem Interesse in dem Dorfe Charvati die durch meine Ausgrabungen hervorgerufene große Sammlung von mykenischen Altertümern und bewunderte besonders die große Masse von Hera-Idolen verschiedener Form, die Intagli, die herrliche mykenische Töpferware und die archaischen Skulpturen. Se. Majestät besichtigte auch in und bei Charvati mit großem Interesse den alten Steinbruch, aus dem alle Steine der zyklopischen Mauern, der Schatzhäuser usw. stammen, und fuhr von dort nach Argos und Nauplia. Se. Majestät kam heute hierher zurück, um noch einmal das mykenische Museum und die Ausgrabungen zu sehen, und reiste von hier über Korinth nach Athen zurück.«

Bei diesem einen Besuch blieb es jedoch nicht. Schliemann konnte am 22. Juni des folgenden Jahres in seiner Londoner Wohnung erneut Kaiser Dom Pedro II. empfangen, der sich zwei Stunden lang Schliemanns Album mit den Aufnahmen der mykenischen Schätze und der übrigen Altertümer betrachtete »und mir zum wiederholtem Male zu dem Erfolg meiner Ausgrabungen gratulierte«.

Bei diesem Londoner Treffen war eine Affäre vergeben und vergessen, die Schliemann in Mykene in Wallung gebracht hatte und die ein Licht auf seinen Gerechtigkeitssinn wirft.

Ungerechtigkeit war Schliemann ein Greuel. Daß im Zusammenhang mit dem kaiserlichen Besuch in Mykene ein ehrenwerter Mann zu leiden hatte, rief Schliemanns helle Empörung wach. Im nachhinein hatte er erfahren, daß Dom Pedro, der nach der ersten Besichtigung in Nauplion übernachtete, dem dortigen Polizeichef Leonardos das fürstliche Trinkgeld von vierzig Francs gegeben hatte, das jener unter den Polizisten verteilen sollte, die den Kaiser zu bewachen hatten.

Schon diese Knauserei erregte Schliemann. Noch mehr geriet er in Rage, als ihm hinterbracht wurde, daß einige mißgünstige Beamte behaupteten, Leonardos habe in Wirklichkeit tausend Franken erhalten und das Geld bis auf jene vierzig unterschlagen. Als dieser Verdächtigung wegen der Polizeichef seines Amtes enthoben wurde, war Schliemann nicht mehr zu halten. Er hatte

Leonardos von Anfang an als loyalen und ehrlichen Menschen kennengelernt.
Schliemann ließ seine Beziehungen spielen und telegrafierte an die Regierung nach Athen: »Als Gegenleistung für die vielen hundert Millionen, um die ich Griechenland bereichert habe, bitte ich mir die Gefälligkeit zu erweisen, meinen Freund, den Polizisten Leonardos in Nauplion, zu pardonieren und auf seinem Posten zu belassen. Geschieht für mich, Schliemann.« Als Athen nicht sofort reagierte, jagte er ein zweites Telegramm los: »Schwöre, daß Polizist Leonardos ehrlich und tüchtig. Nichts als Verleumdung. Garantiere, daß er nur vierzig Franken bekam. Fordere Gerechtigkeit, Schliemann.«
Dieser Schritt allein genügte Schliemann nicht. Er wollte die volle Rehabilitierung des Polizeichefs und scheute nicht davor zurück, den Kaiser einzuschalten und ihn zu zwingen, Leonardos von allen Verdächtigungen reinzuwaschen, auch wenn dieser dadurch seinen Geiz eingestehen mußte. Er schickte ein Telegramm an den Monarchen, das an Deutlichkeit nichts zu wünschen übrigließ: »Bei Ihrer Abreise aus Nauplion haben Eure Majestät dem Polizeikommandeur Leonida Leonardos 40 Franken zur Verteilung unter die Polizisten gegeben. Der Bürgermeister, um den braven Mann zu verleumden, behauptete, er habe 1000 von Eurer Majestät erhalten. Leonardos wurde des Amtes entsetzt, und nur mit größer Mühe konnte ich ihn vor dem Gefängnis retten. Da ich ihn seit Jahren als den ehrlichsten Menschen von der Welt kenne, bitte ich im Namen der heiligen Wahrheit und der Menschlichkeit Eure Majestät, mir zu telegrafieren, wieviel Leonardos bekommen hat, 40 Franken oder mehr?«
Dom Pedro mußte seine kaiserliche Würde hintanstellen. Er gestand die vierzig Franken ein, griff aber nun tiefer in seine Schatulle und übersandte nachträglich tausend Franken für den Polizeichef und dessen Polizisten. Leonida Leonardos war in vollem Umfang rehabilitiert.

»Nach Abreise des Kaisers«, notierte Schliemann, »erstiegen meine Frau und ich, nicht ohne große Beschwerden, den jetzt Hagios Elias genannten nördlichen Gipfel des Berges Euboea, der unmittelbar nördlich hinter der Akropolis aufsteigt und auf dessen Spitze eine offene Kapelle des Propheten Elias steht.«
Nur ein kleines Dreieck von knapp dreißig Meter Seitenlänge bildete diese Spitze aus steilen, urwüchsigen und nadelscharfen Felsen, zwischen denen man sich kaum bewegen konnte. Noch in der Gegenwart muß man Schliemanns Feststellung bestätigen, daß der Gipfel nicht bewohnt werden konnte, zumal es dort oben kein Wasser gab. Die einzige flache Stelle mit drei zu sieben Metern Größe nahm und nimmt auch heute noch das kleine Kapellchen ein. Dennoch registrierten Schliemann und seine Frau die Reste einer zyklopischen Ringmauer, die teilweise bis zu zwei Meter hoch waren. Eine Tür an der Ostseite führte in einen kleinen Gang; die Löcher der einstigen Türangel waren noch vorhanden. Auch unterhalb des Gipfels verlief eine zyklopische Mauer.
Zwischen den Steinen fand Schliemann viele Bruchstücke hellgrüner Vasen mit schwarzen Ornamenten. Aus seinen Eindrükken folgerte er, daß diese Mauern vielleicht noch älter als Mykene und Tiryns waren. Stets auf Lösungen bedacht, vermutete Schliemann, daß auf der Bergspitze ein kleines Tempelchen gestanden hatte. In der christlichen Verehrung des Propheten Elias sehe er rückwirkend den Kult einer alten Gottheit. Noch zu seiner Zeit wallfahrten die Menschen bei anhaltender Dürre zur Elias-Kapelle, um den Propheten um Regen zu bitten. Schon aus der Aussprache des Namens Elias ließe sich auf den Sonnengott des Altertums schließen, der Helios hieß und Eelios ausgesprochen wurde. Auch die biblische Erzählung von Elias, der in einem Flammenwagen zum Himmel auffuhr, und die Darstellung des antiken Sonnengottes, der in einem Wagen am Himmel entlang-

fährt, passen zu dieser Deutung, auch wenn der Name Elias rein hebräischen Ursprungs, Helios dagegen ein griechisches Wort ist. Wie Schliemann sich nicht mit der Ausgrabung des Hügels von Hissarlik begnügt, sondern die ganze Troas durchstreift hatte, so begab er sich auch zu anderen zyklopischen Ruinen in der Umgebung von Mykene. Beim Dorf Phichtis vermutete er in den Resten eines alten Gebäudes einen früheren Tempel. Einen gut erhaltenen Turm in einer noch weiter entfernten Schlucht betrachtete er als Sicherung des dortigen Engpasses auf dem Weg nach Korinth. Möglicherweise hätte Schliemann für diesen Turm und die Ruinen auf dem Eliasberg eine weitere Deutung in Erwägung gezogen, wäre ihm gegenwärtig gewesen, daß im Land und besonders auf den Bergen Wachposten eingerichtet waren, die nach dem Ende des Trojanischen Krieges die Heimkehr Agamemnons und seiner Truppen rechtzeitig melden sollten. Es ist denkbar, daß solche Wacheinrichtungen auch schon vor Agamemnons Zeit bestanden hatten; denn die Festung Mykene beherrschte ja eine Bevölkerung, die unterdrückt und daher ein steter Unsicherheitsfaktor gewesen war. Auch die großartige Anlage von Tiryns war im mykenischen Verteidigungssystem ein vorgeschobenes Bollwerk, vornehmlich gegen Überfälle von der See her.

Sophie Schliemann und das Klima

Am 7. August 1876 war Heinrich Schliemann mit seiner Frau Sophie in Mykene angekommen. Man muß selbst einmal im heißesten Monat des Jahres in dieser nahezu kahlen Landschaft gewesen sein, um sich ein Bild machen zu können, wie unter solchen klimatischen Verhältnissen der von Homer und seiner Idee, die vorgriechische Zeit zu erschließen, besessene Schliemann mit der eigenen Gesundheit umgegangen sein muß. Nicht nur die gnadenlose Sonne, die allen Bewuchs verdorren ließ und die Steine fast zum Glühen brachte, erforderte alle menschliche Widerstandskraft. Bisweilen gab es auch Sandstürme und dann schließlich herbstliche Dauerregen, die aus den Grabungsstellen tiefe Schlammhaufen machten und keine andere Wahl ließen, als die Arbeiten bis zu einer Besserung der Wetterlage zu unterbrechen.

Aber nicht nur Witterung und Klima schienen sich gegen Schliemann verschworen zu haben, auch persönliche Differenzen mit dem aufsichtführenden Delegierten aus Athen, Stamatakis, blieben nicht aus. Er war zwar Facharchäologe, aber auch ein Pedant und Bürokrat, der immer wieder Schliemanns Arbeit behinderte, wenn dieser seiner Meinung nach über das Ziel wissenschaftlicher Archäologie hinauszuschießen schien. Nur Sophie Schliemanns vermittelndem Eingreifen war es zu verdanken, daß man letztlich wieder zu sachlichen Gesprächen zurückfand.

Wie in Troja mußten auch in Mykene die Ergebnisse der Tagesarbeit bei spärlichem Kerzenlicht bis nach Mitternacht geordnet, registriert, beschriftet und in die Tagebücher eingetragen werden. Telegramme, Korrespondenz, Briefe an Regierungsstellen und Berichte für die Zeitungen und Institutionen wurden von Sophie Schliemann nach Nauplion zur Weiterbeförderung durch die Post gebracht. So mag es verwundern, daß diese junge Frau – zu jener Zeit zählte sie erst fünfundzwanzig Lenze – noch die Zeit aufbrachte, sich nicht nur um das Provisorium eines Haushalts inmitten von Ruinen, sondern auch um die Leitung der Ausgrabung des Schatzhauses nahe dem Löwentor zu kümmern, das schließlich die ehrenvolle Bezeichnung »Grab der Klytämnestra« erhielt.

Wenn sie all diese Mühe auf sich nahm, so verdankte ihr Mann dies ihrer Begeisterung für Homer, die Geschichte und die Zeugnisse der Frühzeit ihrer griechischen Heimat, in der sie ihrem Mann nicht nachstand. Sie war keine stumme Dulderin, sondern eine Partnerin, antreibend und ausgleichend, verständnisvoll und selbst voller dynamischer Kraft, ebenbürtig diesem willensstar-

ken Mann, der auf sich selbst keine Rücksicht nahm und von anderen ebensolchen Einsatz erwartete.
In den offiziellen Veröffentlichungen Schliemanns trat die Mitwirkung seiner Frau, von einigen Szenen und Hinweisen abgesehen, stets in den Hintergrund. Nicht mehr als recht und billig ist es also, sie im Rahmen dieses Buches einmal aus dem Schatten herauszuholen und ihr eine Würdigung zukommen zu lassen, die wenigstens annähernd ihrer Rolle im archäologischen Leben Schliemanns gerecht wird.

Die »Königsgräber«

Was die Welt – und nicht nur die der Gelehrten – an Schliemanns Arbeit fasziniert hatte, waren Troja und der »Schatz des Priamos« gewesen. Konnte es nach jenen Tausenden von Stücken in Gold noch eine Steigerung geben?
Es gab sie. Homer hatte Schliemann mit seinem Beiwort für Mykene den Spaten geführt: Mykene erwies sich tatsächlich als »goldreich«.
Nach dem Löwentor und den beiden Steinsäulen des zweiten Tores öffnete sich die Burganlage zu einem weiten Rund innerhalb der zyklopischen Ringmauer, die zur inneren Befestigung gehörte. Die Mauer neben dem Löwentor mit dem »Zimmer« des Torwächters zählt zum ältesten Teil der Akropolis. Weitere Teile dürften aus späterer Zeit, jedoch noch weit vor der Einnahme durch die Argiver, stammen.
Das Rund der Agora wird durch die parallele, kreisförmige Reihe schrägstehender, nach innen gewandter Platten bestimmt, die einst mit Steinplatten bedeckt waren und als Sitzbänke dienten und gleichzeitig die Begrenzung der Agora bildeten. In einer Reihe dieser doppelten Plattenkreise befanden sich die kleinen grabförmigen Wasserbehälter, zwischen denen der etwas über zwei Meter breite Eingang zum Platz lag. Sie flankieren auch

heute noch den Eingang. Die zu Schliemanns Zeit größtenteils umgestürzten Plattenkreise sind jetzt wieder aufgerichtet, so daß der Besucher zwischen ihnen das Rund umschreiten kann. Die Grabstelen, die auf der rechten Seite gefunden wurden, befinden sich nun im Museum zu Athen, wohin sie Schliemann nach der Ausgrabung sandte. Die zyklopischen Ruinen am Ende der Agora, auf der linken Seite, schrieb Schliemann dem königlichen Palast zu, den nach den Beschreibungen Homers und des Euripides einst Agamemnon bewohnte, bevor er nach Troja zog, und in dem er nach der Rückkehr sein schmähliches Ende fand.

Unter dem Datum 16./28. November 1876 schickte Heinrich Schliemann aus Mykene ein Telegramm mit folgendem Wortlaut ab:

> »An Seine Majestät, König Georg von Griechenland, Athen. In höchster Freude melde ich Ew. Majestät, daß ich die Gräber aufgedeckt habe, welche die von Pausanias vertretene Überlieferung als die Grabstätten von Agamemnon, Kassandra, Eurymedon und ihren Gefährten bezeichnete, die sämtlich beim Festmahl von Klytaimnestra und ihrem Liebhaber Aigisthos ermordet wurden. Um sie herum zog sich ein doppelter Plattenring, der nur zur Ehre der genannten hohen Personen errichtet worden sein kann. Ich habe in den Gräbern unermeßliche Schätze gefunden, die in der Tat uralt und aus reinem Gold sind. Diese Schätze genügen, um für sich allein ein großes Museum zu füllen, welches das wunderbarste der Welt sein wird und welches während der künftigen Jahrhunderte Tausende von Fremden aus aller Welt nach Griechenland ziehen wird. Da ich aus reiner Liebe für die Wissenschaft arbeite, erhebe ich natürlich keinen Anspruch auf diese Schätze, die ich mit lebhafter Genugtuung vollständig an Griechenland übergebe. Wolle Gott, daß diese Schätze der Grundstein eines unermeßlichen Reichtums für die Nation werden.«

Wie konnte es Schliemann gelingen, auch in Mykene fündig zu werden? War es zunächst Pausanias gewesen, dessen Überlieferung Schliemann im Gegensatz zu anderen Gelehrten richtig interpretierte, indem er die »Königsgräber« nicht innerhalb der Stadtmauern, sondern nahe dem Löwentor suchte, so gaben ihm die Grabstelen den letzten Hinweis. Sie waren mit Sicherheit nicht für einfache Krieger oder Bewohner der Akropolis gedacht, sondern für fürstliche Tote. Wo diese Grabmonumente gefunden wurden, konnten auch die Gräber nicht weit sein, obwohl eine Beisetzung auf der Agora ungewöhnlich war.
An den Fundstellen jener Stelen mit den Kriegern und der Jagdszene setzte Schliemann den Spaten an. In knapp sieben Meter Tiefe stieß er auf ein in den Felsen gehauenes, viereckiges Grab, »ein höchst sonderbares Monument« aus behauenen Steinen, die aufeinanderlagen und mit einem schräg liegenden Stein am Ende, der den Eindruck erweckte, als habe er der Leiche als Kopfstütze gedient. Wahrscheinlich gehörten zu diesem Grab tatsächlich die drei Stelen, die Schliemann auf den Ort des Grabes hingewiesen hatten. Noch etwas tiefer liegend fand Schliemann zwölf hölzerne, mit Goldblättchen überzogene Knöpfe, Schmucksachen aus Elfenbein und Knochen in Form von Halbmonden und Widderhörnern.
Als der anhaltende Herbstregen den Grund dieses Grabes in Schlamm verwandelte, nahm sich Schliemann knapp sieben Meter davon entfernt die nächste Stelle vor, die durch Stelen ohne Reliefs vorgegeben war. Auch hier stieß er auf ein in den Fels geschnittenes Grab, das mit natürlicher Erde gefüllt war. In acht Meter Tiefe kam er auf eine Schicht Kieselsteine, unter der drei menschliche Skelette lagen. Die Leichen mußten hier verbrannt worden sein. Die Wände des Grabes zeigten Feuer- und Rauchspuren von drei Scheiterhaufen. Auf völlige Verbrennung schien man keinen Wert gelegt zu haben; denn sogar die Schädel waren noch gut erhalten, konnten, nachdem sie mit der Luft in Berührung gekommen waren, jedoch nicht gerettet werden.

Schliemann und seine Frau rutschten auf den Knien durch Schutt und Asche, schabten mit dem Messer die Erde beiseite und fanden auf jedem der drei Skelette fünf Diademe aus reinem Gold, die um kupferne Drähte gebogen waren und dadurch Festigkeit erhalten hatten. Alle fünfzehn Stücke zeigten die gleiche Ornamentik dreifacher Kreise mit einem erhöhten Kreis in der Mitte, der über der Stirn gelegen hatte. Vierzehn goldene Kreuze mit Lorbeerornamentik, Röhrchen aus Glas, weiße Perlen, Messer aus Obsidian, Bruchstücke einer silbernen Vase, dick vergoldet und mit Intaglioarbeit verziert, eine silberne Schale und viele Bruchstücke verzierter Vasen folgten. Hera-Idole bewiesen Schliemann, daß die Schutzgöttin schon in jener frühen Zeit, aus der das Grab stammte, verehrt wurde. Ein Grabungsauftakt, wie er nicht verheißungsvoller sein konnte.

»Ermutigt durch den Erfolg im zweiten Grab«, schrieb er, »nahm ich die beiden großen unskulptierten Grabsteine der dritten Reihe heraus.« Er öffnete das dritte Grab in der Mitte der Agora. Dabei legte er ein überhängendes Felsstück frei, das sicher als Rednerbühne gedient hatte und in zwei Teile gespalten war. Wie in Troja war auch hier die Arbeit gefährlich. Schliemann schilderte eine bedrohliche Situation: »Da ich das eine der überhängenden Felsstücke für sehr gefährlich hielt, so tat ich alles, was ich konnte, um meine Arbeiter davon fernzuhalten. Da ich aber, um die Arbeiter zu veranlassen, mit großer Aufmerksamkeit zu graben, die Gewohnheit habe, demselben für jeden, sogar den kleinsten Gegenstand, der irgendwie Interesse für die Wissenschaft hat, ein kleines Trinkgeld zu geben, und da so viele Sachen gerade unter dem gefährlichen Felsen gefunden wurden, so kehrten zwei meiner Arbeiter immer wieder dahin zurück. Da ich aber sah, daß das eine Felsstück an der Nordseite eine Spalte hatte, die sich erweiterte, so zog ich buchstäblich mit Gewalt die beiden Menschen von ihrer gefährlichen Stelle, als auf einmal der Felsblock mit einem donnerähnlichen Gekrach fiel; wir wurden alle drei von den Steinsplittern umgeworfen, aber keiner von uns verletzt.«

Ein großer bronzener Dolch mit zwei in der Mitte zusammengeschmiedeten Klingen war das erste Fundstück des dritten Grabes. Dann stießen Schliemann und seine Frau auf die Überreste von drei Menschen, die nach der Beschaffenheit der Knochen und der Masse an Schmuck Frauen gewesen sein mußten. Die Zähne des einen Körpers waren, obwohl alle erhalten, stark abgenutzt und unregelmäßig, so daß es sich wohl um eine Frau hohen Alters gehandelt haben mußte. Wie im ersten Grab waren alle drei Leichen gleichzeitig, jedoch voneinander getrennt, an ihrem Platz verbrannt worden.

»Diese Körper«, notierte Schliemann, »waren buchstäblich mit Juwelen von Gold überladen, die alle mehr oder weniger in die Augen fallende Merkmale des Feuers und Rauches zeigten, dem sie auf dem Scheiterhaufen ausgesetzt waren.« Unter den Skeletten und im ganzen Grab verstreut, wurden 701 Schmucksachen mit prachtvoll ausgearbeiteten goldenen Blättern gesammelt. Tintenfische, Blumen, Spiralen, Schmetterlinge, Schlangen und verschiedene Blattformen waren von dem unbekannten Künstler hervorragend gestaltet worden. Schliemann vermutete, daß diese Goldblätter Miniaturabbildungen von Schilden sein sollten.

Drei massive Goldschieber von Halsbändern zeigten Darstellungen des den Löwen tötenden Herakles, Krieger im Zweikampf, vielleicht Achilles und den sterbenden Hektor, dem das Schwert in den Hals drang, und einen Löwen, der mit den Vorderfüßen auf einem Felsen kniete. Vor Schliemann und seiner Frau, die unermüdlich Zentimeter um Zentimeter das Erdreich freischabten, stapelte sich am Abend ein Berg von Gold: Brust- und Haarschmuck, elf Schieber, Baumgrillen an Ketten, Greife, Schmetterlinge, Hirsche, Ornamente, Frauengestalten mit Tauben, wohl Abbildungen der Aphrodite, Tuchnadeln, wieder Tintenfische, Adler, Schwäne, alles nur zwischen zwei und fünf Zentimeter groß. Sechs goldene Sphinxe waren als geflügelte Löwen mit bartlosen, von phrygischen Kappen bedeckten Menschenköpfen gearbeitet. Schliemann machte sich beim Betrachten und Registrieren Gedanken: »Es ist doch schwer zu entscheiden, ob der Künstler eine männliche oder eine weibliche Sphinx darzustellen beabsichtigte. Ich erwähne hier, daß nach Hesiod, Apollodor und Euripides die Sphinx eine Tochter des Typhon und der Echidna oder der Chimaera oder des Orthos und der Chimaera und jedenfalls von Ägypten nach Griechenland gekommen ist.« Alle diese Juwelen besaßen kleine Löcher, mit denen sie an die Gewänder genäht worden waren.

Ein Skelett trug eine prachtvolle Goldkrone, die »eines der kostbarsten und interessantesten Kleinode ist, die ich in Mykene fand«. Das siebzig Zentimeter lange Stück mit sechsunddreißig großen goldenen Blättern wurde um den ganzen Kopf herum getragen und durch einen Golddraht gehalten. Blumen, schildartige Ornamente und Sonnen mit ihren Strahlen verzierten den unteren Teil, während die Blätter hoch aufgerichtet den Kopf überragten. Dazu kamen fünf goldene Diademe, von denen zwei sehr stark unter dem Feuer gelitten hatten.

Der Goldschmuck schien kein Ende nehmen zu wollen. Die Leichen der hier Bestatteten waren mit Gold regelrecht übersät worden. Des Staunens und Notierens war kein Ende: Kreuze mit verzierten Blättern, wieder Blumen, Brustnadeln, Broschen, schwere Haarlockenhalter, bei deren Anblick Schliemann sofort eine Bestätigung der Ilias erkannte:

> »Mit Blut wurden die Haare besudelt, die denen der Grazien gleichkamen,
> Und die Locken, die mit Gold und Silber zusammengeschnürt waren.«

Elf goldene Ornamente mit Golddraht, die sicher als Halsschmuck getragen wurden, setzten die schier endlose Reihe fort. Besonders vermerkte Schliemann den Fund zweier goldener Waagen, die wohl nie als solche verwendet worden waren, sondern vermutlich nur symbolischen Charakter hatten. »Jedenfalls«, begeisterte er sich an der Aussage der Ilias, »erinnern uns die mykenischen Waagschalen lebhaft an die herrliche Stelle im Homer, wo Zeus die goldene Waage in die Hand nimmt und die Schicksalslose Hektors und Achilles' wiegt.«

Drei Prinzessinnen, glaubte er, seien in diesem dritten Grab bestattet worden. Zu ihnen mußte noch ein fürstliches Kind gebettet worden sein, wofür eine Kindermaske aus dünnem Goldblech sprach, die durch den Druck des Erdreichs etwas zerknittert war.

Mit aller Sorgfalt schabten und kratzten die beiden Schliemanns, siebten die Erde durch ihre Finger und fanden immer noch mehr Gold: Gemmen, sechs goldene Räder als Schmuck, Siegelringe mit figürlichen Darstellungen, einen Damenkamm mit Zähnen aus Knochen, Aberhunderte von Goldperlen, die zu Halsbändern gehörten, Becher und Dosen aus massivem Gold, Vasen und andere Gefäße, ebenfalls aus diesem Edelmetall, aber auch in Silber, mit Sternreihen in Gold verziert, kleine goldene Röhren als Verkleidung von Holzstäben, zwei Zepter mit Griffen aus Bergkristall und eine Menge von Bernsteinkugeln, die mit Sicherheit zu Halsketten gehört hatten. Auch über diesen in Griechenland nicht vorkommenden Schmuck, der im Feuer des Scheiterhaufens dunkelbraune Farbe angenommen hatte, machte sich Schliemann Gedanken. Da Bernstein nur an der Ostsee und an der Ostküste Siziliens gefunden wird, mußte er wohl durch phönizische Handelsleute nach Mykene gebracht worden sein. Dem griechischen Wort »Elektron« entspricht »elek« im Arabischen, was ebenfalls »Harz« bedeutet. Bernstein war auch Homer bekannt, der ihn dreimal in der Odyssee erwähnt:

»Für den Eurymachos trug er ein künstliches Brustgeschmeide,
Golden, besetzt mit Elektron, der strahlenden Sonne vergleichbar.«

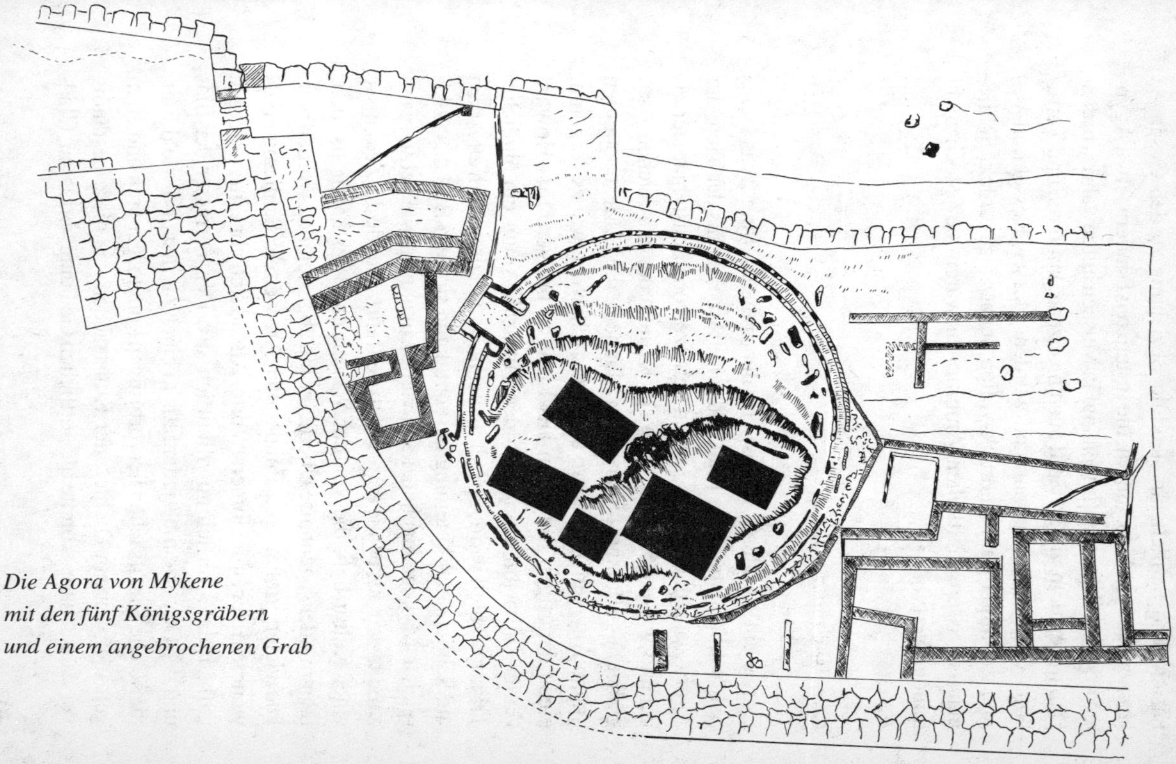

Die Agora von Mykene
mit den fünf Königsgräbern
und einem angebrochenen Grab

Bei vielen goldenen Gefäßen, Bechern, Vasen, Dosen, kleinen Kisten fand Schliemann stets die Beziehung zu den Gesängen Homers und zu Altertümern, die in anderen Ländern, etwa Ägypten oder im Orient, gefunden und in Museen aufbewahrt wurden. Daß neben dem vielen Gold auch bronzene, kupferne und Terrakotta-Gegenstände gesammelt wurden, Messer, Kessel und Vasen, trat hinter dem eindrucksvollen Schatz fast zurück. Schliemanns wissenschaftlichen Ambitionen waren sie jedoch nicht minder wertvoll.

Garnison auf der Burg

Es war ein »goldener Herbst« im übertragenen Sinn. Was Heinrich Schliemann, seine Frau und seine Arbeiter aus der Tiefe der Agora zusammentrugen, waren Schätze von höchstem materiellen und wissenschaftlichen Wert. Keinem der zahlreichen Ausgräber des 19. Jahrhunderts, den Männern, die in Mesopotamien und in Ägypten in Gräbern und Tells schürften, war es vergönnt, einen derartigen Reichtum ans Licht zu bringen. Erst Howard Carter sollte mit dem Grab des Tut-anch-Amun ein ähnlicher Triumph zuteil werden. Wer heute im Nationalmuseum zu Athen die Schliemann-Abteilung besucht, kann sich ein Bild des goldreichen Mykene machen, kann vielleicht ahnen, wie Schliemann zumute war, als er aus dem Schutt der Jahrtausende die Zeugnisse einer Kultur hob, die von der Wissenschaft bis dahin als mehr oder minder sagenhafte Überlieferung abgestempelt worden war. Die vielen großartigen Funde aller Art wertete Schliemann als weitere Belege für Homers Worte. Als sie sich vor ihm zu Bergen aufhäuften, »rief ich unwillkürlich aus: Der Verfasser der Ilias und der Odyssee muß jedenfalls in einer Zivilisation wie dieser, die solche Kunstsachen hervorbringen konnte, geboren und erzogen sein; nur ein Dichter, der Kunstsachen wie diese beständig vor Augen hatte, konnte die göttlichen Gedichte verfassen. Gladstone hat bereits in seinem Werk ›Homeric Synchronism‹ außer Zweifel gestellt, das Homer ein Achäer ist, und ich bringe in den Tiefen Mykenes Tausende von weiteren Beweisen ans Licht, daß er recht hat«.

Schon vor einem Jahrhundert waren die Menschen begierig auf Sensationen. Und ein Goldfund war und ist immer noch eine Sensation. Wie ein Lauffeuer war die Kunde vom Goldschatz durch die Lande geeilt. Von überall strömten die Neugierigen herbei und »belagerten« die Burg von Mykene, begierig, einen Blick auf das werfen zu können, was ihre Urvorfahren hier in die Erde gesenkt hatten und was von Schliemann aus den Gräbern geholt worden war. Die Leute auf Distanz zu den Ausgrabungsstellen zu halten war allein schon im Interesse des Fortgangs der Arbeit notwendig. Diesmal brauchte Schliemann die Kostbarkeiten nicht wie ein Dieb in der Nacht fortzuschaffen, jetzt mußte er sie vor Dieben schützen. So schrieb er in sein Tagebuch: »Zum ersten Mal seit ihrer Eroberung durch die Argiver im Jahre 468 v. Chr., also zum ersten Mal seit 2344 Jahren, hat die Akropolis von Mykene wieder eine Garnison, deren Wachtfeuer bei Nachtzeit in der ganzen Ebene von Argos sichtbar sind, uns an jene Wachtposten erinnernd, die unterhalten wurden, um Agamemnons Rückkehr von Troja zu verkünden, und an jenes Signal, das Klytämnestra und ihren Geliebten vor seinem Herannahen warnte. Diesmal aber ist der Zweck der Besatzung friedlicher Natur, denn dieselbe soll nur dazu dienen, den Landsleuten Scheu einzuflößen und sie zu verhindern, heimlich Ausgrabungen zu machen oder zu nahe heranzutreten, wenn wir beschäftigt sind.«

Nicht Neugierde, sondern wissenschaftliches Interesse hatten den Generaldirektor der Altertümer in Athen, Professor Panagiotes Eustradiades, veranlaßt, drei Regierungsbeamte nach Mykene zu schicken, die Schliemanns Ausgrabungsarbeit beobachteten. Zwei Wochen lang hielt sich auch Professor Phendikles, Archäologe an der Universität Athen, in Mykene auf und wurde Zeuge, als das vierte Grab seine großartigen Schätze preisgab.

Drei Gräber hatte Schliemann freigelegt, wobei die Arbeit am ersten wegen des Schlammes vorzeitig abgebrochen werden mußte, und schon übertrafen die Funde alle Erwartungen. Aber noch lag der größte Teil der Agora vor ihm. Durch den bisherigen Erfolg ermutigt, ging er ohne Zögern an die Ausgrabung.
Er nahm sich die unmittelbar westlich des dritten Grabes liegende Stelle vor, die zwar nicht durch eine Stele markiert war, bei der er aber sofort an der schwarzen Erde erkannte, daß auch hier ein Grab vorhanden sein mußte. In fünf Meter Tiefe verhießen sehr alte Terrakotta-Bruchstücke, daß dieser Platz seit dem Altertum nicht berührt worden war. Schliemann wurde dadurch in seiner Hoffnung bestärkt, interessante Entdeckungen machen zu können. Noch konnte er nicht ahnen, daß der Inhalt des vierten Grabes alles bisher Gefundene in den Schatten stellen würde.
Zunächst stieß er in rund sieben Meter Tiefe auf ein fast kreisförmiges, zyklopisches Mauerwerk mit einer runden Öffnung, das er als Altar zur Totenfeier identifizierte. Zwei Steintafeln in Form von Grabstelen und eine kurze Säule, die horizontal unter dem Altar lagen, dürften wohl aufgestellt worden sein, um den Platz des Grabes zu bezeichnen. Nach Funden von Messern aus Obsidian und Terrakotta-Stücken stieß Schliemann endlich in acht Meter Tiefe auf das Grab, über dessen Mittelpunkt der Altar gestanden hatte.
Wie in den anderen Gräbern war auch hier der Grund mit Kieselsteinen bedeckt, auf denen die Skelettreste von fünf Menschen lagen. Auch diese Leichen waren in ihrem Grab verbrannt worden. Wie im ersten und dritten Grab konnte sich Schliemann auch hier nicht erklären, warum die Leichen und ihre Beigaben mit einer rund zehn Zentimeter dicken Lehmschicht bedeckt wurden, auf die man wiederum Kieselsteine geworfen hatte. Jeweils bis zu dieser Schicht waren die Arbeiter tätig. Aber von da ab, erklärte Schliemann, hatten er und seine Frau die Arbeit selbst zu

verrichten, »und diese ist äußerst schwierig und mühsam, besonders bei dem herrschenden regnerischen Wetter, denn wir können nicht anders als auf den Knien liegend graben, indem wir mit unseren Messern den Schutt und die Steine sorgfältig entfernen, damit von den goldenen Schmucksachen nichts beschädigt wird oder verlorengeht«.

Es war schon selbstverständlich, daß sich die »Schmucktruhe« wieder öffnete. Mit fünf kupfernen Kesseln, die aufrecht an der Wand standen und genau hundert mit Gold plattierte Knöpfe enthielten, begann der Fund. Unmittelbar daneben grub Schliemann einen silbernen Kuhkopf mit zwei langen goldenen Hörnern aus, heute eines der Prachtstücke des Museums in Athen. Die Stirn schmückte eine goldene Sonne, ein rundes Loch in der Mitte des Kopfes dürfte zum Einstecken von Blumen gedient haben. Während am Maul das Gold noch sehr gut erhalten war, konnten an Augen und Ohren nur noch Spuren der Vergoldung festgestellt werden. Wenn auch sehr schön herausgearbeitet, so hatte der einstige Künstler kein Interesse, zoologisches Anschauungsmaterial zu schaffen. Ihm und seinem Auftraggeber ging es darum, die Kuh als Symbol für Hera, die Schutzgöttin von Mykene, darzustellen. Dies dürfte auch für zwei kleine Kuhköpfe aus Gold gelten, die zudem noch zwischen den Hörnern eine Doppelaxt trugen, ein im Altertum mehrfach gebrauchtes Symbol für Zeus und später bei den Römer für Jupiter.

»Die fünf Körper dieses Grabes waren buchstäblich mit Juwelen überladen«, vermerkte Schliemann in seinen Aufzeichnungen. Auch hier zerfielen die Schädel sofort an der Luft. Aber auf diesen Schädeln glänzte Gold. Sie waren von jenen künstlerischen Arbeiten bedeckt, die noch hundert Jahre nach der Freilegung in einem Atemzug mit dem Namen Mykene genannt werden, von den Goldmasken, von denen besonders die »Maske des Agamemnon« berühmt geworden ist. Dazu darf hier gleich klargestellt werden, daß dieser Name nicht von Schliemann in die Welt gesetzt wurde; ihn haben andere kreiert. Schliemanns Irrtum

war lediglich, fest an die Überlieferung zu glauben und in diesen Gräbern die letzten Ruhestätten Agamemnons und seiner Gefährten zu sehen. Spätere Forschungen mußten ihn korrigieren: Er hatte tatsächlich Königsgräber gefunden, aber nicht die des Agamemnon und seiner Männer aus dem Trojanischen Krieg, sondern Gräber, die um annähernd vierhundert Jahre älter waren.
Kehren wir zu den Masken zurück, und lassen wir Schliemann selbst sprechen: »Die in diesen Masken dargestellten Gesichtszüge sind so sehr voneinander verschieden und so ganz und gar verschieden von den idealen Typen von Göttern und Helden, daß ohne allen Zweifel eine jede das Bild des Verstorbenen darstellen muß, dessen Gesicht sie bedeckt, andernfalls würden alle Masken ein und denselben idealen Typus haben.«
Bei einer weiteren Maske kamen ihm Zweifel. Sie war so verbogen, daß er glaubte, einen Helm oder gar die Darstellung einer Jacke vor sich zu haben. Erst nach genauerem Studium erklärte er sie als einen Löwenkopf, dessen Augen und Ohren deutlich zu sehen waren. Sie bestand ebenfalls aus reinstem Gold und war daher sehr weich. Teile waren abgebrochen; sie waren jedoch vorhanden und konnten durch einen guten Goldschmied wieder angelötet werden. Als Maske für einen Leichnam dürfte dieser Löwenkopf nicht gedient haben. Kleine Durchbohrungen ließen darauf schließen, daß die »Maske« an einem anderen Gegenstand befestigt war.
Die Beschreibung all dessen, was Schliemann aus der Frühzeit Mykenes gesammelt hatte, würde allein ein ganzes Buch füllen. Vor den beiden Schliemanns häuften sich die Kleinode aus Gold, so daß kurze Hinweise genügen müssen, um ein schwaches Abbild von den Grabbeigaben zu bieten, die durch ihre Hände glitten. Selbst für einen Charakter wie Schliemann ist es verwunderlich, daß er bei den Arbeiten nicht von einen »Goldrausch« erfaßt wurde.
Prächtige Siegelringe mit Intagli, ein Armband, »so ungeheuer groß, daß es auf die Lenden eines gewöhnlichen Menschen

passen würde«, mächtige Brustplatten aus massivem Gold, die auf den Leichen lagen, wieder eine goldene Krone, ein goldenes Band am Lendenknochen eines Körpers, neun goldene Gefäße, zum Teil durch das Gewicht des Erdreichs etwas verbogen, Becher, darunter einer mit einer goldenen Taube, die ihren Schnabel zum Becher richtet, wie ihn Homer für den greisen Nestor beschreibt:

»Sie setzte dort auch einen wunderschönen Becher nieder,
Den der Greis von zu Hause mitgebracht hatte; er war mit
Goldenen Nägeln beschlagen und hatte vier Henkel, auf
Deren jedem zwei goldene Tauben mit ihren Schnäbeln
hackten ...«

Aber damit nicht genug. Die Liste war noch lange nicht voll. Es kamen drei goldene Schultergürtel, sechs Diademe, Gürtel, Stirnbänder, goldene Ornamente, Beinschienen, Tuchnadeln, Ringe, Goldzylinder, Gemmen, mit Gold überzogene Holzknöpfe, ferner 110 goldene Blumen, 68 rein goldene Knöpfe, 134 Stück Goldblech, das sicher an den Gewändern der Toten befestigt gewesen war, besonders große Knöpfe, zweihundert Gramm kleiner Goldblättchen, Tintenfische, Zylinder und Drachen in Gold, ein Miniaturtempel, zahlreiche goldene Überzüge von Schwertgriffen. Aus Silber und Alabaster Vasen und Becher; aus Bronze Schwerter, Lanzen und Pfeilspitzen; aus Kupfer Kessel, Schalen und Schüsseln; Spuren ausgezeichnet gewebter Leinwand, ein menschlicher Unterkiefer, in dem nur ein Schneide- und ein Backenzahn fehlten, und überall Terrakotta in Menge.
Noch mit dem vierten Grab beschäftigt, untersuchte Schliemann bereits Nummer fünf. Durch zwei Grabsteine war der Platz schon angedeutet. Das Grab war nicht mit Mauern verkleidet und enthielt die Reste nur einer Leiche. Um den Schädel, der sich beim Kontakt mit der Luft auflöste, war ein goldenes Diadem gelegt, dessen Ornamentik aus schildähnlichen Kreisen mit Blumen und einem Rad in der Mitte bestand. Eine Lanzenspitze, zwei bron-

zene Schwerter und zwei lange Messer lagen rechts vom Toten, während auf einer linken Seite ein goldener Becher lag, wie er auch in den anderen Gräbern gefunden wurde. Eine zerbrochene Vase aus ägyptischem, sehr kalkhaltigem Tonmergel-Schiefer – Schliemann sprach von »Porzellan« – war mit einem Bleifirnis überzogen, der an der Sonne wie Gold oder Silber reflektierte. Mit sehr viel Terrakotta-Bruchstücken war die Ausbeute des fünften Grabes erschöpft.

Da sich die Witterung gebessert hatte, wandte sich Schliemann wieder dem ersten Grab zu, aus dem ihn der Schlamm vertrieben hatte, noch bevor er bis zum Boden hatte vorstoßen können. Auf der üblichen Kieselsteinschicht lagen die Reste dreier Leichen. Beim mittleren Skelett war die Asche durchwühlt worden. Da an ihm kein Schmuck zu sehen war, nahm Schliemann an, daß hier jemand einen Schacht gegraben hatte und auf diese Leiche gestoßen war. Der Räuber schien hastig alles zusammengerafft zu haben; denn die weiter oben gefundenen, schon erwähnten zwölf Goldknöpfe dürfte er bei seiner Flucht verloren haben.

»Aber von dem dritten, am Nordende des Grabes gelegenen Körper war das runde Gesicht mit allem Fleisch wunderbar unter der schweren goldenen Maske erhalten; man sah keine Spur von Haar, jedoch waren beide Augen deutlich sichtbar, ebenso der Mund, der unter der auf ihn drückenden großen Last weit geöffnet war und alle seine zweiunddreißig Zähne zeigte.

Aus diesen schlossen die Ärzte, die gekommen waren, den Körper zu sehen, daß der Mann im frühen Alter von 35 Jahren verstorben sei. Die Nase war ganz verschwunden. Da der Körper für den Raum zwischen den beiden inneren Wänden zu lang gewesen, so war der Kopf so auf die Brust gepreßt worden, daß der obere Teil der Schultern beinahe in horizontaler Linie mit dem Scheitel des Kopfes lag. Ungeachtet der großen goldenen Brustplatte war so wenig von der Brust erhalten, daß die innere Seite des Rückgrats an vielen Stellen sichtbar war. In seinem gepreßten, verstümmelten Zustand maß der Körper nur knapp einen dreiviertel Meter vom Scheitel bis zum Anfang der Lenden; die Breite der Schultern überstieg nicht fünfunddreißig Zentimeter und die Breite der Brust siebenunddreißig Zentimeter; jedoch konnten die langen Lendenknochen über die wirklichen Verhältnisse des Körpers keine Zweifel lassen. So stark war der Druck des Schuttes und der Steine gewesen, daß der Körper auf eine Dicke von fünf bis sechs Zentimetern reduziert war. Die Farbe des Körpers ist der einer ägyptischen Mumie sehr ähnlich. Die Stirn des Mannes war mit einem einfachen runden Goldblatt verziert, und ein noch größeres Blatt lag auf dem rechten Auge; außerdem bemerkte ich ein großes und ein kleines rundes Goldblatt auf der Brust unterhalb der großen Brustplatte und ein anderes oberhalb der rechten Lende.

Die Nachricht, daß der ziemlich gut erhaltene Körper eines Mannes aus dem mythischen, heroischen Zeitalter, mit goldenen Schmucksachen bedeckt, gefunden worden sei, verbreitete sich mit Blitzesschnelle in der ganzen Argolis, und Tausende kamen von Argos, Nauplia und den Dörfern, um dieses Wunder zu sehen. Da jedoch niemand im Stande war, mir Rat zu erteilen, wie der Körper erhalten werden könne, so ließ ich einen Maler kommen, um wenigstens ein Ölgemälde davon machen zu lassen … Jedoch hielt er sich zu meiner großen Freude zwei Tage lang, als ein Drogist aus Argos, namens Spiridon Nikolaou, ihn durch Aufgießen von Alkohol, worin Sandarak aufgelöst war, hart und fest machte …«

Außerordentliche Mühe kostete es, diese kleine Mumie aus dem Grab zu bergen, ohne sie zu beschädigen oder gar zu zerstören. Ein kleiner Graben mußte rings um den Körper in den Felsen geschlagen werden, der Felsen war horizontal abzuschneiden. Auf der dadurch gewonnenen schweren Steinscheibe, zusammen mit den Kieselsteinen, konnte der Fund gehoben werden. »Bei den hiesigen elenden Werkzeugen war es eine schwere Arbeit, die große Steinplatte horizontal vom Felsen abzutragen«, bemerkte Schliemann nach Abschluß der Aktion, »aber es war noch viel schwerer, diese in einer hölzernen Kiste mehr als eine Meile weit nach dem Dorf Charvati zu schaffen. Jedoch steht alle diese Mühe und Arbeit in keinem Verhältnis zu dem großen Interesse, das dieser Körper aus dem fernen heroischen Zeitalter für die Wissenschaft hat.« Das »Unternehmen Mumie« war vom Augenblick der Konservierung über die Bergung bis zum Transport von der Archäologischen Gesellschaft zu Athen finanziert worden, so daß Schliemann dafür keine Kosten entstanden – zum ersten Mal in seiner Ausgrabungstätigkeit nahm ihm eine Institution wenigstens einen bescheidenen Teil seines großen, persönlichen finanziellen Aufwands ab.

Auch Grab Nummer eins gab einen Schmuck preis: einen goldenen Schultergürtel, der wahrscheinlich zur Mumie gehört hatte, Bergkristall, goldene Scheiben für Schwertscheiden, eine massive, dreißig Zentimeter große Brustplatte aus Gold mit hervorstehenden Brüsten, goldene Bänder, weitere goldene Platten mit Intaglio-Verzierung, Abdeckungen für Schwertgriffe, 340 große goldene Knöpfe, darunter viele kreuzförmig und mit prachtvoller Ornamentik, auch Röhren aus Goldblech, 27 runde Goldblätter und 21 weitere Bruchstücke solcher Blätter, goldene Kreuze, eine stark eingedrückte und eine noch gut erhaltene Goldmaske, vier Becher aus schwerem Gold, fünf Goldplatten in Form von Doppeladlern, sechs schildförmige Goldscheiben, ferner eine Reihe von silbernen und Alabaster-Vasen, 60 Bronzeschwerter, Pferdegeschirr aus Kupfer und Knochen, Kupfergefäße, Kessel, Schalen und verschiedene Gefäße aus Terrakotta.

Gegenstände, an denen sich wissenschaftliche Erkenntnisse gewinnen ließen, waren für Schliemann besonders wichtig. So stellte er zum Abschluß der Funde aus dem ersten Grab fest: »Vielleicht noch interessanter als alle in diesem Grab gefundenen Juwelen war ein viereckiges, hölzernes Kästchen, von dem ich zwei Seiten fand, auf deren jeder ein Löwe und ein Hund in Relief geschnitten sind. Obgleich diese Holzskulpturen nur klein sind, so sind sie doch von sehr großem Interesse für die Wissenschaft, denn sie beweisen uns, daß die Kunst der Holzskulpturen schon im mythischen heroischen Zeitalter blühte.« Schliemann war der Ansicht, daß man den Toten auch Lebensmittel mit ins Grab gegeben hatte; denn er fand eine große Masse von Austernschalen, darunter mehrere nicht geöffnete.

Mykene – und danach

Schliemann wird meist in einem Atemzug mit den von ihm ergrabenen Goldschätzen genannt.
Doch Schliemann war es nicht um Schatzgräberei zu tun. Was er bezweckte, war die Erforschung der Zusammenhänge der frühen Geschichte des Mittelmeerraumes, vor allem aber wollte er den Beweis für den wahren Kern der Homerischen Gesänge antreten. So muß auch seine Ende 1876 gezogene Bilanz verstanden werden: »Ich habe nicht das allergeringste Bedenken zuzugeben, daß die Tradition, die die Gräber in der Akropolis dem Agamemnon und seinen Gefährten zuschreibt ... vollkommen richtig und wahr sein mag. Ich muß dies umsomehr annehmen, als wir die Gewißheit haben, daß ... alle Leichen eines jeden Grabes von gleichzeitig Gestorbenen herrühren ... Die Gleichheit der Begräbnisweise, die vollkommene Ähnlichkeit aller Gräber, ihre sehr große Nähe aneinander, die Unmöglichkeit anzunehmen, daß drei oder vier unermeßlich reiche königliche Personen, die in langen Zwischenräumen verstorben waren, in ein und demselben Grabe zusammengeworfen seien, endlich die große Ähnlichkeit aller Schmucksachen, die sämtlich denselben Kunststil und dieselbe Epoche beurkunden, alle diese Tatsachen sind ebenso viele Beweise, daß die zwölf Männer, drei Frauen und vielleicht zwei Kinder gleichzeitig ermordet und gleichzeitig verbrannt worden sind ... Die fünf Gräber von Mykene oder wenigstens drei derselben enthielten so riesige Schätze, daß sie nur Mitgliedern der königlichen Familie angehören können ... Daß es im heroischen

Zeitalter Sitte war, die Toten mit den ihnen im Leben teuer gewesenen Gegenständen zu begraben, finden wir bestätigt im Homer, wo die Seele des Elpenor den Odysseus bittet, ihren Körper mit seinen Waffen zu begraben und einen Tumulus darüber zu errichten …«

Mit den Funden aus den »Königsgräbern« schloß Schliemann seine Arbeit in Mykene ab. Im Nachwort seines Buches über dieses Ausgrabungsunternehmen erachtete er es als seine Pflicht, seinem »ausgezeichneten Ingenieur, dem scharfsinnigen Lieutenant Vasilios Drosinos«, der im Januar 1877 mit dem Maler D. Tuntopulos nach Mykene gekommen war, für seine gewissenhafte Sorgfalt und Aufmerksamkeit bei der Anfertigung aller Pläne zu danken, sowie für den großen Dienst, den er der Archäologie erwiesen hat, »indem er dem Regierungsbeamten sofort das von ihm in meinen Ausgrabungen gefundene Grab bezeichnete, so daß dessen Inhalt für die Wissenschaft gerettet werden konnte«. Drosinos war in einem Grab, an dem Schliemann schon vorgearbeitet hatte, auf einen kleinen Goldschatz gestoßen, den der Winterregen freigewaschen hatte. Auch Stamatakis war das Grabungsglück hold, als er Ende 1877 westlich hinter dem Löwentor ein sechstes Grab freilegte, aus dem er reichlich Gold, Waffen und Gefäße barg, darunter auch eine Goldmaske. Beide Gräber lagen außerhalb der Agora.

Wie Troja, wo Dörpfeld und Blegen das Werk Schliemanns vollendeten, so zog auch Mykene grabende und schreibende Nachfolger an. Die schon bald nach Schliemanns Rückkehr nach Athen in den Fachzeitschriften erschienenen Beiträge bestätigten das wissenschaftliche Interesse an den Grabungsergebnissen. Jetzt waren es vor allem deutsche Gelehrte, unter ihnen Curtius, Adler, Christ und Lindenschmidt, die auf die Bedeutung der Funde hinwiesen, nicht ihres unschätzbaren Goldwertes wegen, sondern wegen der Zusammenhänge mit Troja, Ägypten, dem Vorderen Orient und Kreta. Durch intensive Forschungsarbeit konnten die Schachtgräber in die Mitte des 16. Jahrhunderts v.

Chr. datiert werden. Die »Schatzhäuser« hatten ein Jahrhundert später als Grabstätten der mykenischen Herrscher gedient, und wieder ein Jahrhundert danach war der Palast auf der Akropolis entstanden. In diese Zeit werden auch das Löwentor und die zyklopische Mauer zur Stützung und zum Schutz der Gräber in der Agora datiert.
Obwohl Schliemann erklärt hatte, daß das Kapitel Mykene für ihn abgeschlossen sei, ließ er sich doch von Perrot und Virchow überreden, eine weitere Grabung vorzunehmen. Schon hatte er mit Dörpfeld die Vorbereitungen getroffen, da erreichte ihn die Nachricht, daß Ch. Tsuntas von der Griechischen Archäologischen Gesellschaft in Mykene den eigentlichen königlichen Palast, ein prähistorisches Megaron wie in Troja und Tiryns, und die Reste eines archaischen Tempels freigelegt hatte.
Bei weiteren Grabungen in den ersten Jahrzehnten des 20. Jahrhunderts wurde als bedeutendster Fund ein kaufmännisches Archiv von mehr als hundert Tontäfelchen freigelegt. Sie waren in der sogenannten Linear-B-Schrift beschrieben, die auch in Knossos auf Kreta verwendet worden war. Damit war die Verbindung zwischen Mykene und Kreta bewiesen, die Schliemann schon lange vermutet hatte.
Entziffert wurde die Linear-B-Schrift, eine Bilderschrift, deren Bilder mit einfachen Strichen wiedergegeben wurden, so daß das ursprüngliche Bild nicht mehr erkennbar war, erst 1952 durch den englischen Forscher Michael Ventris. Sie gab einen frühgriechischen Dialekt wieder. Seine Veröffentlichung über die minoisch-mykenische Schrift widmete Ventris Heinrich Schliemann, den er als »Vater der Mykene-Forschung« rühmte.
Ernst Meyer, ein hervorragender Schliemann-Kenner, faßte 1963 die Bedeutung Mykenes für das Gesamtbild der ägäischen Frühgeschichte folgendermaßen zusammen: »So ist die Nachwirkung und Reichweite von Schliemanns Mykene-Grabung mindestens so bedeutsam wie seine mit letztem Einsatz geleistete Forschungsarbeit in Troja. Heute sprechen wir von der ägäischen

Kultur, die die mykenische (helladische) und die minoische (kretische), die troische (westkleinasiatische) und die der ägäischen Inseln (kykladische) in sich zusammenfaßt und uns einen mächtigen Eindruck von der Kultur des östlichen Mittelmeerraumes, der umliegenden Festlandsgebiete und seiner Inseln vermittelt.«
Mit seinen Grabungen in Troja und Mykene war es Schliemann gelungen, Licht in die griechische Vorgeschichte zu bringen und das geheimnisvolle Dunkel sagenhafter Erzählungen aufzuhellen. Um das Bild abzurunden, bedurfte es nun noch der Erforschung der zyklopischen Ruinen von Tiryns.

Tiryns und die Zyklopenmauern

Herkules hatte nichts zu lachen – die Tirynthier um so mehr

> »Ich teile vollkommen die allgemeine Ansicht, daß die zyklopischen Mauern von Tiryns das älteste Denkmal in Griechenland sind …«
> *Heinrich Schliemann*

Die Argolis ist das Land der Hera, der andernorts in Hellas so vernachlässigten Göttermutter. Ihr Gatte Zeus erwählte für seine außerehelichen Amouren mit Vorliebe die Schönen dieses Landes. Und Alkmene, die Königin von Tiryns, hatte es dem Göttervater angetan. Die Frucht der Liebesnacht, die sich Zeus in Gestalt von Alkmenes Ehemann Amphytrion erschlichen hatte, war Herakles. Hera gönnte der verhaßten Nebenbuhlerin das Kind nicht, von dessen Zukunft Zeus den Göttern Großes verkündet hatte. Sie schickte dem Neugeborenen zwei Schlangen in die Wiege, die er aber – schon jetzt mit übermenschlicher Kraft ausgestattet – kurzerhand erdrosselte.

Herakles war ein echter Sohn der Argolis. Hier, wo die Riesen der Vorzeit, die Zyklopen, gewaltige Felsen aus dem rauhen Gebirge herbeigeschleppt und zu ihren unüberwindlichen Mauern getürmt hatten, war das Land der Giganten – hierher gehörte auch Herakles. Heras Hinterlist hatte es Herakles zu verdanken, daß nicht er, sondern der schwächliche Eurystheus Herrscher über alle Argiver und damit auch sein Herr wurde.

Eurystheus sah mit Besorgnis den steigenden Ruhm seines jungen Verwandten. Um ihn möglichst für immer loszuwerden, legte er ihm zwölf Arbeiten auf, die nach menschlichem Ermessen unerfüllbar waren. Doch Herakles meisterte sie alle: Er überwand den nemeischen Löwen, tötete die Hydra von Lerna, fing die

Kerynithische Hirschkuh und den Erymanthischen Eber, reinigte die Ställe des Augias, verjagte und tötete die Stymphalischen Vögel, fing den Kretischen Stier, brachte die menschenfressenden Rosse des Diomedes zu Eurystheus, holte für dessen Tochter Admete den Gürtel der Amazonenkönigin Hippolyte, fing die Rinder des Riesen Geryon ein, raubte die Äpfel der Hesperiden und führte den Höllenhund Kerberos aus der Unterwelt herauf.
Tiryns, so erzählt die Überlieferung, wurde um 1400 v. Chr. von Proitus, dem ersten König, erbaut. Sein Sohn Megapenthes trat es an Perseus, den Gründer von Mykene, ab, der es an Elektryon, den Vater der Alkmene, übergab. Nachdem Sthenelus, König von Argos und Mykene, Herr über Tiryns geworden war, eroberte – natürlich – Herakles die Burg und ließ sich lange Zeit hier nieder, was zahlreiche antike Autoren zum Anlaß nehmen, ihn den Tirynthier zu nennen. Soviel zur Mythologie.
Auch als Mykene Anfang des 12. Jahrhunderts v. Chr. zerstört worden war, war Tiryns weiterhin bewohnt. Noch an der siegreichen Schlacht von Platää gegen das Heer der Xerxen beteiligten sich 480/479 v. Chr. Kontingente aus Tiryns. Schon bald darauf aber, um 420, wurde Tiryns durch die Bewohner von Argos eingenommen. Die Argiver zerstörten die Akropolis.
Die Tirynthier scheinen ein lustiges Volk gewesen zu sein. Der Philosoph Theophrast, ein Nachfolger des Aristoteles, erzählt, daß die Bewohner von Tiryns einen ungewöhnlichen Hang zum Lachen hatten, der sie zu jeder produktiven Arbeit unfähig machte: »... die Tirynthier wünschten, ihren Hang zum Lachen loszuwerden, und sie befragten das Orakel, wie sie dies erreichen könnten. Der Gott antwortete ihnen, daß das Übel sofort verschwinden würde, wenn sie, ohne dabei zu lachen, dem Poseidon einen Ochsen opfern und ihn ins Meer werfen könnten. Die Tirynthier, die fürchteten, nicht imstande zu sein, den Befehl des Gottes zu erfüllen, hatten den Kindern befohlen, beim Opfer nicht anwesend zu sein. Aber ein Kind hatte davon gehört und sich unter die Menge gemischt. Man vertrieb und schalt das Kind, als

es plötzlich ausrief: ›Fürchtet ihr denn, daß ich euch das Opfer verderbe?‹ Darüber lachten alle laut auf, und die Tirynthier überzeugten sich, daß der Gott beabsichtigt hatte, ihnen zu zeigen, daß eine seit langer Zeit eingewurzelte Gewohnheit nicht zu beseitigen sei.«

Über Kümmel ein homerischer Palast

Als Schliemann vor einem Jahrhundert mit seiner Frau und seinen Freunden, den Professoren der Altertumskunde Castorches, Phendikles und Pappadakes, nach Tiryns kam, waren die Ruinen noch völlig unberührt. Hinter den einfachen Häuschen des Dorfes breitete sich bis zum Golf ein schier endloses Sumpfgebiet aus. Das »älteste Denkmal Griechenlands«, das ihn, weil Homer davon gesprochen hatte, interessierte, ragte mit seinen zyklopischen Mauern aus Schmutz und Gestrüpp hervor.
Wie in Mykene mußte die Burg nicht erst gesucht werden, sie zeigte sich bereits in ihrem ganzen Ausmaß. Unverzüglich machte er sich an die Arbeit. Mit 51 Mann zog er gleich einen langen und tiefen Graben über die Akropolis hinweg und bohrte sechzehn Schächte in die Tiefe. Und wieder setzte sich Schliemann über die Schreibstuben-Archäologen hinweg, die von Ruinen aus dem Mittelalter gesprochen hatten. Auch den einheimischen Reiseführern, die mit aller Überzeugungskraft abwinkten, weil in Tiryns nichts los sei, glaubte er kein Wort. Er ging mit solcher Energie ans Werk, daß er die Kümmelpflanzungen eines Bauern zerstörte und 275 Franken Strafe zahlen mußte.
Das »zyklopische Land« hatte Euripides die Argolis genannt. Und an keinem anderen Platz war das Wort »zyklopisch« angebrachter als in Tiryns. Schliemann fand keinen Goldschatz wie in Troja und Mykene. Aber viel wichtiger für ihn war die Freilegung einer bis in Einzelheiten der Bauwerke zutreffenden Palastanlage, wie sie Homer als »mauerumgürtet« geschildert hatte. Pausa-

nias sprach in seinem Reiseführer, der Periégese, von einem Tiryns, das ein nicht geringeres Wunder als die Pyramiden sei. Von den gewaltigen Blöcken, so ist bei ihm zu lesen, von zwei bis drei Meter Länge und bis zu acht Meter Dicke, konnte nicht einmal die kleinste Platte von einem Maultiergespann bewegt werden.

Es war eine Festung, aber auch ein Palast (siehe Rekonstruktionszeichnung rechts). In die Mauern waren Kasematten eingebaut, die als Magazine und Vorratskammern dienten. Die Tore waren in ihren Flanken durch Türme geschützt. Ein Rampenweg, breit genug für leichte Kampfwagen, führte zum Haupttor in der Mitte der Ostseite. Nach einem zweiten Tor gelangte man zu einem monumentalen Säulentorbau nach Art der Athener Propyläen, der den Zugang zu einem großen Hof bildete. Durch ein weiteres Säulentor erreichte man einen kleinen Hof mit dem Opferaltar im Freien; denn Tempel kannte man in prähistorischer Zeit noch nicht. Das Megaron, der »Männersaal«, schloß diesen Platz ab. Das danebenliegende Gebäude enthielt die Frauengemächer, das Gynäkeion. Eine schmale Steintreppe mit 55 Stufen führte an der Westseite zur Wasserstelle und zu einem etwaigen Fluchtweg.

Die Mauern der Gebäude standen auf Bruchsteinen und waren mit Holzblöcken und Lehm nachgezogen. Wie in Kreta schmückten Fresken die Wände, wobei ein typisches kretisches Motiv eine junge Frau darstellte, die in kretischer Männertracht einen Stier überspringt.

Die Anlage von Tiryns bestand nicht aus einer wahllosen Aneinanderreihung von Gebäuden. Alle Räume des Königspalastes und der Burg waren nach militärischen und repräsentativen Gesichtspunkten zu einem geschlossenen Ganzen zusammengefügt.

Mehr noch als die Ruinen von Mykene lassen die Überreste dieser wohl imposantesten vorgeschichtlichen Burg Griechenlands erahnen, unter welchen Mühen die Ureinwohner des mykenischen Fürsten diese Zwingburg erbauen mußten.

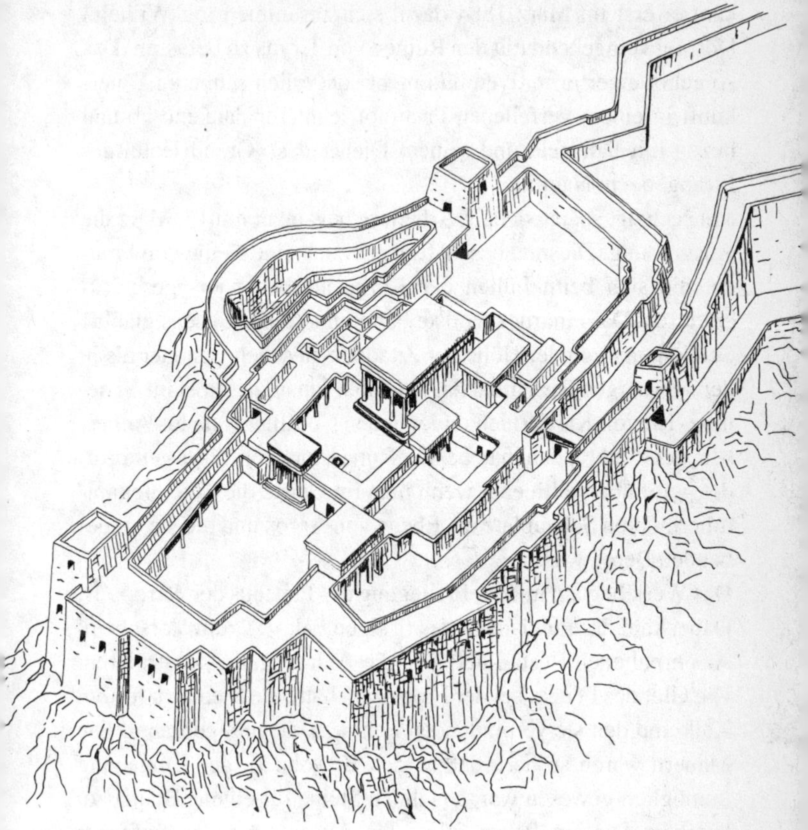

Rekonstruktion der Burg von Tiryns

Die erste Ausgrabung in Tiryns im Sommer 1876 beschäftigte Schliemann nur kurze Zeit. Damals war Mykene vorrangig. So kam er erst im März 1884 dazu, sich zusammen mit Wilhelm Dörpfeld eingehend mit den Ruinen von Tiryns zu befassen. Das Angebot einer primitiven und nicht sonderlich sauberen Unterkunft in einem verfallenen Pachthof lehnte er dankend ab und bezog mit Dörpfeld und seinem Diener das »Grand Hotel des Etrangers« in Nauplia.
Mit sechzig, später siebzig Arbeitern begann er am 17. März die Ausgrabung. Diesmal beschäftigte er auch eine Reihe von Frauen, die sich beim Füllen der Körbe als besonders geschickt erwiesen. Das eindrucksvollste Panorama seines Lebens glaubte Schliemann von der Höhe der Zitadelle zu sehen, schöner als in den Vorbergen des Himalaja, in China, Japan, ja selbst im Yosemite-Tal von Kalifornien und von den Cordilleras de los Andes: »Ja, der Zauber, den man bei der Rundschau von Tiryns empfindet, wird überwältigend, wenn man im Geiste die Taten rekapituliert, deren Schauplatz die Ebene von Argos und die sie umgebenden Berge waren.«
Das Werk begann mit der Freilegung des Plateaus der Akropolis. Dabei kam das Fundament des riesigen Palastes zum Vorschein. Aus erhaltenen Resten ließ sich die Anlage gut rekonstruieren. Die Glut des Feuers bei der Eroberung hatte die Steine zu festem Kalk und den sie verbindenden Lehm zu Ziegeln gebrannt. Die Mauern waren so hart, daß es den Bewohnern der Umgebung unmöglich gewesen war, aus ihnen Steine für eigene Bauten zu brechen. Diesem Palast folgte die Ausgrabung der einfacher gestalteten Wirtschaftsgebäude, die nach der Menge des Schuttes – bis zu sechs Meter – oft erneuert worden sein mußten. Nach der Unterburg wurde an der Ostseite die Auffahrt oder Rampe freigeräumt, über die heute der Besucher die Höhe erreicht. Dies war sehr mühsam, da sie ganz mit gewaltigen Blöcken bedeckt war. Die eindrucksvollen Galerien mit ihren Spitzbögen und einem Lehmestrich als Fußboden wurden gereinigt. Über sie kann man

in der Gegenwart von der Südseite her bequem emporsteigen. Torförmige Nischen oder Fensteröffnungen in diesen Galerien schienen vornehmlich der Verteidigung gedient zu haben.
War es in Mykene der Kaiser von Brasilien, so besuchte in Tiryns »Se. Königliche Hoheit, der für die Wissenschaft begeisterte Erbprinz Bernhard von Sachsen-Meiningen« die Ausgrabungen. Unter weiteren Besuchern waren auch der amerikanische Gesandte in Athen, Eugene Schuyler mit Frau, und Professor Püschel aus Berlin, der in Nauplia jedoch an Typhus erkrankte und dort verstarb.

Die Kühe der Hera

Es war in der Tat eine Trutzburg, die Schliemann freilegte. Hinter bis zu elf Meter starken und sechzehn Meter hohen Mauern lebte der Herrscher in der Oberburg. Den Wirtschaftsräumen und Unterkünften der Bediensteten gaben immerhin noch acht Meter starke Wände Schutz. An drei Stellen fand Schliemann zyklopische Wasserleitungen aus unbehauenen Steinen, die ohne irgendein Bindemittel zusammengefügt waren. Sie waren einfach auf den Felsen gelegt worden.
Von einem Gedanken wird man sich frei machen müssen: Die Herrscher, die Könige von Tiryns, regierten kein großes Reich. Es war nur die Umgebung des Palastes und der Unterstadt, die in Wirklichkeit höchstens ein Dorf war, das sich bis zum nächsten Gebirgszug erstreckte, der die Landschaft abriegelte. Hier entwickelte sich der für die Geschichte Griechenlands so typische Stadtstaat, der erst in der Neuzeit einem gemeinsamen Nationalgefühl wich. Am Fuß des Hügels entdeckte Schliemann Überreste von Stein- und Ziegelhäusern, von Brücken und einigen Hausgerätschaften. Hier hatte sich die Siedlung Tiryns schutzsuchend unter die Mauern der Burg gekauert.
Wie in anderen Orten des ägäischen Kulturkreises, bestätigte sich

ihm auch in Tiryns der dominierende Kult einer Muttergöttin, sicher ein geistiges Relikt aus einer noch früheren Zeit des Matriarchats. Die kleinen Kuh- und Frauenidole, die Schliemann im Schutt fand, waren Symbole der Hera und trugen alle Anzeichen kretischer Herkunft oder von Verwandtschaft mit kretischer Kunst. Diese Idole waren jedoch auch keine »Erfindung« der Kreter gewesen, vielmehr hatten sie ihren Ursprung in Ägypten oder auch in der semitisch-phönizischen Religion der Astarte.
Alle diese Idole waren aus Terrakotta, gehörten also der Frühzeit an; Schliemann schätzte sie auf die Zeit vor 1600 v. Chr., als Tiryns erbaut wurde. Die kleinen Frauendarstellungen hatten stark betonte Brüste, ein stark zusammengedrücktes Gesicht und keinen Mund. Unter den Brüsten trat auf jeder Seite ein langes Horn hervor, das Schliemann sowohl als Halbmond als auch als Kuhhorn deutete. Auch eine rund zehn Zentimeter große männliche Figur aus Bronze fand er, die wahrscheinlich einen Krieger mit einer phrygischen Kappe darstellte, der den rechten Arm erhoben hatte, um eine Lanze zu schleudern.
»Einer der interessantesten Gegenstände, die ich in Tiryns fand«, notierte Schliemann, »war das Gerippe eines Menschen in etwas über fünf Meter Tiefe. Ein Teil der Knochen war versteinert, jedoch schob ich dies lediglich der Natur des Bodens zu, worin das Gerippe lag. Einige der Knochen waren durch die Feuchtigkeit bedeutend angeschwollen, und dies mag auch mit dem unteren Kinnbacken der Fall sein, der außerordentlich dick ist. Leider habe ich nur einen Teil des Schädels retten können.«
Aus den vorhistorischen Schuttschichten kam eine Menge sehr kleiner Messer aus Obsidian zum Vorschein, jedoch fand man keine anderen Werkzeuge oder Waffen aus Stein. Viele kleine, kegelförmige Kreisel, wie sie Schliemann schon in Troja und Mykene gefunden hatte, lagen in einer Schicht, die höchstwahrscheinlich von der zweiten Bewohnergruppe herrührte. Auch die Töpferware dürfte diesen Nachfolgern der ersten Bewohner angehört haben. Nach der Verarbeitung und der Art der Verzierun-

gen war sie von der gleichen Art wie die mykenischen Funde. Es häuften sich phantastisch geformte Vasen, Becher, Kannen, Töpfe, Teller und Näpfe, die alle auf der Töpferscheibe hergestellt worden waren. Auch in Tiryns hatten die Farben, zumeist Rot auf hellrotem Grund, und die Verzierungen unter dem Schutt der Jahrtausende nichts von ihrer Brillanz eingebüßt. Schon dicht unter der Oberfläche, bisweilen aber auch in mehr als zwei Meter Tiefe, war Keramik aus dem Mittelalter vorhanden. Ihr folgten, aber ohne Übergang, Stücke der archaischen Periode.

Schliemann schloß daraus, »daß die Baustelle der Akropolis von Tiryns seit der Zeit der Eroberung durch die Argiver (468 v. Chr.) nicht bewohnt gewesen ist. Aber in den von mir außerhalb der Zitadelle gegrabenen vier Schächten bringe ich nur Überbleibsel von Haushaltungsgeschirr ans Licht, die, nach den Topfscherben zu urteilen, dem 2., 3. und 4. Jahrhundert v. Chr. anzugehören scheinen. Ich sehe diese meine Meinung durch einen Schatz von kleinen tirynthischen Kupfermünzen bestätigt, der vor einigen Jahren am Fuße der Zitadelle entdeckt wurde und augenscheinlich aus mazedonischer Zeit stammt. Die Medaillen, die ganz ausgezeichnet geprägt sind, zeigen auf einer Seite einen Apollokopf mit Diadem, auf der anderen eine Palme mit der Schrift TIRYNS. Es kann daher keinem Zweifel unterliegen, daß die uralte Stadt Tiryns auf den kleinen Raum innerhalb der zyklopischen Mauern der Zitadelle beschränkt war, und daß die neue Stadt gleichen Namens wahrscheinlich im Anfang des 4. Jahrhunderts v. Chr. außerhalb derselben gebaut war.« Diese neue Stadt, so folgerte Schliemann, war wohl schon vor der römischen Herrschaft in Griechenland von ihren Bewohnern verlassen worden. Sie schien unbedeutend gewesen zu sein, da sie von keinem antiken Schriftsteller erwähnt wird.

Nach allen Richtungen hatte Schliemann unterhalb der Akropolis graben lassen. Neben verbranntem Ziegelschutt wurden überall die gleichen Topfwaren wie auf der Burg gefunden. An der großen Ausdehnung der Fundstellen erkannte er, daß sich die

Unterstadt relativ weit ausgedehnt hatte. Es blieb keine Trümmerwüste zurück. »Alle während meiner Ausgrabungen verschütteten Teile der Mauern von Tiryns haben Dr. Dörpfeld und ich vor unserer Abreise von Tiryns sorgfältig vom Schutt gereinigt, und ich kann versichern, daß nicht zwei noch übereinanderliegende Steine des alten Mauerwerks verdeckt geblieben sind.«
Daß sich Tiryns dem Besucher von heute als einzige Palastanlage der mykenischen Kultur, wie sie Homer geschildert hat, in ihren Mauern und Fundamenten bietet, ist dem fanatischen Glauben und dem Ausgrabungseifer Schliemanns zu verdanken. Auch hier ließ er, ohne die Hilfe neuzeitlicher Räumungsmaschinen und Lastwagen, nur mit Schaufeln und Körben, die beachtliche Menge von 36000 Kubikmeter Schutt beseitigen. Man kann zwar Schliemanns Bedeutung nicht an den Erdbewegungen messen, beeindruckend ist die Zahl aber allemal.

Orchomenos und noch ein »Schatzhaus«

»Das wunderbarste Gebäude in Griechenland«

Von der Sintflut zu Alexander dem Großen

> »Das Schatzhaus des Minyas ist das wunderbarste Gebäude in Griechenland, und es steht keinem Kunstwerk im Ausland nach …«
> *Pausanias*

Auch die Stadt Orchomenos spielt eine Rolle in der griechischen Sagenwelt. Diesmal ist es nicht der liebestolle, sondern der zürnende Zeus, der für die ersten Zeilen der alten Überlieferung sorgte.

Völlig entvölkert war die Erde, als Deukalion, Sohn des Menschenformers Prometheus, nach neun Tagen und neun Nächten nach dem Ende der Sintflut mit seinem Nachen auf dem Parnaß gelandet war. Auf Befehl des Göttervaters Zeus, der mit der Flut die boshafte Menschheit hatte ausrotten wollen, warfen Deukalion und seine Frau Pyrrha Steine hinter sich, die zu Menschen wurden und die verwüstete Erde wieder bebauten. Hellen, Deukalios Sohn, wurde Stammvater aller Griechenvölker und Ahnherr dreier Söhne, unter ihnen Äolos, dessen Nachkommen in Thessalien lebten und reich wurden. Einen dieser Nachkommen, den zu übermütig und verschlagen gewordenen Sisyphos, verdammte Zeus zum ewigen Steinrollen. Noch heute steht der Ausdruck Sisyphusarbeit für vergebliches Tun.

Ein anderer Sohn des Äolos war Athamas. Er gründete westlich des Kopaissees in Böotien die Stadt Orchomenos und wurde

König der Minyer, die sogar bis auf den Peloponnes vordrangen und bei solchen Unternehmen großen Reichtum scheffelten. Auch in der Argonautensage kommen die Minyer vor; denn Athamas' Sohn Phrixos war, wie schon im Troja-Kapitel erzählt, zusammen mit seiner Schwester Helle auf dem geflügelten Widder des Hermes aus Orchomenos an die Küste des Schwarzen Meeres gerettet worden, von wo dann Jason mit Medeas Unterstützung das goldene Vlies dieses Widders zurückholte. Aber auch Herakles durfte in der Sage um Orchomenos nicht fehlen. Als die mächtige Stadt Theben von Orchomenos unterworfen worden war und Tribute zu leisten hatte, war es der Halbgott, der diesem Zustand ein Ende bereitete, Orchomenos besiegte und dafür in Theben die Tochter des Königs Kreon zur Frau erhielt.

Die technische Glanzleistung der Minyer – und damit tritt Orchomenos aus der Sage in die Historie – waren jene großartigen Katabóthren durch das Ptoongebirge, Wasserleitungskanäle, mit denen sie den Wasserstand des Sees regulierten und Hochwasser dem Meer zuführten. Selbst nach Trockenlegung des Kopaissees kann man heute noch die Überreste dieser Bauwerke und den hohen technischen Stand der Minyer bewundern. Wie Mykene pries Homer auch Orchomenos als schätzereich. Und gleich Priamos in Troja oder Atreus in Mykene war König Minyas der Repräsentant dieses Reichtums. So erhielt auch in Parallele zu Mykene das in Orchomenos gefundene Kuppelgrab den Namen »Schatzhaus der Minyas«. Schon Pausanias hatte es als »das wunderbarste Gebäude in Griechenland« gerühmt.

Nahe dem Wunderbaren liegt das Tragische. So ging die Gegend um Orchomenos in die Geschichte ein, als die Griechen vom Mazedonierkönig Philipp II. besiegt wurden, ihre Freiheit verloren, um sie erst über zweitausend Jahren später zu gewinnen. »Zeit, du überschaust alles Menschenschicksal, Freude und Leid, das Geschick, dem wir erlagen, künde du der Ewigkeit.« Dieses Epigramm ist den Gefallenen der Schlacht von Chäroneia (338 v. Chr.) gewidmet, die nur wenige Kilometer von Orchomenos entfernt stattgefunden hatte. König Philipp konnte die Verteidigungslinie der Griechen, die unter den zündenden Reden des Demosthenes noch einmal ihren Partikularismus überwunden hatten, an den Kopaissee zurückdrängen. Den Kampf entschied sein noch junger Sohn Alexander, den noch zu seinen Lebzeiten die Geschichte »den Großen« nannte, mit der von ihm befehligten Reiterei. Das in diesem Feldzug zerstörte Orchomenos sowie auch Platää und Thespiä mußte Theben auf makedonischen Befehl als Reparationsleistung wiederaufbauen.

»Minyas – Schliemann – deutsch«

Wanderer, kommst du von Norden her an die Thermopylen, so forschst du heute vergebens nach jenem Engpaß, den vor fast zweieinhalb Jahrtausenden König Leonidas mit seinen Spartanern gegen das sagenhafte Millionenheer des Xerxes verteidigte, um schließlich einem Verrat und der persischen Übermacht zu erliegen. Die Landschaft hat sich seitdem verändert. Dennoch erinnern viele der Namen an berühmte Geschehnisse der Weltgeschichte. Wenn man die Autobahn Lamia–Athen dann verläßt, führt die Straße nach Levadia über das Gebirge hinweg in ein weites Tal, rings umgeben von Bergen, unter anderem dem 2457 Meter hohen Parnassos. In dieser Ebene, zwei Kilometer westlich der Straße, erinnert das Schlachtfeld von Chäroneia an Alexanders militärischen Erfolg und das Ende der griechischen Freiheit. Nur acht Kilometer weiter, noch vor Levadia, zweigt man ab zu einem Ort, der schon mindestens eineinhalb Jahrtausende vor der Zeit des makedonischen Eroberers bestand – Orchomenos, die Stadt der Minyer und ihres Königs Minyas. Nach sieben Kilometern erreicht man das typische griechische Landstädtchen, das von der Hektik des ausgehenden 20. Jahrhunderts fast gar nicht berührt zu sein scheint. Leicht steigt die Straße im Ort an, und schon findet man sich in der Vergangenheit.

Ein Zaun umschließt einen Hang mit einem kleinen Amphitheater und Fundamenten von Gebäuden aus hellenischer Zeit, dazwischen liegen Blöcke, die man mit gutem Gewissen »zyklopisch« nennen darf. Ein Seitensträßchen umgeht diesen Bezirk. Nach wenigen Metern, in der Umgebung von Wohnhäusern und hinter Bäumen beinahe verborgen, eine Tür im Zaun, daneben ein kleines Bretterhäuschen. Die Besucher begrüßt ein würdiger alter Herr mit einladender Geste in Richtung Eingang des »Schatzhauses«: »Minyas – Schliemann – deutsch!«
Im November 1880 reiste Heinrich Schliemann mit seiner Frau und Professor Sayce nach Orchomenos. Von Athen aus berührte er Eleusis, das heutige Elefsis, Geburtsort des Äschylos, das Dorf Mandra, Lager des persischen Feldherrn Mardonios vor der Schlacht von Plataä, und die Festung Casa, heute Kaza, einst Grenze zwischen Attika und Böotien. Von da hatte er noch rund dreieinhalb Stunden Ritt bis Theben, dem heutigen Thivai. An diesem berühmten und geschichtsträchtigen Platz ließ er jedoch kein gutes Haar: »Die jetzige Stadt ... ist jedenfalls der schmutzigste und garstigste Ort in Griechenland, und ich rate den Reisenden angelegentlich, lieber ihr Nachtquartier in der elendsten Dorfscheune aufzuschlagen als in dem sogenannten Hotel in Theben.«
An den ehemaligen Sümpfen des Kopaissees entlang erreichte er Levadia, das zu seiner Zeit noch Lebadeis hieß, die unter der Türkenherrschaft blühendste Stadt in Nordgriechenland. Auf einem Fußweg und über hölzerne Brückchen gelangte Schliemann in das Dorf Skripu, das heutige Orchomenos, »wo der Reisende auf einen oder zwei Tage Aufnahme findet im Kloster der Gottesmutter, dessen frommer und gastfreundlicher Abt Pater Theodosios ist«.
Ähnlich wie andere Orte der frühen Geschichte war Orchomenos auf einem steilen Berghang erbaut. Auf dem Hypantheion gelegen, war der Ort nach Norden durch den Sumpf des Kopais geschützt. Die meisten Mauern der auf dem vierzig Meter im

Durchmesser großen Felsen gelegenen Akropolis waren mehr oder weniger gut erhalten. Auf einer zwei Meter breiten Treppe mit 44 Stufen, schräg in den Felsen gehauen, gelangte man auf die Höhe, an deren nördlicher Ecke die Reste eines Turmes und einer Verteidigungsmauer mit Laufgraben und mehreren Türen vorhanden waren. Eine von Schliemann teilweise ausgegrabene Mauer zog sich von Norden nach Süden quer über den Hypantheion hinweg. Westlich des genannten Turmes entsprang am Fuß einer zwanzig Meter tiefen Höhle eine der Quellen des Flüßchens Melas. Oberhalb dieser Höhle war der Fels künstlich geebnet. Dort stand vermutlich einst der Tempel des Herakles, den Pausanias als »bei den Quellen des Melas« erwähnt. Zwar fügt Pausanias hinzu, daß sich der Heraklestempel sieben Stadien von Orchomenos befunden habe, doch widerspricht Plutarch in seinem »Leben des Sylla«, der den Ursprung des Melas unterhalb Orchomenos angibt. Über eine große Brücke südlich der Stadt, deren Überreste Schliemann erkundete, dürften sicher die Marmorquadern aus dem Steinbruch bei Levadia zur Baustelle der Akropolis und des »Schatzhauses« herangeschafft worden sein.
Undenkbar wäre eine Forschung Schliemanns ohne Homer. Die erste Erwähnung von Orchomenos entnahm er der Ilias, wo Achilles das Angebot des Königs des goldreichen Mykene verwirft:

»Selbst böte er mir zehn- und zwanzigmal mehr als
Was er jetzt besitzt und was er noch erlangen mag.
Selbst böte er mir alles Gold, das in Orchomenos
Oder im ägyptischen Theben in Häusern aufgehäuft liegt.«

Aber auch Pausanias rühmt Minyas und dessen Bauwerke: »Minyas hatte so große Einkünfte, daß er an Reichtum alle früheren Menschen übertraf; soviel wir wissen, war er der erste, der zur Aufbewahrung seiner Schätze ein Schatzhaus baute.« Und zu diesem »wunderbarsten Gebäude in Griechenland« sagt er weiter: »Es ist ein runder Bau aus Stein, der sich oben etwas stumpf zuspitzt; man sagt, daß der oberste Stein das ganze Gebäude zusammenhält.« Daraus ging für Schliemann hervor, daß das »Schatzhaus« zur Zeit jenes Reiseschriftstellers noch nicht eingestürzt war. In seiner Bienenkorbform war es dem »Schatzhaus des Atreus« ähnlich. Vielleicht waren beide Gebäude mit ihren »falschen Gewölben« vom gleichen Architekten errichtet worden.

Dieses »Schatzhaus« war natürlich Hauptziel Schliemanns. Aber er war nicht der erste, der hier zu Werke ging. Anfang des Jahrhunderts hatte der Engländer Lord Elgin bereits einen Versuch unternommen, scheiterte aber an den gewaltigen Steinmassen. Brutaler betätigte sich 1862 der damalige Demarche des Dorfes, Gadakes, der die Marmorblöcke zum Bau einer Kirche benutzen wollte, obwohl Orchomenos oder Skripu bereits zwei Kirchen besaß. Dieser Mann hatte schon den ganzen Dromos zerstört und Steine herausgenommen, die so groß waren, daß er aus ihnen Säulen für die Kirche errichten konnte. Schon wollte er das Tor einreißen, »als glücklicherweise sein Vandalismus dem Minister für Volksaufklärung in Athen angezeigt wurde, der Einhalt gebot«.

Mit hundertzwanzig Arbeitern begann Schliemann, die Schatzkammer vom Schutt zu befreien, der bis zu zehn Meter hoch lag. Marmorblöcke, verschiedene Schichten von Asche und verbrannten Stoffen ließen darauf schließen, daß im Schatzhaus selbst einmal ein kleiner Opfertempel gestanden hatte. Handmühlensteine aus Trachyt, Eberzähne, Wirtel aus Terrakotta, einen gläsernen Vasendeckel aus römischer Zeit, eine Menge bronzener Nägel, Massen vorhistorischer Topfware, gemischt mit Stücken aus hellenischer und römischer Zeit, gab der Schutt frei. Das »Schatzhaus« mit einem Durchmesser von rund vierzehn Metern war bis zur achten Reihe der Blöcke erhalten. Von da ab wurden es weniger, bis die zwölfte Reihe nur noch drei Blöcke an ihrer ursprünglichen Stelle besaß. Schliemann hielt fast alle Steine in ihren Ausmaßen fest und notierte, wo Löcher für die

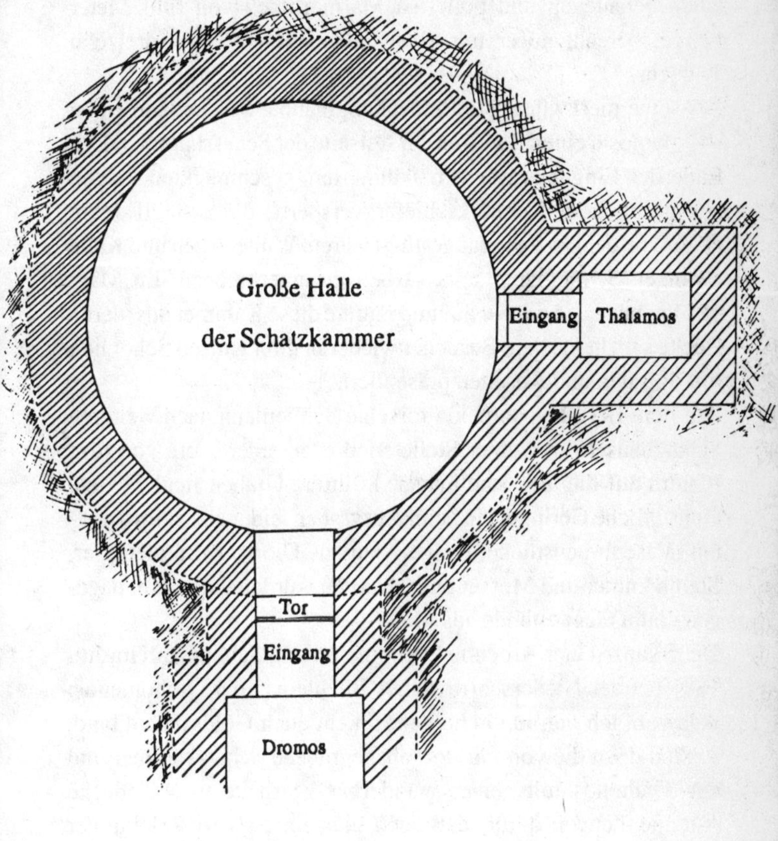

Plan der Schatzkammer des Minyas

Bronzenägel zur Befestigung der Kupferplatten vorhanden waren. Die Höhe des Tores maß er mit 5,51 Meter, die Breite oben mit 2,47 und unten mit 2,71 Meter. Den mächtigen Türsturz, einen behauenen und polierten Marmorblock von fünf Meter Länge, berechnete er mit einem Gewicht von über dreizehn Tonnen.

Als seine merkwürdigste Entdeckung nannte Schliemann einen »Thalamos«, einen Raum an der Ostseite der Schatzkammer. Das Ende des Eingangs war von skulpierten, geschmückten Platten aus grünlichem Keramikschiefer versperrt, die erst elf Jahre zuvor von der Decke herabgestürzt waren. Winterregen und Kälte zwangen Schliemann, seine Arbeit zu unterbrechen. Im März 1881 nahm er sie wieder auf und räumte diese Kammer aus, deren Decke sich heute dem Besucher wieder in ihrer ganzen Schönheit mit Spiralen und Rosetten präsentiert.

Auf dem Berg Hypantheion forschte Schliemann nach weiteren Schatzhäusern. An einer Stelle stieß er in einer Tiefe von fünf Metern auf die alte Stadtmauer. In ihrem Graben fand er viele menschliche Gerippe, die beim Ausgraben leider alle zerbröckelten. Vasenbruchstücke, einige Äxte aus Diorit, Kornquetscher, Steinhämmer und Messer aus Obsidian wurden gefunden, dagegen kaum Gegenstände aus Metall.

Die Bilanz seiner Arbeit in Orchomenos zog Schliemann im Juli 1881 bei der Niederschrift seines Büchleins über Orchomenos: »Obwohl ich nun in Orchomenos nicht auch Goldschätze fand, so sind doch die von mir dort ausgegrabene Schatzkammer und der Thalamos mit seiner wunderbar gearbeiteten Steindecke stumme Zeugen dafür, daß auch hier einst große Reichtümer angehäuft lagen, und beweisen, daß das von Homer dieser Stadt gegebene Epitheton vollkommen passend war.«

Heimgang zu Homer und den Helden

Die Welt nimmt Abschied –
So vieles wäre noch zu tun gewesen

Finale auf der Piazza

> »Meine Tage sind gezählt, und ich möchte so gerne noch Kreta explorieren, ehe es zu Ende geht.«
> *Brief an Virchow*

Neapel, Abend des ersten Weihnachtsfeiertages 1890.
Durch die an diesem Festtag wenig belebte Via Roma der Hafenstadt vor dem Vesuv schleppt sich schwerfällig und fast taumelnd ein Mann. Kaum zu ertragende Ohren- und Kopfschmerzen treiben ihn durch die Straßen. Im Flackern und Brennen der Augen verwischen sie die Bilder von Pompeji, durch deren Ruinen er wenige Stunden zuvor gegangen ist. Schon erblickt er den dunklen Turm der Kirche Santa Anna dei Lombardi. Nun ist es nicht mehr weit bis zu jenem Arzt, der bereits drei Tage zuvor einmal die heftigen Schmerzen lindern konnte. Aber auf der Piazza Carità bricht der Mann zusammen, stürzt auf das kalte Pflaster und bleibt hilflos liegen.
Zwar ist er noch bei Bewußtsein, doch hat er die Sprache verloren. Besorgte Menschen schaffen ihn ins Krankenhaus. Dort aber verweigert man die Aufnahme des ärmlich Gekleideten. Zur Polizei gebracht, wird in seinem Mantel die Adresse eines neapolitanischen Arztes gefunden. Er wird herbeigeholt. Nach einem kurzen Blick fordert der Mediziner sofort eine Droschke an. Als man skeptisch fragt, wer den Transport und die Hospitalkosten bezahlen solle, greift der Arzt in eine Anzugtasche des Patienten

und holt einen Beutel hervor: »Damit! Es ist ein reicher Mann.« Der Beutel ist voller Goldstücke.
Im Operationssaal und auf der Station bemühen sich acht Ärzte um den Mann. Eine Nacht lang ringt der Kranke mit dem Tode. Am nächsten Tag, dem 26. Dezember, schließt er für immer die Augen. Der Verstorbene ist Heinrich Schliemann.
Schliemann hatte Wochen der Rastlosigkeit und Hektik hinter sich. In Athen war er Ende Oktober und Anfang November mit Dörpfeld beschäftigt gewesen, einen kurzen, vorläufigen Bericht über die Ausgrabungen dieses Jahres zu verfassen, ein paar häusliche Angelegenheiten in Ordnung zu bringen und auf seine Kinder und seine Frau zu warten, die sich in Deutschland einer Kur unterzogen hatte, die sie nach den Strapazen des Jahres dringend brauchte.
Aber auch Heinrich Schliemanns physischer Zustand hatte eine medizinische Behandlung dringend nötig gemacht. Sein Freund Rudolf Virchow hatte den auf dem linken Ohr schon tauben Schliemann bedrängt, sich einem operativen Eingriff zu unterziehen. Nach fünftägiger Reise traf Schliemann in Halle ein, um sich vom Bahnhof direkt zur Operation durch Professor Schwartze in die Universitätsklinik zu begeben. Schon am nächsten Tag, dem 13. November, wurde die Ausmeißelung der krankhaften Knochenvergrößerungen beider Ohren durchgeführt. Die Operation verlief gut, die Beschwerden waren jedoch nicht vergangen. In einem Brief deutete Schliemann seinen Zustand an: »Der Schmerz war anfänglich gering, hat aber immer mehr zugenommen.«
Voller Ungeduld und in sich selbst aufgezwungener Terminnot brach Schliemann genau einen Monat später seinen Klinikaufenthalt ab und suchte seinen Verleger Brockhaus in Leipzig auf, um die nächste Publikation zu besprechen. Er gönnte sich keine Pause. Von Leipzig eilte er für einen Tag nach Berlin, wo er mit Virchow die neue Aufstellung seiner dem Deutschen Reich geschenkten trojanischen Sammlungen ordnete und die geplanten

gemeinsamen Reisen des nächsten Jahres festlegte. Wieder einen Tag später, am 15. Dezember, war er in Paris. Erneute Schmerzen ließen ihn einen Arzt konsultieren. Sie seien nicht ernster Natur, lautete die Diagnose. Also achtete er nicht auf seine körperliche Verfassung, reiste nach Neapel und meldete seiner Familie die baldige Rückkehr nach Athen.

Zwei Tage lang und ohne Pause studierte er im Museo Archeologico Nazionale die neuesten Funde aus den Ausgrabungen der 79 n. Chr. vom Vesuv verschütteten antiken Städte. Schliemanns Ohren- und Kopfschmerzen wurden immer heftiger. Trotzdem bestieg er einen offenen Wagen und ließ sich nach Pompeji kutschieren, um dort die Ergebnisse der jüngsten Arbeiten zu besichtigen. Nach Neapel zurückgekehrt, wo er die Heimfahrt zu seiner Familie antreten wollte, rief ihn der Tod zur Reise in die Ewigkeit.

Am 29. Dezember traf Schliemanns Mitarbeiter und Fortführer der Grabungen, Wilhelm Dörpfeld, mit dem Schwager des Verstorbenen in Italien ein, um auf Wunsch von Frau Sophie den Leichnam abzuholen. In griechischer Erde sollte Heinrich Schliemann seine letzte Ruhestätte finden. Der deutsche Kaiser Wilhelm II. sendet eines der ersten Beileidstelegramme.

In Schliemanns Athener Haus fand am Nachmittag des 4. Januar 1891 die Trauerfeier statt. Der Sarg stand vor der Büste Homers, dessen Epos Richtschnur für Schliemanns Arbeit gewesen war. Ihn hatten, wie seine Frau Sophie schreibt, »diejenigen geschmückt, die Schliemann für sein Werk dankbar waren: die Kaiserin Friedrich, die griechische Königsfamilie, die Stadt Berlin, die wissenschaftlichen Institute Athens und mit ihnen viele Freunde und Bekannte«. König Georg I. von Griechenland und Kronprinz Konstantin, die akkreditierten Diplomaten fremder Staaten, die Minister, die Direktoren der wissenschaftlichen Institute, der Generalophor der Altertümer, Kavvadias, und der Senior der griechischen Altertumsforscher, der Dichter Rizos Rangabé, nahmen Abschied und dankten dem Philhellenen, daß

er ein Jahrtausend früher griechischer Geschichte hatte lebendig werden lassen. Schliemanns Familie, Frau Sophie und die Kinder Andromache und Agamemnon, war nun trotz der vielen Freunde allein.
In der Betriebsamkeit seines letzten Jahres hatte Heinrich Schliemann diesem Sohn Agamemnon, der nach dem Ersten Weltkrieg Abgeordneter und dann griechischer Gesandter in Washington wurde, zum zwölften Geburtstag geschrieben: »An Angamemnon Schliemann, den geliebtesten der Söhne! Heil ihm! Ich freue mich sehr zu hören, daß Du im Begriff bist, den Plutarch zu studieren, den Xenophon fertig hast und daß Du in einem Chorverein mitsingst. Deines (12.) Geburtstages freue ich mich von ganzem Herzen. Ich bete zu Zeus, dem Vater, und zu Pallas Athene, daß sie Dir diesen Tag noch hundert Male in Glück und Gesundheit verleihen mögen.«
Schliemanns »Selbstbiographie«, die seine Frau mit Unterstützung von Dr. Alfred Brückner ergänzte und bereits im Herbst 1891 herausgab, endet mit den Worten: »Nun ruht er, der im Leben nicht ruhen mochte, an dem Platz, den er sich bei Lebzeiten ausgesucht, wo nach den Plänen von Professor E. Ziller in altgriechischem Stil ein Mausoleum errichtet werden soll. Ihn grüßen im Tode die Akropolis mit dem Parthenon, die Säulen des Zeus Olympios, der blaue Saronische Golf und jenseits des Meeres die duftigen Bergketten der Argolis, hinter welchen Mykenä und Tiryns liegen.«

Vorhaben, die der Tod vereitelte

Trotz seines ungewöhnlichen und erfüllten Lebens war der Tod für Schliemann zu früh gekommen. Mit immer weiteren Grabungsprojekten wollte er die europäische Vorgeschichte erhellen. Kreta, dieses bedeutende, aber noch wenig ergründete Inselreich, das er schon zu erster Information und Geländebegutachtung aufgesucht hatte, sollte ihm die kulturelle Verbindung zu den von ihm ausgegrabenen Siedlungen und Burgen von Troja, Mykene, Tiryns und Orchomenos beweisen. Ein Jahr vor seinem Tode hatte er geschrieben: »Ich möchte die Arbeit meines Lebens mit einem großen Werk schließen, nämlich mit der Ausgrabung des uralten, prähistorischen Palastes der Könige von Knossos in Kreta, den ich vor drei Jahren entdeckt zu haben glaube.«

Seit der Franzose Charles-Felix-Marie Texier das Buch der Hethiter aufgeschlagen hatte, war die Welt der Altertumsforscher um ein weiteres Kapitel früher Kulturen reicher geworden. Schon einmal hatte er den Vorderen Orient und dabei auch Syrien besucht. Nun plante Schliemann, jene Stadt Kadesch am Orontes freizulegen, wo sich 1296 v. Chr. der Hethiterkönig Muwatallis und der ägyptische Pharao Ramses II. die erste genau zu rekonstruierende Schlacht der Geschichte geliefert hatten. Damit nicht genug, für Schliemann stand der Entschluß fest, auch nach Mexiko zu reisen und von dort aus nach Spuren von Atlantis zu suchen.

Mehrmals auch hatte er versichert, endgültig Abschied von Troja zu nehmen. Doch immer wieder zog es ihn zum Hügel von Hissarlik. Bei seiner letzten Kampagne mit den abschließenden Konferenzen schien er geahnt zu haben, daß jene zweite Schicht nicht das homerische Troja gewesen sein konnte. So schrieb er, daß er dort am 1. März 1891 weitergraben werde, um die noch offenen Fragen zu klären. Wilhelm Dörpfeld blieb es dann vorbehalten, eine erste Schichtenfolge aufzustellen. Diese wurde später durch den für die Universität Cincinnati grabenden Amerikaner Carl W. Blegen, der von 1932 bis 1938 in Hissarlik arbeitete, endgültig korrigiert. Dörpfeld hatte die Schicht VI als das homerische Ilion deklariert. Blegen erkannte jedoch zwei Siebener-Schichten, von denen die erste das von Schliemann so begierig gesuchte Troja gewesen war.

Wilhelm Dörpfeld, der sich auf der Insel Leukas, die er als Heimat des Odysseus ansah, niedergelassen hatte, setzte im Jahre 1893, zunächst mit Mitteln von Sophie Schliemann und dann ab 1894 auf Kosten des Deutschen Reiches, die Ausgrabungen in Troja fort.

In einer ersten, kleinen Veröffentlichung über seine Arbeit schreibt Dörpfeld unter anderem: »Das Dorf aus den kleinen Holzhäusern pflegten wir nach altem Brauche Schliemannopolis zu nennen, zur Erinnerung an den Mann, dessen Werk wir fortzusetzen berufen waren. Daß wir dieses Mannes überhaupt oft gedachten, versteht sich wohl von selbst. Wenn wir nach getaner Arbeit abends in unserem kleinen gemeinsamen Eßzimmer saßen, die neuen und alten Funde besprachen oder zusammen in der Ilias lasen, da fehlte uns der Mann sehr, der früher den Mittelpunkt unseres Kreises gebildet hatte.«

1851 wurde der Mann geboren, der Kreta aufsuchen und den Palast des Minos ausgraben sollte. Arthur Evans, später in den Adelsstand erhoben, war es vergönnt auszuführen, was sich Schliemann noch kurz vor seinem Tode vorgenommen hatte. Nur einen kurzen Aufenthalt hatte Evans für Kreta eingeplant. Ihm erging es wie dem Trojaausgräber: Er konnte sich von der Faszination seiner Arbeit nicht trennen, aus Tagen wurde über ein Vierteljahrhundert. Und noch immer greifen Gelehrte zur Feder, um ihre neuesten Forschungen zur mykenisch-minoischen Kultur zu Papier zu bringen.

Das 19. Jahrhundert war die große Zeit der Männer mit dem Spaten. Sie waren zunächst meistens Autodidakten, wurden aber im Fortschreiten ihrer Tätigkeit zu Archäologen. In Mesopotamien, in Kleinasien, rund um das Mittelmeer und in den Urwäldern Mittelamerikas vermittelten sie der Menschheit erste Kenntnisse vom Glanz versunkener Reiche und von deren schöpferischem Wirken. Durch sie wurde die Archäologie aus einem bescheidenen und nur von einem kleinen Kreis gepflegten Anhängsel der Altertumskunde zu einer Wissenschaft.

Einer der ganz Großen jener Epoche war Heinrich Schliemann. Er paßte nicht in das bis dahin gültige Schema. Er hatte keine

Vorläufer von gleicher Art. Und weil er ein Träumer, ja ein Phantast war, gelang ihm das Unmögliche. Sein Glaubensbekenntnis waren die Hexameter Homers, und mit ihnen entwickelte er die Dynamik des Abenteurers, den das erreichte Ziel alle Einschränkungen, Entbehrungen, Widerstände und Verteufelungen vergessen ließ.

Im gepolsterten Sitz eines modernen Verkehrsmittels erreicht man heute die Stätten, an denen Schliemann gewirkt hat. Prospekte, Reiseführer und erläuternde Tafeln weisen die Wege und Rundgänge durch die Ruinen. Eines aber spürt jeder Besucher: In den Mauern, Gängen, Galerien und Fundamenten aus über drei Jahrtausenden lebt, wie auch in den Museen, noch hundert Jahre nach seinem Tod der Geist Heinrich Schliemanns fort.

Pflanzen [illegible]
[illegible]
[illegible]
[illegible] und [illegible]

Im [illegible]
[illegible]
[illegible]
[illegible] die Kuh [illegible]
[illegible] und [illegible]
[illegible] in dem [illegible]
[illegible]

ANHANG

Schliemanns Ausgrabungskosten

Heinrich Schliemann mußte seine Ausgrabungen und alle damit zusammenhängenden Aufwendungen, selbst die Spesen für die Teilnehmer der Konferenzen auf Troja und die Entlohnung staatlicher Aufseher, aus eigenen Mitteln bestreiten. Zwar war bekannt, daß er sich als Kaufmann ein riesiges Vermögen erarbeitet hatte, doch mußte er, hauptsächlich in Deutschland und England, Andeutungen und Vorwürfe vernehmen, daß er, vom Ehrgeiz getrieben, sein ganzes Geld für seine archäologischen Forschungen zum Schaden seiner Familie verschleudere.

Zur Klärung dieser Angelegenheit legte er in seinem Buch »Troja« der Öffentlichkeit seine wirtschaftlichen Verhältnisse dar:

»... so halte ich es für nötig ... zu versichern, daß, obgleich ich mich jetzt um meiner wissenschaftlichen Bestrebungen willen von allen Spekulationen fernhalten und mich mit einem mäßigen Zinsertrage meines Kapitals begnügen muß, doch mein jährliches Einkommen sich noch auf 200000 Mark beläuft (wovon 80000 Mark den Reinertrag aus den Mieten meiner vier Häuser in Paris, 120000 Mark aber die Zinsen meiner Fonds repräsentieren), während meine Jahresausgaben, einschließlich der Kosten für die Ausgrabungen, nicht mehr als 100000 Mark betragen, und daß ich somit imstande bin, jährlich noch 100000 Mark zum Kapital zu schlagen.

So hoffe ich denn, jedem meiner Kinder ein Vermögen hinterlassen zu können, das ihnen erlauben soll, ihres Vaters wissenschaftliche Untersuchungen fortzuführen, ohne dabei jemals ihr Kapital anzugreifen.

Ich habe vier Kinder: einen Sohn Sergius (geb. 1855) und eine Tochter Nadeschda (geb. 1861) aus erster, und einen Sohn Agamemnon (geb. 1878) und eine Tochter Andromache (geb. 1871) aus zweiter Ehe.

Ich benutze gern diese Gelegenheit, um meinen Lesern zugleich die Versicherung zu geben, daß ich die Wissenschaft, die ich um ihrer selbst willen liebe und verehre, niemals als Geschäft betreiben werde.«

Zeittafel zu Heinrich Schliemanns Leben

1822, 6. 1. Geboren in Neu-Buckow, Mecklenburg-Schwerin (heute Neubukow, Bez. Rostock) als Sohn des Predigers Ernst Schliemann.

1823 Übersiedlung nach Ankershagen; der Vater wird Pastor.

1831 Tod der Mutter nach Geburt des neunten Kindes.

1833–36 Gymnasium Carolinum, dann Realschule in Neustrelitz, der Vater wird in Prozesse verwickelt, Schliemann muß die Schule verlassen.

1836–41 Schliemann wird Laufbursche, Handlungsgehilfe und Schnapsbrenner in einem Krämerladen in Fürstenberg.

1841 Schliemann heuert in Hamburg auf einem Schiff nach Venezuela an, Schiffbruch vor holländischer Küste.

1842–46 Schliemann arbeitet als Bürogehilfe in Amsterdam, lernt in kurzer Zeit Englisch, Französisch, Holländisch, Spanisch, Portugiesisch, Italienisch und Russisch.

1846 Als Agent seiner Firma reist er nach St. Petersburg.

1847 Selbständiger Importkaufmann, hauptsächlich Handel mit Indigo.

1850–52 In Sacramento, Kalifornien, gründet und betreibt Schliemann eine Goldbank; er wird automatisch amerikanischer Staatsbürger.

1852–68 In Petersburg Eheschließung mit der zwanzigjährigen Kaufmannstochter Katharina Lyschin; Schliemann wird Handelsrichter in Petersburg, Direktor der Kaiserlichen Staatsbank, erblicher russischer Ehrenbürger; Anwachsen des Vermögens; Filiale in Moskau.

1854 Schliemann lernt Schwedisch und Polnisch.

1854–56 Millionengewinne durch Blei-, Schwefel- und Salpeterhandel im Krimkrieg und durch Baumwollhandel zur Zeit des amerikanischen Bürgerkrieges.

1855 Geburt des Sohnes Sergius.

1856 Schliemann lernt Neu- und Altgriechisch.

1858–59 Er lernt Latein und Arabisch; Reise nach Ägypten, Palästina, Syrien, Westkleinasien, Athen, Spanien.

1861 Geburt der Tochter Nadeschda.

1863 Liquidierung der Firma; Schliemann ist mehrfacher Millionär.

1864–66 Zweijährige Weltreise: Indien, Südostasien, China, Japan, Nordamerika, Kuba, Mexiko.

1866–71 Mit Unterbrechungen in Paris zum Studium der Altertumswissenschaften.

1867 Erstes Buch »La Chine et le Japon«.

1868 Reise nach Griechenland, Ausgrabung auf Ithaka, Besuch von Mykene und Tiryns; Troja auf dem Hügel von Hissarlik lokalisiert.

1869 Promotion durch die Universität Rostock; Scheidung von Katharina; Reise nach Amerika. Schliemann in Athen; zweite Ehe mit siebzehnjähriger Sophie Engastromenos; zwei Jahre Warten auf Grabungsgenehmigung für Troja.

1870 Tod des Vaters; Probegrabung auf Troja-Hügel von Hissarlik.

1871–90 Wohnsitz Athen, Haus »Bellerophon«, bzw. »Hütte von Ilion«; »Iliu Melathron«.

1871 Geburt der Tochter Andromache.

1871–73 Erfolgreiche Grabungen in Troja, »Schatz des Priamos«.

1873 Für Ausgrabung Olympias nicht berücksichtigt.

1874–76 Grabungen in Mykene, Aufdeckung der Königsgräber, reiche Funde, »Maske des Agamemnon«.

1875 Grabung in der alten phönizischen Festung Motye in Sizilien.

1876 Grabung in Kyzikos am Marmarameer.

1878 Geburt des Sohnes Agamemnon, Kampagne gegen Berichte und Buch »Trojanische Alterthümer« und »Atlasband«, Grabungsbericht »Mykenae«, Publikation eines Katalogs der dortigen Funde (in Französisch) erst 1882.

1878–79 Systematische Grabung in Troja, 1879 mit Virchow und Burnouf.

1880 Grabung in Orchomenos (Böotien).

1881 Bücher »Ilios« und »Orchomenos«, Schenkung der trojanischen Sammlung an das Deutsche Reich; Schliemann wird Ehrenbürger von Berlin.

1882 Grabung mit Dörpfeld in Troja.

1883 Ehrendoktor der Universität Oxford.

1884–85 Grabung in Tiryns.

1884 Buch »Troja«.

1886 Reise nach Kreta, Versuch, Knossos auszugraben, scheitert an Genehmigung und zu hohen Geldforderungen des Grundbesitzers.

1886–87 Nilreise.

1888 Erneute Reise nach Ägypten mit Virchow.

1889 Erste Konferenz mit seinem Gegner Ernst Boetticher; erneuter Versuch, in Kreta zu graben, wegen dortiger Unruhen nicht zustande gekommen; neue Grabungserlaubnis für Troja durch türkische Regierung.

1890 Letzte Ausgrabungen in Troja; dort internationale Konferenz mit Gelehrten, darunter Rudolf Virchow, Carl Schuchardt, Friedrich von Duhn, Charles Waldstein; 1. August letzter Tag auf Troja; Ohrenoperation in Halle; über Berlin, Paris nach Neapel, dort Tod am 26.12.

1891, 4. 1. Beisetzung auf dem Friedhof in Athen.

Zeittafeln Griechenlands und Trojas

Die hier für die Frühgeschichte Griechenlands angegebenen Daten haben sich in der Wissenschaft durchgesetzt. Sie stellen jedoch nur Annäherungswerte dar.
Die Zahlenangaben zu Troja entsprechen den Erkenntnissen Wilhelm Dörpfelds, des Mitarbeiters Schliemanns und nachfolgenden Ausgräbers, sowie des Amerikaners C. W. Blegen.

Griechenland

–2500 v. Chr.	Neolithikum (Jungsteinzeit)
2500–1900	Frühhelladische Kultur
1900–1570	Mittelhelladische Kultur, Einwanderung der Achäer
1570–1500	Frühmykenische Kultur, Schachtgräberzeit
1500–1400	Mittelmykenische Kultur, Kuppelgräber, Vordringen der Achäer nach Kreta, Niederlassungen in der Inselwelt
1400–1125	Spätmykenische Kultur, Agamemnon
ca. 1100	Zerstörung von Mykene und Tiryns durch dorische Einwanderer
1125–1050	Submykenische Kultur, Beginn der Eisenzeit
750–700	Homer
468	Letzte Zerstörung der Agora durch die Argiver

3000–2500 v. Chr.	Troja I, Ursiedlung, Burg mit neunzig Meter Durchmesser, Ende der Steinzeit
2500–2000	Troja II, Schliemanns Ilion, »Schatz des Priamos«, Bronzezeit
2000–1800	Troja III–V, drei prähistorische Dörfer mit Lehm- und Ziegelmauern, III durch Plünderung und Brand zerstört, IV und V in kriegerischen Ereignissen untergegangen
1800–1300	Troja VI, die vorhomerische Burg, bereits aus Quadersteinen errichtet, durch Erdbeben zerstört
1300–700	Troja VII a, die homerische Stadt, durch Brand zerstört, Troja VII b, neue Siedlung, geplündert und zerstört
700–1	Troja VIII, das griechische Ilium, von Kolonisten errichtet, 86 v. Chr. von Sulla niedergebrannt
1.v.–400 n. Chr.	Troja IX, das römische Neu-Ilium, danach von den Bewohnern verlassen

Die wichtigsten Götter Griechenlands

Aphrodite Göttin der Liebe und der Schönheit, Tochter des Zeus und der Dione.

Apollon Gott der Künste und des Lichts, Sohn des Zeus und der Leto, Bruder der Artemis.

Ares Gott des Krieges, Sohn des Zeus und der Hera.

Artemis Volkstümlichste, jungfräuliche Jagdgöttin, Tochter des Zeus und der Leto, Schwester Apollons.

Athene Göttin der Weisheit, Tochter des Zeus, entspricht der römischen Göttin Minerva.

Demeter Göttin und Lehrerin des Getreideanbaues.

Dionysos Gott des Weines, des Rausches und der Ekstase, auch der Vegatation, Gott der Maske und des Theaters.

Eos Göttin der Morgenröte, Tochter des Hyperion und der Theia.

Eros Gott der Liebe, Sohn der Aphrodite und des Ares (oder Hermes).

Hades Gott der Unterwelt.

Helios Sonnengott, Sohn des Hyperion und der Theia, Bruder der Eos.

Hephaistos Gott des Feuers und der Schmiedekunst, Schirmherr des Handwerks, Sohn des Zeus und der Hera.

Hera Schwester und Gemahlin des Zeus, Tochter des Kronos und der Rhea.

Hermes Götterbote, Gott der Hirten und der Diebe, Sohn des Zeus und der Nymphe Maja.

Hestia Göttin des heiligen Herdfeuers.

Kronos Titan, Sohn des Uranos und der Gäa, Vater von Hestia, Demeter, Hera, Hades, Poseidon und Zeus.

Leto Geliebte des Zeus, Mutter des Apollon und der Artemis.
Nike Göttin des Sieges, Gefährtin des Zeus und der Athene.
Poseidon Gott des Meeres, Bruder des Zeus.
Selene Mondgöttin, Schwester des Helios.
Zeus Höchster Gott des Olymp, Sohn des Kronos und der Rhea.

Erläuterung einiger Begriffe

Agora Markt- und Hauptplatz griechischer Städte in der Antike
Akropolis Die »Hochstadt«, der befestigte Teil (meistens Burg) im Gegensatz zur Unterstadt
Argos Stadt und Ebene auf dem Peloponnes, Hauptort Nauplia, modern Naflion
Basrelief Flachrelief
Bonitza heutiger Name des Flusses Inachus
Chalcedon (Chalzedon) Schmuckstein kristallinen Aufbaues
Dromos Eingang
Epitheton gr. »Hinzuzufügendes«, formelhaft wiederkehrendes schmückendes Beiwort
Epopöe veraltete Bezeichnung für Helden- und Götterepos
Ferman türk. Erlaubnisdokument
Feuernekropole Ort, an dem Tote durch Feuer bestattet werden
Irade arab.-türk. »Wille«, Erlaß des Sultans
Intaglio Gemme mit vertieft eingeschnittener Verzierung
Logothet im Byzantinischen Reich höherer Verwaltungsbeamter, bei Schliemann Großlogothet
Megaron das Haus, bes. das Männerhaus der älteren griechischen Baukunst mit rechteckigem Grundriß
Metope Platte aus Ton und Stein im dorischen Gebälkfries, oft bemalt oder mit Reliefs
Neolithikum jüngste Hauptperiode der Steinzeit
Pascha türk. Exzellenz, militärischer (General, Admiral) und ziviler Würdenträger
Pithos große Krüge, als Vorratsbehälter verwendet
Sandarak ein aus der Gliederzypresse gewonnenes Harz
Silex glasartiger Stein, Feuerstein, Obsidian

Stoa Plural Stoen, altgriech. Säulenhalle, zumeist in aufwendigem Stil

Terrakotta lat.-ital. »gebrannte Erde«, bei niedriger Temperatur gebrannte Tonware, Bezeichnung nur für Funde des griech.-röm. Bereichs

Trachyt Erzgußstein vulkanischen Ursprungs

Tumulus Hügel, Grabhügel

Wesir Minister

Wilayet arab. Provinz, Gegend

Literatur

Die Werke Heinrich Schliemanns

»La Chine et le Japon«. Paris 1867.

»Ithaka, der Peloponnes und Troja«. Leipzig 1869. Neuausgabe v. Ernst Meyer, 1963.

»Trojanische Alterthümer. Bericht über die Ausgrabungen in Troja«. Leipzig 1874.

»Atlas trojanischer Alterthümer«. Leipzig 1874.

»Mykene. Bericht über meine Forschungen und Entdeckungen in Mykene und Tiryns«. Leipzig 1878. Neuausgabe von Ernst Meyer, Darmstadt 1964.

»Ilios. Stadt und Land der Trojaner. Forschungen und Entdeckungen in der Troas«. Leipzig 1881.

»Orchomenos. Bericht über meine Ausgrabungen im böotischen Orchomenos«. Leipzig 1881.

»Reise in der Troas im Mai 1881«. Leipzig 1881.

»Troja. Ergebnisse meiner neuesten Ausgrabungen auf der Baustelle von Troja, in den Heldengräbern Bunarbaschi und anderen Orten der Troas im Jahre 1882«. Leipzig 1884. Neuausgaben v. Rainer Gerlach, Dortmund 1984 und 1987.

»Tiryns. Der prähistorische Palast der Könige von Tiryns. Ergebnisse der neuesten Ausgrabungen«. Leipzig 1886.

»Hissarlik und Ilion. Das Protokoll der Verhandlungen zwischen Dr. Heinrich Schliemann und Hauptmann a.D. Boetticher. 1.–6. Dezember 1889«. Leipzig 1890.

»Bericht über die Ausgrabungen in Troja im Jahre 1890«. Postum erschienen mit einem Vorwort von Sophie Schliemann. Leipzig 1891.

»Heinrich Schliemann's Selbstbiographie, bis zu seinem Tode vervollständigt, herausgegeben von Sophie Schliemann«. Niedergeschrieben v. Dr. Alfred Brückner. Leipzig 1892, Neuausgabe Wiesbaden 1975.

Weitere Quellen zu Heinrich Schliemann

»Kein Troja ohne Homer. Aufzeichnungen von Heinrich Schliemann«. Ausgewählt und herausgegeben von Wieland Schmied. Nürnberg und München o.J.
Ernst Meyer: Briefe von Heinrich Schliemann. Berlin und Leipzig 1936.
ders.: Schliemann-Briefwechsel I (1842–1875). Berlin 1953.
ders.: Schliemann-Briefwechsel II (1876–1890). Berlin 1958.
»Schliemann's Ausgrabungen in Troja, Tiryns, Mykenä, Orchomenos, Ithaka im Lichte der heutigen Wissenschaft«, dargestellt von Dr. Carl Schuchhardt. Leipzig 1890.

Quellen zum antiken Griechenland

Homer, Ilias. Übers. v. Wolfgang Schadewaldt. Frankfurt 1977. Odyssee. Erl. v. Herbert Oppel. Bamberg und Wiesbaden 1962–1965.
Pausanias. Beschreibung Griechenlands. Neu übers. v. E. Meyer. München 1967.
Strabo, Erdbeschreibung. Übers. und durch Anmerkungen erl. v. A. Forbiger. 2 Bde. Stuttgart 1856.

Allgemeine Literatur

Eine Auswahl an Schrifttum zu weiterer Information
Joseph Alsop, From the Silent Earth. A Report on the Greek Bronze Age. New York 1962.
Hermann Bengtson, Griechische Geschichte von den Anfängen bis in die römische Kaiserzeit. München 1950.
Helmut Berve, Griechische Frühzeit. Freiburg 1930 und 1950.
Carl W. Blegen, Troy. Princeton 1950.
Ernle Bradford, Reisen mit Homer. Bern und München 1976.
C. W. Ceram, Götter, Gräber und Gelehrte. Reinbek 1972.
John Chadwick, Linear B. Die Entzifferung der mykenischen Schrift. Göttingen 1959.

Glynn E. Daniels, A Hundred Years of Archaeology. London 1950.
Leo Deuel, Heinrich Schliemann. Mit Selbstzeugnissen und Bilddokumenten. München 1979.
Wilhelm Dörpfeld, Alt Ithaka. Ein Beitrag zur Homer-Frage. Studien und Ausgrabungen auf der Insel Leukas-Ithaka. 2 Bde. Berlin 1927.
ders. Troja und Ilion. 2 Bde. Athen 1902.
Will Durant. Das Leben Griechenlands. Bern 1957.
Arthur Evans, Scripta Minoa. Oxford 1909.
ders. The Palace of Minos. 6 Vls. + Index. London 1921–1936.
John Forsdyke, Greece before Homer. London und New York 1957.
Hans Frank, »Mecklenburg«, in: Deutschland. Gütersloh 1960.
Peter Goessler. Ein Leben im Dienst der Antike. Biographie Wilhelm Dörpfelds. Stuttgart 1951.
Robert Graves, Griechische Mythologie. Quellen und Deutung. 2 Bde. Reinbek 1960.
German Hafner, Kreta und Hellas. Baden-Baden 1979.
Hans Jensen, Die Schrift. Glückstadt 1935.
Georg Karo. Die Schachtgräber von Mykenae. München 1930–1933.
Karl Kerényi, Die Mythologie der Griechen. München 1966.
Hans Koenigswaldt, Lebendige Vergangenheit. Ruhmestaten großer Archäologen. München 1973.
Karl Lachmann, Betrachtungen über Homers Ilias. Mit Zusätzen von Moritz Haupt. 2. Aufl. Berlin 1874.
Walter Leaf, Homer and History. London 1915.
Emil Ludwig, Schliemann. Berlin 1932.
ders. Schliemann. Geschichte eines Goldsuchers. Berlin 1938.
Paul Mackendrick, Hellas' steinernes Erbe. Archäologie der griechischen Welt. Wiesbaden 1965.
Friedrich Matz, Kreta, Mykene, Troja. Stuttgart 1957.
Eduard Meyer, Geschichte des Altertums. Stuttgart–Berlin 1895–1928.
Ernst Meyer, Heinrich Schliemann, Kaufmann und Forscher. Göttingen 1969.
Adolf Michaelis, Die archäologischen Entdeckungen des Neunzehnten Jahrhunderts. Leipzig 1906.
Helmuth von Moltke, Unter dem Halbmond. Erlebnisse in der alten Türkei 1835–1839. Tübingen 1981.
George Mylonas, Mycenae and the Mycenaean Age. Princeton 1966.

Marianne Nichols. Als Zeus die Welt in Atem hielt. Bern und München 1975.
Martin P. Nilsson, The Mycenaean Origins of Greek Mythology. Berkeley 1973.
Denys Page, The Homeric Odyssey. Oxford 1955.
ders. History and the Homeric Iliad. Berkeley, Los Angeles und London 1972.
Leonard R. Palmer, Mycenaeans and Minoans. New York 1965.
Herbert J. Rose, Griechische Mythologien. München 1978.
Fritz Schachermeyer, Hethiter und Achäer. Mitteilungen der altoriental. Gesellschaft, IX, 1/2. Leipzig 1935.
ders. Die ältesten Kulturen Griechenlands. Stuttgart 1955.
ders. Griechische Geschichte. Stuttgart 1964.
Tassilo von Scheffer, Homer und sein Zeitalter (Menschen, Zeiten, Völker Bd. 1). Wien 1924.
ders. Die Schönheit Homers. Berlin 1927.
ders. Die Kultur der Griechen. Berlin–Darmstadt–Wien 1955.
Karl Schefold, Die Griechen und ihre Nachbarn. Propyläen Kunstgeschichte. Berlin 1967.
Gustav Schwab, Die homerischen Götterhymnen, verdeutscht. Jena 1927.
ders. Die schönsten Sagen des klassischen Altertums. Neuaufl. Bayreuth 1974.
Manfred Vasold, Rudolf Virchow. Der große Arzt und Politiker. Stuttgart 1988.
Emily Vermeule, Greece in the Bronze Age. Chicago und London 1972.
Alan J.B.Wace, Mycenae. An Archaeological History and Guide. Princeton 1949.

Personenregister

Achäer 80, 82f., 85, 91, 93ff., 98, 115, 134, 142, 156, 158, 173, 194, 199f., 233, 303
Achilles 82, 85, 94f., 99f., 140, 199f., 219, 230f., 233f., 298, 300, 329
Achmed Pascha 112, 118
Admete 318
Ägeus 268
Ägisthos 68ff., 86, 270, 295
Ägypter 41, 265, 267
Aeneas 23, 82, 86, 158
Äolos 325
Äschylos 270, 328
Aesyetes 141
Agamemnon 11, 25, 45, 62, 68ff., 72, 75, 85, 98, 173, 194, 231, 270ff., 282, 284f., 287, 292, 295, 303, 306, 311
Agenor 94
Ajax 85
Akkader 213
Akrisios 67
Albanier 89
Alexander der Große 11, 41, 82, 91, 99f., 106, 131, 227, 325, 327
Alkinoos 45, 287
Alkmene 67, 77, 315f.
Alpheios 59
Amphitryon 77, 315
Anchises 23
Andres, Carl 24
Antigonus 91, 106
Antilochos 230, 234
Aphrodite 63, 81, 84f., 298
Apollodor 299
Apollo 8, 94, 142, 227, 323
Aretaios 135
Arethusa 59
Argiver 275, 277, 294, 303, 315f., 323
Argos 55, 76
Aristainetos 64
Aristarches 169
Aristophanes 268
Aristoteles 86, 229, 316
Arnuwandas IV. 115
Arrianus 99, 231
Artemis 68, 85
Askanios 23
Asklepios 19
Asproieraka, Panagis 49
Assyrer 41
Athamas 325f.
Athene 47, 51, 59, 61, 82, 84, 99, 123, 138, 157, 227, 231, 268, 275
Atreus 68f., 72f., 75, 271, 282ff., 287, 326
Atriden 67
Augustus 276

Babin, C. 246
Ballauf, I. H. 31
Basilopulos, Gregorios 205
Battus, Gustav 205
Bedder Eddin Effendi 209ff.
Bernhard von Sachsen-Meiningen 321
Bey, Ghalib 243
Bey, Hamdy 243
Bismarck, Fürst Otto von 203, 211
Blegen, Carl W. 143, 166, 212f., 224ff., 312, 337
Blind, Karl 215
Boetticher, Ernst 243ff.
Braun, Julius 128

Briseis 91
Brown, John P. 118f.
Brückner, Dr. Alfred 18, 336
Burnouf, Emile 125, 197f., 218, 224
Byron 81

Caesar, Julius 63, 82, 99, 276
Calder, W. M. 9
Calvert, Frank 99f., 108, 140, 172f., 233, 238, 246
Caracalla 82
Carter, Howard 69, 302
Cassius, Dio 231
Castorches 317
Champillon, Jean-Francois 44
Cheops 213
Chephren 213
Chimaera 299
Choiseul-Gouffier 231
Christie, Agatha 270
Chrysippos 68
Clarke, Dr. 239
Constantinus II. siehe Konstans II.
Contonicolacos, D. 285
Cookson, Charles 139
Curtius, Ernst 8, 71, 92, 171, 312

Danae 67, 287
Danaer 232f.
Danaos 75
Danau 202
Dardanier 200, 202, 266
Dardanos 80
Darius 81
Demetrios, Spiridon 129
Demetrius 219
Demosthenes 327
Dennis 9
Deukalion 325
Dieulafoy, M. 246
Diomedes 316
Djemal Pascha 210, 236
Dodwell, Edward 71
Dörpfeld, Wilhelm Dr. 10, 91, 143, 166, 171, 175, 204f., 210, 212ff., 217, 224ff., 230, 243ff., 248, 263, 312f., 320, 324, 334f., 337f.
Dom Pedro II. 288ff.
Dorer 83, 276
Drosinos, Vasilios 312
Duhn, Dr. F. von 246

Echidna 299
Eckenbrecher 100
Elektra 70
Elektryon 316
Elgin 330
Elias 291f.
Elpenor 312
Engastromenos, Sophia 110
Erichthonios 80
Eris 84
Etrusker 9
Eudoxia 230
Eumaios 47, 52, 55, 59, 61, 100
Euripides 80, 270, 295, 299, 317
Eurykleia 216
Eurymachos 300
Eurymedon 69, 282, 295
Euryplos 200
Eurystheus 315f.
Eustradiades 73, 303
Evans, Arthur 338

Fallersleben, Hoffmann von 19
Faraday 9
Fénelon 30
Ferry, Jules 197
Fonton 88f.
Friedrich 335
Frolow 33

Gadakes 330
Gärtner, Friedrich von 261
Gardner, Percy Prof. 229

Georg I., König von Griechenland 262, 295, 335
Geryon 316
Giannakis, Nikolaos Zaphyros 206, 255
Gladstone 302
Grempler, Dr. W. 246
Griechen 225f., 261
Gutäer 213

Hadrian 82
Hahn, J. G. von 92
Hamdy, O. 246
Hamid Pascha 206, 232, 236
Hektor 45, 80, 85, 94f., 100, 106, 137, 140f., 200, 219, 231, 233, 235, 298, 300
Helena 68, 85, 98, 115, 155f.
Helios 291f.
Hellen 325
Hellenos 231
Henry, Sir Austen 199
Hephaistos 125
Hepner 29
Hera 66f., 84, 275, 277, 279, 283, 289 297, 305, 315, 321f.
Herakles 62, 67, 75, 77, 80, 298, 315f., 326, 329
Herkules siehe Herakles
Hermes 73, 81, 84, 128, 326
Herodot 64, 86, 99, 103, 120, 149, 202, 225, 227, 266
Hesiod 60, 299
Hetären 64
Hethiter 41, 114f., 202, 213, 265ff.
Hippodameia 67f.
Hippolyte 316
Hirschfeld, Baron von 211
Hittiten siehe Hethiter
Höfler, Josef 205, 210, 214, 226, 230
Hölderlin 86
Homer 8f., 23, 25f., 40f., 46, 49f., 54, 56, 59ff., 68, 73, 77, 79f., 82ff., 86f., 94ff., 100f., 103, 105, 114, 116, 134, 137, 140ff., 144, 157f., 160, 165, 167, 175, 194, 198f., 201, 215f., 219f., 242, 258, 262, 270f., 273, 276, 281, 286, 294f., 300, 302f., 307, 317, 324, 326, 329, 331, 333, 335, 339
Horaz 41, 202, 287
Hückstaedt 32
Humann, Dr. Karl 246
Hydra 75

Ibrahim Pascha 171f.
Ilos 86
Inachos 67, 75
Indar 128
Ino 81
Iphigenie 68, 85
Izzet Effendi 172

Jannakis, Mikolaos Saphyros 167
Jason 326
Jerrer, Georg Ludwig 23
Jupiter 305

Kallimachos 63
Kassandra 70, 282, 295
Kavvadias 335
Kelten 12
Keteier 200
Kiamil Pascha 119
Kiepert, H. 92
Kittiten siehe Keteier
Klytämnestra 17, 68ff., 86, 270, 295, 303
Kneipp, Sebastian 196f.
Kolokotronis, Theodor 78
Konstans II. 173
Konstantin 335
Konstantin der Große 173
Kreon 326
Krösos 225
Kyros 225

Laertes 56
Lakedämonier 99, 277
Laomedon 80
Latham, John 129
Laurent, Adolphe 129f.
Layard, Sir Henry 203
Laysimachos 106
Leander 81
Lechevalier 92, 231
Lenormant, Francois 229
Leonardos, Leonida 289f.
Leonidas 327
Lindenschmidt 312
Loisos, Dmitrios 58
Ludwig I. 261
Lukanios 231
Lyder 225
Lyschin, Katharina siehe Schliemann, Katharina
Lysimachos 112, 130, 146, 148, 158

MacLaren, C. 100
Mäonier 266
Magnée 29
Maja 224
Makedonier 82
Makrys 129
Mallowan, Sir Max E. L. 270
Mardonios 328
Matwejew, Alexei 33, 36
Matz 213
Medea 81, 326
Medinet, Pylon von 202
Megapenthes 316
Meincke, Luise 24
Meincke, Minna 24f., 30f., 33f., 156
Menelaos 68, 85, 100, 115, 156, 231
Menguisses 105ff.
Merkur 49
Mesannepada 213
Metternich 261
Meyer, Ernst 10, 12, 313
Mindaros 99
Minyas 283, 325, 327
Minyer 326f.
Moharrem Effendi 209, 235
Moltke, Helmuth von 43, 90ff., 203
Müller, Max 139
Mummius, Lulius 63
Munif Effendi 199
Muralt, Prof. Ludwig von 40
Muwatallis 337
Mykener 115, 273f., 276ff.
Mykerinos 213
Myrine 141
Mysier 225, 266

Nabatäer 41
Napoleon III. 43
Nausikaa 45f.
Nestor 307
Niemann, Prof. George 243ff.
Nikolaos 207
Nikolaou 309
Nikolaus I. 36

Odysseus 45ff., 86, 93, 100, 109, 134, 153, 158, 312, 337
Ombriker 226
Orest 69
Orthos 299
Otto von Wittelsbach 261
Ovid 202

Page, Denys 116
Palamedes 78
Panagiotes 303
Panagis 50, 62
Pappadakes, Nikolaos 40, 317
Paraskevopulos, Gregorios 205
Paris 68, 80, 84f., 156
Parsen 128
Patrokos 85, 91, 94, 199, 230, 233f.

Paulus 63f.
Pausanias 69ff., 74, 76f., 268, 276, 282, 286f., 295, 317, 325f., 329
Pedreno, Andreas 87
Peleus 84f.
Pelopia 68
Pelopiden 284
Pelops 67ff., 75, 262, 284
Penelope 47, 54, 59, 61, 73
Penrose 263
Pergamos 99, 105
Perseia 69, 71, 272
Perser 41, 225
Perseus 67, 77, 287, 316
Phäaken 45, 50f., 153
Phendikles 303, 317
Philipp II. 326f.
Philister 202
Philostratus 235
Phönizier 45, 153, 220
Photidas, Georgios 132ff., 148, 257
Phrixos 326
Phrygier 213, 225
Platon 40, 43, 86
Plinius 231, 235
Plotnikow, Wassili 33
Plutarch 268, 329
Polistales 57
Porphyrrogennetos, Constantinos 229
Poseidon 78, 142, 316
Pressel, Wilhelm von 147
Priamos 9, 45, 62, 79f., 84f., 90, 92ff., 98, 101, 109, 101, 114, 124, 134, 142, 145, 152, 154ff., 161ff., 166f., 199ff., 216, 225, 227, 272, 326
Proitos 77, 316
Prometheus 325
Protesilaos 234f.
Proteus 69
Püschel, Prof. 321
Pylas, Prof. P. 285
Pyromalles, Oedipus 207
Pyrrha 325
Radowitz, Baron von 211, 243
Ram 28
Rammelsberg, Prof. 220
Ramses II. 202, 263, 265, 337
Ramses III. 202
Raschid Pascha 169
Rhea 242
Rangabé, Rizos 335
Römer 11, 41f., 48, 63, 217, 247, 305

Safvet Pascha 112, 169
Said Pascha 210
Saint-Pierre, Bernadin de 30
Salomos, Dionysios 19
Sargon I. 213
Sayce, Prof. Archibald Henry 203, 258, 266, 328
Schachermeyer 213
Schliemann, Agamemnon 334, 336
Schliemann, Andromache 129, 334, 336
Schliemann, Ernst 20ff., 35f., 87, 111, 156
Schliemann, Friedrich 24
Schliemann, Katharina 35, 41, 109
Schliemann, Ludwig 34
Schliemann, Nadescha 35, 109
Schliemann, Sergej 35
Schliemann, Sophie 118f., 121, 129, 131, 140, 144f., 147, 159f., 163f., 249, 257, 263, 278, 282f., 291ff., 297f., 302, 304, 317, 328, 334ff., 338
Schulyer, Eugene 321
Schwab, Gustav 86
Schwartze, Prof. 334
Scouras, P. 285
Sergius 109
Sesostris 266
Siculus, Diodorus 276
Siebrecht 145

Simonides 64
Sisyphos 325
Skythen 81
Smyrnaeus, Quintus 231
Snofru 213
Sokrates 86
Solon 86
Solovieff, Stefan 39, 42
Sonderdorp 28
Sophokles 41, 72, 287
Sosiosch 128
Spartaner 277, 327
Stamatakis 293, 312
Sthenelos 68, 77, 316
Stoll, Louis 31
Strabo 48, 64, 70f., 77, 99, 141, 166, 225, 227, 230f., 234, 268, 278
Suppiluliuma 115
Sulla 226
Sumerer 213

Tannenberg 32
Tantalos 67, 234
Tekkri 266
Telamon 262
Teledamus 69
Telemach 47, 56, 61, 216, 231
Tellkampf 251
Testa, Baron von 211, 237
Teukrern siehe Tekkri
Teukrier siehe Dardanier
Texier, Charles-Felix-Marie 266, 337
Theodosios 171, 230, 328
Theophrast 316
Theseus 268
Thetis 84
Thompson 30
Thukydides 8, 201
Thyestes 68, 284
Tirynthier 315ff.
Tlepolemos 80
Trojaner 82, 85, 93, 98, 123, 135f., 142, 156, 199ff., 215, 219, 233, 251
Tscherkessen 195
Tsirogiannis, Georgios Barba 148
Tsuntas 313
Tudhalijas 115f.
Türken 19, 78, 89, 169, 249
Tuntopulos 312
Typhon 299
Tyrrhenos 225

Veli Pascha 285f.
Venzianer 77f.
Ventris 313
Vergil 41, 80, 202, 231
Vimpos, Theokletos 40
Virchow, Dr. Rudolf 10, 175, 197f., 214f., 246, 252, 263, 265, 313, 333f.

Waldstein, Dr. Charles 246
Webb, P. Barker 239
Weinberg 213
Wendt, I. F. 27ff.
Wilhelm I. 117, 164
Wilhelm II. 335
Wilhelm III. 90
Winckelmann 174

Xenophon 99
Xerxes 82, 99f., 120, 227, 316, 327

Yenikioi 256
Yenischahir 256

Zaphyros, Nikolaos 121
Zeus 66f., 76f., 84f., 97, 114, 242, 274f., 300, 305, 315, 325, 336
Ziller, Prof. Ernst 262, 336
Zyklopen 69, 76f., 315

Sachregister

Achillesgrab 232, 234
Aetos 49
Andromache-Turm 151, 153
Archäologisches Institut Athen 171, 243, 268, 282, 295, 305, 310, 313
Aspis 75
Athene-Tempel 120, 148ff., 153, 155, 217, 227

Bali Dagh 239, 241
Berliner Museum für Früh- und Vorgeschichte 164f.
Britisches Museum 202

Chanai-Tepe 123

Elektra 72
Eski Hissarlik 235, 238
Etruskisches Museum 225

Feld des Laertes 49, 56
Fonte Arethusa 59
Fula Dagh 239f.

Grab des Agamemnon 70, 72, 284f.
Grab der Klytämnestra 293
Grab des Patroklos 231, 233f.
Grab des Priamos 237f.

Heliosmetope 159
Hippopotamos 149
Höhle von Nemea 75
Hymettos 267f.

Ilias 13, 62, 80, 82, 85f., 91, 93f., 97, 99, 103f., 114, 116, 121, 136, 140, 145, 152, 155, 157f., 162, 167, 199f., 202, 215, 218f., 221, 230, 233, 258, 299, 302, 329, 338
Ilien-Palais siehe Iliu Melathron
Iliu Melathron 261f.

Kaiserliches Museum Konstantinopel 243
Kara Agatsch Tepeh 235
Kurschunlu Tepeh 239f.

Larissa 75
Löwentor 71, 271, 275, 278f., 281f. 284, 287f., 293ff., 312f.
Louvre Paris 226

Maske des Agamemnon 11, 270, 305
Minerva-Tempel 101, 193
Motye 171
Museo Archeologico Nazionale 225, 335

Nationalmuseum Athen 302
Nymphengrotte 49ff.

Odyssee 9, 13, 46ff., 50ff., 54ff., 61, 73, 76, 86, 103f., 152, 194, 215, 220, 230f., 273, 286, 300, 302
Ophrynium 106

Palamedes 78
Palamidi siehe Palamedes
Palast des Minos 338
Palast des Odysseus 50, 52, 55, 101
Palast von Knossos 242
Pascha-Tepe 141
Peleponnesischer Krieg 8
Pergamos 145, 154ff., 158, 243, 247

Ramsesseum 265
Royal Institute of British Architects 263
Ruinen von Palaio-Lastron 106

Schatz des Priamos 11, 114, 161, 163, 165, 198, 200, 288, 294
Schatzkammer des Agamemnon 101
Schatzkammer des Atreus 72f., 272, 284ff., 330
Schatzkammer des Minyas 326, 332
Seddul Bahr 235ff.
Skäisches Tor 23, 94, 98, 154ff., 165ff., 199, 217, 220
Sorbonne Paris 43, 110, 164
South-Kensington-Museum 164
Stiftung Preußischer Kulturbesitz 165

Tempel der Hera 74
Thermopylen 327
Troja I. 214, 216, 237
Troja II. 213, 216, 218ff., 237
Troja III. 218, 220ff.
Troja IV. 222f.
Troja V. 213, 217, 224
Troja VI. 126, 143, 213, 217, 225, 337
Troja VII. und VII. a 217, 225f. 238 , 337
Troja VIII. 217, 226
Trojanischer Krieg 9, 23, 25, 62, 68, 79f., 84, 87, 90, 100f., 114, 123, 134, 156, 165, 199, 201f., 216, 225, 233, 237, 258, 272, 292, 306

Universität Rostock 108, 110

Ymittos siehe Hymettos

Bildnachweis

Bildarchiv Preußischer Kulturbesitz: S. 178 (2), 179 (2), 180, 181 (2), 182
Griechische Zentrale für Fremdenverkehr: S. 184 oben
Hans Leicht: S. 183, 186 oben, 187 unten, 189, 190 (3)
Karlheinz Reger: S. 184 unten, 185, 186 unten, 187 oben, 188, 191, 192 (2) sowie alle Zeichnungen im Text

Knaur

Carr, Jonathan
Helmut Schmidt
Dies ist die erste Biographie, die das Leben und Wirken des ehemaligen Bundeskanzlers bis zu seinem Sturz 1982 erfaßt.
288 S. mit s/w-Abb. [2354]

Coleman, Ray
John W. Lennon
»Über John Lennon schrieb niemand irgend etwas, das man hätte »endgültig« nennen können. Bis auf einen. Und dessen Buch liegt nun vor – eine Art definitiver John-Lennon-Biographie, eine Meisterleistung...«
Welt am Sonntag
408 S. mit Abb. [2360]

Domingo, Plácido
Die Bühne - mein Leben
»Er hat es nicht nötig, sich in Szene zu setzen, denn er beherrscht sie gleichsam nebenbei«, schrieb die FAZ über Plácido Domingos Erinnerungsbuch. Es ist das Dokument eines ungewöhnlichen Lebens und gleichzeitig ein faszinierender Bericht über das heutige Operntheater.
288 S., 70 s/w-Abb. [2351]

Guinness, Alec
Das Glück hinter der Maske
Ein großer Schauspieler blickt in diesem Buch auf sein Leben zurück – fasziniert nimmt der Leser an seinen Erinnerungen teil.
400 S. mit Abb. [2359]

Kröber, Hansjakob
Herbert von Karajan
Spannend, aufregend und bunt ist dieses Leben gewesen – tausend Variationen eines einzigen Themas: Musik für Millionen.
208 S., 30 s/w-Abb. [2343]

Kandinsky, Nina
Kandinsky und ich
»Seit dem Jahr 1917, dem Jahr ihrer Eheschließung, ist Nina Kandinsky Zeugin im Leben des großen Künstlers gewesen, für den sie sich unermüdlich einsetzte... Ihre Erinnerungen beginnen bei der russischen Avantgarde der ersten Revolutionsjahre, widmen sich dem Bauhaus, der Entwicklung von Kandinskys Lehre und ihrer Realisation auf allen Gebieten.
256 S. mit s/w-Abb. [2355]

Schulte, Michael
Karl Valentin
Der Herausgeber der Valentinschen Werke, legt hier die Lebensgeschichte dieses großen Komikers und begnadeten Humoristen vor. 240 S. [2339]

Ullmann, Liv
Gezeiten
Liv Ullmann schreibt über ihr Leben, ihre Kunst und über die Menschen, denen sie auf ihren Wegen begegnet ist. Es ist das Zeugnis einer der großen Persönlichkeiten unserer Tage.
240 S. [2349]

Wandlungen
»Ich wollte darüber schreiben, was es heißt, in diesem Jahrhundert, in dem sich alles verändert hat, eine Frau zu sein.«
304 S. [568]

Biographien